岱下史学文库

碑谱：石刻中的宗族变迁

周晓冀 著

武汉大学出版社
WUHAN UNIVERSITY PRESS

图书在版编目（CIP）数据

碑谱：石刻中的宗族变迁／周晓冀著 . -- 武汉 ：武汉大学
出版社，2025.3. -- 岱下史学文库 . -- ISBN 978-7-307-24606-5

Ⅰ. K877.424；K820.9

中国国家版本馆 CIP 数据核字第 20244LA028 号

责任编辑:许子楷　　　责任校对:鄢春梅　　　版式设计:马　佳

出版发行:**武汉大学出版社**　（430072　武昌　珞珈山）

（电子邮箱：cbs22@whu.edu.cn　网址：www.wdp.com.cn）

印刷:武汉邮科印务有限公司

开本:720×1000　1/16　印张:25.5　字数:353 千字　插页:3

版次:2025 年 3 月第 1 版　　2025 年 3 月第 1 次印刷

ISBN 978-7-307-24606-5　　定价:99.00 元

《岱下史学文库》编委会

总　序

"岱下史学文库"是泰山学院历史学院为提升师生的科研创新能力而设立的学术专著和教学成果出版项目，出版内容集结了老师们高质量的学术专著、学生优秀的专业论文与实践报告。

泰山学院位于泰山脚下的泰安市，是同城九所高校中唯一设置历史学类专业的学校，创办历史学院已满 40 载。几十年的风雨历程，几代人的辛勤付出，今天的历史学院已经具有了较强的教学和科研实力。目前开设历史学和文物与博物馆学两个专业；有"区域社会与文化研究中心"一个研究机构，"泰山民俗博物馆"和"文物保护与修复实验室"两个实习实训基地；拥有一支职称、学历、年龄结构合理的优秀教师队伍，专任教师 23 名，高级职称占比 50%，博士占比 80%。

历史学院积极适应高等教育发展的新形势，立足区域社会经济文化的发展，在科研方面坚持本省、同城的"错位发展"，突出区域化研究特色，提高社会的认同度和影响力，以实现为地方社会发展服务；教育教学方面以培养高质量人才为目标，积极探索"应用文科"的教育模式，有效构建教学实践、科研实践、社会实践"三位一体"的实践教学体系，适应社会发展对人才培养的要求。

历史学院办学思路清晰，学术气氛浓厚，在全体老师们的共同努力下，近五年取得了显著成绩。专业建设方面，2017 年入选山东省首批"黄大年式教师团队"，2019 年历史学专业获批国家一流专业建设点。科研立项和获奖方面，实现了人人有研究项目，人均研究经费达 30 余万元。目前主持国家社科基金项目 7 项，教育部人文社科规划项目 3 项，山东省社科规划项目 15 项；服务社会的横向课题 15 项，获得研究经费 700 余万元。2019 年获评山东省社科成果一等奖。学术交流方面，2016 年主办"第二届海丝文化国际青年学者联盟论坛"，2018 年主办"第四届全国区域文化研究会年会暨泰山文化研讨会"，2019 年 10 月主办"教育部社会科学委员会历史学学部工作会议暨七十年来中国历史学发展研讨会"，11 月主办"第三届全国财税史论坛"。在自身不断提高的基础上，历史学院也为学校的发展贡献了智慧和力量。从 2017 年至 2020 年，先后提交了四个建设方案：虚拟仿真实验室建设方案、学校发展口述历史方案、泰山石刻研究重大项目方案、区域文化保护与研究协同创新中心建设方案。

设立"岱下史学文库"这一出版项目，目的是搭建一个高品质的交流平台，营造一种潜心教学科研的良好氛围，推出一批高质量的研究成果，凝练一支高水平的研究队伍，以扩大学术和社会影响，推动历史学院的发展再上一个新的台阶。

"路漫漫其修远兮，吾将上下而求索。"历史学院的发展充满了坎坷曲折，艰难的环境磨砺出团队顽强的品格，大家凝心聚力，务实努力，积极进取。惟愿历史学院今后能够继续立足"区域社会与文化"的研究支点，探索"应用文科"的教育模式，发挥学科团队整体优势，实现服务社会新的突破，打造出一支教学和科研"双优"的教师团队。为教育事业和地方社会的发展作出应有的贡献。

历史学院　郭华

2020 年 5 月 25 日

序

　　周晓冀教授的《碑谱：石刻中的宗族变迁》正式出版，实在是一件令人高兴的大好事。回想 2016 年 6 月晓冀以《宋元以来鲁中山地宗族谱碑研究》一文参加历史学博士学位论文答辩时，答辩委员会主席、著名谱牒学家王鹤鸣教授曾给予很高的评价，称其"选题得当，史料翔实，叙述全面，逻辑清晰，所著所论对于推动中国宗族史和谱学史研究具有重要意义"。学子苦读数年，克服重重困难，终得座师赏识，于本人自然得偿所愿，于导师亦与有荣焉。转眼七年过去，作者以原有区域性专题为基础，以新辟长时段通论为框架，拓宽了理论视野，补充了资料种类；经反复琢磨，题目重新设计，思路再作调整，实不啻初衷的延伸，更彰显新局的起步——这份用心、耐心和信心，我不仅认可，还相当佩服。

　　就如我在指导研究生时常会面临知识短板一样，晓冀对碑谱的敏锐见解帮我打开了一扇我以前不大了解、不大清楚甚或不大重视的领域的大门。中国谱牒学源远流长，积累深厚，向来看重的都是社会进入纸张刊印时代后形成的纸质谱，对该时代之前展现在各类材质（除石外，还有钟鼎、绢帛、木竹等）上的谱类文献，或仅限讨论其文体，或兼而欣赏其书法，往往一笔带过，不求甚解，点到而已。即使在几成专业必备教材的潘光旦著《中国家谱学略史》（1929 年）、多贺秋五郎著《宗谱的研究·资料篇》（1960 年）、常建华著《宗族志》（1998 年）、拙著《中国宗族史研究入门》（2009 年）、王鹤鸣著《中国家谱通论》（2011 年）中，学者们也只是在研究特定时代、特定地区的宗族发展和相关社会问题时引证某些著名古碑的内容（如赵宽碑、张迁碑、孙叔敖碑、孔府碑等），对碑谱本身的历史前提、文本结构、形制特征、核心概念、分布位置等一般性问题，则没有进行专题、专章、专节的讨论。虽然我也曾经关注周代青铜器如微氏"墙盘"、单氏"逨盘"铭文的谱学地位，但主要还是将其视为一种连续性爵职世系和英雄世系的文章类系谱，没有意识到这种青铜器铭形式的谱文与后世镌刻于石碑的谱文之间是否存在历史联系。晓冀专著的重要贡献就在这里。如他在绪论中指出，碑谱并非纸谱的翻刻；它是专门记录祖先来历和宗族世系次代关系的祭祀性碑刻文献，是中国谱牒的一个特殊类型。短短不到 50 字，就捅破了一层窗户纸，其启发作用之大，至少让我领悟到了碑谱生成于世且值得关注的几个基本理由：第一，碑谱是在中国谱牒发展史上出现时间比纸谱早、存续时间肯定与纸谱同的一种具有广域性、延续性的文化现象，不能将其简单视为偶然或间歇性问世的单纯物件，其存续与宗族组织的某类特殊需求相关。第二，碑谱展示的，并非宗族观念体系繁复庞杂的整体，而只是其中不可省略、不可替代的一部分核心内容，即宗族的来历和源自祖先的世系；我以前分析传统宗族活动之所以会长期存在于当代社会，一个原因就是它能够满足相关人群"表现自身历史感的深刻需求"，说明的也是这个道理。而当它一旦被宗族精英概括浓缩为短文、图像、线段，并刻于石、立于碑，就更能凸显和象征这个特殊群体对历史感、连续性追求的虔诚和绝不肯敷衍了事的执着。第三，碑谱的主要功能是祭祀，其内涵和形式是希望利用石碑这一特殊材质，展示对本族祖先的永久性崇拜；即便进入"后宗族"时代，祭祀的功利化目标呈现淡化趋势，但碑谱所在地基或石碑本身，也可继续发挥区域历史文化的标志功能。这三项理由虽然略微超出了晓冀所论，但与他对碑谱所作内涵深广之定义的联系，是显而易见的。在这个意义上，如果我们把碑谱看作以往时代遗留下的一种特殊的"历史景观"（histori-cal landscape）的话，晓冀的定义就接近于对该类景观所含深意的"现象学"（phenomenology）解读。这不仅符合历史，也符合逻辑，因此可以成为一把打开碑谱一般问题讨论之门的钥匙；就像沿着《荀子·礼论》《礼记·祭统》对祭祀的思考路径，即可迅速建立祭祀研究的问题意识一样。绪论之后，作者以扎实的碑谱资料对区域分布、时代变迁、谱文样式、碑制类型、功能特征、传播路线、材料工艺等问题的渐次展开，就是在上述定义引领下所获一以贯之的研究成果。至于附录中的《现存谱碑统计表》《明清谱碑序文目录》《明清谱碑举例》《明清谱碑序文》等，就更是作者通过不懈的阅读和艰苦的田野调查亲自收集整理、读者尽可放心使用的第一手资料。

当然，在充分肯定作者对碑谱所作基础性研究的同时，如何把问题想得更透彻、照顾得更周到的要求也出现了，简述如下，供晓冀在今后的研究中进一步斟酌。比如博士学位论文所题为"谱碑"，专著改为"碑谱"，两者的内在共性和所指差异都很明显，如作者所说，"碑谱的载体是谱碑，谱碑是谱系碑刻的简称"，"碑谱是指刻在石碑上的系谱……（谱碑）指碑谱的石刻载体"等。因此严格说来，博士学位论文研究的是"碑"的一种，而专著研究的则是"谱"的一种，全书章节以及民间习称在这一点上是统一的，逻辑上也是自洽的。但由于两者并存一体和研究策略应各有偏重之间存在一定的"张力"（tension），作者在问题意识上要保持某种一贯性就有了难度，所以在第十二章中会出现"谱碑是……是鲁中宗族世系记录方式的重要补充"，"碑谱主要分布于华北，尤其集中在山东地区的鲁中一带，直到今天仍然作为独具特色的文化传统为当地宗族所传承"一类无意或有意抹平两者在叙述逻辑上应有的区别的表述。这虽然是一个很少在其他领域会遇到的特殊难题，但作者仍然需要面对，作一些妥善处理。因为当我们在整理"先茔碑—墓碑—诔碑—纪念碑—无字碑"等人类碑刻史时，"谱碑"

属于"碑"的一种,与其他碑种的区别集中表现在专记谱史世系,而其时空位置的公共性、美学判断的仪式性、族类意识的区域性、道德规范的普适性、功能指向的稳定性等特征,则将服从于或受制于碑铭碑刻一般的文化规范;而当我们整理"帛谱—纸谱—匾谱—电子谱—网络谱"等人类谱牒史时,"碑谱"则是"谱"的一种,与其他谱种的区别不仅表现在使用了不同的材质,还表现在不同的谱文构成、价值认定、覆盖范围,等等。碑谱独特的历史地位和学术价值也在这里。前文所谓"碑谱是在中国谱牒发展史上出现时间比纸谱早、存续时间肯定与纸谱同",也是在认识到碑谱不会被纸谱湮没的同时,对碑谱不可能取代纸谱的强调。在传统时代,纸谱主流地位之不可替代的根本原因,就在于它所含的巨大信息量足以综合地完整地反映了一个宗族的存在样态;碑谱则更典型地抓住了族谱的逻辑起点,虽然它紧扣了族类形态的规则底线——对亲属团体成员资格延续不断的表达,也就是"世系",但对于宗族生存的整体样态和更宏大的研究目标而言,"底线"仅仅是"底线"而非全部。比如,碑谱受限于刻石之难和篇幅之短,只会加深加重纸谱已存在的男性与女性的不均衡展示、直系与旁系的不均衡展示和弗利德曼所谓 A 级与 Z 级分支的不均衡展示;日本人类学家濑川昌久希望通过对某族人口寿命、婚嫁续娶、纳妾侧室、养子附祭、守寡居鳏资料的整理来再现宗族价值的连续性,但很明显,这一计划的实现也只能依靠纸谱,而不可能指望任何一种碑谱。总之,在充分肯定碑谱、谱碑所具历史价值的同时,不要忘了与其进行对照的整体,不要忽略使其获得合理性的局限性,更不要放走其中蕴含的新的研究方向。

以上所说是在细读晓冀专著、复读晓冀博士学位论文后产生的一些想法,似乎有些跑题,不一定能成立,还望晓冀见谅。我很清楚并且学术界也一致认定,在宋元以来直至现当代的中国碑谱和谱碑这一领域,晓冀已是稳居前沿的专家,不读他写的书,不看书中的碑,已很难说三道四,指手画脚了。记得收晓冀入门那年我是 60 岁,现在正好 70,晓冀学业早成，展翅腾飞，我也解甲归田，悠游林下；师生情谊整整 10 年，经常把酒言欢，已成忘年好友。凭此缘分，凑成小序，以负晓冀之托。

钱 杭

2023 年 4 月

前　言

　　本书选取具有华北宗族鲜明表征意义的石刻谱牒——碑谱为研究的中心，试图将宗族研究与谱牒形式研究结合起来，在一个较长时段内考察其内容、形态和功能的发展历史，以此再现中国谱牒和宗族发展的区域差异及地方特色，并探讨宗族间的相互关系、迁徙演变和地域社会的形成。本人的研究有其自在机缘，更离不开前辈学者的有益探索，笔者努力寻求创新，以期对中国传统社会和宗族谱牒研究有所助力。在进入正题讨论之前，有必要对研究的缘起作一交代，并呈现给读者全书的框架结构以及试图达到的创新预期。

一、研究缘起

　　近年来，华北宗族特别是山东宗族的研究有了很大起色。学界开始对山东宗族重新认识，并将它作为华北宗族一个特殊类型对待，对其组织特征或活动方式也有了初步研判。目前看来，山东宗族研究主要在鲁东丘陵地区和鲁西运河地区取得了突出成果，① 宗族地域化研究成为深

---

① 主要有常建华：《晚明华北宗族与族谱的再造——以〈山东青州邢氏宗谱〉为例》，《安徽史学》2012 年第 1 期；《近世山东莒地宗族探略——以民国〈重修莒志·民社志·氏族〉为中心》，《安徽史学》2014 年第 1 期。王日根、张先刚：《从墓地、族谱到祠堂：明清山东栖霞宗族凝聚纽带的变迁》，《历史研究》2008 年第 2 期。吴欣：《明清京杭运河区域仕宦宗族的社会变迁——以聊城"阁老傅"、"御史傅"为中心》，《东岳论丛》2009 年第 5 期；《村落与宗族：明清山东运河区域宗族社会研究》，《文史哲》2012 年第 3 期。王春花：《明清时期东阿秦氏家族的合族与婚姻》，《农业考古》2014 年第 1 期。

入探讨中国宗族史的主要路径。然而作为山东地区重要的地理单元——鲁中地区的宗族研究却仍然不足。从青州邢氏宗族、东阿苫山宗族等个案看，地域环境变迁与宗族组织化契合的研究，主要依赖于宗族资料的发掘和解读。资料缺乏一直是山东宗族研究进一步展开的瓶颈，而鲁中新发现的碑谱资料也许能在某种程度上解决这一学术困境。

　　鲁中地区是山东中部隆起的一个较为特殊的半封闭区域，现存村落几乎没有大规模的宗族聚居，人们的宗族观念十分淡薄，宗族组织活动也仅限于重大节日的走访，清明拜祭主要以家庭为主。正是这样一个看似宗族不甚发达的地区，我们却在田野调查中发现了大量被民间称为"谱碑"的石刻。这些碑刻不但镌有宗族成员的世系图，还记载了祖先历史和迁徙过程，被学术界称为"碑谱"。① 鲁中宗族的碑谱数量多、分布广，从宋元时期一直延续到当代，表现出与南方地区迥异的谱牒传统。除田野调查之外，我们还注意到在地名志和族谱中也有很多关于碑谱的记载。不过由于自然风化和人为遗弃的原因，这些出现在文献中的碑谱多数已不见踪影。即使是百姓亲眼见过的碑谱，几十年来也在加速损毁甚至消亡。民间对于碑谱保护的现状堪忧，又何况历史上屡次出现禁碑和毁碑的惨痛经历。特别是在 20 世纪五六十年代，大量祠堂和族谱碑刻破坏严重。《大众日报》曾报道，20 世纪 50 年代临朐县修建临五路时，由于缺乏文物保护意识，把方圆十几里范围内的各村墓碑、谱碑推倒，集中起来砌修了李家庄石桥。② 我们在田野采访中也经常听说，许多谱碑在农田水利建设中都被切割或打碎，移作水渠和机井的建筑材料，或者铺设道路和堰坝，只有少数谱碑被宗亲族人悄悄埋藏起来。还有一些农民在用谱碑充当建筑材料的过程中，有意识地将刻字的一面向下，或者安放在不易被损坏的位置加以保护。当地村民朴素的家族情怀和文物保护意识，为大量碑谱资料留存至今起到关键作用。

---

　　① 　关于两者之间的区别与联系后文中会有探讨，此处暂且按照学术和惯行称呼混同使用。

　　② 　《大众日报》2009 年 11 月 5 日，第 6 版。

从目前的调查看，鲁中碑谱无论分布的集中性还是数量的丰富性都令人印象深刻。其周边地区，特别是东部的潍坊地区，南部的济宁和临沂部分县市也有不少分布。可见山东地区的碑谱，自古以来就数量庞大，分布广泛，形成了一个富有特色的宗族文化圈。

以往对于华北宗族，特别是山东宗族的研究，往往带有弗里德曼学术的影子，即以华南宗族的组织属性来看待华北宗族。进而认为，华北宗族是不完全的宗族，或者是文化性的、表达性的宗族。无论是历史学家还是人类学家，大致都同意华北宗族在制度上和公产上都不完备，也没有形成大规模的聚居现象。出于华北宗族物质化和控制性弱，因而组织化程度较低的认识，我们对山东地区特别是鲁中区域，在宋元以来出现大量碑谱这一现象产生了诸多疑问。如何科学定义华北宗族？碑谱在谱牒史上的地位如何确定？华北宗族碑谱能否构成一种独立的谱种？是不是所有的宗族都会选择碑谱？原因何在？鲁中乃是碑谱文化圈的核心地区，而碑谱亦是该地族谱的典型形式之一，也是最具地方特色的宗族现象之一。现存的碑谱实例尽管在全国都有分布，但宋元以来主要集中于北方地区，其中鲁中碑谱资料尤其丰富，显现出该地区宗族发展的独特历史图景。为了科学理解碑谱、族谱与宗族的相互关系，我们的研究必须从被忽视的北方腹地开始，将鲁中地区看作一个整体，只有站在这种新的中观立场上，才有可能对山东宗族和华北宗族的时代性和地域性作出合理的说明。

二、研究亮点

本书以华北宗族的世系书写和聚落形成为中心，从碑谱形式的历史发展和内容演变出发，观察当地宗族组织与聚落的地域特征，以期最终获得北方宗族生态类型学的新结论。同时笔者认为，碑谱研究具备视野上和理论上的创新点，对于宋元以来华北宗族组织建构的研究也有一定启发性，故在此一并叙述。此外，还附带介绍了少数民族碑谱。

　　1. 本书基本结构

　　本书围绕宗族碑谱，结合纸质谱牒和地方志，以及田野考察所得各种村落形态和住宅结构资料，通过以下相关问题的讨论和结构设计，来考察碑谱的历史演变、内涵外延以及宗族聚落的分布与组织活动特征。拟解决的关键问题有：

　　（1）碑谱资料演变所涉及的地域和时间范围，碑谱区域特殊性的确立。

　　（2）碑谱的谱牒学研究价值，处于什么阶段、属于何种类型、今后发展前景。

　　（3）碑谱的宗族史研究价值，对于地域性宗族组织化起到何种作用。

　　（4）山东地区特别是鲁中一带的人文地理环境对于碑谱和宗族生态形成的影响。

　　全书共分为十二个部分，除了在第一章"绪论"部分对碑谱及其相关概念、资料进行介绍之外，主要用十一章的篇幅围绕宋元以来华北地区宗族碑谱的历史变迁及其与宗族建构的关系展开讨论。即从其演变与分布、制度与功能等角度，说明碑谱作为一种特殊类型的谱牒之历史价值；揭示碑谱与当地宗族发展的关系，并试图在分析社会环境变迁的过程中，探寻华北宗族形成的路径和地域性特征。

　　实际上，碑谱在明清时代主要以"谱碑"的形式存在，为具体说明其内涵与属性，本书结尾还附带了一通谱碑的实例，以及笔者收集的部分现存谱碑目录和序文。

　　2. 本书创新点

　　宗族碑谱的存在与宋元以来，特别是明清时期近世宗族的发展密切相关。碑谱样本的丰富性提示了宗族发展区域的特殊性。碑谱在山东尤其是鲁中地区极为丰富，是当地最为重要的宗族谱牒资源之一，也是该地宗族表现形态的标识性要素。此外，特殊的地理环境和人文历史背景造成了该地宗族独特的发展过程和生存样态，碑谱研究可以为中国宗族研究特别是华北宗族研究提供典型案例，具有视野和理论上的创新意义。

（1）宗族研究视野

第一，作为中观区域的鲁中地区面积广大，宗族分布分散，村落形态复杂，研究数据十分庞杂，对于其人口学、经济学和文化学的研究是一项艰巨的系统工程，因此可以从宗族的典型特征入手，利用有限的代表性物质要素切入研究主题。尽管近年来北方宗族、华北宗族乃至山东宗族的研究上升趋势明显，但鲁中这一中观区域视野的研究尚显不足。山东宗族的研究在地域上有几个特点，一是作为整体看待的观念颇重，二是对鲁东地区和旧运河区域宗族的关注渐成代表，三是对一地一族的研究成为重要范式。为此选取合适角度切入鲁中宗族的研究，对形成完整的山东宗族研究板块，进而补充华北宗族的研究具有重要意义。

第二，在传统的宗族研究中，山东及其鲁中地区被认为是宗族不发达的区域。对这一区域的类型学研究，既是对一般意义上宗族研究的有益补充，也是利用逆向思维观察世系的断裂、组织解构所代表的宗族发展的另一面的较好视角。这对于透彻理解中国宗族形态的复杂性和发展的深层次动力机制不无裨益。从地理格局上看，宗族分布呈现出南强北弱的形势。不过在北方地区，山东和山西宗族的聚居情况却又比较突出。山东境内则以鲁东和鲁中代表宗族态势强弱的两翼，亦颇有比较意义和研究价值。历史上鲁中地区较多受到地缘政治和文化的影响，屡次被外来势力所涤荡，是宗族不断移入和不断再生的典型区域，因此可以成为观察华北宗族生态与发展的另一个重要窗口。

（2）宗族研究方法

第一，族谱是传统宗族三要素之一，族谱的编纂形式和内容是宗族生存状态的体现，而既往宗族研究从谱牒形式上入手的例子相对较少。碑谱是传统宗族谱牒的一种特殊类型，对于这一类型谱牒的发展演变、格式内容、功能与分布，尚缺乏系统和充分的研究。碑谱样本在鲁中地区极为丰富，是当地最为重要的世系文献和谱牒资料来源之一，也是该地宗族活动的典型要素，因而有条件也有可能借此揭示山东乃至华北宗族的一般特征。

第二，通过对碑谱材料的考量，可以初步判断鲁中地区的宗族文化具有较为一致的特征。对于宗族研究来说，族谱是最为基本的材料，而碑谱在该地的发育和扩散无疑是宗族发生史上的浓彩重笔。碑谱既是宗族组织化的主要依据，也是宗族形成的重要标志。因而对这一宗族的物质文化史研究，有望从实物角度展现该区域宗族不断离散的历史图景和不断生成的顽强生命力，对理解中国宗族宋元以来的变化具有启示意义。

目　　录

第一章 绪 论

一、什么是碑谱？

碑谱并非纸谱的翻刻，而是一种宗族史上独立发展出来的石刻谱牒，确切地说是专门记录祖先来历和宗族世系次代关系的祭祀性碑刻文献。换言之，碑谱首先是一种碑刻文献，其次是一种以宗族谱系为主要内容的碑刻文献。碑谱是中国谱牒发展的特殊类型和阶段性产物。因此，在了解什么是碑谱之前，也应该首先来认识一下碑谱的载体——谱碑。谱碑是谱系碑刻的简称，因刻有中国宗族谱系信息，而形成所谓的碑谱。但碑谱的载体又具有历史多样性，包括刻有谱系的各种碑石形态，谱碑只是其中最重要的类型。

将谱系刻于石质载体的文化形式由来已久，华北民间社会普遍称之为"谱碑"。特别是明清以来，"谱碑"作为一个相当规范的名称而被广泛传播。然而，谱碑在话语范畴与本体范畴上并不一致，在学术上讨论谱碑也应有自己特定的概念。因此有必要厘清与谱碑相关的几个名词的含义，从而使其内涵得以凸显，那么我们所要说明的问题也就有了理论的支点。在中国的宗族发展史上，父系世系是宗族的本质与核心规定，也是宗族谱牒追求的根本目标。宗族谱牒就是以记录宗族世系源流为主、收集并登载其他宗族信息为辅的一种文献形式。

这些谱牒性文献以"族谱"最为常见,"族谱"也是一个非常"中国本土化",并主要为汉人宗族使用的名称。① 汉代以来兴起在碑刻上记载家族谱系,这是中国最早的碑刻家谱文献,并在宋金以后发展出具有族谱性质的宗族谱碑。宗族研究的学者称这些碑刻上的系谱为碑谱,并将它们视为一类特殊的宗族谱牒形式,以区别于宋以前的家族谱牒形式。

上述一系列关于谱碑与谱系、碑谱与世系、族谱与碑刻之类的名词,彼此有很多交叉而又沟通之处,可以从词源和功能两个方面为大家逐一辨析。

1. 谱碑

"谱碑"作为偏正结构的名词,"碑"无疑是中心部分,但意义的重点则是刻在上面的"谱"。由于对"谱"的理解因人而异,所以"谱碑"也并不是一个容易确定的概念。"谱"本为动词,指以文字为主、非文字类符号(包括图表、图像、线段等)为辅,对属于某一专门领域的核心知识及基本规则进行系统记录和详细陈述。② "谱"可以既包含世系,又包含对宗族历史的叙述,两者又可统称为谱系。从这一角度出发,谱系是"碑"的主要内容,也是主要功能之一。谱碑就是刻有宗族谱系的石碑,或者说是将族谱刻于石质载体的文化形式。然而现实中,民间只承认刻有世系图表的碑才叫谱碑,特别是那些刻有线图谱,形象地表现父系世系关系和宗族族属范围的碑刻。而墓志类谱系因其文章铺陈,句式难懂,明清以后各地均已不再流行,也不被作为碑刻谱系来关注或宣传。

宋金以后,首先是华北,继而江南、西北等地渐次开始流行刻有世系图表的墓碑或祠堂碑,此外还有一种专门附刻谱序的世系碑。这种碑

① 钱杭:《中国宗族史研究入门》,复旦大学出版社 2009 年版,第 121 页。
② 钱杭:《论"结绳家谱"——中国谱牒史研究之一》,《江西师范大学学报》(哲学社会科学版)2013 年第 3 期。

刻依形式而言略同于纸质谱，具有谱序和世系这两大核心要素，因而简称"谱碑"。谱序内容包括宗族来源、迁徙和支派演变，世系则用表格或线图表现父系直旁系关系。由于能够在有限的版面记录谱系信息，谱碑就如同是一部浓缩的族谱。谱碑序文有的就是族谱序文，有的则是为碑刻本身专门撰写。如同族谱一样，谱碑序文也常以延请高官名士写作为荣。即便是本族自拟，也会由秀才庠生类执笔，援引欧苏谱论，以附庸风雅。谱碑在文本上有个明显的特点，就是追求真实的血缘联系，因此世系范围一般比较有限。鉴于它们放置于祠堂或墓地，具有半公开性，因此多数不会有世系虚构问题。谱碑也有续修的制度，在族谱出现以后，往往又与之同时编修。在续修谱碑时，要么另立新碑刻出支派旁系，同老碑互相参证；要么增加碑石数量，形成覆盖全体的组合型谱碑。

综上所述，谱碑概念具有广义和狭义两种。广义的谱碑是指所有记录宗族谱系源流的碑刻，既包括汉唐以来的各种谱系墓碑和祠堂碑，还包括宋元时期兴起的专门刻有"宗派图""世系图"的碑刻。但是本书不主张将传统墓志列入谱碑范畴，因为它叙述的只是家族的地望与职官、婚姻情况，不是连续性的宗族谱系，其作用只是表彰墓主而非发挥尊祖敬宗收族的功能。① 狭义的谱碑则是明清宗族进一步庶民化的文献成果，具有典型的近世族谱形式，主要用图表来表达宗族世系，并配合谱序以说明宗族历史、修谱理论和立碑缘由。谱序和世系是说明宗族谱系的主体，因此成为谱碑的核心和灵魂。可见，谱碑是宗族谱系的特殊载体，这种碑刻谱系不独有族谱本身的记录功能，还发挥祭祖敬宗和收族的双重作用。谱碑的属性主要集中于以上两个实践范畴，其中后者是华北宗族最为突出的文化象征。

---

① 除去宋元以后个别以墓志名义所立的墓碑或始祖碑、先茔碑等，这些"误称"的墓志往往刻有较为系统的宗族谱系，其实就是典型的谱碑。后面章节会有对传统墓志和"误称"墓志的谱系分析。

2. 世系图表

所谓"世系"即家族或宗族的世次递进关系和世代相互之间的联系，主要分为前后代际的父子、祖孙直系关系和上下、左右的叔伯、兄弟旁系关系。在族谱文献中，同"谱"对应，世系又简称"系"，所以族谱也可以称为系谱。下文中"谱系"一般即指族谱世系，是族谱书写的内容；而"系谱"则指族谱本身，是族谱的形式，后不再赘言。

世系在宗族网络中表现为共祖的连续性，而在家族中表现为包含姻亲关系的非连续性。世系关系可以利用文字谱写或通过图、表直观描述。在谱牒的研究与操作实践中，"世系表"或"图谱"之类的名词常常十分混乱，有些明明是表格形式却被称为"谱图"，有些明明是世系图却被称为"谱表"。① 世系表达方式是宗族谱牒文献的主要内容，也是后面要讨论的碑谱类型划分的依据，因此有必要分清图、表和谱系的区别与联系。

在宋代近世族谱②出现以前，谱牒对于世系的描述形式不外乎三种：表格、线图和文章。其中文章谱最为常用，是各种官私谱牒的主要形式，也是士族碑刻的主要内容。随着宋元以后的家族的宗族化转向，文章谱逐渐退出了叙述世系的主流，但是并未完全消失，而是表现为族谱序言（谱序、谱叙）和世系录、源流集略一类。表格谱尽管早在《史记》和《汉书》中就已出现，但经欧苏"图谱之法"改造后，才成为族谱世系的主要表现形式。线图谱就是用线段连接宗族成员，纵线表示父子、祖孙，横线表示兄弟，个人世系位置准确清楚，往往最适合表达宗族父系世系中的直、旁系关系。表格和线图的表达方式，随着宋元新式谱法的推广，演化成为族谱中的世系表和世系图。世系图表是近世族谱的本质和主体，代表着一个宗族在历史和现实中的延续。世系

---

① 王鹤鸣：《中国家谱通论》，上海古籍出版社 2011 年版，第 120~124 页。

② 即北宋时期开始形成，以欧苏体例为代表的私人谱牒，其形制和内容在明清时代成熟，影响及今。

图，又称宗派图、瓜藤图、垂丝图或吊线图等，不但在族谱中广泛使用，而且特为明清时期碑谱的主要标志（见图1-1）。世系表则用表格标明世系关系，上下格内为父子关系，同一格内为兄弟和旁系关系。世系表也偶见于碑谱，不过却多演变为逐格登记、顺次排列的总表形式。族谱中世系图和世系表，形式上各异，内容上互补。由于世系图中多为单纯的人名，而世系表却可在人名之下详细注明其社会资料，所以族谱的信息远比碑谱丰富。当然，在碑谱的世系图表中也常见简单标注的诸如身份、科举、官职和出继嗣情况等信息。世系图表是宗族谱系的核心部分，与谱序一起构成丰富的谱牒文献。

图1-1　沂南县张庄镇小河村《李氏谱碑》

注：左为康熙二十二年（1683年）谱碑与2013年复刻谱碑，右为道光十四年（1834年）谱碑

（图片来自"老竹筝"的新浪博客）

3. 碑谱

以宗族史或谱牒学者的视角，刻在石碑上的族谱称为碑谱，以区别于使用其他载体（如简帛、纸本、卷轴等）的族谱。事实上，用碑刻

记录家族或宗族谱系，不但历史悠久，而且在某些地区或某个历史阶段还是占主流地位的谱牒形式。石质载体上的谱系范畴经历了作为墓主亲属的关系圈，到作为祖先祭祀的世系群，再到作为独立的宗族团体三种历史形态。以往的研究主要关注汉代以降中古墓志的家族谱系，近来的研究也开始涉及宋元以后，刻在专门碑石上的宗族谱系（以先茔碑、墓志或谱碑等名义存在）。从碑谱的发展史看，明清时期还出现过不少佛教或道教系谱图碑，它们被用来描述宗教界师徒间的传承和辈分关系，显然是受到了宗族碑谱的影响，但因为不是主流且远离本书主旨故不再秉墨赘述。

　　一般认为碑谱就其文本的构成式样而言，主要属于文章谱，也有部分表格谱和竖线谱、横线谱，是中国传统谱牒形式中的一种特殊类型。但以现存最多的明清谱碑来看，其碑谱形式更接近以世系图表为核心的近世族谱。因此，作为碑刻的谱系和作为谱系的碑刻并非同等概念，前者可以形成不同意义的碑谱，后者则是它们的共同载体，可以统称为谱碑。谱系形式的变化自然可以引起作为载体的碑刻之功能的变化。从广义上讲，所有刻在石质载体上的谱系都可以称为碑谱，甚至涵盖民间所谓的"塔谱""槽谱"和"崖谱"等形式。如王鹤鸣就认为，"塔谱"某种意义上是碑谱的延伸。① 但"碑谱"这一名称在现实生活中并不常见，它主要来自学者的认定，是一个工具性的学术名词。② 工具的所指和能指是有区别的，确定"碑谱"这一名词意味着承认所有此类碑文的谱牒性质，但事实上并非如此。如常建华认为碑谱也是汉代谱牒的形式之一，陈直更指出汉代碑文"不啻汉人石刻的家谱"③，并举例汉桓帝延熹三年（160 年）《孙叔敖碑》，碑阴一贯连叙相君以下十余世，尤以武伯以下五代世系男性直旁系详细，合计 20 人。常建华以文末有

---

① 王鹤鸣：《中国家谱通论》，上海古籍出版社 2011 年版，第 9 页。
② 只有极少数的鲁中宗族称其碑刻谱系（包括先茔碑）为碑谱。
③ 陈直：《南北朝谱牒形式的发现和索隐》，《西北大学学报》1980 年第 3 期。

"谱记也"三字，说明其"性质是刻于石碑的谱牒"①。其实，《孙叔敖碑》由孙氏子孙所在县的县令段光撰刻，主题是"感想福佑，兴祀立坛"，乃是一种追思圣贤的诔碑，绝非有意记录家族世系的碑谱。同理，东汉光和三年（180年）《三老赵椽之碑》是汉碑中汇录世系最详的，先叙族姓由来，再叙始祖以下世系，累计十代。然而此碑是赵璜为其父所立墓碑，只能说是带有谱系内容的碑刻。还有东汉建武二十八年（52年）《三老讳宗忌日记》碑，它是一种利用横格制表记录世系的碑刻。碑中以竖线分为左右两边，左为文字叙述三老功德和立碑目的，右为表列式谱系。所谓谱系实际上是以四层表格，登记祖父母名讳忌日、父母名讳忌日，下附同辈兄弟姐妹的名字。这种碑刻属于父母合葬碑，将祖父母和父母名讳忌日刻于石上，是为了方便后代子孙纪念和避讳，至多表达一个家庭的祭祀单位。② 魏晋时期的墓志也往往援引家族谱牒，以特有的文章志例"历叙世代"，③ 不过从功能上看也不能等同于真正的族谱。

4. 碑谱和谱碑之间的关系

碑谱和谱碑是一对"理一分殊"的概念，尽管两者内涵上有交叉之处，但无论在历史上还是现实中，其使用与研究的区别度还是相当大的。谱碑在内容和形式上都超越了碑谱，碑谱作为一种特殊的谱牒形式，只是谱碑的内容和功能之一，而并非谱碑的全部。对于谱碑而言，它既有碑刻本身的祭祀性和纪念性，又有族谱记录世系和收族的功能。我们不妨这样定义，刻有宗族谱系的石碑为谱碑，刻在石碑上的宗族谱

---

① 常建华：《中华文化通典·宗族志》，上海人民出版社1998年版，第238~242页。

② 马衡先生在1923年所著《中国金石学概要》中亦有相似观点，"为祠祀而设，非谱系之属也"。另见氏作《凡将斋金石丛稿》，中华书局1977年版，第92页。

③ 陈爽：《出土墓志所见中古谱牒探迹》，《中国史研究》2013年第4期。

系为碑谱，两者在不同的语境下应区别使用。传统官方文献和金石学者著作中并无"谱碑"一词，但在现实的鲁中碑刻上却有明确的"谱碑"题额，可见"谱碑"是一种民间固定的和约定成俗的称谓。尽管谱碑的名称来自自身的命名，但学界和民间对于谱碑概念和功能的认识显然存在偏差。在民间宗族的意识中，谱碑是一个十分明确的"族谱类型"，因而相对于纸质的"软谱"，谱碑又被称为"硬谱"。这说明民间在称呼谱碑时，实际指的是碑谱，而非某种类型的石碑。这对于民间社会当然不会有大的问题，因为谁也不会因此而忽视了谱碑的祭祀功能，更不会由于碑与谱的概念混乱而感到迷惑。然而，实践中的认识偏差决不能同样带入学术研究之中。在讨论谱碑和碑谱相关问题时，肯定要对"碑本来就不是谱，谱自然也不是碑"有清醒认识，要在明确概念的内涵和所处的语境下，有选择地使用不同的称谓。例如，在追溯作为一种谱系载体的发展史和地理分布时，选择"谱碑"这一名称，就是基于"历史现场"的学术路径和对当地宗族文化传统的尊重，而不是把某种学术名词强加给它们。但如果我们涉及碑刻的谱系功能，那么使用"碑谱"则更为恰当。例如，当将谱碑上的谱系与族谱进行比较的时候，尤其是描述族谱对于碑刻谱系的借鉴、吸收和扩展时，碑谱概念可能更具学术对话的空间。

综上所述，碑谱是指刻在石碑上的系谱，主要包括宗族碑谱和宗教碑谱。而谱碑概念则来源于民间碑刻文献，指碑谱的石刻载体，有广义和狭义之分。其中广义的谱碑涵盖所有刻写谱系内容的石质载体，如记录家族谱系的汉代诔碑、魏晋墓志，以及记录宗族谱系的宋元先茔碑等。狭义谱碑指的是宋元以来产生，明清时主要盛行于华北地区，专门记载宗族历史和世系的谱系碑刻。宗族碑谱是由各种刻在石碑上的谱系转化和发展而来，能够反映宗族形态演化的谱牒类型。根据前文谱碑含义的划分，碑谱也应当划分为广义和狭义两个范畴。广义碑谱是指所有刻在石碑上的谱系，包含家族谱系也包含宗族谱系，谱系可以是连续的也可以是不连续的。而狭义的碑谱仍然是指宋金以后，随着近世宗族和新式族谱的产生才出现的宗族碑谱，其形式与功能同新式族谱并无本质区别。从发展史的角度看，碑谱自然经历了汉碑、墓志等个体化碑刻阶段，但是自宋元时期的先茔碑开始，群体化碑刻就成为碑谱的真正主体。碑谱也从此脱离开复杂的姻亲关系和士族观念的历史羁绊，进入纯粹的宗族谱系阶段。到明清时期，碑谱不但记录谱系，而且更被视为全族祭祀的对象。所以，无论是汉碑还是魏晋墓志谱系，因其不具备宗族性质和功能，都应被排除于狭义的碑谱之外。

5. 本书概念使用凡例

鉴于上述分析，本书采取统一学术规范使用相关概念，具体原则如下：

（1）本书将核心概念确定为"碑谱"，以此作为某种宗族谱牒类型展开讨论。

（2）从学术意义上讨论历史上宗族谱系的碑刻化现象时统一使用"碑谱"。

（3）本书例证遵从原文，如引用明清碑名或碑文则使用"谱碑"的习惯称呼。

（4）"碑谱"强调类型用于分析属性，"谱碑"强调载体用于统计数量。

以上我们讨论了学者定义的碑谱，以及华北地区民间惯称的谱碑和专门表达宗族源流的世系图表，所有这些概念的核心都是家族或宗族的谱系或世系，所以文献中有时又以模糊的"世系碑"代而称之。根据我们前文的分析，谱系是对宗族或家族历史源流与次代关系的记录，而世系仅仅是文字或表格、线图表现的次代关系，世系碑的范畴明显要比谱碑更为宽泛，很可能就是谱碑的早期形式。例如，华北地区流行在墓碑上刻写世系的习俗，由于仅仅涉及墓主以下世系，其团体乃是以家庭为单位的祭祀组织，也是民间最为基层的宗族组织。① 世系墓碑也是近世宗族发展的产物，其体例受近世族谱的影响很大。这些世系墓碑在学术上应该属于谱系墓碑，只不过其"谱"的成分偏少或没有。民间将世系墓碑称为谱碑，以区别于不刻世系的墓碑，其实是为了强调其祭祀祖先的功能，象征着开放空间的宗族祠堂。由此可见，涉及宗族谱系的碑刻形式多样，名称和概念纷纭，地方文化特色十分鲜明。不管怎样，当我们把目光投向这些碑刻时，将会看到山东地区鲜活的民间宗族生态。

二、碑谱的研究

宋元以来，中国政治和经济地理格局发生大幅变迁，至明清时期，华北宗族的形态和活动特点已经呈现出与华南宗族一般形态的不同之处。根据对碑谱资料的初步分析，谱碑是较能体现北方地区宗族观念的谱牒媒体，同宗族聚落的形态与分布密切相关，显示出当地宗族文化与谱牒传统的一致性，其内容和功能反映了明清以来华北宗族的基本结构和生态类型。同样，宋元以前的未定型碑谱属于墓志家族谱系向碑刻宗族谱系的过渡，因而具有重要的宗族史研究价值。由于碑谱少部分依托于现实碑刻而存在，而大部分被载入方志、文集或族谱，所以对它进行的研究也主要有两个路径，一是碑刻文献学的研究，二是宗族文献的研究。碑谱分布、演变同地域社会变迁具有内在关系，近年来日益成为区域社会史研究的重要资料，以宗族聚落形态为依据，尝试做出类型化的典型学研究不断取得新的成果。

碑谱研究是以往宗族研究特别是谱牒学类型研究的薄弱环节，对华北谱牒形式的认识远未成熟。即便是新近出版的《清代宗族史料选

---

① 个别圣贤家族墓碑例外，如元代《五十一世袭封衍圣公曲阜县令墓》碑阴书"孔氏宗派之图"。

辑》，仍然认为清朝人已不常用"碑谱记录宗族史"。① 已有的碑谱研究主要考察宋元及以前的谱系墓碑和墓志，对于其发展繁盛的明清时代关注不够，而且鲜有论及与宗族生态的关系。根据谱牒学理论，族谱的表现形态与宗族生存状态基本对应，对谱碑的研究显然有助于理解中国宗族组织及其聚落形态变迁。

碑谱是宋元以来宗族发展的一个文化表征，是宗族借助中国古代石刻传统对族谱形式的创新。碑谱以世系为核心，继承和发展了墓志铭刻内容，但因固有的民间身份始终没有得到金石学者和近代以来碑刻研究的重视。对现存碑谱学界虽偶有著录，但远未深入了解，更遑论它们对宗族发展的意义及与民间社会、国家文化的关系。② 其实，早在宋明学者对世系碑刻的评论中，碑谱的谱学价值就已显现出。至清代由于碑谱普及，政府层面开始关注，甚至在法制领域做出相关规定。以下兼及金石学，而重点对今人的研究予以评述。

1. 从碑刻文献学角度

金石学经过近代考古学和文献学的融合，进入 20 世纪时开始脱离传统的著录和考证，发展出多种新的文献研究领域，碑刻学即其中的一种。梁启超、王国维、罗振玉等大师扭转乾嘉之风，积极探索务实的学术路径，广泛收集碑刻铭帖，推动了碑刻文献学的发展。20 世纪之初，叶昌炽的《语石》作为中国第一部系统的碑刻研究专著，不再简单地对碑刻编目或文字辑录，而是对历代石刻进行分类，讲述其体例、形制、内容和书写者，因而建立了碑刻研究体系，开创了现代碑刻学的先河。该书也是首部讨论谱系碑刻的著作，其例早至汉代《三老讳宗忌日记》和唐代《郭敬之家庙碑》，并提出元代北方世族多有先茔碑，碑

---

① 冯尔康主编：《清代宗族史料选辑》，天津古籍出版社 2014 年版，第 12 页。

② 清代吴式芬在《金石汇目分编》中提到 20 通金元时期世系墓碑或祠堂碑。

阴世系图较为常见。① 他说："窃谓祠墓之碑，皆可本此例。以世系勒于碑阴，则谱牒即有散亡，石刻犹在，不至无征。"除宗族世系碑外，他还顺便提及元代寺院之碑的宗派图，可见他对这一类的碑刻非常注意。柯昌泗亦提出以"石刻考求氏族学"，认为金元以来的先茔碑起源于唐代先世诸碑，"溯述世系，刊载一石"。② 1923 年马衡所作《金石学概要》，同样是使金石学走向近代化的努力。该文对石刻之别见解卓著，专门论及"谱系"一类，认为是中国宗法社会之时代遗存。针对 1943 年青海发现的《汉三老赵宽碑》，马衡先生说："详载世系，至十世之远，为汉碑中罕见之例。所载名字官位，多可补正两《汉书》之缺误，意盖出自其家谱牒，或较史家所纪为正确也。"③ 同时他还根据该碑内容，复原出赵氏世系图（附后）。他指出，宋元以来世系刻石犹多，如康定二年徂徕《石氏世表》，延祐二年莱芜《邹氏宗派图》和至正七年《王氏世系图》等，"皆于本系宗支叙述详备"。他还提出寺院宗派图碑以及孔孟等古代圣贤的世系图碑类型，并根据汉《三老碑》的形制和内容，判定它"为祠祀而设，非系谱之属也"。④ 马衡促进了中国考古学由金石考证向田野发掘的过渡，被誉为中国近代考古学的前驱。同时代琴瑟相鸣者如王国维，1925 年在《古史新证》中提到二重证据法，认为历史研究有赖于纸上材料与地下新材料的结合，不过其中列举的几大类出土文献中却没有碑刻。可见作为一种专门的文献类型，碑刻特别是墓碑的系统研究尚未成熟。此后的碑刻研究多作为历史资料

---

① 元代潘昂霄的《金石例》卷二《先茔先德昭先等碑之始》也曾提到，"先茔、先德、昭先等碑，创业于国朝，已前唐、宋、金皆无，所书三代并妻子例似与神道墓志不同"。

② 叶昌炽撰，柯昌泗评：《语石·语石异同评》卷三，中华书局 1994 年版，第 214~215 页。

③ 马衡：《凡将斋金石丛稿》卷五《石刻·汉三老赵宽碑跋》，中华书局 1977 年版，第 178 页。

④ 马衡：《凡将斋金石丛稿》卷五《石刻·汉三老赵宽碑跋》，中华书局 1977 年版，第 92 页。

的旁证，真正的学科建立应该是在中华人民共和国成立以后，如周绍良的《唐代墓志汇编》、赵万里的《汉魏南北朝墓志集释》、赵超的《中国古代石刻概论》《汉魏南北朝墓志汇编》《古代墓志通论》以及徐自强和吴梦麟的《中国的石刻与石窟》、毛远明的《碑刻文献学通论》《汉魏六朝碑刻校注》等。这些著作多将墓志归为单独一类。但是对于墓碑系统来讲，墓志仅仅是其中的一种，所以有学者又提出冢墓杂刻等，作为其他形式的刻石分类。此外还有包备五的《中国古碑》，将碑刻分为十五种，通过对比墓祠之碑和墓葬之碑，认为墓碑的内容应该包括家世、生平和事迹。这些讨论限于魏晋南北朝至隋唐墓志，它们多以姓氏和地望为核心，并非明清时期普遍所见的宗族世系。①

最早将碑刻同谱牒结合起来考虑的是陈直先生。1980年在《南北朝谱牒形式的发现和索隐》一文中，他开始关注"南北朝家谱载于刻石者"。但受当时墓志资料所限，这一类型的谱牒研究未能引起学界的重视。而近年对于宋代之前墓志世系研究最为系统者要数陈爽，其《出土墓志所见中古谱牒探迹》（《中国史研究》2013年第4期）一文通过文本辨析和图版对照，以"志例"入手，判定了魏晋南北朝墓志中特殊的世系记载"乃是墓主家族谱牒的抄录或节录"，在一定程度上反映了中古谱牒的基本形式和原始风貌。从其研究可以看出，中古以来"引谱入志"的传统对墓碑和祠碑影响很大，宋元以后谱系碑刻逐渐成为一种独立的谱牒载体而流行于世。另外，毛远明《碑刻文献学通论》的研究具有学术集成意义，不但讨论了汉魏墓志中阴刻三代的情况，还专门对宋元"世系图碑"予以简略介绍。② 不过总体而言，碑刻文献学对于谱系问题的重视不够，既没有形成持续的专门研究，也没有充分认识到其社会史、文化史涵义。宋元以后的宗族谱系碑刻应是在中古时期谱牒和墓志基础上的继承和创新。这一创新随着近世化宗族的出现而

① 赵超：《中国古代石刻概论》，文物出版社2001年版，第226~235页。
② 毛远明：《碑刻文献学通论》，中华书局2009年版，第121、246~247页。

得以弘扬，并逐渐成为定式。碑刻中的谱系问题涉及宋代以来中国宗族社会的发展和变化情况，能够体现华北地区特别是其明清时代宗族生存的实态，对此认识不够实在是碑刻学研究的一大遗憾。

尽管当代碑刻研究的系统化和地域化日趋明显，在一些地区也有新发现的碑谱实例，但总体上的搜集和研究进展不大。国内较为知名的碑刻藏所陕西省博物馆所编《西安碑林书法艺术》，列载了许多汉唐以来的墓志、家庙碑和坟茔碑。书中所附的《西安碑林藏石细目》总计869通，其中墓志就有488通，但世系碑刻极少。我们能看到的仅有几例：广德二年《郭氏家庙碑》（阴书郭子仪兄弟子孙的官职姓名）、建中二年《颜氏家庙碑》（阴书后裔家世）、道光八年《李氏世系表碑》（阴书李东恒家族谱系）。山东省是魏晋以降墓志和墓碑出土较为集中的地区，但该地碑刻中的谱系问题也长期不为研究者所重视。在山东省政协文史资料委员会编《齐鲁百年名碑录》和赖非的《齐鲁碑刻墓志研究》中，几乎难觅碑谱的影子。赖氏曾著录了大量出土的北朝隋唐世族墓志，像清河崔氏、泰山羊氏、历城房氏、金乡徐氏等，它们出土地点集中，显示出关系的密切性，但是很可惜没有提及碑刻的谱系因素。多年来，山东各地方的碑刻调查也很少涉及谱系，如韩明祥的《济南历代墓志铭》、张庆元的《平阴古碑石刻集》、张永强的《蓬莱金石录》，就失录了笔者所见过的当地不少谱碑。笔者在各区域性文物调查类资料，如苑继平的《枣庄文物》、王成典的《淄博文物与考古》、章丘文管会编《章丘文物考》、潍坊政协文史委员会编《潍坊文物博览》、贾效孔的《寿光考古与文物》等书中，也未发现谱系碑刻或碑谱的踪影。

当然，我们还是能够从一些地方文献资料中发现少量碑谱踪迹，如夏广泰和郑建芳的《邹城瑰宝》提到，西晋《刘宝墓志》具有家世谱系格式，因为没有图片，尚不清楚其具体式样。又如滨州文物志编委会编《滨州地区文物》，在"各县文物概况一览表"中有三例谱碑，即乾隆年间辛店乡樊村《樊氏谱碑》、同治年间孟家村《孟氏谱碑》和清代李庄乡《李氏谱碑》。临淄文物志编辑组编《临淄文物志》亦录有一通刘家营蒙古族碑志，上刻三世谱系。刘玉新和张振华的《东阿文物》附"石刻文物登记表"，计有石刻64通，其中顾官屯乡民国时期《孟氏谱碑》一通，为二方合一碑。袁明英的《泰山石刻》蔚然10卷，为最新的泰山地区石刻调研成果，汇集该地碑刻之全前人不逮。不过该书仅录肥城、泰安等地谱碑6通，且未对碑上文字和世系加以整理和展示，殊为可惜。

现存曲阜和邹县的圣贤家族谱系碑刻，则较多受到研究者关注。如曲阜师范大学骆承烈著有《石头上的儒家文献》和《曲阜碑目辑录》，搜罗汉代至民国时期孔子家族碑刻725通。其中元代的98通，多为标明世系辈分的墓碑，集中于曲阜县的孔林家族墓园。如元代初期《五十一世袭封衍圣公曲阜县令墓》碑阴书"孔氏宗派之图"，元天历三年五十二世孙《孔之厚墓碑》刻夫妇、三子及曾祖和祖父名讳。在该书附录中还列出明永乐七年《孔氏族谱图》碑，两面均刻有典型的宝塔形世系图，碑阳为孔子至四十二世孔光嗣世系，碑阴为四十三世孔仁玉至五十四世孔思晦世系。孔氏注重利用碑刻记录谱系，既有政府扶持的关系，更为防止伪孔乱宗。据《阙里文献考·世系》之《孔思晦》篇载，孔末之祸乱孔宗谱，"是贼与吾宗为世仇，不辩将益肆，于是大会族人斥之，复刻宗谱于石，以垂永久焉"[1]。刘培桂编著的《孟子林庙历代石刻集》所录墓志，既有文字叙述的世系，也有世系图表类型。其中元延祐元年《孟氏宗支图派》碑和《先师亚圣邹国公叙世系图记》碑、金大安三年《邹国公累世孙之派》碑等较为典型，碑文中孟子世系的传承分衍记载比较详细。这些圣贤家族的谱系碑刻，为研究金元以来的碑谱发展提供了宝贵资料。

2. 从谱牒学和宗族史角度

谱牒形式研究一直为宗族史专家所重视，如钱杭先生从字源学的角

---

[1] 《元史》一八〇记："遂会族人斥之，而重刻宗谱于石"；另见顾炎武撰，陈垣校注：《日知录》，安徽大学出版社2007年版，第1261页。

度讨论族谱的概念，认同罗香林所提"宗支世系为中国族谱记录之首一对象"。他说族谱之"谱"，应指以文字写成的文章，包含文字的图表和线段。① 碑谱就是指碑刻的宗族谱系，即刻于一块或一组石碑、墓碑上的族谱。碑谱是中国传统谱牒形式中的一种特殊类型。就文本的构成样式而言，宋以前主要为文章谱，也有部分表格谱和竖线谱、横线谱；宋以后主要是表格谱和线段谱，民间称之为吊线图、宝塔图或树形图。钱杭在《宗族建构过程中的血缘与世系》一文中，提到世系描述文本的七种类型（典型的系谱体例），并举例所谓"文章系谱"，日本有稻荷山铁剑铭，中国有以《张迁碑》为代表的汉代碑谱；至于"竖系图"则更为常见。② 他还说，"谱牒合称"其实出现得并不太晚，《史记》《后汉书》都已经提到；而且两者在编撰体例的特征上似乎也没有陈捷先所说的那种或简或繁、或线条或文字的区别，所有世系类文献都是用文字"谱写"而成的；既可单称谱，单称牒，更可合称为谱牒。③ 而陈则认为："谱则起源于周代，是以'旁行斜上'的线条所组成，用来分别帝王诸侯间的远近亲疏关系的……汉唐以下谱书里的传记就是由牒演变而来，谱则是日后谱表体例的张本。"④ 从这种意义上看，两者都认可"谱"乃是早期的世系表达，汉代碑谱的确是中国谱牒的原本之一。

王鹤鸣在《中国家谱通论》中也提出家谱的碑谱类别，即"将家谱刻在石碑上"，这其实是将碑谱定义宽泛化。他还提到塔谱，说它

---

① 见钱杭：《论"结绳家谱"——中国谱牒史研究之一》，《江西师范大学学报》（哲学社会科学版）2013 年第 3 期；《"口述世系"与"口述家谱"略论》，《上海师范大学学报》（哲学社会科学版）2014 年第 1 期。罗香林的观点见氏作《中国族谱研究》，香港中国学社 1971 年版，第 306 页。

② 钱杭：《宗族建构过程中的血缘与世系》，《历史研究》2009 年第 4 期；氏著：《宗族的世系学研究》，复旦大学出版社 2011 年版，第 86 页注 1。

③ 钱杭：《论"结绳家谱"——中国谱牒史研究之一》，《江西师范大学学报》（哲学社会科学版）2013 年第 3 期；陈直的观点见氏作《南北朝谱牒形式的发现和索隐》，《西北大学学报》1980 年第 3 期。

④ 陈捷先：《中国的族谱》，台湾文化建设委员会 1999 年版，第 24 页。

"某种意义上是碑谱的延伸"。他认为东汉时期著名的《三老碑》① 和《孙叔敖碑》都是碑谱，因为"上述二碑除记载家族成员世系、名字、忌日外，还包括祖先功德以及立碑的目的等内容"。"其名字辈分排列，上下为父子关系，左右为夫妻兄弟姐妹关系，这种世系表同后世家谱有着明显的渊源关系。"② 碑刻世系表仅见《三老讳宗忌日记》，属于同期罕见的世系表达类型，其意并不在于展现祖孙世系关系，而是类似祭祀牌位的陈列，将父母祖妣的忌日刻于碑上，以"敬晓来孙"。与后世家谱世系图表相似的碑刻则要晚至北朝才出现。③ 他认为汉代家谱最突出的发展就是出现了碑谱，"以后历代都为人们所利用，碑谱成为中国家谱园地中保存家谱原貌特征悠久的重要载体之一"④。实际上，明清时代成熟的碑谱早已脱离汉代碑谱的形式，而是采用近世族谱的世系图表来表达世系关系。同文他又指出，宋代苏洵也"刻石为谱"，此传统一直延续到民国时期，甚至传播至少数民族。他所概述的碑谱主要是历代碑刻文献中的世系文本类型，没有注意到宋元以后碑谱形式发生了根本大变化，出现了以宗族谱系为核心的重要特征。

常建华对于碑谱的论述也是始于汉代，但对汉碑谱系的解读更为详细，认为其"性质是刻于石碑的谱牒"。不过他认为碑谱的概念仅止于汉代，称宋元时期的这种谱牒形式为石谱，反而不叫碑谱，尽管两者在载体上都是碑刻。常建华所引石谱资料主要来自当时的元人文集，如《资阳故谱》石刻、歙县《郑氏石谱》、《宁晋王氏本支图记》碑以及东阳、吴兴立于祠堂和墓前的石谱。⑤ 他根据文献所记石谱的内容和形

---

① 应为建武二十八年（52 年）《三老讳宗忌日记》碑。

② 王鹤鸣：《中国家谱通论》，上海古籍出版社 2011 年版，第 9 页。

③ 如《吐鲁番出土文书》所收《高昌某氏残谱》（73TAM），以横竖线联结世系关系。

④ 王鹤鸣：《中国家谱通论》，上海古籍出版社 2011 年版，第 69 页。

⑤ 常建华：《中华文化通志·宗族志》，上海人民出版社 1998 年版，第 224～287 页。

式，认为其体例继承汉代以来碑谱和墓志的传统，又创新使用"图谱之法"来记录世系。宋人设置石谱于墓所，是为了长久保存宗族谱系，而且方便墓祭祖先。另外石谱上覆碑亭，便于同墓祭和宣教结合，以增强尊祖收族的效果。到元代族谱的刻本化有所提高，但仍有相当多的元人延续传统，将谱系刻于先茔碑和墓碑，放置于墓茔前或墓祠中，起到了族谱的聚族作用。

与此同时，其他国内外学者也开始关注这种特殊的碑刻谱牒，进而有意探讨它所反映的社会变迁。如日本早稻田大学的饭山知保，曾有专文讨论宋元时期的"石谱"和先茔碑，认为将系谱图刻于石碑的做法，自金代后期开始在北方社会普及。到 13 世纪 80 年代，"碑石上的系谱事例突然开始增加，碑文内容也趋向尽量仔细记录家族世系和房支谱系"①。这一现象或许与汉人军功家族在蒙元时期的兴起有关。据他分析，先茔碑在蒙元时期的北方开始流行，成为新兴官员首次记录家族谱系的通行媒体。刻有"宗派之图"的多数为先茔碑，也有神道碑等其他碑刻，金元时期的这种谱系碑刻可能具有与编纂家谱一样的社会功能。王霞蔚在其博士学位论文中，利用谱系碑刻解释宗族的地域化问题。她说："金元时期，山西中东部地区成册的族谱很少见，家族世系主要以碑谱的形式保存在家族坟地里，一般是在墓志、先茔碑的阴面刻录。"如元至治三年寿阳县南燕竹镇吴家崖村的《石氏先茔之志》，该碑阳面叙述石氏先祖迁徙和家族繁衍历史，阴面则刻有石氏宗谱图。②王日根、张先刚在梳理明清时期山东栖霞宗族变迁的过程中，提出一条"从墓地、族谱到祠堂"的宗族发展路径。认为栖霞宗族的早期活动是围绕墓祭展开的，刻有家族谱系的墓碑既可达到"认证祖先"的目的，

---

① ［日］饭山知保：《金元时期北方社会演变与"先茔碑"出现的意义》，《中国史研究》2015 年第 4 期。

② 王霞蔚：《金元以降山西中东部地区的宗族与地方社会》，南开大学博士学位论文，2010 年，第 28~33 页。

"又可起到记录世系支派、统合宗族、加强宗族认同的作用"。宋以后宗族意义上的谱系碑刻开始盛行，在墓碑上刻录世系的情况相当普遍。如栖霞《陈氏族谱》明确提到族人"欲修谱而未逮"，其后乃立"谱碑"的情况。① 汪润在硕士学位论文中也谈到墓碑的谱系性功能，指出由于记录的格式与介质不同于纸质的族谱，这种碑刻不便于记录世系过深的谱系。他认为，对世系记述最详细的当属世谱碑，在房山地区有数十通。清代后期的墓志铭中也有类似的世系内容。这些世系碑立于家族墓地，都可以起到类似族谱的作用。②

上述学者还注意到谱系碑刻的多种类型。如前述的饭山知保文提到，金代《故周公之墓铭》（金大定十一年，1171 年）、《智氏先茔石碑》（金承安二年，1197 年）和《河中郭氏坟碑》（金代，时间不详）都是将系谱刻在经幢上。并援引王锦萍的观点，指出经幢是当时北方社会记录世系的主要载体。王霞蔚也在自己的论文中列举出各种不同的世系碑，如寿阳县朝阳镇的《峪口吴家祖茔经幢》，第五面为家族世谱；平定州《关氏世系碣》《王氏世系之图碑》和《石氏家谱碑》以及《董氏世系碑碣》，尽管名称和形式各异，但专以记录家族历史和世系为主。还有汪润所提世谱碑，据说是记录世系最为详尽的碑刻，但从其论文移录的谱序分析，似乎至多是类似墓志的文章谱。

总之，以上的研究并没有将碑谱，尤其是明清碑谱作为一种独立类型来研究。从讨论所及资料来看，也主要是出自各类金石录文献，缺乏实地的碑刻调查。他们似乎尚未关注到本书所定义的狭义的明清谱碑。碑刻世系在中国大部分地区都有相当长的历史，但是明清以来尤其是华北地区的碑谱有自己特殊的形制与内容，能够反映当地宗族文化的区域

① 王日根、张先刚：《从墓地、族谱到祠堂：明清山东栖霞宗族凝聚纽带的变迁》，《历史研究》2008 年第 2 期。

② 汪润：《华北的祖茔与宗族组织——北京房山祖茔碑铭解析》，郑振满主编：《碑铭研究》第二辑，社会科学文献出版社 2014 年版，第 489~493 页。

性，应该值得深入分析、专题探讨。当然，以上学者的成果为笔者的进一步研讨打下深厚基础，能不能有所继承和发展，则要有待笔者通过努力去争取了。

众所周知，族谱是传统宗族三要素之一，族谱的编纂形式和内容是宗族生存状态的体现，因而历来都是宗族史研究的最基本资料。中国宗族碑谱的出现与流行，和宋元以来近世宗族的发展密切相关。本书认为碑谱是传统宗族谱牒的一种特殊类型，对于这一类型谱牒的发展演变、格式内容、功能与分布，应给予系统和充分的研究。根据文献记载，早期碑谱在南北各地均有发现，但是明清以后，碑谱的分布日益缩小至黄河以北地区，进而又在清代中叶以后集中于鲁中地区。碑谱发展的区域性变迁预示着中国社会和宗族组织的某种重大转型，而南北地区不同的谱牒形式选择又提示了宗族发展的区域差异。对这一宗族标志物的文化史梳理，无疑有助于深化中国宗族谱牒的理论研究，并对宗族地域化探索做出重要补充，而且对理解中国近世宗族的发生和发展也应有一定的启示。

本 章 小 结

本章对碑谱及其相关概念作出辨析和厘定。碑谱是指刻在石碑上的系谱，主要包括宗族碑谱和宗教碑谱。而谱碑则是来源于民间的碑刻文献概念，指碑谱的石刻载体，有广义和狭义之分。其中广义的谱碑涵盖所有刻写谱系内容的石质载体，如记录家族谱系的汉代谀碑、魏晋墓志，以及记录宗族谱系的宋元先茔碑等。狭义谱碑指的是宋元以来产生，明清时代主要盛行于华北地区，专门记载宗族历史和世系的谱系碑刻。宗族碑谱由各种刻在石碑上的谱系转化和发展而来，能够反映宗族形态的演化。

本章认为碑谱作为一种特殊的谱牒形式，既有族谱记录世系和收族的功能，又有碑刻本身的祭祀性和纪念性，考察碑谱不能不联系碑谱的实践价值。近年来华北宗族文献中的碑谱受到较高关注，但尚未有全面梳理碑谱起源、发生、变化和涉及社会史料价值的论著，尤其是对明清碑谱在宗族活动中的意义探讨不够。以下的研究，主要从狭义碑谱，即宗族碑谱展开。

第二章　宗族碑谱的分布

对于宋元以后的宗族特别华北宗族，碑谱是族谱的主要源头和重要补充。因而研究碑谱有助于理解中国宗族的近世化，以及南北宗族组织结构及其发展形态差异化的形成机制。钱杭先生曾提出，谱牒的表现形态与宗族生存状态基本对应。正是在这一理论指导下，笔者自 2013 年起，先后到山东省内 17 个地市①以及山西、河北、河南、陕西、江苏、青海、宁夏、内蒙古、辽宁、安徽、浙江、江西、湖北、云南、广西、福建和北京、天津、上海、重庆等十几个省市地区进行考察，初步掌握了碑谱的源流和分布。最终确认山东为宗族碑谱的集中区域，为展开后续论证奠定了资料基础。以下的分析主要依据笔者从文献和田野两个渠道获得的各类谱碑及其相关信息。②

一、资料来源与价值

资料是史学研究的生命源泉，而方法决定了研究的路径和深度。宗族社会史和谱牒文献学的研究都离不开正史和方志，更离不开作为民间

---

① 原莱芜市已于 2019 年划归济南，区划改为莱芜区和钢城区，本书写作之时山东尚存 16 地市。

② 以下所说"谱碑"主要是指狭义谱碑，也包括少量刻有谱系的先茔碑，以显示碑谱的规范性。

历史文献的碑刻和族谱。本章就笔者所收集的核心史料进行概述，并利用历史地理学方法对碑谱分布予以说明。

1. 资料来源

笔者对碑谱资料的搜集主要有三个来源，这三个来源的结果都指向一个事实，即碑谱全国均有分布，但在山东呈现集中趋势。对碑谱的时空分布进行调查，有助于利用碑谱所反映的宗族生态，去揭示宋元以来宗族的分期、分布和组织构成方面的问题。

第一个来源是网络与新闻媒体。在搜索引擎上输入"谱碑""碑谱"和"世系碑"，进入对应的网站，可以查到较为丰富的碑谱资料。一是地方史学爱好者的博客，如"山野散人"和"耐容堂主"的主页，都对肥城这一谱碑最为丰富的地区进行了卓有成效的考察。他们对自己活动范围内的谱碑有较为详细的了解，还常常配以图片，记录碑文，不过对世系部分重视不够，相关的图表资料没有得到整理。但正是这些地方学者的关注，使我们认识到碑谱分布的地理特征，像在肥城就有 24 块现存谱碑实物，说明这是一处宗族碑谱流行的区域。二是宗亲网站。许多宗族在追溯祖先历史和重建宗族的过程中，多次提到、复刻或新立谱碑，其分布也集中于山东特别是鲁中地区。如下列新闻：2008 年"费县梁邱关阳司李氏于清明节举行谱碑盖亭奠基典礼"，2009 年"沂南县砖埠镇殷家庄村殷氏举行谱碑落成及清明节祭祖庆典"，这类消息或声明也往往出现于各大论坛、贴吧或百度文库。三是各地报刊新闻所见碑谱信息，虽然不多，但有代表性，大多是山东省以外发现的谱碑文物。据报道，该种形式的碑刻在当地十分少见，间接反映了碑谱在全国分布较少，而在山东集中的现象。

第二个来源是古今文献。首先是地名志。根据山东地区的地方志和村志介绍，大量的村史地名资料来自谱碑，对宗族的原籍、祖先名讳、迁徙时间、地点和分支世系情况也有简要的记载。笔者查阅了山东省51个县市区的地名志资料,共统计出涉及"谱碑"的资料669份。① 其次是族谱。族谱中的碑谱资料非常多,证明作为一种文化传统,修撰碑谱与修撰纸谱并行不悖。族谱中对于碑谱的出处、时代和内容记录都比较详细,有的甚至将碑谱序文整体移录。在明清时期,由于缺乏纸质谱牒,宗族修谱特别注重参考旧碑,族人之间的世系关系往往利用碑谱才能确认。三是金石录。古代金石学文献中的碑谱资料十分少见,并不为研究者重视,但在涉及山东地区的著录中也会偶见碑谱的例子。如清代吴式芬的《金石汇目分编》中就提到,刻有宗族世系的墓碑或祠堂碑20余通,主要集中于金元时期的兖州府,即今济宁的曲阜、邹县以及泰安的宁阳一带。② 近年文物普查和文物资料汇编中,也不时出现碑谱的影子。如袁明英主编的《泰山石刻》是目前较为齐全的泰山地区碑刻集,收录各种石刻文物图片与资料6000余例,其中谱碑照片有9帧(6通)。③

第三个来源是田野调查。从2013年初冬开始,笔者根据各种媒体报道和网络、文献索引的碑谱线索,进行了多年的专项调查。其中重点考察了鲁中范围内泰安市所属2区4县市,原莱芜市所属3区,以及周边的临沂、淄博、枣庄和济宁等地的县市区。经调查发现大量谱碑未经有效保护,有的已经不知去向。而新发现的一些碑刻,多数处于偏远的乡村,部分破损严重,状况堪忧。笔者还先后到华南地区(如江西赣北、赣南以及广西河池,四川、重庆等)和华北、西北地区(如河南郑州、洛阳和开封,山西太原、运城和临汾,河北邢台等)部分县市区调查,行程数千千米,以了解当地的宗族生态和谱系碑刻的形制特点。

经过田野调查结合对媒体信息的甄别,目前笔者共收集到谱系碑刻

---

① 具体统计见下文。
② 吴式芬:《金石汇目分编》卷十二,山东省图书馆馆藏刻本。
③ 袁明英主编:《泰山石刻》,中华书局2007年版。

资料 300 余通（仅山东地区就有 200 余通），可以确认其中大部分都属于狭义上的谱碑。在调查资料的基础上，笔者利用宗族世系学理论进行分析，明确了几种谱系碑刻的区别，初步厘清了碑谱的概念，为开展明清宗族研究打下基础。根据既往研究，碑谱的载体包括墓志、墓碑、先茔碑或狭义谱碑，这无疑是储量巨大的文献资源。由于笔者调查能力有限，碑谱总量显然无法准确统计，但现有碑谱资料足以说明，宋元以来的南北宗族差异存在内在动因。

2. 资料价值

碑谱作为宗族的公共文献有别于私密性的纸质族谱，在承担记录家族历史、传承血脉世系、聚拢族人方面起着独特的作用。尤其是在明清社会环境下，碑谱还发挥着廓清宗亲范围、界定世系关系、宣扬宗族教化的功能。碑谱的意义不仅在于找寻家族世系的源头，还为谱牒学和宗族史研究提供了极富价值的历史文献资料。

（1）碑谱的谱牒学研究价值

在很多清代及民国的族谱中都会提到，碑谱往往是后代续谱的重要依据。碑谱的创立一般在移民之后的几代开始，而且很少会记载迁祖之前的世系。族谱的创修则要稍晚，甚至又要经过数代之后。明清谱牒就记载不少山东宗族因经济条件不足以修谱，乃简化为石质谱牒，以起到相同的作用。如泰山后梁氏首创族谱便是碑谱，后来发展到手抄本再到印刷本。此外，山东地区的早期族谱保存情况较差，现存族谱多为清末民国以后创修，主修者也不止一次地提到碑谱的历史价值。如泰安北集坡《任氏支谱》在《续编说明》中介绍：

> 泰安任氏旧居崔村，始祖继松生三子，长兆镜仍居崔村，次子兆水迁居仁门庄，三子兆清于永乐年间（1403—1425 年），因永乐北征，四方扰乱，生民涂炭，家人失散，各奔逃生，遂止居于岱南汶西东北集坡庄，是任氏几十世之祖。其族于万历年间（1573—

1620 年)，祖茔已立谱碑。因数百余年来，族人不明祖系，不知亲疏，故二十一世孙任秀义，不怕劳苦，手抄成谱，告知祖众。但屡经战乱，散失无存。直至十一世文弘时，又重修谱碑，但经数十年风雨剥蚀，已残缺不全。秀义幸得残碑，便根据碑文，历经数月，于中华民国四年岁次乙卯桐月上浣（1916 年农历乙卯年 3 月上旬），编写成谱，使之传留后世。[①]

通过对碑谱序文和世系的分析，可以还原当时谱牒的编纂方式和理论根据。因此，碑谱研究是对宗族谱牒学的重要补充，可以弥补纸质谱牒在某些时代和地域上的缺失，从而为全面展现宗族谱牒面貌和宋以后的宗族史进程提供珍贵资料。

（2）碑谱的宗族史研究价值

根据田野资料分析，碑谱是较能体现宋以后宗族观念的谱牒形式，同宗族聚落的形态与分布密切相关，显示出宗族文化与谱牒传统的一致性。碑谱内容和功能反映了明清以来华北宗族的基本结构和生态类型，在碑谱发达的地区恰巧现存纸谱较少，可以推测纸质谱牒不发达或许同碑谱存在着特殊和复杂的对应关系。传统宗族研究较少关注鲁中地区，该地区的现存族谱也较少，碑谱的出现也许是对不稳定的宗族状态的一种强化和维护。

宗族发展至宋代，出现了平民化、下层化、普及化倾向，谱牒的碑刻形式也在墓志的影响下发展并固化下来。碑谱首先滥觞于皇室和豪强墓碑以及孔孟世系碑刻，到金元时期大量出现于非皇室、非豪门的先茔碑之上，典型的碑谱则是在明代成熟。清代乾隆以后碑谱繁盛于全国，直到民国时期仍是较为常见的民间谱牒形式。当代北方地区恢复修谱的热潮以来，民众又争相效仿，复刻、新刻碑谱蔚然成风，使之成为新宗族活动的重要内容。在不同的历史时期，中国各地宗族都经历过多次的

---

① 泰安北集坡《任氏支谱》，2009 年。

世系断裂和组织重建，聚落形态十分不稳定。而北方地区祠堂和族产又相对薄弱，宗族活动以墓祭为主，因此对宗族世系的保存极为重视。于是这种石刻谱牒形式应运而生，既满足了宗族重建的现实需求，又体现了初建宗族简化的组织结构、分散的聚落形态、间断的构建过程和顽强的世系文化求索。因此，对于宗族特别是华北宗族而言，碑谱既是一种宗族组织建构的手段，能够统一宗族组织内部的各种要素；同时也是一种特殊的世系书写形式，是解释文化宗族想象共同体的天然媒介物。

碑谱可以说是华北明清时代一个突出的宗族物象，受到乡村社会的普遍重视，反映了当时当地的特殊宗族观念。有文章认为，华北宗族的外在物化标志，即起着功能性作用的宗族聚合手段很少见。[①] 而碑谱恰巧作为一种主要的物质手段，体现着华北宗族尊祖收族、永葆世系传承的传统观念，为从物质文化角度研究宗族形态与变迁提供了鲜活的遗存史料。

（3）研究数据的处理

历史上碑谱发展经历了长期的演变过程，其类型和变例情况也比较复杂。为了能够厘清碑谱的概念，在大量调查数据中概括出其性质和特征，有必要利用科学手段进行统计和分析。现将本书所采用的统计原则和方法说明如下：

①统计单位的规定。碑谱依照其载体——谱碑为统计单位，分成"通"与"块"两种。在本书中"通"的含义是特定的碑刻单位，也是与之相应的碑谱单位。而"块"则是谱系刻录的自然载体单位——石块界面的指称。这些石块是经人工开采和錾削成型的方形或长方形碑体。多数情况下一通谱碑由一块完整的石制碑体刻画世系图组成，也就是说一通碑谱就呈现于一块完整的石块界面上。但有的宗族规模大、谱系长，宗族的分支和子孙也较多，或者序文偏长，就会出现一通谱碑由

---

① 兰林友：《论华北宗族的典型特征》，《中央民族大学学报》（哲学社会科学版）2004 年第 1 期。

几块石碑组合而成的现象。如在河南郑州等地祠堂中，一通世系碑往往由几块甚至几十块石碑组成。山东新泰禹村镇东沈东村的马氏祖林碑亭，共有 13 块回族碑谱①，均为始祖以下四支各房的统宗谱，也可算作一通。

②本书附录《谱碑目录》的编制原则。一是时代主要限定于宋元以后，兼及金元时期和当代。宋元及以前碑谱尚未形成严格意义上的碑刻谱牒，而是墓碑或祠碑谱系的变体，普及化和宗族性程度不高。明清时期碑谱基本定型，并逐渐成熟。现存碑谱主要是明以后的谱碑资料，是族谱碑刻化的典型代表。这些谱碑具有相对独立的碑刻学和谱牒学特征，也是我们考察北方宗族的出发点。为更好地说明和展现碑谱在全盛阶段的内容和形式特征，我们特地编制了该时期的《谱碑目录》。二是地域上不仅限于田野调查所及，凡是田野调查和族谱阅读中发现的狭义谱碑，以及各类媒体报道的确切谱碑均在收录范围。在山东地名志中笔者曾参考了大量碑谱信息，但这些谱碑或者仅存于族谱记载的条目，或早已崩坏磨灭。由于这部分资料过分简短，只有碑名或是引用了碑中的少量字句，是否真正意义上的谱碑，尚难深究，故不作为本目录的资料。鉴于山东省地名志所载谱碑数量较多，在全国统计时仍不考虑所有地名志中的数据，应该不会影响谱碑数量的统计学和区域比较意义。

二、碑谱的时空分布

通过对文献记载和田野考察中获得的碑谱资料进行分析，可知碑谱在宋元时期曾广泛分布于中国南北地区，但是以先茔碑为代表的世系碑在北方更为流行。到明清时期碑谱开始集中出现于山东地区，并逐渐成为当地宗族记录世系的主要载体之一。同时，笔者还考察了碑谱的历史分期，通过分析不同朝代的碑谱数量，试图勾勒出碑谱与宗族发展的相

---

① 2008 年新立。

互关系。

诚如叶昌炽和马衡所言，宋代以降在碑石上刻立世系的情况多了起来，① 人们也多惯称刻有世系的碑刻为"谱碑"。因此从众多的碑刻世系中选捡真正的宗族碑谱是有难度的，当然也是有意义的。以往各种文献对碑谱或谱系碑刻的记录比较少，一种可能是这类碑刻本身的数量就十分有限，还有一种可能则是著录者对碑刻世系的忽视。其实碑谱就序文而言，往往具有比较大的文献和史料价值，而世系图表的形式也足以被关注，完全可以作为一类专门的碑刻或谱牒形式被研究。不过也有例外，如清代作为金石总目著作的《金石汇目分编》，在按全国州县举列碑石时，仅在山东部分地区（兖州府最多）就辑录有大量谱系碑刻（又以孔孟圣贤碑为多），其中必不乏狭义之碑谱。同样，经典的金石学著录如《语石》和《凡将斋金石丛稿》等也曾将谱系碑刻划分出来专项讨论。今人的多种文献则只举出山东、河北和山西等地发现的少数碑谱。从报道来看，碑谱在全国其他地区的确十分少见。

另据网络搜索，国家图书馆所藏历代碑刻拓片中名称为"世系碑"或"谱碑"的极少，仅如下 11 条，且分布地区遍布全国各地区:②

郭广田家谱碑，民国九年（1920 年）立，河北省徐水县；

汤氏家谱碑，清道光九年（1829 年）立，上海市；

裴氏家谱碑，金大定十一年（1171 年）立，山西省闻喜县；

方氏祖谱碑，民国七年（1918 年）立，河南省新野县；

陈氏宗谱碑，陈鍹撰，清康熙九年（1670 年）立，山东省临清市；

陈氏宗谱碑，清康熙五十五年（1716 年）立，山东省临清县；

和氏宗谱碑，李樾撰，民国二年（1913 年）立，云南省丽江纳西族自治县；

木氏宗谱碑，清道光二十二年（1842 年）立，云南省丽江纳西族

---

① 见氏作《语石》《凡将斋金石丛稿》等相关论述。

② 当然在碑文中有家族世系信息的墓志数量是很大的，而且从魏晋一直到清代和民国，在全国都有分布。本处仅举专门刻立的家谱世系碑。

自治县；

王氏世谱碑，清乾隆十六年（1751 年）立，北京市房山区顾册村；

李氏世系碑，李根源述，民国十七年（1928 年）立，江苏省苏州市；

司马迁世系碑，张士佩撰，明万历三年（1575 年）立，陕西省韩城县。

这些例子仅仅是名称为"世系"或"谱"的碑刻，实际上刻有世系而不以此专称的碑刻可能更多。分析碑谱的地理分布可以方便得出其传播和流行的趋势。姑且根据著录和田野两方面资料，以狭义谱碑为例证，用质性分析的方法考察碑谱的地理分布。

1. 文献所载碑谱的分布

汉魏时期在墓碑或墓志上叙述家族谱系屡见不鲜，这两种谱系载体分布区域极为广泛。如《三老赵掾之碑》出土于青海乐都县，《张迁碑》《孙夫人碑》等出土于山东泰安，《三老讳宗忌日记》出土于浙江余姚。南朝有宋《刘袭墓志》《明昙憘墓志》，北魏有《元飖妃李媛华墓志》《元显魏墓志》，等等，载于各类金石学著作，不一而足。

叶昌炽《语石》和马衡《凡将斋金石丛稿》中提到唐代刻录谱系的碑石数通，有咸亨四年（673 年）《郑惠王石记》在潞州慈林山，广德二年（764 年）《郭敬之家庙碑》在西安汾阳王府，元和四年（809 年）《孙氏石刻》在抚州乐安，此外还有武周圣历元年（698 年）敦煌《李氏旧茔碑》等，所属省份分别为今山西、陕西、江西和甘肃等。"虽非专立之碑，盖亦谱系之类，深得古者族葬宗法之义。"[1] 又提到宋元以来，北方汉人士族流行在石碑上刻录宗族世系，如康定二年

---

[1]　叶昌炽撰，柯昌泗评：《语石·语石异同评》卷三，中华书局 1994 年版，第 214 页。马衡：《凡将斋金石丛稿》，中华书局 1977 年版，第 92 页。

（1041年）《石氏先茔墓表》（泰安徂徕）①，延祐二年（1315年）《邹氏宗派之图》（莱芜）、《傅伯纯塔世系图》（涞水），至正七年（1348年）《王氏世系图》（平定）和至正十二年（1353年）《杨氏祖茔碑祖宗之图》（嘉祥）等。古圣贤之谱系亦有刻石者，如孟庙金大安三年（1211年）《邹国公续世系图记》（邹县）、孔庙《宣圣世系图》（绍兴，年代不详）和至德庙《泰伯世系图》（吴县，年代不详）等。② 清代吴式芬的《金石汇目分编》也列有20余通金元谱碑，主要分布在兖州府的曲阜、邹县、宁阳和附近嘉祥一带。除4通孔子后裔世系墓碑、2通孟子世系祠碑外，都是普通宗族的谱系碑刻。③ 彼时谱碑主要是在祖林墓园之先茔碑或墓碑碑阴刻"宗派图"，多数已经是垂丝图（宝塔图）形式，皆"分支挂线"。强调父系直系血缘，所述世系范围为一宗之下的男性成员，较魏晋时期的超血缘的家族团体大为缩减。叶昌炽认为山西闻喜县金大定十一年（1171年）所立《裴氏家谱序碑》为"专记谱系"之碑，"颇近苏米"，就反映了这一碑刻的流行趋势。毛远明指出，宋代以后随着雕版印刷的发明与推广，碑刻开始走下坡路。然而在北方地区，记诸各种文献的谱系碑刻却多了起来，宗族碑谱的兴起才刚刚开始。

唐代之前专门刻写宗族谱系的碑刻十分少见，唯有《后汉司隶从事郭君碑》等少例。针对其内容，欧阳修认为："前世碑碣，但书子孙，而不及兄弟，惟郭氏碑载其兄弟甚详。盖古人谱牒既完，而于碑碣又详如此，可见其以世家为重。"④ 这种既载直系祖孙世系，又载旁系兄弟分支世系的谱系，无疑就是中国宗族的实际血缘范畴。经历唐末五

---

① 泰安徂徕山西北麓桥沟村石氏祖林亦有欧阳修撰书《徂徕先生墓志铭》，对石介家族世系进行辨析。

② 毛远明：《碑刻文献研究的历程》，《西华大学学报》（哲学社会科学版）2011年第4期。

③ 吴式芬：《金石汇目分编》卷十二，山东省图书馆馆藏刻本。

④ 欧阳修：《集古录跋尾》，中国东方文化研究会历史文化分会编：《历代碑志丛书》第1册，江苏古籍出版社1998年版，第40页。

代战乱之后，士大夫普遍感觉私谱保存不易，很多家族编纂谱牒开始出现向碑刻发展的趋势。作为族谱性质的碑刻一般认为起源于北宋中期以前，苏洵仿《苏氏族谱》刻碑立石于高祖墓茔，"以示吾乡党邻里"（《嘉祐集》卷一四《苏氏族谱亭记》）。据说欧阳修也有此为，欧阳守道记："熙宁见六一公作世次碑。"（《巽斋文集》卷一一《黄师董族谱序》）苏洵是四川眉山人，欧阳修是江西抚州人。至少从欧苏谱例的样板上看，碑谱源流出自华南地区。明代解缙在《重修解氏族谱序》中也提到，"至宋咸淳，闲人发芙蓉山王夫人塚前地，得世系碑，遗像具存，墓碑亦在焉"。说明世系碑似为单独所刻，并非墓碑。又于洪武甲子年，约从兄简"复见世系碑于水南民家"。① 解缙为江西吉水人，水南当为今吉水市水南镇。

日本学者饭山知保认为宋代某些"石谱"只是墓志铭的变例，如《周氏世德碑》只是三世四人墓志铭的合写，并非元代详述世系的先茔碑。金代后期的世宗和朝宗两朝（1160—1208 年），结合祖先信仰发展起来的先茔碑，开始流行记录宗族历史和世系。北方的山西、河北和山东地区都有布衣宗族将谱系刻于石碑的例子，经幢也成为记录谱系的主要媒体之一。金代世系碑是北方汉人社会变通的尊祖之礼，其来源很可能与推崇孔孟世系碑有关。② 文献中早期碑刻实例较多出自山西地区，如金大定十一年（1171 年）《裴氏家谱序碑》（闻喜）、《西董董氏宗谱碑》（绛县）和《故周公之墓铭》（定襄），后两通碑阴刻有世系图。《西董董氏宗谱碑》万历年间尚存，今图谱形式见于《西董董氏家谱》"旧宗派图"。《故周公之墓铭》碑阴"周家宗派图记"，记录高祖信以下三支的男女子孙世系，牛诚修《定襄金石考》卷一第 446 页有录。此外山西地区还有明昌六年（1195 年）《李氏祖茔碑》、承安二年

---

① 解缙：《解学士文集》卷五，四库别集-572 部，钦定四库全书本。
② ［日］饭山知保：《金元时期北方社会演变与"先茔碑"出现的意义》，《中国史研究》2015 年第 4 期。

（1197 年）《邢氏宗族墓铭》。到元代，先茔碑在北方更为发达，世系记录也由文字叙述普遍转变为宗派图，如《山右石刻丛编》所载《关氏世系碣》《王氏世系之图》等。13 世纪 80 年代到 90 年代，"把系谱刻在先茔碑的碑阴"，成为北方地区相当普遍的现象。这种将世系图谱刻碑的做法，反映了北方地区宗族的修谱特点。① 山西亦是元代末期谱系碑刻的集中区域，王霞蔚博士论文中就举出至治年间多通，如寿阳《石氏先茔之志》《吴家祖茔经幢》，平定《关氏世系碣》《王氏世系图碑》《石氏家谱图碑》和《董氏世系碑碣》等。

常建华认为，元代族谱的刻本化有所提高，但仍有相当多的元人要将族谱刻于石碑碑阴，称为石谱。根据时人文献，他列举石谱数例如下：

四川资阳《史氏资阳故谱》石刻。（虞集《道园学古录》卷五《题史秉文资阳故谱序》）

徽州歙县《郑氏石谱》，将始祖下十五世族谱图"刻之先大父墓碑之阴"。（郑玉《师山集·师山遗文》卷一《郑氏石谱序》）

河北宁晋《宁晋王氏本支图记》碑，文曰："细列世系，刻之碑阴，使为子孙者有所考焉。岁时伏腊，聚宗族于其下，封坟拜垅，尊卑长幼，各知其序。"（胡祗遹《紫山大全集》卷一一《宁晋王氏本支图记》）

浙江东阳《宋氏世谱》石刻，"俾之刻石先祠"。（胡助《纯白斋类稿》卷二二《宋氏世谱记》）

浙江吴兴《丁氏世谱》石刻，"买佳石以重刻之，作时思庵墓

---

① ［日］饭山知保：《金元时期北方社会演变与"先茔碑"出现的意义》，《中国史研究》2015 年第 4 期。饭山知保提示，蒙元时期的先茔碑，一般不是把已有家谱刻在碑石上，而是新兴官员家族将其作为媒体第一次记录自己的世系。这一观点符合当时战乱割裂家族历史的情况。

侧"。(陈旅《安雅堂集》卷四《丁氏世谱序》)①

可见在元代的华南地区,也有不少于先茔碑或墓碑上刻录宗族世系图的例子,而且恰好分布于后来宗族组织较为发达的地区。这些地区纸质族谱远较北方普及,与祠堂一起成为宗族活动和世系传承的核心。先茔碑的地位要低于族谱,因为在随后的碑谱发展中我们会注意到,明清时期南方的谱系碑刻逐渐淡出,宗族更为关注族谱的纂修和祠堂的建设。究其原因,很可能是华南地区发达的经济和雕版印刷业的普及推动了这一趋势。

而在北方,情况正好相反。明清时期谱系碑刻继续流行,并逐渐成为族谱的一种固定载体。杜正贞、赵世瑜曾提到,山西阳城李氏家族于嘉靖年间创修长门和二门世系碑。《白巷李氏长门创修世系碑记》载:"刻石记名以贻其后,有志不果。"② 被东阁大学士于慎行誉为"海内钜公宗匠"的葛昕,于万历年间曾作《葛氏续宗谱碑记》。"葛氏族自初来德平之始祖,八传而至于昕。先大夫既作合族通谱,先少保公已括叙之,镌于祖垄之碑阴矣。"③ 德平1956年被一分为四,地属今临邑、乐陵、陵县、商河。万历甲辰(1604年)进士、禹城人刘士骥,在《刘氏世系碑阴记》载,刘氏族众相约合钱报本,谋划"镌世系于碑"。又说:"姑树此片石,令世系灿如指掌。子孙上冢徘徊顾瞻,不油然动仁孝之思乎。"④ 此两例世系碑刻皆在今泰山以北德州地区。嘉万时代以后,碑谱中心开始向山东地区转移,其载体名称也由世系碑、先茔碑等逐渐固定为谱碑(家谱碑、族谱碑或宗谱碑等)。

---

① 常建华:《中华文化通典·宗族志》,上海人民出版社1998年版,第276~277页。

② 杜正贞、赵世瑜:《区域社会史视野下的明清泽潞商人》,《史学月刊》2006年第9期。

③ 葛昕:《集玉山房稿》卷六,四库别集-572部,钦定四库全书本。

④ 刘士骥:《蟋蟀轩草》,《四库全书存目丛书》,齐鲁书社1997年版。

尽管记录明清碑谱的相关文献比较少见，然而以山东地区地名志数据看，民间社会的存量还是相当之大。上个世纪 70 年代末至 90 年代，山东省政府曾统一组织各县区编订地名志。各地政府也分别成立编委会，派出人员进入乡村调查族谱、碑刻和村史资料。① 如 1983 年《蒙阴县地名志》查得族谱 110 部，碑碣 250 多块。1988 年《肥城县地名志》查得族谱 260 部，碑刻 31 块。1992 年《新泰市地名志》查得族谱 200 部，碑碣 150 多块。1993 年《宁阳县地名志》共查得族谱 398 部，碑碣 97 块，堂折 55 册，史书资料 45 份。② 地名志中说编者用了大量"谱碑"引文佐证村史和地名的由来。尽管尚不能确定他们所说的"谱碑"是否还包括世系墓碑或先茔碑，但对于"谱碑"一词使用的一致性令人印象深刻。③ 由于当时地名志的编纂是一项严肃的政治任务，写作体例和调查方案也得到规范指导，我们有理由相信"谱碑"所指大概率就是刻录宗族谱系的石碑。明清时期，在山东地区尤其是鲁中一带，墓碑或先茔碑中刻录世系极为常见，但是墓碑世系一般较短，先茔碑的族史记录又不如族谱序言全面而规范。通常而言，当时人们所指称的"谱碑"有广义上的谱系碑刻，但主要指代的是具有独立谱序和较为明显世系图表特征的狭义谱碑。笔者对今存 50 余部县市区地名志进行梳理，从 22 个县市资料中整理出冠以"谱碑"名称的信息 669 条，以此为载体的碑谱不应大于此数。因为根据记载，有些村落或有一通以上不同姓氏的谱碑，也有些拥有谱碑的村落后来析分为多个村落。在统计中已尽可能对这些情况进行了解并予以处理。现将地名志中的谱碑数据分布制图（图 2-1）如下，以描述山东碑谱的区域分布情况。

---

① 经实地调查，山东乡村碑刻以宗族墓碑或祖碑（先茔碑）为大宗，其余为公共设施与民间信仰碑刻。

② 堂折是一种特殊的族谱，以折叠的长方形纸谱为主要特征，常用于祭祖仪式。

③ 在少数地区如安丘，地名志中称"世系碑"。

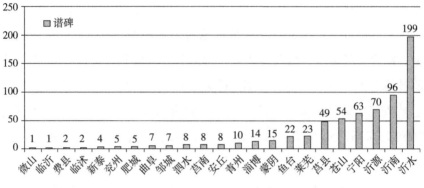

图 2-1　山东省地名志书所载各县市区谱碑资料信息（单位：条）

从图 2-1 的数据分布看，越往鲁中东部的山地，谱碑数量越多，基本与明初山东原住居民人口分布的 S 形高峰线相吻合。① 谱碑最多的沂源、沂南和沂水三地处于沂蒙山腹地，共有 365 通（按一条资料对应一通谱碑计），占全部山东地名志谱碑数量的一半以上。加上邻近的蒙阴、费县和莒县，共有谱碑 430 余通。鲁中内部的莱芜、新泰、肥城和宁阳也有谱碑 95 通。没有谱碑记录的地区主要分布于鲁西南运河地区、鲁东北黄河入海口区域和胶东半岛。有趣的是，在胶东地区几乎所有类型的碑刻都比较少，谱碑更是难觅踪迹。当然由于调查者的学识或偏好，也许会漏掉很多谱碑信息。② 如菏泽南部定陶、成武和郓城等县市地名志中，出现许多"祖碑""族碑"或某氏碑的名称。③ 有些地方干脆就统称为"碑"，但总体数量并不大，估计多为墓碑或先茔碑、祠

---

① 周晓冀：《宋元以来鲁中山地宗族谱碑研究》，表 2-4，上海师范大学博士学位论文，2016 年。

② 实际上专门的谱碑往往明确额题"谱碑"字样，明清族谱中也有大量的记载，并不容易忽视。

③ 祖碑和氏碑像李氏碑、张氏碑估计都是墓碑或先茔碑，而族碑可能是谱碑。

堂碑刻,甚至墓志。这类碑刻往往也简单记录墓主世系,不过比起狭义谱碑还是缺乏特有的"谱"性、"族"性。由此可见,山东碑谱主要分布于原住居民人口占有优势的地区,而少见于移民人口比例高的地区。

山东地区的族谱中常有谱碑的记载,如泰安《焦氏宗谱》(2004年)就录有黄前镇焦家峪村和下洼村以及省庄镇亓家滩村四通焦氏支谱碑。泰安《宋氏家谱》(2004年)卷七即为"谱碑及墓志、墓表"章。肥城汶阳《刘氏族谱》(2004年)中载,光绪四年《重修族谱序》云:"乾隆壬午年间,万堂先生又迁修宗祠于祖茔侧,所考者谱碑而已,其时尚未有谱牒也。"族谱中谱碑记载虽多但较为散见,其数量难以具体统计。但从各家族谱的历史追溯看,明清时期的碑谱在山东地区尤其是鲁中一带较为流行。

2. 田野所见碑谱的分布

文献所见的碑谱今天多数不存。地名志所见谱碑其类型和数量亦有待进一步甄别和考证。中华人民共和国成立以来我国开展历次文物调查,对碑谱资料始终关注不够。正如绪论中的"研究文献综述"部分提到,2010 年以前出版的各种调查报告中碑谱资料很少。然而近年来,文物部门对碑谱的关注和保护意识有所提高,田野调查所获数据大幅增多。目前已知的碑谱载体主要是明清以来的谱碑。以第三次全国文物普查(2007 年 4 月—2011 年 12 月)为例,《泰安市不可移动文物名录》登记谱碑共计 19 通,时间为清代至民国,今撮录如下:

泰安市岱岳区,东埠前《刘氏谱碑》、法家岭《法氏族谱碑》、司家庄《叶氏谱碑》、西百子坡《周氏谱碑》;新泰市,南王庄《董氏族谱碑刻》;肥城市,石坞《李氏族谱碑》、曹庄《李氏家谱碑》、双峪《董氏谱碑》、鹿家沟《刘氏家谱碑》、陈庄《陈氏谱碑》、正东村《温氏族谱碑》、大栲山《许氏家谱碑》、陈家楼《陈氏谱碑》、凤山村《刘氏谱碑》、黑牛山《顾氏家谱碑》；宁阳县，杨家集村《杨氏族谱碑》、刘家庄村《刘氏族谱碑》、东磨庄《张氏谱碑》；东平县，《重修祠堂家谱碑》。

　　地方文化学者以及爱好者也积极参与田野工作，他们通常利用博客平台发布调查结果。如"山野散人"和"耐容堂主"考察了 20 余通肥城谱碑，并对谱碑进行了拍照，对部分谱碑的序文做了标点和移录。许多宗族在网络上宣传自己的族谱文化，也上传了本族的谱系碑刻。近些年，华北宗族新修谱牒，也往往同时刻立谱碑，有的还将残破的老碑重新雕刻。明清以来，碑谱的流行已经成为南北宗族差异性的一个突出表现。还有些省外新闻媒体对新发现的谱碑进行了报道，大都认为谱碑是当地罕见的碑刻形式，如：

　　　　《礼泉县出土清代世系图碑代表了一个时代的风格》，来源：汉唐网，2015-04-17。

　　　　《高台发现明代族谱碑》，来源：《兰州晨报》，2009-11-20。

　　　　《好心市民保存李氏家谱石碑几十年》，来源：秦楚网，2007-03-26。

　　　　《清代家谱石碑揭秘出翰林家世》，来源：四川在线，2006-08-25。

　　　　《大渡口发现清代族谱石碑见证移民历史（图）》，来源：《重庆晚报》，2007-06-05。

　　　　《砌入墙内重见天日郑州最完整的家谱碑现身》，来源：《郑州晚报》，2009-10-26。

　　　　《李嘉诚祖籍在博爱？家谱墓碑地契互为佐证》，来源：中原河南文化网，2007-08-03。

　　　　《辽宁铁岭发现两座石碑家谱》，来源：《辽沈晚报》，2001-09-07。

《孙嘉淦世系碑与御制碑之考》，来源：《吕梁晚报》，2015-04-08。

2012 年 3 月 17 日的《齐鲁晚报》以《海阳首次发现宗族谱序石碑》为题，对新发现的《荆氏先茔碑》进行报道。该碑碑阴叙述了荆氏本源及宗氏分支梗概，"是目前海阳市博物馆掌握的唯一一块记载宗族谱序的石碑"。作者引用专业人士的话，认为该类碑刻"十分少见"。①

这些报道反映谱碑在全国其他地区分布较少，在山东省内的胶东半岛也不多见。学者方面，王日根、张先刚曾在栖霞发现 9 通刻有"世系图表"的先茔碑或墓碑。据《中国家谱总目》统计，该地亦是山东省现存族谱最多、最为突出的县级市，共有 217 种。② 而如果单论专门性的狭义谱碑，自然还是以鲁中地区为最多。

笔者参考上述谱碑调查的信息，从 2013 年起开始为期数年的调查。笔者亲身搜集谱碑 100 余通，结合新闻、网络报道和各种文献，整理出一份金元以来现存的谱碑目录。③ 该目录共收录各类碑谱 268 通，时间跨度以明清至民国时期为主。载体大部分为狭义概念上的谱碑，也包括少数刻有简单世系的墓碑、刻有族谱的先茔碑等。其中山东省谱碑数量为 215 通，占绝大多数。现将山东省和其他省市谱碑地域分布情况分别列表如图 2-2 和图 2-3。

田野发现的谱碑是对文献记录的纠正和补充。比如《肥城地名志》中仅列出 5 通碑谱，但目前无论是官方还是民间的报道，肥城都是现存

---

① 2012 年 3 月 19 日，今日海阳网也以"我市首次发现宗族谱序石碑"为题进行了报道。
② 在《中国家谱总目》中，绝大部分山东县市区的族谱数不超过两位数，近 80% 的县仅有个位数的族谱。
③ 见附录二。

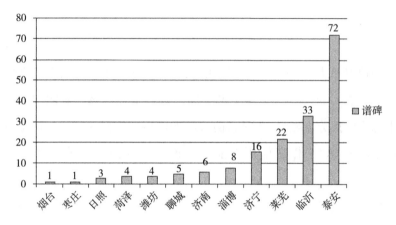

图 2-2　山东省地级市谱碑田野调查数量统计表（单位：通）

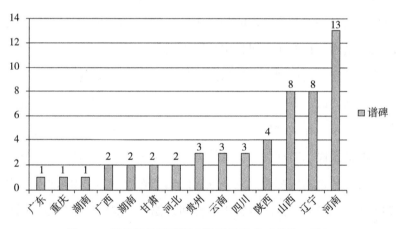

图 2-3　其他省份谱碑调查数量统计表（单位：通）

谱碑较多的地区。以目前的调查结果看，肥城至少存在 60 通谱碑。在《肥城地名志》前言中提到，调查到的碑刻资料仅有 31 块，明显不符合事实。其他地区的地名志调查碑刻都多至一两百块，可见《肥城地名志》调研工作是有疏漏的。只有充分重视和掌握碑刻文献资料，才能准确统计出碑谱的真实数据。

　　另外，笔者的实地考察并没有超出资料索引的范围。尽管不能排除考察者囿于地域局限造成的视野主观性，但调查毕竟建立在文献和客观报道的基础上。我们可以将文献与田野工作相结合，使碑谱资料尽可能完整地建立起来。以山东省为例，宋代以来谱碑总数估计超过 1000 通。当然这远非曾经出现过的谱碑数量，甚至在鲁中地区自宋代以来也应有数百块。谱碑的真实数量也许永远是一个谜，但是就目前掌握的数据来看，无论是数量、比例，还是形式、内容，谱碑在鲁中地区的集中性和典型性都令人印象深刻。例如经过调查，泰安地区和莱芜地区有 135 通谱碑，现将其分布地点标识如图 2-4。

图 2-4　泰莱地区谱碑的分布（注：●代表谱碑分布地点）

　　前述地名志中这两个地区的谱碑有 95 通，而且基本不与调查数据重合。因此泰莱地区在 80 年代可能存在超过 200 通的谱碑。肥城和新泰地名志中只有 9 通谱碑，而实际调查的谱碑多达 80 通。不过宁阳地名志记录了 63 通谱碑，却又比调查整整多了 60 通。应该说对宁阳碑谱的调查尚有较大空间。数据表明，除东平县以外，泰莱地区的大部分县市都有集中分布的碑谱。东平处于低地湖泊环境，历史上多发洪涝灾害，因此与邻近的鲁西南运河地区一样，较少有碑谱分布。东平、梁山、郓城和定陶等地几乎没有谱碑存在，而这些县也处于明代山东外来移民人口比例最高的地区。①

在笔者的统计中，全国共有 15 个发现谱碑的省市和自治区，但这并不代表其他地区没有谱碑的存在。碑谱作为一种宗族谱牒的发展阶段和特殊形式，受地方文化传统和地理环境的影响较大，其分布具有相当大的地域性，这点同纸质族谱是一样的。根据现有调查，明清以来直到民国时期，山东地区的碑谱数量占全国比重 78.3%，仅鲁中地区就占 1/2 左右。如果加上地名志的数据，这一比例更会大幅度提高。即便现在，很多鲁中村落还是热衷修建谱碑，旧谱碑的复建和新谱碑的刻立较为普遍，这也成为新时期当地宗族活动的一个鲜明特征。尽管该调查不能避免资料选择的偶然性误差，但是科学抽样同样能够反映碑谱地域分布的基本面。在江浙及福建和广东等传统宗族发达地区，碑谱数量较少是不争的事实，这些地区的宗族文献，如明清以来的族谱中就很少提到祖先修建谱碑的经历。

综上所述，山东地区碑谱存量十分丰富，且大部分是明清时代所制。碑谱在传统宗族势力较强的南方地区分布极少，而华北地区尤其是山东却有较大范围的分布，足见其具有鲜明的地方特色。鲁中的泰莱地区和沂源丘陵地带碑谱分布最为密集，各种类型的碑谱载体都较为发达，并显示出在宗族文化和谱牒传统上具有一致性。据此可以初步判断，碑谱是较能体现华北地区明清以来宗族观念的谱牒形式，在一定程度上反映了华北地区的宗族观念和生态类型。如果能在全国范围内对碑谱进行普查，相信会获得同样的结论。

三、碑谱的传播路线

碑谱的产生无疑同宋元以来华北地区的宗族世俗化、平民化及族谱

---

①　周晓冀：《宋元以来鲁中山地宗族谱碑研究》，表 2-4，上海师范大学博士学位论文，2016 年。

碑刻化趋势关系密切。而碑谱的传播路线又可以通过考察不同地区谱碑刻立的时代及分布地点，获得大致清晰的印象。尽管上述文献提及的谱系碑刻的年代早至唐代，但直到北宋才开始正式出现刻有族谱的石碑。北宋和金代刻有族谱的碑刻在长江南北皆有零星分布。至金代后期的大定年间（1161—1189年），谱系碑刻的载体才渐渐定型，出现专门的宗族谱碑。蒙元时期，刻有族谱的先茔碑数量激增，在北方各地普遍流行起来。这种早期类型的谱碑集中出现于华北的山西地区，仅运城市就有金大定十一年（1171年）董氏和裴氏两通谱碑可考。尽管资料十分有限，但根据形制和内容看，两通谱碑已经较为成熟，应该不是当时当地的孤例。

田野调查所见较早的谱碑，除文献已有著录的金大定十一年（1171年）《裴氏家谱序碑》（今存山西省闻喜县礼元镇裴柏村裴氏碑馆）、明昌二年（1191年）《唐朝列圣之碑》（今存甘肃合水县陇东古石刻艺术博物馆）外，大部分为金元时期先茔碑。可见，金元时期碑谱在北方地区分布广泛，又以山西和山东最为集中。现将笔者考察所得制表如表2-1：

表 2-1　　　　**田野调查所得金元谱碑的时代与地点**

序号	姓氏	朝代	碑刻纪年	公历	省	市	县区	乡镇（街道）	地点
1	董	金代	大定十一年	1171年	山西	运城	绛县	郝庄	西郝庄村
2	裴	金代	大定十一年	1171年	山西	运城	闻喜	礼元镇	裴柏村
3	许	金代	大定二十九年	1189年	山东	泰安	岱岳	枞棵镇	许家庄
4	李	金代	明昌二年	1191年	陕西	庆阳	合水	太白乡	连家砭村
5	孟	金代	大安三年	1211年	山东	济宁	邹县	亚圣府街	孟庙
6	孟	元代	元贞元年	1295年	山东	济宁	邹县	亚圣府街	孟庙
7	刘	元代	大德二年	1298年	山东	泰安	肥城	石横镇	前横渔村
8	师	元代	至大元年	1308年	河北	石家庄	井陉	苍岩山镇	柿庄村
9	孟	元代	天顺元年	1314年	山东	济宁	邹县	亚圣府街	孟庙

续表

序号	姓氏	朝代	碑刻纪年	公历	省	市	县区	乡镇（街道）	地点
10	王	元代	至治二年	1322 年	陕西	延安	洛川	石头镇	修辉村
11	徐	元代	至治三年	1323 年	山东	泰安	新泰	羊流镇	徐家庄
12	杨	元代	天历二年	1329 年	山西	沂州	代县	枣林镇	鹿蹄涧村
13	孔	元代	天历二年	1329 年	山东	济宁	曲阜	阙里	孔庙
14	孟	元代	至顺二年	1331 年	山东	济宁	邹县	亚圣府街	孟庙

从金代开始，山西地区开始流行各种谱系碑刻，这一特殊现象似乎与该地较早纳入女真政权的统治有关。宣和七年（1125 年），金灭辽，控制了大同以北的山西地区。随后两年，又灭掉北宋，将黄河以北纳入囊中。自此，金朝统治者先后利用汉人傀儡政权和行台尚书省统治北中国，海陵王时期加强中央政权，地方行政又统归于尚书省。随着女真人汉化程度不断加深，大量猛安谋克也陆续南迁，进入华北地区，同原先的汉人相杂居。女真政府大肆"括籍夺田"，与汉人的矛盾日益激化，以致发生"贞祐之乱"。后经过绍兴和议（1141 年）和隆兴和议（1164 年），宋朝完全屈服于女真政权，同时也换来了宋金之间三十年的和平局面。金大定时期，金朝国力由盛转衰，不再发动大规模的南侵战争。北方地区的民族问题弱化，宗族问题开始上升，新的军功贵族、原有的北方大族和小规模的乡村家族都面临着深刻的转型，以适应少数民族统治的政治、经济和文化环境。

最早出现于山西的族谱碑刻，就是北方汉人宗族在新的历史条件下的一种发明。① 当时遭遇战乱的家族世系断裂，祖先失讳，族人四散。战乱之后的汉人宗族尤其注重家族世系资料的保存和传承。纸质族谱不便保存，容易毁于水火，传统的谱牒编纂受到严重冲击。于是结合祖先信仰发展起来的先茔碑和托付宗教信仰的经幢，就成为刻录家族世系的

———————

① 笔者认为，北宋时期石谱的出现带有偶然性，也十分少见，并未对后世产生影响。

新载体。与此同时，北方原本就发达的墓志谱系传统得以平民化和专门化，新的宗族将他们的谱序和世系刻在石碑上，发展出一种新的谱牒形式。事实上，墓志原本用文字叙述祖先和家族历史以及宗支世系，受北宋欧苏族谱体例的影响，这部分文字很容易转化为谱序和世系图表的形式。① 这种碑刻逐渐脱离了单纯的纪念性质，而成为特意记载和保存家族谱系的谱碑。"将家谱模勒是碑，非徒为远近荣观，又且为不朽之计。"② 新宗族的谱系一般比较简短，旁系也十分有限，所以刻在石碑上完全可行。

谱碑发展还与女真统治者推行尊孔政策，推行仁政孝道，力图缓和民族矛盾有关。宋金两国争祀孔孟，各自标榜政权的正统性，纷纷刻立圣贤世系碑。今存孟庙的金大安三年（1211 年）《重修邹国公庙记》碑，就是泰定军节度副使赵伯成所撰刻。邹县孟庙世系碑的刻立，对在山东地区推广以儒家孝道为内核的谱碑意义重大。金代后期，把系谱刻在石碑上的风气传播至整个北方地区，并很快普及到地方社会的平民宗族。山西闻喜县裴柏村的《裴氏相公家谱之碑》、绛县西董村的《董氏家谱之记》碑与山东泰安徂徕镇许家庄《许氏坟林宗族之记》碑，都是早期谱碑的代表实例。由此可见，谱碑最早可能在山西出现，并随着女真军事势力的南移而传入山东地区。

元代以后，蒙古统治者继续推行遵从孔孟礼教的政策，尤其注重山东地区孔孟世系的重建和恢复。"南孔"被迫让出宗子身份，"北孔"重新确立了北宋以前的主祀地位。官立孔孟世系碑刻开始大量出现，并逐渐形成格式固定的宗派图。孔庙和孟庙圣贤世系碑的集中出现，标志着谱碑样式在邹鲁之地正式确立。这种碑刻显然在元朝的汉人官员群体

---

① 谱碑不太可能受女真和蒙古文化的影响。两者在文化上落后于中原，其谱牒基本上处于初创阶段。《金史·阿离合懑》载阿离合懑"为人聪明辨证，始未有文字，祖宗族属时事，并能默记，与斜葛同修本朝谱牒"。《元朝秘史》载成吉思汗二十二世的祖先世次，而畏兀儿蒙文创制于成吉思汗时期。

② 山西省闻喜县金大定十一年（1171 年）《裴氏家谱序》碑。

中流行。如肥城市石横镇前衡鱼村元大德二年（1298 年）《刘海墓碑》，碑阳刻"故都统刘公墓志铭"，碑阴为额题竖排两行正书"宗派之图"，应该是该地区最早的宗族谱系碑刻之一。该碑系"奉训大夫、孟州知州前集贤待制杨遇撰并篆额，承事郎、前济宁路肥城县尹兼管本县诸军奥鲁兼劝农事段继祖书丹"。由政府官员立碑，也是圣贤世系碑的特点，非常类似汉唐时期的碑刻传统。13 世纪 80 年代以后，汉人军功家族流行利用先茔碑记录世系和房派，反映了金代家族宗族化转向的成功。朝廷也以特许官员刻立先茔碑，作为奖掖汉人军功的手段。常建华称之为"石谱"，并总结其功能：第一，不易损坏，可长期保存。第二，兵火之后人们追忆的先世较近，所修族谱只是一种简单的世系图，适于刻碑表现。第三，元代的先茔碑和墓碑（铭）以记载世系为常，有的刻上世系图，起到族谱的作用。① 正因如此，把谱系刻在碑阴的做法不久就传播到乡村的平民宗族，并在 14 世纪的山东各地普及起来。

鲁中一带的碑谱发展主要受到"邹鲁之风"的影响。泰安、曲阜和邹县同属于一级地形区——鲁中南山地丘陵区，其西南面向孔孟之乡，地形平缓辽阔，文化交流极为便利。金元时期的孔庙和孟庙刻立的圣贤世系碑，无疑对鲁中宗族的谱牒编纂产生了积极影响。元代依附于蒙古政权而获得官位的汉人宗族，为显示祖先来历和功业，树立地方威望，致力于在坟碑上刻录"宗派之图"。除前述肥城《刘海墓志》外，还有今存新泰羊流镇徐家庄徐琛墓林，刻于元至治三年（1323 年）的《太守徐公神道之碑》。徐琛生于金正大七年（1230 年），"仪观魁伟，有杰士风"。元初任尚书行军万户令史，后转任沂郯万户府经历，升承直郎、广德路总管府判。至元三十一年朝京师，拜奉直大夫、归德府亳州知州；元贞二年敕封为中宪大夫，升归德府总管提督太守。后受丞相

---

① 常建华：《中华文化通典·宗族志》，上海人民出版社 1998 年版，第 276~277 页。

脱脱推荐南征，任三路副元帅。大德七年卒于徐庄故里，享年七十三岁。元帝赠光禄大夫，赐御葬。① 其子徐彬为之立碑颂德，在碑阴刻有"宗派之图"，并建碑亭以覆。实际上谱碑在山东并非单线传播，北宋旧有的宗族文化、金代山西的族谱碑刻传统以及圣贤世系碑的影响，都次第推动了当地谱碑的发展。元代的碑谱图样形成后，集中分布于今济宁地区之曲阜、邹县、嘉祥和宁阳等地。

元末明初，山东人口损减严重，政府不得不从山西等地组织移民补充。洪武时期鲁中山地的移民占总人口的 30%～40%，而东部山林地区则少于 20%。当地居民占有优势的人口条件，有利于金元时期以来碑谱传统的延续。明代政府又继续推崇刻立孔孟圣贤世系碑，谱碑开始有向山东地区集中的趋势，但其他地区（主要是华北的山西、河北与河南）也出现平民世系碑。如山西闻喜县"裴氏碑馆"明嘉靖二年（1523 年）《裴晋公祠堂记》碑，碑阴为立石官员题名，下为"裴氏后裔"四十五代至四十八代世系，共 42 人。广西河池环江县的陂川村谭氏宗祠，亦有一通嘉靖十三年（1534 年）《谭家世谱碑》。碑文云："本支不替，偶录世系，万古常新，援笔志识。"② 嘉靖二十九年（1550 年）晋城市沁水县的《柳氏宗支图记》碑，上半部为图记，叙宗族变迁兼议谱论；下半部为柳氏宗支图谱，磨损严重，但仍可辨出上下左右的世系关系。序文中说："由一人而分为途人，故感苏子之言，而作是图也。图变谱法而创，以意为之。谋立于祠堂之东，取其登堂一览，咸有反本之思焉。"③ 嘉靖四十年（1561 年）徐州府娄子集（今丰县梁寨镇南集村）《胡氏历代先茔碑》，碑阳为"题胡君碑铭序"，碑阴

---

① 新泰市羊流镇徐家庄 2002 年《功德永绍碑》，另见乾隆《新泰县志》及 2002 年《徐氏族谱》。

② 黄钰辑点：《瑶族石刻录》第一卷，云南人民出版社 1993 年版，第 378 页。

③ 车国梁：《三晋石刻大全·晋城市沁水县卷》，三晋出版社 2012 年版，第 41～42 页。

系"胡氏宗派"。此碑世系图为典型的垂丝图（树系图谱），自始祖禹一脉而下至第十世。中间以大字镌刻立碑者彦河（第六世）一支谱系，此支为始祖次子键的后裔，共计八世。该世系图既有直线上下表示父子关系，又以文字"谋生某"连缀世系。因此其兄弟旁支关系既有横线左右表示，又可独成一列上下相排。世系图右专辟一方，以文章谱记叙撰序者"汝桂"（应为彦河宗亲）一支七代世系，左为祖茔四至。也就是说，该碑在图谱的基础上又掺杂了文章谱的遗风。① 此外，《兰州晨报》报道，高台县新坝乡光明村发现一通崇祯十年（1637 年）镌刻的族谱碑。该碑题额篆书"王氏族谱碑记"，碑阴为"王氏一族八世的族谱"。② 河北邢台市南和县三思乡西南部村，也有一通万历二十七年（1599 年）《城南三思要氏寿林碑》。其碑阴为"家谱题名"，以要氏文贵和文美为祖，下列八世子孙世系。明代纪年可考的谱碑今存很少，累积笔者调查所获见表 2-2：

表 2-2　　　　　　　　　　　　**笔者调查的明代谱碑**

序号	姓氏	朝代	碑刻纪年	公历	省	市	县区	乡镇（街道）	地点
1	孔	明代	永乐七年	1410	山东	济宁	曲阜	阙里	孔庙
2	田	明代	弘治六年	1505	山东	泰安	肥城	老城	田家花峪村
3	孔	明代	正德六年	1511	山东	济宁	曲阜	阙里	孔庙
4	孟	明代	正德六年	1511	山东	济宁	邹县	亚圣府街	孟庙
5	孟	明代	正德六年	1511	山东	济宁	邹县	亚圣府街	孟庙
6	孟	明代	正德六年	1511	山东	济宁	邹县	亚圣府街	孟庙
7	裴	明代	嘉靖二年	1523	山西	运城	闻喜	礼元镇	礼元镇
8	徐	明代	隆庆二年	1568	山东	临沂	郯城	泉源乡	北夹埠村

---

① 古戈：《明朝嘉靖年间家谱碑》，胡氏宗亲网，2011-06-14。
② 曹勇：《高台发现明代族谱碑》，《兰州晨报》2009 年 11 月 20 日。

序号	姓氏	朝代	碑刻纪年	公历	省	市	县区	乡镇（街道）	地点
9	司马	明代	万历年间	1573	陕西	渭南	韩城	芝川镇	南门外村
10	张	明代	万历年间	1573	山东	济宁	微山	昭阳街道	西万村
11	张	明代	万历年间	1573	山东	淄博	张店	湖田镇	张赵村
12	陈	明代	万历十四年	1586	广东	韶州	翁源	周陂	龙田铺村
13	要	明代	万历二十七年	1599	河北	邢台	南和	三思乡	西南部村
14	米	明代	万历三十年	1602	河南	郑州	新密	米村	米村
15	靳	明代	万历三十六年	1608	河南	濮阳	濮阳	柳屯镇	李信村
16	王	明代	崇祯七年	1634	甘肃	张掖	高台	新坝乡	光明村

此外在调查中还获悉，山东莱芜曾出土三通明代谱碑，可惜都在"文革"中被毁。分别是口镇刘陈村的《刘氏谱碑》、茶业口镇埠口村的《高氏谱碑》和方下镇小辛庄的《张氏谱碑》。孔庙崇圣祠旁孔子五十四世孙《孔佛世系谱碑》，也是明代所立。其形如石槽，收入孔佛十二世孙裔支谱，世系图在石槽内部，剥泐严重，年代无法辨析。

纵观宋元以来碑谱的传播史可知，最早的石谱出现于北宋的南方地区。女真控制华北后，华北地区开始流行在先茔碑上刻录家族世系。山西出现最早一批族谱碑，并很快影响到山东。随着蒙元统一大江南北，13世纪末刻录世系于先茔碑的风气开始在全国普及。由于金元政府对孔孟圣贤世系碑的推崇，山东的曲阜和邹县成为新型碑谱样式的中心。而与之临近的鲁中地区受它们影响，旋即出现庶族平民的"宗派之图"先茔碑（见图 2-5）。进入明代以后，碑谱继续发展，甚而成为独立的宗族谱牒形式，并逐渐有向山东地区集中的趋势。正是在这一历史背景下，清代（主要是康熙到乾隆时期）在鲁中地区出现了一个刻立谱碑的小高潮。

图 2-5　新泰羊流镇徐家庄《徐公神道之碑》（左为"宗派之图"题额，右为底座）

四、碑谱的历史分期

碑谱的出现和发展有其时代性，现仅就笔者调查的谱碑资料进行分析。谱碑时代明确的共计 182 通，其中山东地区 141 通，鲁中的泰安和莱芜两地就占一半以上。其分布情况如下：

明代，计有谱碑 16 通，其中嘉靖以后 10 通。①

清代，计有谱碑 112 通，确切纪年的 99 通。其中康熙年间 11 通，雍正年间 3 通，乾隆年间 23 通，嘉庆年间 5 通，道光年间 21 通，咸丰年间 5 通，同治年间 9 通，光绪年间 31 通，宣统年间 4 通。

民国，计有谱碑 28 通。

新中国成立以后，计有谱碑 13 通。②

现存清代的谱碑数量最大，说明清代是碑谱最为成熟和发达的时

---

①　嘉靖之前的谱碑主要是由官方刻立的圣贤世系碑，而非民间谱碑。

②　中华人民共和国成立后刻立谱碑仍然是宗族的重要祭礼活动，尤其到 90 年代后宗族谱碑更为常见。该数据仅为笔者调查的数例，实际上从相关新谱和宗族活动报道来看，鲁中地区的谱碑数量远不止这些。

期。清代至民国的谱碑数量分布呈现出大小相间的格局（见图 2-6），
且主要集中于鲁中地区。笼统来看，凡是升平安定时期，谱碑数量就大
幅增长，反之则出现衰退减少迹象。谱碑的数量或与国民经济和社会发
展相联系，也应与政府对待宗族的政策有关。

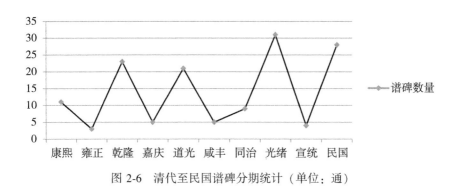

图 2-6　清代至民国谱碑分期统计（单位：通）

　　但是如果按年平均分布来看，谱碑数量在清代总体处于上升趋势
（见图 2-7）。图中显示，清代谱碑的撰修与刻立有两个高潮，一是乾隆年
间，一是光绪年间。同治以后，谱碑数量上升明显，显示出清代后期碑
谱进入真正发达的时期。而嘉庆与咸丰年间的两次低潮估计与地方匪患
和捻军活动有关。尤其是鲁中地区一度受到捻军沉重打击，农业经济疲
敝，乡村地主宗族势力大为削弱，谱碑数量的减少趋势很有可能与之相关。

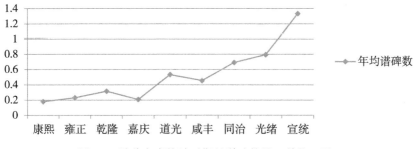

图 2-7　清代各帝统治时期的谱碑数量（单位：通）

　　清末民初，政府在乡村推行自治管理，基层权力得以重组。乡绅在民间的势力大为增长，促使农村的宗族势力重新抬头。大多数宗族在自身建设中都注重谱牒的修纂，明代以来本族刻立的谱碑成为重要的寻根依据。谱碑所记载的世系经过考证被接续到当前的宗族行辈中，以往断裂的世系也经过种种技术手段而得以"恢复"。在华北地区，乡村的宗族重建运动陆续展开，谱碑成为重要的宗族物象。宗族在积极纂修纸质族谱的同时也大量刻石记谱，明清以来成熟的宗族碑谱在此时达到鼎盛阶段。

　　通过以上分析可以看出，山东宗族在步入清代后，随着生活的稳定和家庭经济的恢复，开始了第一次大规模组织建设。其标志之一就是康乾时期碑谱开始大量出现，形制和内容也确定下来。嘉庆以后，时运多舛，经济疲敝和民生贫困导致一系列叛乱发生。特别是鲁中一带不断遭受战乱的冲击，它严重破坏了乡村社会的秩序，导致大多数普通宗族分崩离析，被迫不断迁移他乡。在战乱和频繁的天灾水患之后，宗族谱牒大量散失，即使谱碑也避免不了毁坏和遗失的厄运。在这种情况之下，族人四处离散，失去音信和对亲缘关系的记忆。由于宗族世系多次被打断，宗族碑谱的建设一度衰败。可见，来自中国乡村社会内部的矛盾和冲击对宗族的影响要远远大于外来因素。不过，到外忧内患夹击的道光和同治时期，山东宗族仍在继续发展，碑谱的数量也略有上升。同治时期重建农业经济的努力，也使得农村社会的生存环境有所改善。从这一时期开始，山东宗族的建设速度加快。光绪之后，农村普遍建立了宗族组织，修谱建祠成为族人热衷之事，碑谱数量也得到大幅增长。尽管山东宗族的成熟发展比南方地区晚了整整 300 年，但一直呈现出其独特的地方面貌。

本 章 小 结

　　碑谱是一种长期存在的中国家族或宗族谱牒形式，而谱碑却是明清以来宗族碑谱的新载体。本章从文献和田野工作两个角度，分析已知的宗族碑谱时空分布。首先，在纵向历史轴线上，考察碑谱发展的序列性。碑谱载体发端于汉代墓碑（表），经魏晋南北朝和隋唐的世系化墓志，再至宋元时期发端的先茔碑，最后发展成为明清和民国成熟的谱碑，其间经历了两千余年的发展。其次，从横向分布考察碑谱类型的地域化，文献和田野所见碑谱均集中于华北地区，显示出宗族文化与谱牒传统具有一致性。再次，碑谱也是一种流通的民间文化。宋元时期北方兴起的先茔碑逐渐演化为谱碑，并逐渐向山东地区集中。

宋明以来碑谱的发展和演变，体现了汉人群体从官僚和缙绅宗族向平民宗族转化的历史过程。后起的族谱常以过去的碑谱为依据，而且从现存情况以及碑谱所反映的情况看，华北纸质谱牒的流行一般晚于碑谱，大多是晚清和民国时期所修纂。碑谱的流行则贯穿中国近世宗族的发展历程，即先后经历墓祭期、修谱期和祠堂期，到今天仍然是宗族活动的主要内容。通过考察碑谱的时空分布，可以一窥藏于碑谱中的传统社会发展脉络。

第三章 宗族碑谱的变迁

在中国宗族发展史上，宗族谱牒曾出现过多种形式，但其基本功能不外乎记录祖先迁徙历史，划分昭穆支派关系，统合族人与明确族群边界。宋元以来成熟的近世谱牒开始广为传播，也影响到碑刻谱系（碑谱）的最终成熟。在传统时代，碑谱的载体经历了前后相继的几个阶段：汉代诔碑（表），魏晋南北朝和隋唐墓志，宋元墓刻（先茔碑为主）和明清以降的谱系碑刻（谱碑为主），其间糅杂墓志的变异、碑刻谱系的宗族化等复杂过程，时间长达两千余年。华北地区的碑谱数量集中，形制成熟规范，内容丰富，在谱牒发展史上具有代表性。为研究中国宗族组织制度、活动方式和历史变迁提供了新鲜材料。

在谱牒史上，把家族或宗族世系刻在甲骨、金石等硬度较高载体上的历史要远远早于纸质族谱，如商代甲骨文中就有祖孙世系的罗列。今藏英国不列颠图书馆的"儿氏家谱刻辞"牛胛骨，文本见《库方二氏藏甲骨卜辞》一书，编号为1560。据陈梦家先生释文，该卜辞共记录了十三人，为十一世商代王室谱系。此外还有容庚等编纂的《殷契卜辞》第209片，董作宾《殷墟文字乙编》第4856片，均是刻有商王世系的卜辞甲骨。商代到春秋时期又以文章形式将家族世系铸于青铜礼器之上，如六祖戈、师丞钟、史墙盘等。两汉始有"称美不称恶"的铭诔之文，后世用墓碑记载、保留世系的文化传统由此开启。①

一、汉唐：碑谱发端

汉代为家族谱牒逐渐定型的时代，既有一贯连续的名门自撰家谱，如《汉书·孔光传》所载十四代孔门世系；又有专为一家一族所作寒门谱牒，如《扬雄家牒》。而司马迁所创立的世系叙述和表格记录之法则是汉代谱牒编纂的蓝本。陈直先生指出，汉代谱牒的形式分三种，第一种为横格制表，分代分格顺序写，如《史记》"世表"。第二种以姓为单位，由姓源至世系再至官位，如王符《潜夫论》"氏族篇"。第三种采用一贯连叙，如《孙叔敖碑》阴详列五代世系，文末注明"谱记也"。汉代碑文叙述世系，通常是先叙得姓的起源，再叙高曾祖父的官位，甚至将墓碑视为家谱。所以陈直先生认为，"《孙叔敖碑》和《赵宽碑》世系最为详细，知道当日必根据于家谱，不啻汉人石刻的家谱"。② 常建华也指出，建武二十八年《三老讳宗忌日记》之谱系值得注意。该碑格式以竖线一分为二，左为三老的功德和立碑目的，右为横格四行的列表式家谱，上下为父子，左右为兄弟姐妹。这些汉代碑谱与后世家谱具有渊源关系。③ 上述碑谱多为汉代诔碑中附设的世系记录，而诔碑重在墓主德行，主要功能系"标序盛德，昭纪鸿摅，勒石赞勋，树碑述亡"。④ 但是无疑，这种世系记录与汉代家族谱牒关系十分密切。

---

① 《礼记·檀弓》记鲁庄公及宋人战于乘丘后，为县贲父与卜国作诔文，"士之有诔，自此始也"。《荀子·礼论》："其铭诔系世，敬传其名也。"杨倞注："铭，谓书其功于器，若孔悝之鼎铭者；诔，谓诔其行状以为谥也。"南朝梁刘勰作《文心雕龙·诔碑》说："周世盛德，有铭诔之文。"故汉代称颂墓主功德与家世的墓碑又可称为诔碑，此乃中国宗族碑谱的最早载体。
② 陈直：《南北朝谱牒形式的发现和索隐》，《西北大学学报》1980年第3期。
③ 常建华：《中华文化通典·宗族志》，上海人民出版社1998年版，第242页。
④ 范文澜：《文心雕龙注》，人民文学出版社1958年版，第214页。

汉代碑谱如《三老赵椽之碑》文，甚至可以记录家族世系十余代，的确可以看作一种特殊的谱牒载体形式。王鹤鸣说汉代家谱最突出的发展就是出现了碑谱，当时通行将家谱世系刻于墓碑。① 作为全国汉碑最为集中的区域之一，山东地区很早就流行在墓碑上刻写家族世系，较为出名的有《张迁碑》和《衡方碑》等。但是这些墓碑究其根本是歌颂祖德，敬晓来孙，并不直接具备族谱所具有的收族的目的与功能。汉碑将祖先世系书于碑上，几乎成为碑文不可或缺的一部分，反映了两汉时期豪族发展，重视家族意识的社会现实。②

　　两晋南北朝时期门阀争相夸耀，九品中正选举盛行，谱牒学发生大的转变。周一良认为魏晋"其时官有薄状，家有谱系"。③ 同时随着魏晋碑禁政策的推行，墓志类家族世系记录也逐渐兴盛和成熟起来。赵翼说，"曾子固文集有云，碑表立于墓上，志铭则埋圹中"。④ 程章灿也认为墓志是私人化的碑，"从最初的性质看，墓志可以说就是一种埋藏在地下的碑，是碑的替代品"。⑤ 魏晋南北朝的墓志在形式和内容上都由汉代碑铭继承和发展而来⑥，其世系的记载也更加系统和完整，成为墓志上与志铭并列的独立文体。魏晋时期的社会需求促成了墓志文体的这种转变，以适应世家大族彰显门第、官职和血缘的愿望。而墓志兴起伊始，格式尚未成熟，于是在诔文之侧生硬添加家族谱牒形成一时之风。陈直先生提到的《薛孝通贻后券》及《李媛华墓志》《刘袭墓

---

① 王鹤鸣：《中国家谱通论》，上海古籍出版社 2011 年版，第 69 页。
② 沈刚：《虚实相间：东汉碑刻中的祖先书写》，《中国史研究》2020 年第 2 期。
③ 周一良：《〈新唐书宰相世系表引得〉序》，《周一良集》第 5 卷，辽宁教育出版社 1998 年版，第 4 页。
④ 赵翼：《陔馀丛考》，上海古籍出版社 2011 年版，第 621 页。
⑤ 程章灿：《从碑石、碑颂、碑传到碑文——论汉唐之间碑文演变之大趋势》，荣新江主编：《唐研究》第 13 辑，北京大学出版社 2007 年版，第 430 页。
⑥ 墓志的形制初随汉制，为方首、圭首似碑者，有圆首底平似碣者，魏晋主要流行的是方形有盖的盒形墓志。

志》，即因记载家族世系，反映当时谱牒形式与风格，不失为谱牒史上极可宝贵的文献。陈爽也认为，中古墓志中大量位于首尾、志阴等特殊位置，并以特殊行款书写的家族谱系记载，均可认定为两晋南北朝时期的官私谱牒。同时墓志书写格式十分严格，带有一定的公文色彩，也显示出官修文书的程式化特征。唐代以后，这种"引谱入志"的体例基本消失，有关家世源流和家族成员的详细信息也大为减少，罕有单独节录谱牒记入墓志的书写方式，关于家族谱系的叙述已经完全被整合到志序当中。① 从形式上看，墓志对于谱系的记录属于文章谱，继承了汉碑一贯连叙的方式，其实是将后世的谱序与谱系合二为一。墓志谱系以墓主为中心，在记录其全部家庭亲属的基础上，又选择了姻亲关系中的仕宦成员。因此墓志中的亲属网络十分复杂，呈现出发散性的系谱特征。中古谱牒具有婚姻和选举的功能，利用文章叙述复杂的、世系原则不固定的家族谱系。② 叶昌炽在《语石》中举唐代元和四年（809年）乐安《孙氏石刻》，"具列一家长幼男妇，别无文字"。又武周圣历元年（698年）敦煌《李氏旧龛碑》，碑阴世系源流，"后列祖讳，至子侄三层，具详官阀"。③ 可见墓志之外，唐代还有专记家族谱系的碑刻。④

中古墓志谱系反映的是，当时社会占主流地位的家族结构，即包含父族、母族和妻族在内的九族团体。尤为引人注目的是，墓志中对女性的提及其实并非真的重视女性。相反，这种女性记录是为了在世系网络中增添富有权力的男性姻亲关系，可见魏晋时期仍是男性主导社会的时

---

① 陈爽：《出土墓志所见中古谱牒探迹》，《中国史研究》2013年第4期。
② 北朝至唐代的官私谱牒皆由官府审定，因此在格式上具有相当的一致性。
③ 叶昌炽著，柯昌泗评：《语石·语石异同评》卷三，中华书局1994年版，第214页。
④ 郭建设、索全星编：《山阳石刻艺术》，河南美术出版社2004年版，第107~109页。

代。总之，中古时期的墓志谱系是围绕家族权力建设而形成的，反映了豪族由权力和经济扩张转向追求精神文化的宗族意识觉醒。在坚持父系世系的前提下，官宦职务是入选碑刻谱系记录的主要标准，这与宋代以后专记父系世系的谱牒形式有本质的不同。

二、宋元：碑谱独立

宋元时期是碑谱独立时期，其演变过程与近世族谱的关系十分紧密。纸质谱牒的形式和内容对碑谱影响很大，形成了以父族为核心的新式世系图谱。通过墓碑和祠堂碑刻中对祖先的世系叙述，民间社会开始重新构建宗族观念和宗族组织。

1. 新式族谱的碑刻载体

汉人宗族实际上是源于一"宗"的"父系家族"，也可以说是家族组织发展到特定阶段所产生的结果。北宋时期的宗族复兴运动，主要就表现为家族向宗族的转化，以及新式族谱对父系世系的追溯和构建。欧阳修和苏洵首创"谱图"之法，就是为了说明这种新型的宗族关系。欧阳修的《欧阳氏谱图》先列图表，再叙族史，开谱、牒合一之先河。其主要特点是仿《史记》"三代系表旁行邪上"和《汉书》"五世另提"，"谱图之法，断自可见之世"，即以小宗之法记录宗族谱系。其谱序中主张"各详其亲，各系其所出"，提倡诸房各修支谱。苏洵的《苏氏族谱》则强调族谱的祭祖和收族功能，提出了影响深远的"途人之说"，反映了宋代儒家修齐治平思想的普及。苏谱虽倡大宗谱法，但以小宗谱法作权宜之计，其世系图将名讳和小传合为一体，善恶俱书，为传信之笔。欧苏谱式为宋以后中国族谱之张本。同样产生巨大影响的南丰曾肇所撰的《曾氏图谱》，也主张小宗谱法，其谱牒资料和评价见于元人文集；还有王安石曾为之作序的《许氏世谱》，"列本宗自魏郡守公据以下祖宗世次图，贻诸子侄"。另外，皇帝关于修谱的谕旨和诏书也偶见于当时族谱，说明宋代私修谱牒可能受到政府倡导的影响。① 当然，宋代编纂族谱的事例还不常见，主要以官宦大族为主，编纂类似图表形式的族谱。世系图表成为新式族谱的核心内容和本质特征。

宋元以来，受魏晋"引谱入志"传统的影响，民间社会流行利用墓碑记录宗族谱系。而随着欧苏谱式的兴起，新式谱牒的影响也迅速扩大。钱大昕在《十驾斋养新录》卷一二《郡望》条谈到："五季之乱，谱牒散失。至宋而私谱盛行，朝廷不复过而问焉。"② 因此，族谱中的世系图表很快就出现在碑刻上。这种专门的族谱碑刻又被称为"石谱"，是金元时期所谓"宗派之图"碑的先声。许多宗族将这种新式谱牒以简化的形式刻于石碑，成为最早的碑谱样板。如苏洵在《苏氏族谱亭记》中说："今吾族人犹有服者不过百人，而岁时蜡社，不能相与尽其欢欣爱洽，稍远者至不相往来，是无以示吾乡党邻里也。乃作《苏氏族谱》，立亭于高祖墓茔之西南而刻石焉。"苏洵刻立石谱目的昭然："凡在此者，死必赴，冠、娶妻必告，少而孤则老者字之，贫而无归则富者收之。而不然者，族人之所共诮让也。"于是将族谱刻碑并树立于祖茔西南，以此告祭祖先。苏氏所刻石谱，可作为经一流学者正式认定的，最早具有尊祖收族功能的碑谱实物。同为宋代新式族谱倡导者的欧阳修，也曾"作世次碑"，这似乎是对苏洵刻石为谱的呼应。③ 此外还有号称徂徕先生的石介："祀远，惟介之烈考能谈其谱，讨源及流，实为详尽。小子尝受之烈考，终不有识，大惧坠落。又为石高五尺，广

---

① 常建华：《中华文化通典·宗族志》，上海人民出版社 1998 年版，第 271~273 页。
② 钱大昕著，杨勇军整理：《十驾斋养新录》，上海书店出版社 2011 年版，第 228 页。
③ 欧阳守道："熙宁见六一公作世次碑。"见《巽斋文集》卷一一《黄师董族谱序》。

二尺三寸，厚一尺，列辞二千三百六十八字，表于墓前，以传万世。"①

宋代石谱多见于宋元时期的士人文集，后人亦有称之为"世次"或"世系"碑的。除前述欧阳"世次碑"外，还有山西榆次的《王氏世系碑》，该碑立于宋熙宁十年（1077年）。碑上部述宗族三代祖先改葬之事，并说："墓石既泐，字亦残蠹，考其世次，多所不完。因编叙今昔名讳，勒诸碑阴。"② 下半部为曾祖以下五代的世次情况，以曾祖仲方为顶点，从上至下，排列子孙世系。长次分列左右，记生子人数和官职名讳，类似后世"垂丝图"（图3-1）。③ 从"考其世次""编叙今昔名讳"来看，该碑已经具备一定的族谱功能。

孔庙明天历二年（1329年）《孔氏宗支图记》碑也记载了一通宋代世系碑。记文说，"绍圣五年（1098年）肇建孔氏宗支碑，明谓夫外院者元（原）非同居，无宗无服，纪无所考，虑世绵远，混淆本宗，故勒图于石"。此碑开后世圣贤家族世系碑之先河，并对华北地区的民间谱系碑刻产生深远的影响。

金国统治黄河以北后，碑刻世系图谱的例子就更多了。如泰安市郊区徂徕镇许家庄村北，有一通金大定二十九年（1189年）所立《许氏坟林宗族之记》碑。该碑于1995年被毁，原碑碑阳记述许氏渊源及三祖由许昌迁徙当地的经历，以及当时许氏坟林的盛况。尤其谈到因北宋末年的战乱，族谱遗失，众议刻谱记石，爰请泰安州学正撰文的过程。

---

① 石介：《徂徕石先生文集》卷一九《拜扫堂记》，中华书局1984年版，第235页。

② 王琳玉编：《三晋石刻大全·晋中市榆次区卷》，三晋出版社2012年版，第24~25页。

③ 根据日本学者義江明子的研究，似可归于"竖线系图"，即以竖线标志上下世代（本世系图以上下相对位置确定代际关系），谱形呈竖向展开。不同于"横向系图"以横线标志同一世代的做法。见钱杭：《世系传递中的爵位继承：对西周微氏铜器铭文的系谱学分析》，《史林》2015年第3期。这种世系图主要强调的是竖向的世代关系，即对同一祖先的认同，其形式与北宋庶民宗族世系集团化的渐进形成过程有关。

图 3-1　山西榆次《王氏世系碑》拓片（选自《三晋石刻大全·晋中市榆次区卷》）

文中说，"远祖之后图亡，既难推考，宜自目今十代孙列在碑阴，广空其下，庶使来裔世世得以叙之石，至无所容，仍冀后人别加措划，以谋长策"。① 很显然，此碑已经具有典型的新式族谱形式特征，甚至留下了后世续谱的空白处（类似余庆录）。

同样的例子还有山西寿阳县朝阳镇峪口村的《峪口吴家祖茔经幢》，它刻于金大定十年（1170 年），为六棱形。其第一、二、三面为《佛顶尊胜陀罗尼经》经文，第四面是墓志铭，第六面无字。世系刻在第五面，从高祖开始记起，从上往下排列了五代人的姓名。② 饭山知保也提到三通刻有世系的金代经幢：《故周公之墓铭》（金大定十一年，

① 　泰安市人民政府门户网站，泰山石刻石阙碑碣摩崖碑。
② 　王霞蔚：《金元以降山西中东部地区的宗族与地方社会》，南开大学博士学位论文，2010 年，第 29 页。

1171年)、《智氏先茔石碑》(金承安二年,1197年)和《河中郭氏坟碑》(金代,时间不详)。这种碑刻的世系图十分简略,其实就是先茔碑和佛教经幢的合体。①

与此同时,北方地区开始流行将现成族谱文本刻于石碑,接续了苏洵时代的石谱传统。根据笔者调查,目前已知明确纪年的金代类似碑刻有三通:

(1)裴柏裴氏宗谱碑,金大定十一年(1171年)立,今存山西闻喜县礼元镇裴柏村裴氏碑馆。额题"裴氏相公家谱之碑",碑阳上部为《闻喜裴氏家谱序》,下部为唐代裴涛所撰《裴氏家谱》,保存了中古文章谱系的原本。序文中说"先因兵火,继缘寇盗,常虑遗坠","今欲将家谱模勒是碑,非徒为远近荣观,又且为不朽之计"。

(2)西董董氏宗谱碑,金大定十一年(1171年)立,原存山西绛县郝庄乡西郝庄,今佚。西董董氏始祖是唐末人董隆,该碑由宗族成员董大时刻立。碑阳为《董氏家谱之记》,碑阴刻"董氏宗谱图"。明代《西董董氏家谱》中保存着碑谱原图的手绘稿,其形式就是后世流行的宝塔式或吊线世系图。②

(3)连家砭唐朝列圣之碑,金明昌二年(1191年)立,原出陕西合水县太白乡,今存陇东古石刻艺术博物馆。该碑碑阴为"唐李氏世系图",左有《唐李氏薛王房世系图序》,乃是李唐王朝后裔所立世系碑,从内容看是标准的狭义碑谱。

以上的三碑以族谱中宗族房支世系为主要内容,出现了以"谱"

---

① [日]饭山知保:《金元时期北方社会演变与"先茔碑"出现的意义》,《中国史研究》2015年第4期。

② 郝庄董氏应为金代大族,而且分为多支,且不同源。今存西郝庄村金大定十一年(1171年)的《董父搴龙碑》,为另派董氏所立。其序文引《春秋左氏传》叙董氏渊源于搴龙氏,并记其后裔户籍分张,迁徙繁衍之事。铭曰,"家风好事,人物多贤;谱记镌石,永显其传",但未见刻有世系图。立碑之人为董才、董信等七人。见柴广胜主编:《三晋石刻大全·运城市绛县卷》,三晋出版社2014年版,第24页。

命名碑刻的倾向，说明其脱离了以记人颂德为主的墓志性质，开始向记谱聚族为目的的碑谱发展。① 当然，囿于目前的资料，我们并未发现更多的此类碑刻，这也许是因为此类族谱载体在当时尚未普及。

2. 谱系墓碑和先茔碑

正如上文所分析的，宋代石谱的出现与墓祭传统关系密切。这种刻有世系图表的碑谱，是在新式族谱的影响下，依托墓地系统的碑刻发展起来的。因此，专门刻写族谱的碑刻从诞生伊始，就带有祖先祭祀的功能。实际上，宋元时期更为普遍的还是各种墓地系统的谱系碑刻。尤其是在北方地区，刻有世系图表的墓碑和先茔碑，成为区别于墓志体例的新兴谱牒载体。汉人社会认为，坟茔是祖先体魄所藏之处。从祖茔的报本观念看，树立谱系碑刻是对祖先神灵的一种告慰，谱系碑刻也可以成为墓祭的对象，祈祷亡灵保佑宗族后代的世系延续。墓地系统的谱系碑刻主要分为谱系墓碑和先茔碑，个别墓志也有采用新式族谱的特例。

所谓谱系墓碑，即刻有墓主以下世系图的墓碑，是墓园历代祖先碑刻的组成部分。世系图一般位于正中墓主名讳左右偏下之处，按父子相承的谱系排列，最多能排到六代（这样的墓碑应为墓主后人所追立）。墓碑世系图所展示的，其实就是墓主后代所构成的祭祀团体。这类团体范围较小，主要是家庭或小宗支成员。鲁中南的曲阜和邹县，是金代谱系墓碑较早集中出现的地区。除了大量孔孟圣贤家族的谱系墓碑，一般家族也开始流行在墓碑上撰刻宗支世系。如邹县王屈村北原有《天水

① 具有独立的"谱"格碑刻才是最早严格意义上的谱碑。仅仅题名为"谱碑"，而没有世系关系的交代，则并非狭义的宗族谱碑。如五代后周时期《卫氏子孙家谱碑》碑文叙述家族历代官员的主要经历，但是没有世系叙述，也没有系谱图，大概是唐代姓氏谱的遗迹。参见郭建设、索全星编：《山阳石刻艺术》，河南美术出版社 2004 年版，第 107~109 页。另外，仅有世系也未必是谱碑。汉人社会长期流行在墓碑上刻立世系，但这些世系是围绕墓主或志主的世系，并非源于一祖的宗族世系。在直系世系不够长远，旁支世系过于简略的情况下，称之为世系碑尚可，称谱碑就有些溢出概念本身的范畴了。

严氏墓记》碑，据《金石汇目分编》所记，立于金某某元年十月。① 该碑碑阴有宗派图，为孟真卿撰，严才俊书，但碑文、形制及宗派图内容均不详。用宗派世系图展示宗族群体的规模、组织和结构，是北方地区石刻谱牒的创新形式。而在同时代或稍晚的南方地区，仍然流行中古风格的墓志（表），并流行将世系整合到叙述祖先功德的志（表）文之中。如江西萍乡光绪癸巳年（1893 年）出土的宋宝祐年间（1253—1258 年）《胡宣教公墓表》，正文以圹志形式叙述墓主以上四代世系，加上撰者（墓主之子）两代，共六代胡氏世系。② 从该碑形制看，它属于文章谱，是谱系碑刻的传统类型。

所谓先茔碑是指为纪念宗族的祖先，特别是始迁祖或分支祖先所立的碑刻，形式上类似墓碑，但在体例上接近中古墓志。这类碑刻距离祖先逝去年代较远，当家族具备聚族条件时，为祖先刻立此碑，体现"慎终追远，饮水思源"的宗族文化精神。在宋元时期，先茔碑既有在志文中介绍祖先来源、官职行状以及宗族世系的，又有专门在碑阴处刻画世系图表，成为新型族谱碑刻的。前者如石介所撰《石氏先茔墓表》，文中对五代时曾祖七人力战巨盗赵将军描绘入微。尽管六世祖以上疑似联姓之为，但曾祖以下宗支世系情况十分可信。由于曾祖第六房、第四房先后绝嗣，后晋时期的石氏分为五大院。之后大院又分小院，至石介时已有十六院。在表文中，石介详列各院族人的名讳和婚嫁情况，男女世系无遗，凡五十四人，三十二坟。③ 又如元大德九年昌乐县都昌村《李氏先茔碑》，载李氏先祖于金末时徙居昌乐，一门五世忠义。"祖讳和，调官益都，卜茔寿光任鹿乡，金末徙昌乐苏埠，因家

---

① 原文为"金天水严氏墓记，孟真卿撰严才俊正书篆额□□元年十月"（《金石汇目分编》卷十之二兖州府，第 31 页）。

② 刘洪辟纂修：《昭萍志略》卷二《营建志·茔墓》，民国二十四年刊本，江西人民出版社 2010 年版。

③ 葛延瑛修，吴元录纂修：《重修泰安县志》卷一四"艺文志"之"金石"，泰安县志局，民国十八年铅印本。

焉。迁茔宅西八陵埠，遂为潍州人。祖讳青，伯季有三：曰青，曰福，曰在青。果敢有勇，戊戌岁从圣元收附淮楚，山东行省委以千夫长。海州沭阳县有二子，曰诘，曰贵。诘克遵前步，袭父职，捍御殁于军。配王氏，三子曰成、威、彧。成即忠显，生而有勇，倜傥不群。善骑生挽强，徒辈推服。"碑文中还间叙忠显之兄弟子侄，叔伯妻姜，将"余姑孙妇壻俱载石阴"，体现了传统家族情怀。文中说，"忠显克忠，捐躯为誓；叔贵克家，显亲为志"，"遂同诚祔葬，出家谱求志于圹"，表达出对祖先忠烈的敬仰和对后世子孙的期望，于是志谱于圹，永传后世。该碑之谱即是用文字叙述的宗族之谱，既有直系的祖孙父子，又有旁系的叔伯子侄，构成一个完整的宗族世系。后者如成武县苗楼村的《廉访苗公茔碑铭》，该碑立于元皇庆元年（1312年），碑阴刻有"苗氏宗系之图"。又如山西寿阳县吴家崖村的《石氏先茔之志》，立于元至治三年（1323年），碑阳叙述石氏先祖原籍黄门里，以务农为生的经历。自宋金之乱，宗族逃散，始迁祖石麟定居寿阳，此后家族繁衍。碑文还列各代祖先的生卒配氏情况。碑阴即为石氏宗祖图。① 显然这些先茔碑既有序文又有世系图，在形制上已经非常接近狭义的谱碑了。魏峰在《先茔碑记与元代家族组织》中指出，先茔碑有异于家庙、神道等前代碑志，其详述家族世系，以始迁祖为始祖，几可视为石刻谱牒，并具有尊祖收族的作用。反映了从元代开始，许多家族以迁葬新茔为契机，实现了宗族的组织化。②

墓志在宋元以后也并没有完全消失，而是与族谱结合，发生了一些变化。例如元至治二年（1322年）《乡丈王公墓志》，今存陕西省洛川县博物馆。该墓志为佛塔形，现存底座、塔身和部分塔顶。塔身由两块方形石块拼成，中间以圆形榫卯连接。碑阳题"乡丈王公墓志"，以楷

---

① 王霞蔚：《金元以降山西中东部地区的宗族与地方社会》，南开大学博士学位论文，2010年，第29页。

② 李春圆：《"传承与变革——10—14世纪中国的多边政治与多元文化"国际学术研讨会综述》，《中国史研究动态》2012年第2期，第73~75页。

书志写王忠家世和作志原委。碑阴为王忠家族六代世系图，尽管字体随意，造型草率，但明显与传统墓志文体不同（见图3-2）。该志落款为"管领奉元延安等路投下总管王彝"，系王忠三子。志文中说，"表（诸）石塔，用传永久"。由于该碑世系记录仅为六代，以王忠卒于元仁宗延祐二年（1315年）九月推算，三世之前当在11世纪末。"曾高而上族，世次第乱，后失传，弗可得而详考。"其原因正是"金季扰攘"。1229至1230年，蒙元数度侵袭韩城。乱世之中，家国不保，流民四逃，世系的断裂也在常理之中。从形制上看，该墓志已经摆脱了中古墓志的传统样式，应该是树立于墓前的谱系碑刻。类似的例子也见于山东地区，如今存平阴县邱林村田中的《故都统刘公墓志铭》，大德二年（1298年）立，碑阴亦为宗派之图。不过因碑面剥泐严重，已看不出世系记录的真实情况了。

图 3-2　陕西洛川《乡丈王公墓志》拓片（选自《碑林集刊（十九）》）

3. 祠堂谱系碑刻

早在唐代就有在家庙碑阴刻家族谱系的事例。如广德二年（764年）颜真卿撰书《郭敬之家庙碑》碑阴，即刻有郭子仪兄弟及子孙名讳和官称，凡 26 人，4 列，34 行。① 但刻有世系图表的谱系碑刻，则是在墓地碑谱的影响下，随着宋元时期民间祠堂的兴起而得以规范化和普及的。宋代初期，朝廷对官民士庶祭祀祖先有严格规定，庶人只能祭祀二世祖先。宋金对立之时，北方地区礼制疏荒，南方则在程朱的理学宗法思想推动下，将祭祀四代祖先的祠堂之制普及于民间。朱熹在《家礼》中提出的士庶祠堂之制影响很大，到南宋后期建祠修谱成为新宗族运动的重要环节。元代统一之后，民间的祭祖范围进一步扩大至四代以上，各地陆续出现祭祀始祖的大宗祠。宗族复建的主要内容就是修订祖先世系，并将建祠修谱的情况刻成碑铭。祠堂碑刻大致分为创建重修记事碑、谱系碑（石谱）、神主碑、祠规碑、家训碑、懿行碑等几类。那些传承有序的宗族，往往在祠堂家庙中镌刻碑谱，以记述世系源流。如曲阜孔氏、邹县孟氏等圣贤家族，就在孔庙和孟庙中刻立了不少图谱碑记。② 孔孟后代在历史上长期受到统治阶级的优待，因此其世系记载保存较好，也较为详细。③

今存孟庙启圣殿前的《重修邹国公庙记》碑，是较早的在家庙碑中刻立谱系的例子。该碑刻立于金大安三年（1211 年）六月，碑阳为知泰定军节度副使赵伯成所撰重修庙记及功德主名讳若干，碑阴题额"邹国公累世孙之派"，其下即孟子四十四代至四十九代子孙世系和所居村落。首文云"四十三代已上世系载在家谱"，世系为横格制表，从右至左，顺次记叙。该碑世系图表大概与宋金时代的族谱样式相同，但四十七代以下世系存疑。北宋对亚圣孟子的奉祀并不涉及其后代，金朝统治者在统治黄河以北后，采取尊孔扬孟政策，利用访得的孟氏四十五

---

① 全称《有唐故中大夫使持节寿州诸军事寿州刺史上柱国赠太保郭公庙碑铭并序》，今藏西安碑林。

② 叶昌炽在《语石》中曾举曲阜孔庙有宣圣世系碑，吾吴至德庙有泰伯世系图。

③ 杨建敏：《宗族祠堂碑刻的类型及其传播》，《黄河科技大学学报》2014 年第 3 期。

代孙孟宁大做文章，孟子世系应该就是在这一时期形成的。① 但是由于当时邹县的孟姓人数众多、支派繁杂，难以明确世系，故此碑上四十七代以下的世系并不完整，也看不出世代之间的层递关系。同年，自称孟子四十八代孙的邹县县令孟润，立碑作《孟氏家谱序》，记述了孟宁复成家谱二百余年后，重新考编世系的经历。《孟氏家谱》逐渐定型，并成为以后历代孟庙谱系碑刻的蓝本。

元代的孟庙谱系碑刻则更为发达，而且多为政府所立。如元贞元年（1295 年）八月所立《邹孟子庙碑铭》，是为达鲁花赤忽哥赤所立。该碑碑阴刻《邹孟子庙碑阴记》，其下为"孟氏世系图"，记述了五十代至五十三代的世系名讳。此图按世代排列姓名，自上而下，中间并无连线，所以父子和子孙关系并不明确。在清代至民国的碑谱中有些也有类似的世系排列法，像民国六年莱芜双阳桥村《周氏谱碑》即为一例。天顺元年（1314 年）山东淮南等路行省勘立《先师亚圣邹国公续世系图记》碑，碑阴大部为奉祀题名，其余即为"亚圣宗派之图"。该图记载了孟宁之下八代世系，世代之间以直线相连，父子兄弟关系一目了然，格式十分接近后代的碑谱世系图。在世系图中，孟氏子孙的姓名并未像后朝碑刻般略去姓氏，而是一律冠以孟姓，这大概是元朝政府刻立的谱系庙碑的通例。随后的至顺二年（1331 年）十月所刻《皇帝圣旨里》碑，碑阴为"孟氏宗支图派"。在文字所叙亚圣父子二代世系之下，上半部分碑体自上而下分两行刻有三代至四十四代子孙姓名，下半部分刻有四十五代孟宁之下世系图。此世系图父上子下，横为兄弟，名字中间以线相连，是典型的新型族谱式样。可见，元代的谱系庙碑已经脱离了以先茔碑为代表的谱系墓碑的式样和功能局限，发展出独立的以世系图表为核心，以聚族祭祖为目的的碑刻族谱——碑谱。

---

① 北宋景祐四年（1037 年），孔道辅守兖州，于凫村访得孟子四十五代孙孟宁，遂推荐于朝，拜迪功郎、邹县主簿。实际上，对孔子和孟子后裔的寻访和确认也是诸多朝代政府的政治大事，另见景军：《神堂记忆：一个中国乡村的历史、权力与道德》，福建教育出版社 2013 年版，第 39~41 页。

4. 元代碑谱图样的形成

元代族谱继承欧苏谱的体例和思想，又批评欧苏谱观念隘薄，体现了世代记载追远的愿望和实践。元代宗族谱牒以"族谱"为最常用名，谱序和世系图都发展出成熟的体例。福建闽县人吴海《吴氏世谱序》中的"凡例"云："谱首为图，具世次而派别之，以名世系。""首既为图，以系世次，次为谱"，谱记派别、名字行次、妻子官位和生卒葬所等，并规定"无后者直疏其下曰绝，官者疏曰某官，迁居者曰迁某所"。其世系图或为"垂丝图"一类，和谱录成为单独的两部分，内容既有重复，又各自体现不同的功能。大德八年（1304年）东平《赵氏族谱》序（牟巘《陵阳集》卷一三《赵氏族谱序》）也予以说明："谱有图，仿年表为旁通；继之以谱，纲举目张；绳联珠贯，不尽用苏谱例。"这里所说的"图"是为表，以横格制表式来展示世代关系；而"谱"（与前一"谱"字指谱牒不同）则是谱录，以文章形式叙述宗族源流，所以"纲举目张"；并创造性地辅以"垂丝图"，以"绳联珠贯"的方式直观表现宗族的世代传递和变迁。浙江浦江《杨氏族谱》（宋濂《杨氏宗乘序》）亦云："经纬错综，画以成图，而疏（书）其字、配、卒、葬于名下。"可见，尽管其体例仍处于过渡阶段，但后世完整族谱的主要内容和形式在元代基本上都已出现。

元代族谱最主要的部分是关于宗族谱系的记录。其世系记载以图表为主，将欧苏谱中五世一提的小宗图法发展为坚持父系直系血缘又超越服制亲疏的大宗图法。如吴海在《魏氏支派图叙》中主张图、谱并用；浙江黄岩童氏则"首作合族大图"，将小宗法和大宗法综合运用于世系图中，形成尽可能大的血缘范畴。浙江东阳的黄溍也认为："今不以亲疏为间而有所遗者，恐诸房子孙不必人人能有其图谱，而于所亲各致其详也。来者当思补其所未备，而无厌其伤于繁哉。"（黄溍《文献集》卷六《族谱图序》）吴海关于图谱还说："图谱之役，所以辨氏族、定世次也，古人甚重焉。""夫图以著名，必简而易见，谱以记实，则备而致详，此图、谱之所以异也。然古人多称谱而不及图，近世多为图而不及谱，固其图之所载，杂乱繁碎，遽览之而不能识。"（吴海《闻过斋集》卷二《魏氏支派图叙》）看来，元代已经认识到图表之法的弊端。其实谱、图各具优势，不能有所偏废。① 在这种观念的影响下，元代碑谱逐渐形成以图表为主、谱记为辅的式样特征。

元代的碑谱绝大多数出自谱系墓碑，在清代《金石汇目分编》中就列有二十余通，主要分布在济宁的曲阜、邹县、嘉祥和附近的宁阳等地。除属于孔孟世系碑的六通以外，其余皆为普通姓氏的墓地碑刻。根据记载，这些碑刻在形制上较为统一，都是碑阳叙述墓主家世与功德，碑阴列世系图或宗派图。还有一种纪念祖先的先茔碑也注重刻写宗族世系。元代潘昂霄的《金石例》卷二《先茔先德昭先等碑之始》就提到："先茔、先德、昭先等碑，创业于国朝，已前唐、宋、金皆无，所书三代并妻子例似与神道墓志不同。"其实先茔碑早在宋代就已出现，如前述泰安徂徕先生石介所撰《石氏先茔墓表》，但是专记世系的先茔碑是在元代才普遍流行于地方社会的。如《山右石刻丛编》卷三十三所录元泰定元年（1324年）《关氏世系碣》，该碑以文章谱形式叙述了自瑄祖以下的三支八世，立碑目的是希望"昭穆不迷于后"。这种因墓碑已轶或迷失祖茔而建的祖先纪念碑，并非为某位祖先复立的墓碑，而是对历代祖先的祫祭之碑。通过对父族世系的详细记载，追溯宗族源流，复原祖先记忆，恢复宗族组织。所以，先茔碑应该是为合宗收族而立的族谱碑刻。同样的例子见该书第三十七卷所记元至正七年（1347年）平定州武庄《王氏世系之图碑》，碑文叙述了农户王氏自高祖以下六代世系。题名既然为图碑，当有世系图谱，② 但今碑不存，难以求证。叶昌炽在《语石》中说，"至元时，北方世族多有先茔碑"。其所藏至正十

① 以上诸例皆引自常建华：《中华文化通典·宗族志》，上海人民出版社1998年版，第283~287页。

② 王霞蔚：《金元以降山西中东部地区的宗族与地方社会》，南开大学博士学位论文，2010年，第31页。

四年（1354年）《董信公孝思碑》碑阴有"董氏宗派图"。又举例涞水龙泉里《傅伯纯塔》之一面，刻伯纯五子及子孙三代世系，"皆分支挂线"。至元二年（1265年）济宁《杨氏祖茔碑》，"其额为祖宗之图四大字，当亦世系图也"。他因此提出，将世系刻于祠墓之碑是长久保存的良策。"窃谓祠墓之碑，皆可本此例。以世系勒于碑阴，则谱牒即有散亡，石刻犹在，不至无征"。① 元代刻有宗族谱系（主要是世系图表）的碑刻，主要流行于曾长期遭受战乱的华北地区，这与宋元时期当地社会破坏严重，汉人宗族变迁剧烈有密切关系。一方面，大量人口被屠杀或被迫迁徙，另一方面，原有家园和祖茔毁于战火，当人们的生活再次稳定下来，试图恢复宗族组织时却发现已经失去了关于祖先的记忆。于是建立先茔碑，追溯和保存宗族谱系，就成为当务之急和必要选项。因为石刻的谱牒具有保存长久的优势，足以消解人们对于再次发生战乱，而导致宗族世系断裂的惶恐，于是碑谱无疑成为宗族在对自身文化求索中最无奈的选择。

从先茔碑的系谱形制来看，宋代碑刻中就出现的世系图表，至元代已经发展为成熟的图谱式样，即后世流行的宝塔图或垂丝图。宝塔图是垂丝图的前身，较早所见如北宋熙宁年间《王氏世系碑》（图3-1）。其特点是将始祖置于上方正中位置，后世子孙按辈分依次向下排列，每一父辈必置于子辈的上方正中。上下父子和左右兄弟之间没有直线相连，家庭成员的世系关系依赖图中的相对位置而确定。这种世系图在元代演变为纵横都有线段的垂丝图，纵线表示直系血缘关系，横线表示旁系血缘关系。而且在每位成员名字的上端一般还会刻有圆圈，以示世次相递，象征"绳联珠贯"连绵不绝。但传统的宝塔图到清代仍然偶有使用。如山东沂南县张庄镇小河村《李氏谱碑》，康熙二十二年（1683年）立，其世系图与《王氏世系碑》如出一辙。垂丝图则是元代碑谱

---

① 叶昌炽撰，柯昌泗评：《语石·语石异同评》卷三，中华书局1994年版，第214页。

世系的主要表达方式，多称为"宗派图"或"宗支图"。如肥城市石横镇前横渔村元大德二年（1298年）《故都统刘公墓志铭》、新泰市羊流镇徐家庄元至治三年（1323年）《太守徐公神道之碑》和邹城市孟庙元天顺元年（1314年）《先师亚圣邹国公续世系图记》碑等，都在碑阴处刻有此类世系图式。这种图谱形式到明代已经成为碑谱主流，如正德六年（1522年）孟庙的三通"宗派之图"碑，分别刻有孟子至四十六代、四十六代至五十九代、四十六代至六十一代世系人名。各代之间都有直线相连，表示父子或兄弟关系，已经是十分成熟的宗族世系表达法了。

三、明清：碑谱成熟

明清时期，北方社会几经变迁，大规模的宗族聚居难以形成。但是源自宋元的谱系碑刻传统却已深入民间，宋明理学和民间仪轨相融合而形成的宗族知识也在地方社会普遍传播。碑谱在这一时期逐渐成熟，形成稳定的形制和文体结构，以及图、谱并重的制度特征，在功能上日益成为聚族工具与象征，对后世宗族的发展产生了深远的影响。

1. 承袭谱系墓碑和先茔碑

据前分析，碑谱大致脱胎于谱系墓碑和先茔碑的系谱，并经过祠堂碑刻的改造转变成宗族谱牒的另外一种主要形式。这种转变的背景是宋元以来华北社会经历的重大变迁。历史上华北地区变乱频繁，谱牒的破坏和遗失特别严重。几乎每次重大的朝代更替都使该地的人口和社会发展产生巨大波动。到明清时期，当地家族历经战乱与迁徙，绝大多数都失去了纸质族谱，甚至出现几代、十几代没有修谱的局面。随着老一辈人相继离去，口耳相传的祖先事迹逐渐被淡忘，导致前代世系无从考证，这就为稳定下来的人们续谱聚族带来不便。幸好，相对固定的祖坟能为族谱编纂提供可靠物证与世系信息。那些没有纸谱文献可征的家族就依靠祖坟及其碑刻作为参考重新接续世系，再造宗族组织。谱系墓碑和先茔碑便成为族谱资料最为主要的来源。同时，人们在墓穴封土四周，特别是在墓前竖立碑石、牌坊等标志物，以表达子孙孝思不匮和显示宗族地位。所立石碑族谱，起着界碑作用。宗族通过坟茔考订家族世系，利用墓志塑造了新的宗族历史。① 因此，华北地区的明清宗族是一种围绕祖先祭祀而形成的世系团体，墓祭风气十分浓厚，为创造新类型的谱系碑刻奠定了组织和信仰的基础。所谓"穷乡细民既安故陋，富厚之家又过于繁缛，而最甚者丧葬之靡文也"；"庶民之家莫不鹜华靡以相夸"。② 明清的墓地碑刻种类仍然包括墓志、先茔碑和墓碑，各自沿着传统的世系书写方式传承数百年。墓志在元代出现过"宗派之图"样式，但明清时期仍然多以文章形式叙述。其世系以墓主为核心，上至高祖下至立碑时已出生的子孙。先茔碑和墓碑则主要是图表化的世系，偶有如墓志一样叙述家世族史的例子。两者的区别在于，先茔碑以祖茔为核心构建家族世系，而墓碑则以墓主为核心形成五服小宗。

明清时期，先茔碑和墓志上的"宗派之图"渐趋消失，专门记录宗族世系的"谱碑"却多了起来。这种新式谱碑载体吸收了"宗派之图"中的图表因素，但是摆脱了为祖先立传的狭隘性，而成为具有谱牒性质的独立碑刻。如果说碑刻谱系之实由来已久，那么"谱碑"这一称呼却是从明清时代，更确切地说是清初才在山东地区出现并逐渐固定下来的。像山东新泰市羊流镇的徐家庄，至治三年（1323 年）立有《太守徐公神道之碑》，碑阴系"宗派之图"。而到了康熙七年（1668 年）同宗族人又刻《徐氏宗谱之碑》，立于徐氏祖茔园林，碑阴亦额题"宗派之图"，共列出十八代族人的世系，中间间隔三百余年。徐氏通过"宗派之图"实现了宗族文化的历史对接。目前尚未发现徐氏明代谱系碑刻，华北地区这一时段的碑谱资料十分稀少，它在明代的传承还

---

① 冯尔康：《清代宗族祖坟述略》，《安徽史学》2009 年第 1 期。
② 黄钤纂修：《泰安县志》卷二"风俗"九，清乾隆四十七年刻本。

有许多未解之谜。

不管是谱系墓碑还是先茔碑，所叙述的世系范围都十分有限，多数仅仅限于表达联合家庭的范畴。而且这类碑刻的世系描述一般较为模糊，也相当简易。当对宗族世系表达的需求极度放大之后，刻谱于碑就势所必然了。明清时期，全国各地曾大量出现过谱系墓碑和先茔碑，直到今天的乡村还时有所见。但是从中脱胎而出的碑谱，却逐渐缩小了其分布范围，成为一种主要流行于华北地区，特别是集中于山东地区的新谱种。

2. 沿革世系祠碑

孔子第五十六世孙孔希范，洪武二十八年（1395 年）袭封衍圣公，曾在孔庙立宗谱碑刻以明正宗世系。胡俨为他所作碑记说："五季时有外孔氏尝冒圣绪，因乱肆毒，几绝孔氏。至其子孙，亦假托世胄，觊觎徭役。公曰，是乱吾宗，今不明后世莫知矣。乃力斥其非，绝不与通。遂以宗谱重刻石庙庭，本支源委粲然别白，千百世之下，虽有昧冒不能紊也。"[1] 正德六年（1511 年），孟庙亦立三通"大明宗派之图"碑。立碑之人为孟氏本家，五十七代宗子世袭五经博士孟元。首碑绘孟子至四十六代世系及人名，其四十四代之前的世系格式十分简化，同于至顺二年（1331 年）"皇帝圣旨里"碑，一代一人，集合了孟氏的直系男性族人。代际之间直线相连，两端皆有"○"代表父子关系，名下还书子几人，已经完全同于明清纸谱世系图的标准样式。可见，此三通"宗派之图"碑应该是较为成熟的碑谱了。碑中序文叙先祖姓氏来源，世系代际以直线相连，横为兄弟，竖为父子，图右自上而下标注世代次序。唯一不同的是该碑为宗长子所立，序文主要叙述亚圣本人的儒学圣迹，而世系图也未体现族之聚合观念，应该还是一种尊祖敬宗的家庙

---

[1]　胡俨：《故承事郎曲阜知县孔公墓表》，《颐庵文选》上卷，钦定四库全书本。

碑。明代政府对于宗族的宽容和社会经济的恢复与发展，使人们更加重视族谱的编纂修订。嘉靖十五年（1536年），礼部尚书夏言上《令臣民得祭始祖立家庙疏》，皇帝允许民间"联宗立庙"。于是民间祠堂碑刻开始效仿孔孟图谱，记录本族支派世系的风气流行开来。至清代，纸质族谱已经得到普及，但是为便于展示宗族规模和渊源，并更为长久保存，人们仍然习惯在祠堂中刻立石质谱牒。

在泰安市宁阳县华丰镇的南梁父村姜氏旧祠堂前，就有两通祠堂族谱碑刻。其中一通刻于同治元年（1861年），序文提到贯一公倡议修谱，"详其谱系，支派分明"，"因修家祠之余，皆纪诸贞珉"。另一通立于民国十三年（1924年），额题"重修祠堂谱碑记"，叙述了同族重修大殿、修谱建碑的过程。两碑碑阴为姜氏两大支世系图，前后碑刻世系有四世是重合的。祠堂族谱碑刻具有建祠纪念和修谱聚族的双重功能。此外，还有一种专门的祠堂石谱。如在新泰市安驾庄镇李家炉村的李氏祠堂，光绪年间《创建祠堂并族谱碑》就记载："族众共立祠堂，以妥侑先灵。爰立石镌谱，以垂永久。"该祠堂今存《祖茔家祠行辈碑》以及世系图碑九块。祠堂石谱是一种较为特殊的碑谱，以没有序文，仅刻宗支世系图而有别于其他碑谱。这种碑刻主要放置于祠堂，象征祖先牌位，方便宗族各支联合祭祖。石谱流行于华北地区，当代新刻的情况也比较常见。如河南郑州沟赵镇水牛张村的张氏祠堂，现存先祖牌位碑一块，8块刻有世系图谱的方石分列左右。而荥阳的汪沟村汪氏祠堂，在清代7块世系图碑的基础上，近年来又刻40余块，涵盖了从始祖到当世子孙的99代。山东新泰南桥李氏家族在原有清代和民国谱碑基础上，1962年和2008年又分别刻了数通石谱，并专门盖碑堂予以保护。总之，祠堂碑谱和石谱构成了两种特殊的碑谱类型。

3. 明代谱碑定名

在明代，"世系碑"是对碑谱载体通行的称呼。如据山西晋城《白巷李氏族谱》记载，举人李思恩于嘉靖二十二年（1543年）创制《长门世系碑》，在碑序中记述了李十一公以下四支族人的来历。李氏族人正是依据这一碑刻于崇祯元年编修了长门世谱。李氏二门也曾两次修订世系碑，为康熙年间创修合族谱奠定了基础。① 淄博张店的沣水镇《笼水白马张氏族谱》中，提到万历年间四世张尧封创立《孝乡张氏世系碑》。同时期陕西渭南韩城芝川镇的司马迁祠有张士佩所书《汉太史公世系碑》，河南濮阳柳屯镇的李信村还有《靳氏世系碑》。甚至到清代还有少数将碑谱载体称为"世系碑"的，如临沂沂水县朱营村的《成氏碑》额题"程氏世系"，甘肃兰州皋兰的什川镇有乾隆年间五房族人刻立的《金邑什川堡魏世系碑》，等等。不过在清代，"世系碑"并不是一种正式的称呼，大多指单单刻画世系图的石谱，它突出的是宗族的世系和分支，而没有对族谱编修过程与原则进行叙述。

"谱碑"之名大约在明代初期开始出现。目前已知明代最早的"谱"碑，是洪武二十九年（1396年）山西黎城的《郎氏宗谱碑》。该碑碑阴为"郎氏宗支之图"，用吊线图记录了六代世系，显然是由元代"宗派之图"碑发展而来（见图 3-3）。② 山东地区较早的专名谱碑则是明弘治元年（1488年）田升所刻《田氏谱碑》，今存肥城老城镇田家花峪村老茔。碑文说，"由是本敬宗之心以亲族，本支亲而众支亦亲，推是心以处乡党而乡党亦睦，和气所熏蒸愈积愈深，于以卜福禄之未有艾焉"。明代碑谱分布较广，在全国其他地区均有发现。如广西河池嘉靖十三年（1534年）的《谭家世谱碑》，在叙述始祖中举入仕后，表达了"本支不替，偶录世系，万古常新，援笔志识"的愿望。③ 甘肃

---

① 杜正贞、赵世瑜：《区域社会史视野下的明清泽潞商人》，《史学月刊》2006年第9期。

② 王苏陵编：《三晋石刻大全·长治市黎城县卷》，三晋出版社2012年版，第51页。

③ 黄钰辑点：《瑶族石刻录》第一卷，云南民族出版社1993年版，第380页。该碑原存广西环江县陇川村谭氏宗祠内。

图 3-3　山西黎城《郎氏宗谱碑》拓片（选自《三晋石刻大全·长治市黎城县卷》）

张掖的高台县新坝乡光明村也发现一通《王氏族谱碑》，刻于明代崇祯
十年（1637年），碑阴刻有一族八世的族谱。明代嘉靖以后，民间建祠
立碑渐成风尚，族谱的编写成为宗族活动的主要内容。由此，族谱与
碑刻的结合更为固定，逐渐从原有的祠堂碑刻和墓碑系统中分离出
来，形成了专门的族谱碑刻。这类族谱碑刻将真实族谱刻于石碑，具
有尊祖敬宗收族的实际功能。正如山西沁水县嘉靖庚戌年（1550年）
的《柳氏宗支图记》所说："由一人而分为途人，故感苏子之言，而
作是图也。图变谱法而创，以意为之。谋立于祠堂之东，取其登堂一

览，咸有反本之思焉。"① 当然，清代以前谱碑之名仍没有固定，还是多混杂于祠堂碑刻或谱系墓碑之中。

从形式和功能角度看，明代碑谱不同于汉代以来叙述世系的诔碑和墓志，也不同于宋元开始广泛出现的谱系庙碑（刻宗族世系）、谱系墓碑（刻墓主世系）和先茔碑（刻祖先世系）。但碑谱的形成无疑受到上述碑刻的影响，同时又与宋元以来谱牒的编纂体例和叙事风格有关。明代以降，宗族下移至平民阶层和农村社会，修谱建祠渐成风尚。许多宗族为祝贺或纪念修谱建祠的成功，也会树碑立传，将宗族活动和宗支世系刻在石碑上。有的甚至直接将族谱的谱序刻碑，称族谱序碑。无论是早先的谱系碑刻还是晚近的谱序碑刻，都为碑谱的出现提供了内容和范式上的来源。世系与谱序的有机结合使得碑谱这一特殊类型的族谱最终创立。可以认为，碑谱在形式上是碑刻，而在功能上则越来越发挥出族谱的作用。

4. 清代谱碑流行

清代以降，华北民间社会流行在编修族谱的同时刻石纪念，以图长久保存，因此"谱碑"之称渐渐普及起来。在山东地区，无论是题额还是碑文，乃至纸质族谱和民间通称，常见谓之"宗谱"或"家谱"的碑刻。如清康熙七年（1668 年）新泰市羊流镇徐家庄《徐氏宗谱之碑》。而在康熙四十五年（1706 年）新泰雁翎关《刘氏谱碑》文中亦有："凡此碑谱，虽无补于前之失传，庶几于后之宗派赖以不坠，此其建立谱石之意也。"又如乾隆四十八年（1783 年）沂南砖埠镇汪家庄的《汪氏谱碑》，其序文叙述汪氏源流及茔前立碑过程，并用二十二句骈文为铭，俨然有中古墓志的遗风。实际上直到清代，仍有不少记录世系的墓碑或先茔碑被称为谱碑或支谱碑。谱系墓碑、先茔碑与谱碑纠缠不

---

① 车国梁编：《三晋石刻大全·晋城市沁水县卷》，三晋出版社 2012 年版，第 41 页。

清的关系一直持续到晚清。在泰安省庄镇的亓家滩村就有一通宣统三年
（1911年）《焦氏支谱碑》，尽管刻在碑上的名称如此，但实际内容则
是纪念始祖焦爱的先茔碑。该碑尽管也有简单介绍家族迁徙经历的文
字，但碑面的主体却是焦爱以下的八代世系图，无怪乎被当地人称为
"谱碑"。

"谱碑"直到今天都是山东民间对碑谱的默认称呼，甚至可以说
"谱碑"一名是山东民间所独有的。① 长期以来，民间社会视谱碑为
"硬谱"，相对于纸质"软谱"来说，谱碑行族谱之职能，又有一般族
谱所不具备的便于保存和展示的优势。所以，以"谱碑"命名的碑谱
日渐成为主流，而其他谱系碑刻则远离了族谱的功能，仅仅保留尊祖敬
宗的纪念意义了。本章之后作为主要讨论对象的就是这些专门被载于
"谱碑"的碑谱，笔者曾试图在绪论中对两者的含义予以区分，但实际
上对于民间社会而言，"谱碑"和"碑谱"并没有什么不同，只是前者
更为日常化和习惯化罢了。广义的碑谱类型在中国宗族史上曾长期并
存，而宗族碑谱其实应该主要是指宋元以后，有意刻在与祭祖相关的各
类石碑上的宗族系谱。尤其是明清以来，"谱碑"专名化意味着独立的
新谱种的成熟，也意味着山东宗族组织系谱化的完成。本书讨论的主题
显然是围绕这种狭义的碑谱展开，但也会兼顾其前生和今世。表3-1就
概括了秦汉以来各种谱系碑刻的不同形式。

① 其他省市发现的清代世系碑刻很少以"谱碑"命名，如河南南阳唐河县
湖阳镇有《张湾祠堂五门本系派序世系碑》，巩义白沙崔氏祠堂也有50余块世系
碑，未有统一命名。另据《三晋石刻大全》中所载，山西清代的家族世系碑并没
有题"谱碑"一名，而是不题名（如《郭家坡族谱碑》，绛县卷462页），题"氏
系"（《郇王氏系碑》，同书393页）或"皇清"（《加氏谱碑》，同书182页）
等，而且多数碑刻世系仅是祖先名讳的排列，其实就是神主牌位ం。陕西地区则自
金代以来惯称"世系碑"，如前述合水县"唐李氏世系图"碑，近日陕西礼泉县黄
埔村亦出土清代"□公坟世系图"碑，见陕西省文物局汉唐网，2015-05-01。

表 3-1　　秦汉以来的谱系碑刻类型总表（广义上的谱碑类型）

序号	碑刻名称	产生年代	兴盛时代	特征	备注
1	墓碑或墓表	商周时即有穿木为碑，作悬棺入土之用	两汉至今	汉代墓碑多刻长文，赞颂墓主生平功业，兼叙其先祖来源，世系流传等。明清时代的墓碑多简化文字叙述，以墓主及所配夫人名讳刻立碑体中央。碑体下端两侧为子孙世系，一般在五世以内	秦代及以前皆称刻石，汉以后称之为碑。魏晋至唐代衰微，宋代以后由于墓祭的兴起，民间刻立墓碑渐成风尚
2	墓志（铭）或圹志	东汉产生萌芽，曹魏禁碑令催生。北魏以后，方形墓志始成底盖定制，"墓志"一名则定于北朝	魏晋至唐代	志文为叙述墓主姓名、籍贯、官职、事迹和家世谱系的固定文体，志文后为四字韵语的"铭"，以表达悼念哀思之情。世系的表达以文字叙述为主，不讲求连贯性，包括姻亲关系	《大明会典》：五品以上许用碑，六品以下许用圹志。皆在墓中。宋以后墓志渐为墓碑所取代，民间亦有仿照墓碑形式制作墓志而立于墓外的情况

续表

序号	碑刻名称	产生年代	兴盛时代	特征	备注
3	祠堂碑刻	宋代	明清	祠堂碑刻所及世系体现了一宗之下的全族所属，是宋代之后新宗族组织化的典型物质文化表现。其世系图谱接近族谱的规范，明清时代转化为狭义的谱系碑刻，在功能上有联宗合族的作用	宋元的孔孟家庙碑是祠堂世系碑刻的滥觞，但早期的世系碑刻主要是为了突出对圣贤的祖先崇拜，并非为了聚合宗族。明代嘉靖以后，宗族向平民阶层发展，祠堂开始在民间普及，祠堂世系碑也逐渐成为宗族敬祖收族的重要标志
4	石谱	宋代	明清	石谱以刻写家族世系为主，往往以另碑叙述宗族由来和祠堂建设之经历。典型的石谱往往以多块石碑刻写世系，形成一组完整的世系表，将从古至今的族人按照支系和派别，以线图或表格的形式展现出来	广义的石谱涵盖所有的世系碑刻，而狭义的石谱则指摩崖族谱、马槽家谱、砖谱以及石刻系谱等，尤以河南等地存放于祠堂的连续性石谱为代表

续表

序号	碑刻名称	产生年代	兴盛时代	特征	备注
5	先茔碑	金代	元明清	以远祖为墓祭对象所树立的世系碑刻，内容上用文字叙述先祖生平业绩为主，兼叙家族世系，有的也专门刻出几代族人的世系图。其世系多在四世以上，规模大小不一，在突出祖先祭祀的同时，开始注意到宗族的血缘范围和边界	先茔碑由汉唐以来的祖先墓碑或墓志发展而来，契合金元统治者在广大乡村推行的儒教孝道政策。是宋元时代儒化宗族尚未成熟，民间将传统的祖先祭祀用于宗族建设的尝试
6	谱碑（狭义）	明中后期	清代民国	谱碑是石刻的族谱，是族史和世系图表的简化。谱碑具备序文、世系两大核心要素，也同族谱一样有续修之规，在宗族活动中发挥尊祖敬宗收族的功能。碑谱世系多在五世以上，以八世以上较为普遍	谱碑完全成为单独的世系碑刻门类应该是在明代中期。无论形制还是内容，墓碑系统进一步族谱化，成为宗族活动的重要组成部分。谱碑是中国宗族碑谱的主要和最后载体形式

本 章 小 结

　　根据上述分析,可知中国宗族碑谱的载体经历了诔碑、墓志、墓碑、祠堂碑刻等阶段,最后才形成制度完备、专门记载宗族谱系的谱碑。碑谱是宋元以来山东宗族组织系谱化和谱牒墓祭化的产物。没有系谱化的组织要求就不会有对宗族谱系独立的强烈要求;同样,不将墓祭与宗族谱牒相结合,也无法迎合当地文化中的孝道传统和祖茔观念,更无法实现系谱向现实团体的转化。谱系从碑刻纪念性功能的附属地位,上升到承载宗族源流认同、世系保存和祭祖合族的实际意义,终于导致了作为特殊谱牒载体的新谱种的出现。这种新型谱牒是华北宗族发展过程中的特别事物,代表着不同于传统谱牒与宗族的新面向。毫无疑问,碑谱的最终定型和被规定为宗族的标志物发生于明清时期。谱碑、庙碑和墓碑到清代渐渐分野,碑谱变成华北地区宗族组织与活动的一面旗帜。尤其是嘉道以后,碑谱形制与内容最终确定下来,载体类型上也分化出大宗谱碑、小宗谱碑、支谱碑、门谱碑和联宗谱碑等。

　　碑谱是中国宗族近世化的一个标志和象征。宗族谱系从家族世系中脱离出来,甚至又专门刻在祖先崇拜的墓碑之上,进而被制作成为专门用以记录宗族历史、阐发宗族伦理和聚合族人的谱碑,这证明父系血缘群体开始凸显自身聚合性,试图成为社会中独当一面的功能性组织了。明清时期是中国宗族活动走向鼎盛的阶段,南北地区宗族差不多同时进入系谱化模式,然而华北地区却在纸谱发展的同时强化了碑谱的存在。可以说,碑谱就是华北宗族生态的典型表征之一,是极具代表性的宗族历史文化遗存。

第四章　宗族碑谱的类型

　　上文提到宗族谱碑是宋元以来华北宗族近世化的产物，它成熟于明清时期而集中于山东的鲁中地区。自然，宗族谱碑在发展过程中也会表现出不同的谱牒分化状态，也就是碑谱在形式和功能方面表现出的不同类型既有历史继承性，又有时代创新性。从碑谱演化历史来看，自从汉唐碑刻书写谱系开始，其实就已有文本形式的区别，到明清碑谱更是形成稳定的类型学特征。本章主要从明清宗族碑谱的类型谈起，通过其谱系书写、记录形式和功能、处所的差异，考察这一新兴谱牒形式的发展规律和区域特征，以便更好理解系谱碑刻化和碑刻系谱化的关系。根据世系表达方式，碑谱可以分为文章碑谱、表格碑谱和线图碑谱三种类型，这三种碑谱以文章碑谱发展时代最早，表格碑谱次之，而线图碑谱在元代之后才逐渐流行开来。尽管三种碑谱发展的早晚顺序不同，但在不同的历史时期实际上是有交叉和并存的。碑谱的种种形式变化无疑会在谱碑的内容和书写方式上体现出来。

　　此外根据谱碑存放地点的不同，还可分为墓所碑谱和祠堂碑谱两种。碑谱最早是由墓地系统的碑刻谱系发展而来，汉代的谇碑、魏晋南北朝至唐代的墓志以及元代刻录的"宗派之图"先茔碑都有自己的谱系表达。宋元以来北方乡村重视墓祭，围绕墓地和墓碑重新构建宗族，因此流行在墓碑上记录近亲世系。胡祇遹《宁晋王氏本支图记》说，"细列世系，刻之碑阴……岁时伏腊聚亲族于其下，封坟拜垄"。① 郑

---

①　胡祇遹：《宁晋王氏本支图记》，《紫山大全集》卷十一，钦定四库全书本。

玉作《郑氏石谱序》，亦有"……凡十五世，辑为此图，刻之先大父墓碑之阴"语①。世系墓碑后来演变为专门记录家族世系的谱碑，也存放在祖林坟茔之前，享受烝尝和祭拜。明清时代，祠堂逐渐在北方地区兴起，许多家族在修建祠堂后记碑留念，往往也将支派世系刻在碑阴。如宁阳县华丰镇南梁父村《重修祠堂谱碑记》、平阴县东阿镇《谷城于氏祖先堂》、肥城市安驾庄镇李家炉村《创建祠堂并族谱碑存》都属于祠堂谱碑。胡助所作《宋氏世谱记》结尾说，"因为著此世谱记，俾之刻石先祠，庶几观者有所兴起也"。② 祠堂主要是摆放祖先神灵牌位，举行祭祀和各种庆典的场所，所以树立家族谱碑有"明昭穆、序世系"的功能。其世系图往往多支并列，以体现一祖之下联宗合族的理想。不过，由于墓祭传统的盛行，北方宗族更多还是习惯将谱碑置于墓地，注重宗族实体的墓祭活动。③ 有的径直就在祖茔林地建墓祠，将世系刻于祠堂碑阴，象征祖孙一体，以展孝思。如河北邢台市南和县三思乡的要氏，万历年间"作室堂，制祭器，以祀乎其先"。工成之后，"又刻石树之墓所，以昭来世"。④ 现存的山东祠堂谱碑数量不多，不超过全部谱碑的10%。仅以谱碑较多的肥城为例，现列举如表4-1：

表4-1　　　　肥城现存清代祠堂的谱碑情况

名称	始建时间	公元时间	地点	碑刻类型与数量
鲍氏家祠	康熙五十二年	1713年	肥城市桃园镇三良村	祠堂碑1 谱碑12
李氏祠堂	光绪二十九年	1907年	肥城安驾庄镇李家炉村	祠堂碑2 谱碑8
张氏祠堂	康熙六十一年	1722年	肥城市汶阳镇浊北村	祠堂碑1 谱碑1
雷氏家庙	乾隆三十一年	1766年	肥城市孙伯镇孙东村	祠堂碑1 谱碑1

---

① 郑玉：《郑氏石谱序》，《师山集》卷一，钦定四库全书本。
② 胡助：《宋氏世谱记》，《纯白斋类稿》卷二十，钦定四库全书本。
③ 最早所见通过墓祭联络族人的例子是西汉末期的山东人楼护，其上先人墓而会宗族故人。顾炎武在《日知录》中有同类举例的评论，见该作第836页。
④ 张月尊：《三思村志》未刊稿第10本，2014年，第155页。

续表

名称	始建时间	公元时间	地点	碑刻类型与数量
辛氏祠堂	乾隆四十六年	1781 年	肥城市安临站镇大辛村	祠堂碑 1
田氏祠堂	乾隆六年	1741 年	肥城市汶阳镇田东史村	祠堂碑 1 谱碑 2
于氏祠堂	乾隆三十七年	1722 年	肥城市边院镇于老村	祠堂碑 2
孙氏祠堂	宣统元年	1909 年	肥城市安站镇东虎门村	祠堂碑 1 谱碑 1
朱氏祠堂	乾隆九年	1744 年	肥城市孙伯镇孙西村	祠堂碑 1

注：谱碑后的数字为碑石的块数，不是通数。

以上是从碑谱外在的表现形式及谱碑存放空间着手进行分类的结果，相关情况亦可见第三章中对谱碑渊源的探讨。然而真正能够体现碑谱内涵的分类则必须从其文字内容或者表达的内涵上进行发掘。如果说文章谱、表格谱和线图谱是碑谱的三种世系表达类型，那么接下来提出的分类则是碑谱的几种宗派表达类型，即大宗谱、小宗谱和分支谱。

一、大宗碑谱

中国古代世系学理论有两大类型：大宗世系学和小宗世系学。大宗世系学建立于层级分封制和世卿世禄制的基础上，主要存在于西周王室和公卿大夫家族。尽管大宗制度在秦汉以后逐渐消亡，但作为一种谱学潮流，大宗世系学一直到隋唐都占据社会主流地位。基于大宗世系学产生的文本记录方法就是大宗谱法，反映在谱牒上就是官修姓系谱，主要记录同姓贵族的官职和地望分布。大宗谱法的最主要特点是，强调宗族始祖的来源以明血统，表现宗族直系主干的延续以明继嗣，不设宗系世代的限制以明永远。在此目标下，对于世系的追溯范围可以是无限的。[1] 宋代以降，小宗世系学和小宗谱法渐成主流，但大宗世系学的某

---

[1] 钱杭：《宗族的世系学研究》，复旦大学出版社 2011 年版，第 247 页。

些传统和原则，比如百世不迁的直系原则、继嗣和继统的置后原则以及祖孙一体的宗法观念，都没有完全消失，反而在以世系学为基础的私谱中得以保存，并成为宋明时期联宗的理论根据和心理支柱。宗族利用大宗谱法，就是表明他们对世系主干永久延续、宗支世代不受限制的追求。因此，大宗之法在实践中被参照、借用，其历史原意已被抽空，只不过剩下了形式和外壳，在血统的共同性上象征了宗族整体而已。①

所谓大宗碑谱即按照大宗世系学原则编纂的宗族世系碑谱，原则是统合始祖之下所有的子孙。作为始祖的人物往往是文化学上的顶点，而非地理学范畴的迁祖；在世系图上表现为追求超长的和绵延不断的世系，一般自春秋以来能够达到七八十代。虽然大宗世系的理想是要体现宗子的继嗣系列，和与宗子有关的全部旁系及其子孙后裔，但在现实生活中的大宗碑谱却更多关照本支世系的来龙去脉。这种大宗碑谱的发展，与宋明时期理学对小宗谱学的反思和对大宗世系学的重新发现与利用有关。在此背景下，汉人宗法中关于别子认定和宗子继承的规定，在新式宗族谱牒中不再具有核心地位。也就是说，大宗世系原本刻意强调的嫡系宗子继承原则，在新式谱法的实践中不再遵守。我们所看到的近世以来所谓大宗谱，尽管在世系上保证了连续性和完整性，但已经不再是宗子一脉相传，而是呈现多支世系并存和发展的态势。② 尽管如此，大宗世系所体现的祖先共同性、世系合法性、宗族的归属性和历史性以及血缘纯洁性依然是汉人宗族追求的根本目标。

华北地区，特别是山东地区最为典型的大宗谱碑，当属散布于孔庙和孟庙的多通圣贤世系碑。如元至顺二年（1331 年）《皇帝圣旨甲》碑，碑阳为延祐元年（1314 年）颁发给邹国公五十二代孙等人，以除免孟氏子孙"税石"的圣旨。碑阴"孟氏宗支图派"，刻有从邹国亚圣公（孟子）直至五十五代后裔姓名。其中孟子至四十四代为单线世系，

---

① 钱杭：《中国古代世系学研究》，《历史研究》2001 年第 6 期。
② 例如 1937 年刊印的《孔子世家谱》序言："派分南北流出一源，故合散为聚汇一谱。"散居各地的孔氏后裔在谱中被分为十大支，家谱共收录 56 万人。

四十五代孟宁至五十五代则以直线相连，形成枝干状世系图。孟子作为亚圣之族的始祖，处于世系的顶点，但是其后至四十四代的世系有很多疑点。孟宁之后的十一代则是"可见之世"，碑刻谱系正是体现了孔颖达《礼记·丧服小记》疏所说，"百世不迁之宗者，谓大宗也……大宗是远祖之正体"。源于一"宗"的父系世系原理是将个体家庭整合为宗族的核心原则。以帝王传位和诸侯、卿大夫身份继承为内容的世系原则，强调的是对政治地位和财产拥有权的承袭、继承，与对宗族成员资格加以认定的世系原则是性质不同的两种规则。① 在《皇帝圣旨里》碑的宗族谱系中，这两种规则被人为地糅合在一起，反映出当时圣贤家族被政府利用，世系关系神圣化的现象。大宗碑谱的特点是，处理"可见之世"之前的世系，采用单线世系记录法；之后的世系则支分派别，顺次对应，形成枝干性图谱或在横排表格中以文字注明世代关系。明正德六年（1511年），五十七代宗子孟元又依照《皇帝圣旨里》碑，又另外刻立了一通圣贤谱碑。该碑世系因孟氏后人大量增加，而分刻在三块石碑之上。其一为孟子至四十六代世系及人名，其二为四十六代"坚"至五十九代彦字辈，其三为四十六代"存"至六十一代弘字辈，各碑世系图之上皆阴刻"宗派之图"四字。据说前四十四代姓名来自通天谱，文献载四十四世孟公济五代时避乱山东。景祐四年（1037年）孔中丞访得孟宁，荐于朝廷，史称孟氏"中兴祖"。孟宁主奉祀事，始编修孟氏祖谱。因此，孟氏大宗碑谱都是从四十四世开始"世次昭然，支派详明"。孔氏族谱最早也是宋代开始正式成型，之前一直是以抄本传世，记载历代主持奉祀的世袭宗子。元丰八年（1085年），孔子四十六代孙，官居朝议大夫的孔宗翰创修孔氏族谱，将本族嫡庶一并收入。宣和六年（1124年），四十七代孙、朝散大夫孔传亦作《东家杂记》二卷，记孔子以下五十三代世系，当为大宗世系谱。成于金正大四年

---

① 钱杭：《世系观念的起源及两种世系原则》，《华东师范大学学报》（哲学社会科学版）2010年第1期。

（1227 年）的《孔氏祖庭广记》，由五十一代孙"袭封孔元措"撰，将族谱和杂记合而为一。① 至于孔氏大宗谱碑则有两通，一为元天历二年（1329 年）《孔氏宗支图记》碑，一为明永乐七年（1410 年）《孔氏谱系图碑》，均为以孔子为始祖的通谱。前者碑阳为孔子至四十二代世系图，前八世为单线世系，从第九世开始分衍支派。碑阴为五十四代孙孔思晦所作序文，下为四十三世仁玉至五十七代孙世系图。后者碑阳孔颜孟序文下为孔子后裔大宗世系图，碑阴无字。世系图又分两部，孔子至四十二世光嗣，纵向排列于碑面右侧；四十三代孙仁玉至五十九代孙孔彦缙世系，置于碑面中心主体位置。第一部分世系为单线世系，第二部分世系为分衍世系，形制完全同于其他的大宗谱碑。② 关于大宗谱的意义，天历碑谱序文中谈及孔末夺嗣事件，称"外院非吾族也"，"虑世绵远，混淆本宗，故勒图于石"。圣贤世系碑采用大宗世系，无非是想守住历代朝廷赐予的利益和荣誉。在保证全部世系完整的前提下，尽量涵盖所有直系后代，同时划清血缘界限，防止外姓窜入。

乡村的普通宗族没有这么多现实的利益需求，历史感和归属感反而成为最为核心的宗族理想和价值观。瞿同祖在《中国法律与中国社会》中说："大宗一系是由承继别子（始封之祖）的嫡长子（大宗宗子）所组成的。全族的共同组织、全族的男系后裔，都包括在此宗体以内，为全族所共宗；可以说是最综合的，最永久的。"③ 因此，社会地位越高（尊），对祖先世系的追溯就越远（上）；而对祖先世系追溯得越远，就越能证明自己当下的社会地位所具有的历史性。④ 明清时期，普通宗族将世系上溯至周代分封诸王，实际上是对帝、王、卿大夫等公职爵位传

---

① 宋淳祐二年（1242 年）增补重印于曲阜，见钱大昕：《十驾斋养新录》卷十三，"孔氏祖庭广记"条，上海书局出版社 2011 年版，第 258 页。

② 孔子世系的演变体现了传统政治文化对宗族制度最为生动的运用。实际上，孔子世系的继承并非总是代代由嫡系长子来实现的。见景军：《神堂记忆：一个中国乡村的历史、权利与道德》，福建教育出版社 2013 年版，第 37~41 页。

③ 瞿同祖：《中国法律与中国社会》，中华书局 1981 年版，第 19 页。

④ 钱杭：《宗族建构过程中的血缘与世系》，《历史研究》2009 年第 4 期。

承过程的模仿，以显示"授受之正统"。泰安市岱岳区道朗镇西房村的《周氏谱碑》就是这样一种典型的大宗碑谱。现从世系关系的包容范围、祖先级别的认定原则和父系亲属集团成员资格的传递方式这三方面予以分析。

西房村《周氏谱碑》立于民国二十四年，共由四块碑石组成。首碑为《修谱牒碑志》，记西房周氏祠堂来历，及"修谱树碑，又草创东草房三间"的过程。据周氏后人讲，"文革"前谱碑存于祖先祠堂，后祠堂倾圮，碑散落于此。另外三碑为族谱碑序和世系图，从伯禽开始直到第八十六代孙，已有三千余年。如果将伯禽以来所有的周姓宗亲统计起来，无疑是个极大的数字，根本不能纳入一般的族谱世系。西房周氏在修谱过程中，采取了两步走的方法。首先是确认远祖，"谱之修所以明后世，建祠所以重本源"。谱序肯定"千古道统"和"万世心传"原则，提出周姓源于二帝三王的历史观。帝王之裔"散在片氓"是因为"封国不一，赐姓各别"，所以后来才有周公封于鲁，而伯禽治其国的典故。但如何确定本族源自周公？谱序中并无合理的追溯和推断，只是说秦并天下谱系尽失。"周公之裔孙得存无多，即私记之谱牒所传，亦鲜求源源本本。"这就为攀附周公之族留下余地。文中又说曾经（不知何时）的周氏遗谱十分详尽，证实他们"实周公之胤"，因此"累代世系按其遗谱指屈而记"。同时还以他人佐证，"□谱名流，亦深信周氏族谱之斑斑可考"。其次，是对远近世系关系的处理。在世系图中，周公以下至七十一世以单线世系表示，一代一名，直线单传。自七十二代天才、天祥（西房村始迁祖）① 开始分两房四支详记子孙派系，共计至第八十六代，十五世。② 自始祖以来接续不断的子孙世代，以及序文结尾再次重申的要将"千古之道统，万世之心传"继往开来，体现了周氏族人追求大宗世系的宗族理想。清代礼学家程瑶田总结《仪礼》

---

① 左近有乾隆九年（1744年）周天才墓碑，刻有天才以下八世子孙。
② 西房村《修谱牒碑志》中有，"祖天祥等人始居西房村，番衍至于今十五世矣"。

中的大宗思想："尊者尊统上，卑者尊统下，大宗者尊之统也。大宗者，收族者也，不可以绝。"① 近日，焦作市文物工作者也在原解放区发现了一通清代大宗谱系墓碑，碑阴记载了姬姓从黄帝时代到清嘉庆二十五年的世系，共计八十八代。②

尽管在现实生活中，刻立大宗谱碑的宗族还比较少见，但是大宗世系学提出的百世不迁的继统原则，仍然广泛渗透于宗族的收族实践中，为宗族寻求生存的历史性与合理性提供了理论前提。这在山东地区广泛存在的小宗碑谱身上，同样得到完美印证。

二、小 宗 碑 谱

大宗世系学强调宗族源于得姓始祖，其突出表现为自得姓始祖以下连续不断的直系世系和不设边界的旁系范围。至少在理论上，大宗世系学可以容纳宗族的所有历史范畴和现实团体。而小宗世系学的基本范畴是迁易、减杀和限制，目的是划定实体性宗族的明确框架、范围。所以小宗世系系列体现的是当下宗族成员之间真实的世系联系和生活范围。③ 也正因此，在实际的族谱记录方式上，我们经常可以看到"无嗣"或"乏嗣"导致世系中断的情况。而那些迁出宗族聚居地的分支，也往往因各种原因而不被记载。《丧服小记》中说，"祖迁于上，宗易于下"。与大宗世系学包含所有源于得姓始祖的子孙相比，小宗世系学在理论上和实践上，都只能有限地记录宗族世系。根据小宗世系学的规定，宗族的团体范围限定在五服之内，即五个世代、四个小宗。就是以

---

① 程瑶田：《仪礼丧服文足徵记》之四《报服举例述》，阮元、王先谦编：《清经解》卷 527，上海书店 1988 年版，第 666 页。转引自钱杭：《宗族建构过程中的血缘与世系》，《历史研究》2009 年第 4 期。

② 郭长秀、姬姣姣：《姬姓世系碑刻国内首次发现》，《大河报》2015 年 4 月 16 日。

③ 钱杭：《中国古代世系学研究》，《历史研究》2001 年第 6 期。

高祖为世系起点，五世则迁，"祖免杀同姓"。① 小宗谱法指导下的谱牒对宗族的世代和范围都有明确的限制，因此才会出现不同分支各自编修本支谱系，或者随着续修谱牒而省略和去除某些旁系的情况。②

宋元以来，由于华北移民活动频繁，永久性的大宗族不易保存。而明初以个人或家庭为主的迁移模式，也导致他们与迁出地原有宗族世系发生断层。山东博山石门乡双嘴山龙堂村《刘氏谱碑》载，洪武年间太祖自枣强迁发，"当是时也，惜我太祖背井离乡，形影相吊，孤苦伶丁，啜其泣矣，何嗟极矣！"后来，刘氏繁衍十世（似应为四世），又遇景泰年间的大乱，遂移居龙堂村。此时"历代传闻碑碣建立，家谱失迷，曾未有过而问焉者"。③ 被迫或无奈迁离故土的早期移民并不情愿在新居地"落叶生根"，这一点颇似近代以来始终抱有"落叶归根"观念的华侨社会。科立斯曼认为"宗族是不能被移植的"，陈其南认为他们至少在观念中是不想被移植的。④ 山东地区早期移民宗族很多是带着族谱或是深刻的祖先记忆而来的。但是，经过几代人之后，随着族谱的散失和记忆的淡化，祖籍地的历史渐渐被忘却。仅有的世系证据只是存在于始迁祖墓碑上的谱系记录，利用墓碑系统恢复祖先记忆成为华北地区宗族的特征之一。一旦墓碑也遭到破坏（这在战乱频仍的华北十分常见），前代世系的断裂将不可避免。但作为碑刻介质的族谱毕竟比纸张更易保存，"然谱书或遗失，而谱碑无时消灭"。⑤ 所以在历史环境变迁剧烈，人口迁移频繁的山东地区，立于墓所的谱碑成为当地宗族

---

① 孔颖达：《礼记正义·大传》，阮元校刻：《十三经注疏》，中华书局 1980 年版，第 1507 页。

② 有些族谱将历代移民中的始迁之祖等同于"大宗之法"中的"别子"，属于不严谨的说法，同见上文。

③ 淄博市博山区龙堂村同治十三年（1874 年）《刘氏谱碑》，立碑者为十七世孙。

④ 陈其南：《家族与社会——台湾与中国社会研究的基础理念》，台湾联经出版事业公司 1990 年版，第 86 页。

⑤ 肥城市安临站镇西张村民国九年（1920 年）《张氏谱碑》。

特别看重的一种族谱载体形式。新泰石灰峪清《肖氏谱碑》提到，肖氏如不修谱则"支派于以紊，昭穆于以迷"。但他们并没有选择纸质谱牒，而是"约同族捐财，而修谱于石"。① 明清时期，山东宗族并非将现成的谱牒刻在碑石上，而是在第一次记载世系时就选择了谱碑这种硬谱形式。这种情况早在女真和蒙古人统治华北地区的时候就曾出现过，经历战乱的当地汉人利用先茔碑开始记录世系，重新建立新的宗族组织。

宋代以后，小宗世系学成为谱学的主流。反映在族谱撰写上，则是小宗谱法"断自可见之世""收见在之族"的观念。"五世迁宗之法"的配合或限制，使宗族构成具有实际意义的团体成为可能。各族以始迁祖为世系顶点，构建了明确而固定的族群范围。"夫惟各族各立宗，各从立族者起世。"② 明清时期，移民家庭规模逐渐扩大，陆续在各地形成新的宗族分支，这成为山东宗族发展的历史图景。这一过程正因北方地区不断的社会动乱和自然灾害，而多次反复上演。由于世系断裂成为常态，人们不得不一次次重新开始构建宗族。所以说小宗世系学取代大宗世系学是历史的必然，比起悠远的古老姓氏传承，当下对族群范围的明确和界定更为现实生活所需要。而始迁祖是以"见在之族"，即以当下所能参与的族人范围为基础而上溯确立的。"故为族谱，其法皆从小宗。"③

从历史来看，山东宗族的世系结构实际上经过了多次人为选择，小宗谱法和小宗碑谱已然是该地世系学的主流。不过这种小宗碑谱所界定的血缘群体，实际上在内部也并没有严格的财产关系，即并非拥有共同财产的生活共同体。这一社会团体的最高组织原则是父系单系世系，但

---

① 新泰市肖家上旺石灰峪光绪十四年（1888年）《肖氏谱碑》。
② 毛奇龄：《大小宗通绎》，王先谦编：《清经解续编》卷23，上海书店出版社1988年版，第94页。
③ 苏洵：《嘉祐集》卷十四《族谱后录上篇》，曾枣庄、金成礼笺注：《嘉祐集笺注》，上海古籍出版社1993年版，第380页。

成员的权利与义务却没有得到足够限定，甚至十分模糊，更像一种松散的同姓俱乐部。也就是说，宗族内部没有主导权存在，因此也就没有严密的组织与制度。①

　　小宗碑谱在山东的分布最为广泛，其世系类型与同时期流行的纸质族谱相一致。康熙七年（1668年）新泰徐家庄《徐氏宗谱之碑》就是典型的小宗碑谱。其碑阳《平阳徐氏族谱序》，将徐氏始祖确定为唐代徐世勣（英国贞武公李勣）之后徐琛。序文介绍，徐琛于元代中统年间迁居平阳（今新泰龙廷），历任亳州知州、归德太守等职。徐琛之后八传至世荣，世荣生三子。长子北徙无传，三子远迁徐州，次子谨留居平阳。碑阴"宗派之图"罗列了徐谨的后代（列至第十一世，总第二十世），并在世系图中将他标为长子。徐谨在徐氏大宗世系上处于第四十三世，② 而在小宗世系中位于第十世，在该碑谱世系中更列于第二世。由此可见，小宗世系是相对的，父系直系世系可以不断剥离下去，形成不同层级的小宗世系序列。《徐氏宗谱之碑》在第二世的位置上还标出了另外两支，并在谱序中对其去向作了说明，符合小宗世系学"收见在之族"的原则。清道光五年（1825年）徐氏再修《徐氏宗谱》碑，额题"支派分衍"。碑文说，"爰立三石，合为一碑，不必复前谱之旧，致失雷同"。前谱即指康熙七年碑谱，"其所未载者，于今几九世矣"。因此新谱世系"始自十七世祖，载本支所应载，下及六代子孙"。③ 该碑右手的一块，阳面有二十二世和二十三世孙所作小志。志云："自十世以后，子姓藩衍，户口难悉矣。然支分派别，各有碑碣，瞭若指掌。传至衍字辈系二十三世，但恐世远年湮，谱牒或有残缺，因历序渊源，勒之于石，以备考核云。"在碑中世系图中，还列出外迁的

---

① 相对华南而言，这里的宗族更重视村居邻里关系和文化上的宗族建设，并没有聚族互助的现实要求。

② 新泰市羊流镇徐家庄2007年《徐氏宗谱碑》。

③ 新泰市羊流镇徐家庄清道光五年（1825年）《徐氏宗谱碑》。

各支小宗，如莱邑城东徐家庄、郭家庄、白塔子庄、陈家庄、口峪庄以及蒙邑施家峪等。咸丰三年（1853年）徐氏宗族又续修谱碑立于徐琛墓前，碑阳额题"徐氏族谱"，以三块碑石的篇幅罗列了六支族人世系①。该碑没有设立源自一祖的世系，而是由同辈兄弟直线而下，分别罗列各自的子孙世系。这种截取近代世系，扩大旁系范围的做法是小宗世系学的一种变例。因为这些同辈兄弟实际上都有较近的共同祖先，因此他们的世系也处于五服之内的小宗范畴之内。只不过世系起点的人数规模较大，给人以派系繁杂的感觉。其实作为立碑者，他们之间的亲属关系应该是非常清晰的。

再以山东肥城市仪阳镇鹿家沟村清同治八年（1888年）的《刘氏谱碑》为例，其碑阳"家谱碑志"也有一段关于宗族变迁历史的追溯，文中说：

> 我刘氏祖居站南刘家庄，祖茔在村之西南隅。考谱碑所载，大明始祖名合者，自山右迁发，前代世系述之甚详。继祖名山，又茔立河北，谱碑亦有可考焉。但世远年湮，族姓繁多，虽居他乡者，纪不胜纪。亦惟本前人之纪述，继序本支以为家乘耳。余稽迁祖以来，更历五世。越至八世祖名颐，生四子。长子名曰申，次子名曰逊，三子名曰兰，四子名曰章，分著其乡。长支住老庄，次支迁居界首河西，四支迁居刘家台。余属三支，迁居于此考山庄，立茔于斯地者，已历有年所矣。不有以志之，恐日久而失序□。兹因先人一脉之所衍，与后昆宗派之攸分，悉勒诸贞珉，以传后世。则因其所可志，以思其所无可志，是亦我刘氏家乘之实录也。②

---

① 新泰市羊流镇徐家庄清咸丰三年（1853年）《重修徐氏族谱碑记》。
② 肥城市仪阳镇鹿家沟村清同治八年（1869年）《刘氏谱碑》。

　　刘氏始迁祖是明代的山西移民，但并非一开始就迁居至山东。据碑文，二世祖"立茔河北"，说明刘氏至少在第三代之前是生活于河北地区的。明初，冀州曾作为山西移民的中转站，如果在此居留时间长达数代，则会被后代误认为是祖籍地。鲁中地区东部很多自称来自枣强的人口，应该就是这些移民的后代。以《刘氏谱碑》记载看，刘氏只是在此短暂停留，何时迁至山东却不得而知。不过序文中对刘氏宗族八世之后的迁徙分衍和世系传递说得很清楚，而且特别说明在对世系的记载上《刘氏谱碑》实际上与《刘氏族谱》没什么两样。碑阴的刘氏世系正是从八世祖的三子"兰"开始的。由于"兰"之前的世系模糊不清，三世至七世更是不得名讳，因此只好将"兰"作为始祖开始记录世系。这正符合"断自可见之世"的小宗世系原则，同时又裁剪了世系不清的旁支，"惟本前人之纪述，继序本支以为家乘耳"。碑阴世系共计十一世，从第四世（自兰始计）开始分两支，第六世分三支，至八世又分三派十小支。第八世至第十一世（仅一人）应为现实的宗族团体，即五服之内实际的世系范围。小宗碑的世系谱记录一般较短（多在十世以内，最多二十余世），在可能的情况下涵盖了所有的族内宗亲。这实际上反映了山东宗族经过多次世系断裂，可记世系长度有限，族人数量较少，聚居范围较小的基本特征。这种世系较浅的小宗族不但分布较广，而且从明代直到清代晚期都有存在，宗族发展的不平衡性十分突出。例如莱芜市辛庄镇桑响泉的《桑氏谱碑》，立于清光绪二十年（1894年），仅列八代世系。序文中说：

　　　　尝闻我桑氏自明洪武初年枣强迁移以来，三祖离居。一居寿广县焉，一居蒙邑焉，一居莱邑城东乡铁车保石湾子村。世远年湮，上世之轶事，先祖之遗风，皆失其传焉。以及迁居草场，至兴公旺公。二祖生于斯，卒于斯，垂裕于后，延绪于今，滋庆繁炽，八世荣昌，子孙绳绳，瓜瓞绵绵。庶几触春露秋霜之感，不忘木本水源之思也。夫于是序其谱系，次其支脉，勒诸贞珉，以志不朽云尔。①

　　桑氏能够清晰追溯到洪武迁祖的事迹，其历史记忆自然久远，但却不知道经历了多少世代，其世系的断裂非常明显。自明初以来至立碑之时，约有五百余年，而桑氏世系记录却从清代中期开始。"上世之轶事，先祖之遗风"在时间中淹没一定是遇到大的变故，从迁居本地的兴公、旺公开始世系记载，也是无奈之举。《桑氏谱碑》的世系一开始就分为两支（但从小宗谱系上讲，始迁祖应为洪武迁至莱邑的三祖之一，只不过始迁祖至兴、旺二公的世系断裂了），各自向下繁衍至第八世，原为吊线图，为方便展示，做表4-2如下。

表4-2　　　　　　　　　《桑氏谱碑》中的世系关系

桑						氏					碑								
祖 旺					祖 兴														
国英					国财														
礼 义	信		信 出嗣	智															
明元 明魁		明顺		明和			明义				明伦								
青	枚	梓 松	绅	绅 出嗣	玺			寅 出嗣	桐							寅			
一生	长生	来生 际生 继生	苗生 田生	效生 隆生	凤生	月生	凌生	海生	厚生	福生	连生		名生	禄生	利生	吉生			
冠灏	冠祥	冠参 冠荣 冠九	冠全 冠文 冠武	冠江 冠东	冠秋 冠德 冠庆	冠儒	冠中	冠瑞	冠成 冠永 冠祯	冠茂 冠盛	冠林	冠亮 出嗣	冠鸿	冠杰 冠俊		冠亮 在临晋县			
敬臣	敬君 敬训	敬纯 敬师	敬止 敬业	敬一 敬友 敬宾				敬修 敬仁			敬熙	敬圣 敬孔		敬良	敬善 敬之 敬轲 敬孟		敬曾	敬冉 敬颜	敬禹 敬尧

光绪二十年四月中浣

注：二世国英之子信为出嗣子，礼为义子。

　　随着清代山东社会经济的发展和人口不断增长，宗族规模逐渐扩大，内部分支因发展不平衡而逐渐独立。原有的小宗碑谱不能满足宗

---

① 莱芜市辛庄镇桑响泉清光绪二十年（1894年）《桑氏谱碑》。

族人口增加的现实，于是出现两种发展趋势。一是碑谱世系范围随着长度的增加而扩展，在一通谱碑上并列多支派系；二是将宗族分支世系划分出来，另立茔地（一般是由于迁出祖茔地外出谋生或祖茔地狭被迫迁茔，新茔地与新的定居点联系密切），而单独刻立本支的谱碑。

较早的例子可见济南盆地西部的平阴县东阿镇于乾隆元年（1736年）所立《于氏谱碑》（原碑额题"谷城于氏祖先堂"）。该碑谱形式为表格式世系，以三块碑石分别记录始迁祖以下的五支十二世族人。中碑中间位置从上到下是一世深、二世忠以至十一世孙的世系，两旁为长支、二支（在右碑），三支、四支（在中碑）和五支（在左碑）各自的子孙世系。每个方格内刻写一位族人名讳及官位、职业或功名，横排为兄弟、从兄弟关系，纵向为父子、祖孙关系。最上一排表格分写各支次序，从位置上看，于氏是从第四代开始分支的。《于氏谱碑》三碑并立，每一代世系的表格都横向对齐，方便展示宗支派别的全貌。族内杰出人物，明万历礼部尚书、内阁大学士于慎行就位于第五支的第五世，在左碑世系最上一排中间的位置。从字辈分析，于氏一至四世家庭规模扩大，逐渐形成宗族。第四世六人中玺、璧、莹、瑶和玭（即于慎行之父）等，皆以"玉"字偏旁字命名。从四世开始分为一支直系和五大支旁系。直系即始祖深以下十一世，第十一世名"邦彦"，身份为"奉祀"，这可能是一条按大宗世系排列的直系世系，承担宗族继嗣和继统的责任。五大支旁系与直系世系的辈分字在第五世并不一致，其中"慎"字仅出现于三支和五支，第六世辈字也比较繁杂。从第七世开始，于氏族人的字辈统一为"元"，也许此时宗族的团体才正式确立。该碑谱中于慎行所处的第五支世系篇幅最大，不但占有左碑全部，而且单独列于始祖左侧，占去中碑的三分之一。于慎行为于氏第五世，从第七世开始形成的宗族规模，或许与他有很大关系。整体上看来，《于氏谱碑》以近祖为顶点，收见在之族，应属小宗世系谱碑。当然它分为六大派系，旁直兼备，又具有大宗的追求，是小宗碑谱中的特殊案例。

宗支发展的不平衡反映在碑谱上，有时是主动剔除和强（弱）化某些分支世系。泰安地区肥城汶阳镇武新村乾隆三十八年（1773年）《武氏谱碑》，碑阴世系为三派高祖而下的九世子孙，其中以中间武新支最为繁盛。左右的袁家庄和东史庄高祖派系则线条单一，人数较少，应为迁出的弱支。另外有特别注明：一支居西庄村的族支，因人数众多而略去不载。又如清光绪五年（1879年）泰安大汶口镇上泉村的《郑氏谱碑》，世系分刻于两块碑石之上，序文在另一碑石上。序中说，郑氏"族姓繁昌，不下数十家"，"约同族共纂家乘，明其世系，祥其支派，若纲在纲，有条不紊"。额题"报本追远，昭穆并序，支分派别"。世系以乙荣为始祖，下至十一世。碑体中部为三世分裂的四房世系，除三房以外的其他几房世系均较短，如长房七世，次房五世，四房仅有二世。三房生二子，世系共有九世。其长子世系就有八世，次子又生四子，图中面积不够而以绳结代表。此四子世系在第三块碑体中另起，分为长支、二支、三支和四支，各领本支世系。其中三支有六世，一支有七世，每一支的人丁都很兴旺。单独列出第三房次子的世系，说明碑谱希望突出宗族强盛的一支。那些世系较短的宗支或者是出现绝嗣情况，或者在某一代迁出而不被记录。

从上述例子分析，小宗碑谱中并列的多支世系并不均衡，总是以一支为主。这些特别突出的重要世系关系可能就是承担继嗣和继统责任的宗族主干，也可能是因科举、军功、仕宦或经营有方而发展起来的宗族旁支。像武新村《武氏谱碑》的作者就客观地看到了宗族内部发展的不平衡性与宗族世系的统一性。序文说，"宗族犹水之有分派，木之有分枝，虽远近异势，疏密异形，要其本源则一耳"。小宗谱法中蕴含大宗世系的思想，是山东地区宗族的一贯追求，这也符合宋明以来近世谱学发展的一般规律。

除此之外，还有一种小宗碑谱的发展趋势是将分支世系划分出来，于是单独记录某个宗支世系的支系碑谱出现了。以下将它作为独立的一种碑谱类型予以说明。

三、支 系 碑 谱

支系碑谱可谓最为典型的小宗碑谱，其载体为支谱碑或称门谱碑。支系碑谱的特点是在明知其他支派存在的情况下，仅仅列出本支谱系，而不是将所有宗支都记录上去。可以猜测，这种修谱行为是为解决各支派世系分化不均，实现本支宗族利益和名誉最大化而作出的选择。清乾隆年间学者纪昀在《景城纪氏家谱序例》中，曾总结作为小宗谱法的代表——欧谱和苏谱。他说："详谱本宗，别支则略，欧阳氏、苏氏例皆然。然二家之谱，一支一谱者也。今之谱，一族一谱者也。一支一谱，各详所出，即彼此可以互明。"[1] 本质上，欧、苏谱都可算作支谱，即在服制之内详本宗而略别支。苏洵《苏氏族谱》中也说："观吾之谱者，孝弟之心可以油然而生矣。情见乎亲，亲见乎服，服始于衰，而至于缌麻，而至于无服。无服则亲尽，亲尽则情尽，情尽则喜不庆，忧不吊；喜不庆，忧不吊，则途人也。"[2]

支系碑谱往往由本家族的多个分支同时编修，相互参看即可获得全部宗支的世系情况。如淄博市博山区石门乡刘氏宗族，曾于清同治十三年（1874年）刻立谱碑一通，"追忆当年祖功之宗德"。此碑碑阴复刻了乾隆元年《刘氏谱碑》的旧有世系，并新添世系至十四世，系以大宗第十一世坐绪为始祖的小宗世系。坐绪生子三，庭鸟、庭勤、庭飞，

---

① 纪昀：《景城纪氏家谱序例》，贺长龄、盛康编：《清朝经世文正续编》卷58《礼政五》，广陵书社2011年版，第32页。

② 苏洵：《嘉祐集》卷14《苏氏族谱》，曾枣庄、金成礼笺注：《嘉祐集笺注》，第373、374页。

后以此分为三支。① 民国十八年（1929 年），刘氏三支族人已"丁齿繁衍"，于是商议"于东西两茔各立一碑，以记二十二世以下之各讳"。② 西茔即刘氏祖茔，东茔（东林）是相对于老茔而言的新茔地。刘氏自坐绪祖以来的七世多葬于老茔，不知何因长支（庭鸟支）十四世却迁出老茔而葬于东林。其后的十五、十六世也安厝新茔，到十七世又葬回老茔。祖先的这种葬所变化，使后代因祭祀自然分成两派。一派是老茔的二支、三支，一派是因刘言迁葬而分祭的长支。所以，当二十二世族人谋划重刻谱碑时，就按照茔地将刘氏宗族的世系分成两个部分，"东西二茔各立一碑，以接老茔前立谱碑之后裔"。关于各碑的世系分配，东林碑谱序文中说："长支之次虽安厝老茔，而长支之后裔名讳同列于东茔之碑；老二、三支之后裔勒于老茔新立之谱碑"。③ 这样，刘氏宗族就将原本完整的小宗世系分割成了两个相互独立的支谱，通过联系和比较东西二茔的碑谱才能获得刘氏宗族的全部信息。所以序文又说，"此碑格式自十九世永某后裔续之，倘睹不明，当于老谱碑按支派察理，至永某为某支始知其祥"。可见，支谱碑反映的是宗族不断分离和断裂的历史现象。

从中国华北乡村的宗族实践来看，男性亲属往往表现出异质特性。也就是说，支谱将宗族成员与其他亲属明显区分开来，整体上也更倾向于杂居。宗族的支、派和门的意思是一样的，都可以追溯到最早定居的祖先的分支。于是有些宗族在分房以后，逐渐出现分散而不是聚合的趋势。这应该与华北宗族内部存在两种不同类型的亲属关系

---

① 淄博市博山区石门乡龙堂村清同治十三年（1874 年）老茔《刘氏谱碑》，《刘氏族谱》，2008 年。

② 淄博市博山区石门乡龙堂村清同治十三年（1874 年）中林《刘氏谱碑》，《刘氏族谱》，2008 年。

③ 淄博市博山区石门乡龙堂村清同治十三年（1874 年）东林《刘氏谱碑》，《刘氏族谱》，2008 年。

模型有关。一是"父系亲属固定谱系模式"（fixed genealogical mode of agnatic kinship），一是"父系亲属团体模式"（associational mode of patrilineal kinship）。① 孔迈隆认为，前者构成的家族以"年长的继嗣世系"的仪式焦点为基础，父系关系按继嗣世系的长幼计算。在宗族尚未分裂之前，"父系亲属固定谱系模式"占主导地位，世系由始祖而下直到最新出生的直系男性成员。在这一模式下，亲属之间围绕继嗣仪式，形成比较稳定的世系关系。而后者主要表现于宗族分房之后，原有的财产关系瓦解，同宗兄弟出现层级分化，宗族发生分裂。他们主张宗族体系源自共有的同一祖先，因此家族中的继嗣世系都是平等的，当然也是独立的。在这种情况下，有些分支独立出去以后，就逐渐减少和原来的宗族主干的交往。特别是当这些分支的上层长辈去世之后，原有的宗族就干脆分散为互不来往的小宗族。继嗣关系和团体关系实际上一直稳定地存在于宗族内部，只不过当公共资源缺乏时，前者在维持宗族团结方面表现得更为突出。如果说小宗碑谱在世系上体现了"父系亲属团体模式"，那么支系碑谱就反映了华北宗族在分裂过程中表现出的"父系亲属固定谱系模式"，即各分支内部稳定的直系世系关系。作为分支的宗族不再有共同的财产，但他们仍然可以通过独立记录的世系与原有的墓祭系统发生关系。当我们在这里观察不到南方宗族惯有的聚居和修谱现象时，不要忘了宗族有时会以一种隐形的方式存在于仪式之中。明清时期的山东宗族仍然是乡村社会的重要组织，他们倾向于杂居的同时，没有忘记在重大节日里用祭祖体现宗族的团结。而墓地正表达了宗族的一体性，并成为共同世系的展示空间。

可见，山东宗族的某些分化是属于系谱性的，并非南方宗族的非对称性裂变。常见碑谱上的世系分裂大多是基于分房而产生的等价性谱

---

① ［美］孔迈隆：《中国北方的宗族组织》，马春华主编：《家庭与性别评论》（第四辑），社会科学文献出版社 2013 年版，第 160 页。

系，而这或许是当地宗族公产不足而采取原始平均主义的结果。汉人的系谱知识是分房制度的自然结果，① 其结果就是产生了大量小宗族的碑刻支谱与门谱。至少从这一点看来，山东宗族的发展严格按分房进行，属于谱系对称性分化模式，与弗里德曼的不均衡理论（segmants developed unevenly）不同。② 不能否认，在山东地区宗族也存在贫富和强弱之分，但是从碑谱的序文来看，宗族内部各支之间地位是平等的。在修谱立碑这种族中重大事项上，无论是作决定还是出资制造，多采用"共议"和"筹资"方式。清咸丰八年（1858 年）《肖氏谱碑》（泰安市岱岳区道朗镇二起楼村）序文说："是族姓繁衍绳绳继继，不有以序之，安知族人不视为路人乎？于是同族公议，更立谱碑。"光绪二十八年（1902 年）《孟氏谱碑》（莱芜市张家洼镇大洛庄村）也说，"与族人共议，更立谱碑"。即便是有"倡率族人"的情况，③ 也并非为一己之私利。因为参与者往往就是族中威望较高、热心修谱之人。而且"更立谱碑"属于公益事业，谱碑置于宗族的公共墓地或祠堂，还能起到谱系上的联络功能。光绪二十八年（1902 年）《赵氏谱碑》（泰安市祝阳镇姚庄村）提到谱碑经费的来源，"谋及族众，卖柏而购石，相与以成"。同例见雍正十年（1732 年）《石氏谱碑》，"是以大家勒石至墓所"；康熙五十年（1711 年）《沈氏谱碑》（肥城汶阳镇武新村），"爰

---

① 陈其南：《家族与社会》，台湾联经出版事业公司 1990 年版，第 140 页。

② 即"构成同一个宗族的各分支，即使在系谱上有平衡的表现，但在财富、影响力以及人数上，都不可能是平均的"。见钱杭：《莫里斯·弗利德曼与〈中国宗族与社会：福建和广东〉》，《史林》1999 年第 3 期。Again, by being greater in their membership and their economic resources, richer units segment at a faster rate than their less fortunate counterpart; they set up ancestral halls and 'trusts' which not only confer prestige and material benefit on their members, but also mark them off in their social status and life-chances from their less happily placed agnates. Freedman: Chinese lineage and society: Fukien & Kwangtung, 1966, 台湾南天书局有限公司 1984 年版，第 44 页。

③ 民国六年（1917 年）宁阳县南梁父村《姜氏谱碑》、莱芜市艾山街道双阳桥村《周氏谱碑》等。

纠族人，协力输金，动石于祖垄之间，镌名其上，永垂不朽"。这种共同出资而非"出大头"的情况最为普遍。如果按照郑振满的分类，那么山东宗族显然以继承式为主，依附式与合同式不太常见。① 也许在当地还有第四种情况，即宗族是基于谱系分支的对称型父系亲属团体。

由于山东宗族的分支不是基于非对称性裂变，而是根据谱系推算区分长次支系，所以并不具备基于共有财产的排外性。源自同一祖先兄弟谱系的等价性，为宗族提供了共同亲属关系之间的联系。而继嗣世系不等价，进一步使宗族分为不同的宗支，如长子长孙的宗族在仪式上具有更为重要的地位，财产的划分具有优先性，等等。不同宗支成员的联系由其谱系位置所决定，原则上不受非对称性裂变因素的影响，属于"父系亲属固定谱系模式"。② 在前面所述的小宗碑谱的例子中，并存的多支世系就是不均衡发展的结果。既有以继嗣世系为主的主干世系序列，又有因科举或仕宦而壮大的旁支。相反，由小宗碑谱分化而来的支系碑谱，为我们提供了山东宗族基于分房而形成的均衡发展模式。

泰安市省庄镇亓家滩村宣统三年（1911年）《焦氏谱碑》，碑阳右侧题刻"焦氏支谱"，中部刻有始祖焦爱以下九代世系。世系之旁书"故居字家店，迁居亓家疃"，可知此系亓家疃支焦氏宗支碑谱。根据《焦氏宗谱》，焦爱实为大宗世系的第十一世，始祖于明永乐年间由枣强迁居字家店。前六世名讳失去，族谱以第七世焦华云为始至二十世。在以华云为始的小宗世系上，焦爱处于第五世。③《焦氏谱碑》是以焦爱为起点创修分支碑谱，世系范围仅限于现居亓家疃（今亓家滩村）的焦氏族人。根据该族族谱，省庄焦氏共有三块支谱碑，除焦爱支谱碑

---

① 即将宗族类型分继承式、依附式和合同式。见郑振满：《明清福建家庭组织与社会变迁》，中国人民大学出版社2009年版，第47~91页。

② ［美］孔迈隆：《中国北方的宗族组织》，马春华主编：《家庭与性别评论》（第四辑），社会科学文献出版社2013年版，第162页。

③ 泰安《焦氏宗谱》，2004年，第31页。

外，还有焦家峪十一世焦林祖支系谱碑、下洼十一世焦岱祖支系谱碑。① 其中焦岱支碑谱序文说，"泰邑处士焦公讳岱……自孛家店迁居苏家峪，迄今已阅数传矣"。族人担心数代以后，宗族分派别所，可能出现"视同姓若途人，一脉忘其自出"的情况。于是"约合同姓，共出资"，刻立谱碑，"使后人无忘焉"。无论是谱序还是世系图，焦岱支系碑谱都仅关注本支的谱系范围，除了枣强迁祖之外，再也没有提及同其他支派的关系。而其他焦氏支系碑谱的情况相同，都是仅仅记录本支世系。我们在对现存焦氏族人的调查中，也没发现各支联合共修的合族碑谱。山东地区的宗族似乎在明清时期存在着一种"离宗"倾向，即一旦产生分支，各支族人就尽量减少宗族内部的联系。这种宗族分支往往伴随着以房为单位的迁居，而地理间隔更造成了不同分支的离散趋势。在宗族尚存聚居的情形下，小宗碑谱仍然是主要的谱牒形式，而迁居则使小宗碑谱不断分化成各个分支的碑谱。

四、碑 谱 变 例

正如序言中提及，明清时代的山东碑谱有广义和狭义之分。某些刻有宗族谱系的碑刻并非严格意义上的谱牒载体，谱系也许仅仅作为墓志铭文的附属品而存在。尽管民间依然通称为"硬谱"，但是它们毕竟与真正的碑刻谱牒有本质的不同。这些"硬谱"或者是狭义碑谱的前身，或者与之长期并存，并在某种程度上发挥出族谱的功能，我们将它们看作碑谱变例，是为了谈论碑谱发展的源流、独立存在的意义以及在碑谱不同区域中的演变。碑谱变例的类型主要包括先茔碑谱、墓主碑谱（包括刻有宗族世系的墓志和神道碑）和祠堂中的石谱三种，所刻世系图表既与碑谱有一定联系，又有明显的区别。

---

① 焦岱子为京思，下洼今存其世系墓碑，刻有子孙六代。

1. 先茔碑谱

正如第二章谈到的，先茔碑本是元代开始才在北方地区大量出现的一种谱系碑刻，碑上刻有或长或短的宗族世系，具有缅怀祖先、追思族史的功能。早期先茔碑从立碑意图和形制、功能角度看，还是一种祖先纪念碑，其定名也与立于墓所，记录先祖功德有关。元代以后，这类碑刻上的世系图逐渐固定下来，形成所谓的"宗派之图"碑，甚而也增加了族谱谱序，并以"族谱碑记"之类命名，俨然是真正的碑谱了。[1]先茔碑通过对父族世系的详细记载，追溯宗族源流，恢复祖先和祖茔记忆，复原或重建宗族组织，成为动乱时代联宗收族的族谱碑刻。先茔碑的这种族谱功能，在华北地区宋元以来社会大变动的背景下，促使自身向专门化的谱碑演变，构建宗族的目标获得了与祭祖同样重要的地位。明清时代，狭义碑谱已经成为山东地区的常见谱种，这种先茔碑谱遂退出历史舞台。先茔碑谱的退出与宗族的成熟和壮大密切相关，现实生活团体连续世系的稳定催生出更具谱牒意义的碑刻。

关于先茔碑这种谱碑前身，潘昂霄在《金石例》中进行了专门的讨论，并指出还有先德、昭先等名称，是蒙元才出现的一种碑刻。[2]但根据前述分析，其实北宋就有先茔碑的例子，康定二年（1041年），徂徕名士石介就曾撰《石氏先茔墓表》。先茔碑应该与北方地区不断发生的社会巨变有关。尤其是安史之乱后，兵乱和天灾使华北人口迁移的频率和距离大大超出前代。迁出祖籍地的后果就是远离祖先墓地，不能按时举行墓祭，祖先的世系也就渐渐忘却了。更何况战乱之中，很多人死

---

① 山东新泰市羊流镇的徐家庄立有至治三年（1323年）《太守徐公神道之碑》，碑阴系"宗派之图"。而到了康熙七年（1668年），同宗族人又刻《徐氏宗谱之碑》，仍立于徐氏祖茔园林，碑阴亦额题"宗派之图"。其实后者也是祭祀祖先的先茔碑，只不过用"谱碑"予以命名，显示了两者之间的过渡关系。
② 潘昂霄：《先茔先德昭先等碑之始》，《金石例》卷二，《石刻史料新编》第三辑第39册，台湾新文丰出版公司1977年版，第521页。

无葬身之地,不能按礼制入土为安。当时代安定之后,人们要想追溯祖先世系就只能依靠回忆,重新恢复葬制成为构建宗族的第一步。于是人们为逝去的祖先立碑,将它放置于象征性的茔地,成为墓祭的对象。这就是先茔碑刻立的社会背景。不独元代一朝先茔碑独盛,实际上明清时期民间仍流行为先祖刻碑。这种碑刻区别于为刚去世的人所立的墓碑,更像是一种祭祀牌位,树立在墓所供人祭拜。先茔碑是出于祭祖目的而立的碑,因此在上面刻录宗族世系十分必要。特别是在追溯的祖先足够远,需要同时祭拜多个祖先时,如果没有世系的描述是很难将相互之间的关系表述清楚的。

先茔碑的出现对于宋元以来的世系学演变有重要意义。首先,先茔碑代表了一种新的世系学思想在民间的普及。唐代以前,谱学主流是以官职和地望为核心的姓氏录。反映在墓志世系上,就表现为五服九族范围内,血缘与姻亲关系结合的家族组织形态。这一谱牒形式是为当时的谱牒功能服务的。而宋元时期出现的先茔碑则将世系缩窄为血缘团体,明确为一宗之下的世系群。最为重要的是,将世系范围以己身为中心,向上推至五世高祖,向下又推及三世子孙,构成一个既有历史追溯,又有现实亲属关系的祭祀群体。其中可祭祀的四代祖祢在世系图中的排列,象征着宗祠家庙中祖先牌位的位置,符合左昭右穆的原则。因此,宗派世系图既表现了祭祀群体的范围,又代表了作为祭祀对象的神主牌位。这种碑刻立于墓所,传之后代,世系图中的人陆续变成祭祀对象,碑刻的谱牒意义也就随之产生了。先茔碑是家族组织向世俗化的宗族组织转化过程中的产物,在特定时代成为宗族谱牒的特殊载体,这也许是北方地区将祭祀与谱牒结合所形成的一种特色文化。其次,先茔碑的出现反映了宋元以来民间祭祀权的泛化现象。元代的宗族建设是以祖先茔地为核心展开的。① 尽管未必有充分的宗族知识,但是存在于汉人群体

---

① 谭景芳:《元代山东宗族研究》,山东师范大学硕士学位论文,2011年,第15~38页。

中的文化基因，使归属感和历史感都有现实的落脚点。五代之后因社会政治和经济文化条件的改变，家族组织失去了原有的优势。比如，宋代的科举和土地私有化，使家族分支的不均衡性发展更为显著；元代的根脚和蒙荫政策则主要限于家族之中的父系直系亲属，使家族不得已向宗族组织转化。每支族人在理论上都可以刻立先茔碑，这意味着旁支祭祀权被社会默认。旁支祭祀权剥夺了宗子实际的宗族主导地位，打破了大小宗划分的界限，使嫡子和庶子在世系上的地位模糊化。祭祀权的泛化反映到民间，其意义就是原则上每个人都可以祭祀远祖。刻在先茔碑上的"宗派之图"，说明在山东地区的民间社会，祭祀远祖并非只是一种儒学理想，而已经成为现实。

明清时期的先茔碑因刻写世系较长，有时还加上族谱序文，往往起到谱碑的作用。这类碑刻尽管额题"先茔碑"字样，但实际上已经脱胎成为实际的族谱碑刻了。如徐州府娄子集（今江苏丰县梁寨镇南集村）《胡氏历代先茔碑》（见图4-1），刻于明嘉靖辛酉年（1561年）。①碑阳为"题胡君碑铭序"，叙述第六世祖彦河修明堂、建碑铭，求文于汝桂的经历。碑阴就是"胡氏宗派"，列自始祖禹一脉而下的十代世系。世系图从第二世开始分为四大支，以竖线表示父子关系，以横线表示兄弟关系。其中彦河一系为二世犍下子孙，列于世系图中间部分，以大字镌刻，共计八世。图左为祖茔四至，体现了其先茔碑的性质。图右乃撰文者汝桂一族七代世系，似乎同胡氏宗族没有世系上的关系。这种撰文者借机"沾光"，在人家碑上刻录本族世系的现象并不常见。淄博万历年间《孝乡张氏世系碑记》云："天顺间，惟曾祖讳忠，心念故土，回籍居于张赵店，即率店人建集设市至于今，享其利佃田于店之侧，建茔于店之东，而基业方新，子孙洪衍，皆祖德之厚所培也。奉念所自，谨识于石，以俟后之蕃衍者再续焉。"又说，"右系张赵店祖茔

---

① 《明朝嘉靖年间家谱碑》，胡氏宗亲网，2011-06-14。

石刻，内载四代世系，因已列入谱中，不具录"。① 邢台南和县万历二十七年（1599 年）立《城南三思要氏寿林碑》，碑阳记要氏自明初以来发展为"里居大姓"，确苍兄弟勉力修建祠堂的过程。碑中提到祠堂建成之后，"又刻石竖之墓所，以昭来世"。碑阴即刻"家谱题名"，系高祖以下八代世系图，呈宝塔状排列。由于此碑是树立在墓地的祠堂碑刻，专为墓祭祖先而刻录世系，也算是先茔碑中的一个典型例子。又如海阳市博物馆藏龙山街道大荆家村《荆氏先茔碑》，该碑刻于道光二十八年（1848 年），上有荆氏宗族谱序以及荆氏本源和宗氏分支。据海阳市博物馆考古部主任高京平介绍，该碑"是目前海阳市博物馆掌握的唯——块记载宗族谱序的石碑"。②

图 4-1　徐州府娄子集《胡氏历代先茔碑》

先茔碑与族谱的结合一直延续到清末。如泰安粥店司家庄光绪六年（1880 年）的叶氏始祖碑。该碑碑阳为先茔碑形制，上书"清故始祖讳良卿字赞臣叶氏之墓"。专撰序文述前三世穴葬情况，旁有三代至五代

① 淄博市沣水镇张赵村光绪三十一年（1905 年）《笼水白马张氏族谱》。

② 《齐鲁晚报》2012 年 3 月 17 日。

世系图。碑阴又刻画了五代至十代的世系图，显然是具有墓地祭祖功能的谱系碑刻——狭义的谱碑。还有些晚近的民间先茔碑则更为简陋，序文只述碑主个人兄弟排行、生殁年月及所配夫人，世系也只有二至三世，碑阴也没有世系图。如莱芜市牛泉镇吕家楼村吕承业碑（残）：

> 皇清吕公讳承业配郭（以下残缺）公字复所，我十一世祖也。生我十二世祖，长讳其（以下残缺）讳其璋，茔于村东。三讳其瓒，茔于兹东北。俱有碑（以下残缺）所祖性乐幽静，隐于别墅响山口，卒葬焉，且树之（以下残缺）世远年湮，省拜不便，遂议徙葬于兹碑亦徙焉。但（以下残缺）卅八年迄今，字迹已渐残缺，恐久而没灭也，于是（以下残缺）公生于万历七年六月二十九日……

该碑实际上属于旧碑新建，由于老碑行将残破，于是为早已去世的祖先更立新碑。这种情况反映了先茔碑的刻立乃是为了防止祖先失讳，保留较早的宗族世系，表达后世子孙尊祖敬宗之意，是宗族意识的物质文化表现。

2. 墓碑谱

由于纸张的缺乏和印刷业的落后，明代以前北方乡村的纸质文献并不普及，宗族刻印纸质族谱的事例自然也非常少见。同时，北方社会保存了在墓碑上记录祖先历代世系的传统，并在宋元以后发展为具有宗族意义的谱系碑刻。明清时期，山东地区流行家族墓园（祖林）制度，其中所刻墓碑多载墓主以下子孙世系，以示承前启后，慎终追远之意。新泰市大港村乾隆二十年刘炎裔墓碑谱，其世系图就与近世族谱相同。①

---

① 刘睿：《新泰上汪刘氏大港村族谱与匾额初考》，《新泰文史》2012 年第 3 期。

相对于碑谱，绝大部分墓碑世系比较简略，连同墓主限于五代以内。如莱芜牛泉镇吕家楼村"皇清恩赐寿官讳继顺吕公之墓"碑，该碑立于道光二十四年仲夏之吉，文曰："公生于乾隆三年十二月二十八日，卒于道光十年九月初七日，年九十三，配姜氏、毕氏，合葬于兹。"该碑的世系仅有四世，加上墓主五世。世系图为纵横排列式。上下为父子关系，左右为兄弟关系，名字中间没有连线，仅靠相对应的位置标明彼此的关系。墓碑为吕继顺去世十四年后所立，为夫妻二人合葬之碑。立碑者当为其在世子孙，其世系排列情况如图4-2所示：

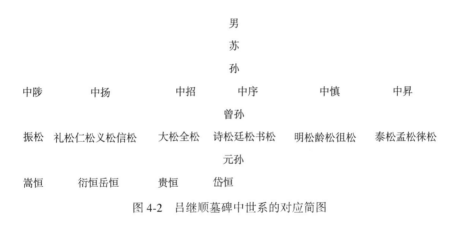

图4-2 吕继顺墓碑中世系的对应简图

也有墓碑谱将子孙世系以直线相连成图，名字之下登列职官或功名，与族谱世系图完全相同。如该碑左近的嘉庆二年（1797年）"皇清吕公讳柱字上卿配王氏合葬墓"碑世系图（图4-3）。

不过，这些墓碑谱的世系同碑谱世系还是有区别的。世系墓碑主要是为近亡的父亲所立的墓碑。一般是在母亲故后，将父母名讳刻立于碑体正中（因而多是合葬墓碑），也有的只刻父亲一人。奉祀者为子孙，其辈序的碑谱排列遵循昭穆之制。子、孙、曾孙、玄孙（或元孙）、来孙自上而下，居中者为长，左为次，右为三，再左为四，右为五，如此类推。明清墓碑谱是汉代以来墓志平民化的结果。所以在这类墓碑的左侧常常也会刻写墓主的生殁时间、葬所朝向和职官经历等情况。墓碑的

图 4-3　吕柱墓碑中的世系图局部（笔者自摄）

功能主要是近亲墓祭，"族"的意味较为淡薄，实际上只是直系家庭或联合家庭的男性成员集合。其尊崇的对象为近世的父母。所以墓碑谱所表达的往往是从墓主之子开始的世系，一般不超过四代。即由儿子、孙子到曾孙、云孙，这样的世系实际上反映的是一个联合家庭的世系关系。

墓碑世系与先茔碑世系也有所不同，前者是从墓主开始往下记录，而后者世系是从墓主世系向上追溯，但是在山东地区又有两者结合的例子。如沂水县富官庄镇垜庄《王氏宗派之图》碑，刻于明嘉靖十七年（1538年）。① "孝男"王伯升任满赴京时，适值其父王宜寿终，葬于本境祖茔。数月后所立之碑，将其五世之祖连同子孙"世系开列联写"，"累代始祖率由家谱涣散无征可证者"遂得以留世。明清时期颇为流行在墓碑上刻录家族世系，就是为了方便后人查找祖先源头和支分派别，起着祖先认证和世系谱写的意义。汶阳《陈氏族谱》曾记载，乾隆年间该族长"欲修谱而未逮"，其后"乃率族人立谱碑于盘龙庄之

---

① 《读〈王氏宗派之图〉》，富满莒沂边的博客。

祖茔"。① 显然，这种谱碑是由谱系墓碑转化而来，成为整合宗族的重要手段。

3. 石谱

石谱也是明清碑谱的一种变例，多数没有谱序（往往另立一通祠堂碑刻对族史予以交代），只是单纯在方形石板上刻画宗族世系。受石板面积所限，加之叙述的世代较多，石谱往往由多块石板组成。彼此相邻石谱上的世系可以首尾连接，构成一幅从始迁祖延续到现存族人的完整谱系。这种碑谱类型似乎只是为刻意记录宗族世系所作，常见于河南郑州、洛阳地区的祠堂之中。就其体量和世系的安置方式，应该是一种主要存放于祠堂中的碑刻谱系，属于宗族碑谱主流之外的特殊类型。

山东地区也有一些相似的石谱，其中既有类同河南模式的连续性世系图，也有各自为支的独立性世系图，这说明当地宗族可能同时具有联宗和离宗两种趋势。典型例子如新泰市安驾庄镇李家炉村的李氏祠堂石谱，刻有从道光二十一年至民国八年不同时期的宗族世系，共由九块石碑组成。中间一块为小型祖先牌位碑（见图 4-4；为研究方便而言设为 0 号），刻有始祖李荣与二子春富、春贵的名字。其余碑面均为方形石板（设为 1~8 号），刻有多支世系（起点为不同祖先），辈分彼此之间有交叉，世系最长至十四世（见图 4-5）。

因为碑上文字已经磨泐不清，今族人不查世系细节，导致随意摆放，破坏了原有的对应关系。碑 3 题款为"大清道光廿一年三月十三日立"，以李纪为起点，二世为时熙、时雍，依次往下排列，构成长达十四代的宗族谱系。每一代都有三至四个辈行字，以十代至十二代人口最多。碑 6 的世系多，自一世"柏"字、二世"宗"字往下至九世，

---

① 王日根、张先刚：《从墓地、族谱到祠堂：明清山东栖霞宗族凝聚纽带的变迁》，《历史研究》2008 年第 2 期。

图 4-4　李家炉李氏祠堂的始祖碑（笔者自摄）

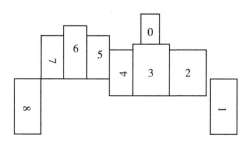

图 4-5　李家炉祠堂石谱摆放位置示意图

其二世相当于碑 3 世系的第七代（"柏"字没有在碑 3 中出现）。此碑未见题款，但与碑 3 相差五世，时代当在道光之后。碑 7 题"大清光绪十年"，第一世竟有 10 人之多，共七代。碑 2、4、5、8 与碑 7 的世系辈分基本相同，应为同时所刻，属于同一套石谱。而碑 8 又多出一代，旁刻外迁宁阳泗皋村的另支九代世系，估计是李氏繁衍较盛的一个分支。碑 7、8 的世系相当于碑 6 的第五世以下世系，可见碑 6 也不会晚于光绪十年（1884 年）。碑 1 时代最晚，题"民国捌年阳月上浣吉立"，刻有五代世系，相当于碑 7 的二至六世。自道光刻碑以来，到光绪十年时仅仅过了四十余年，族人尚能从老碑世系上寻找到本宗来源。李氏族人刻立数块石谱，以容纳当时激增的人口，宗族规模在清末民初突然放大的情况可见一斑。

以上各碑辈行字既有重合，彼此族人名姓又各不相同。据推测，除碑3以外，各碑时代相近，因宗支繁盛不得已各立世系，并存于祠堂之中。这说明在清代晚期，李氏经历了一次宗族整合过程。根据光绪二十九年（1903年）《创建祠堂并族谱碑》序文，李氏谱牒因乾隆三十六年汶水肆溢而失，以至于数世祖讳俱失。因此，现存的李氏族人只能各自为支："然大京祖实属长支，纪祖实属次支，至世卿、世登、之悟、之耀数祖，长次无考，各为一支。青柏祖兄弟自为一支，旺云祖兄弟自为一支，延及于今族众共立祠堂，以妥佑先灵。"各支均以李荣为始祖，其下世系"疑信相参"，故而不录。可见，李氏祠堂中的石谱乃是一组联宗碑谱，它反映的是现存宗族之间的相互关系。他们不求拟制完整的祖先世系，只求"后世昭晰无疑"，他们联宗的目的乃是"尊祖以敬宗，敬宗以壮族"。

肥城市桃源镇三良村的宗族石谱也很有特色。永乐年间，鲍氏始迁祖自守从山西上党迁至鲍良村（今三良村），现族人分布在三良、张良、鲍穆屯、闫屯等18个村，有2500多人。[1] 鲍氏石谱存于作为该族祠堂的鲍家楼（见图4-6），是一组成套的碑刻宗族谱牒。其中既有清代的老碑谱，也有2004年以来新修的10余块新碑谱，不过都是仅刻各自分支的世系图（见图4-7）。清代至民国的石谱有12块，最早的立于道光年间，不过碑面已残。从残碑世系图上看，"廷猷、廷煜"名字所处位置在第二排，二人系三良鲍氏第八世。[2] 所以该世系图并非由始迁祖开始的，而是从第七世开始记录。若以"廷"字辈计，则七世应为

---

① 鲍氏族史研究会：《鲍氏文苑》2009年第11期。

② 鲍家楼鲍氏《柳滩祖林谱碑简介》。

进忠（字尽臣）。① 我们可以推测，鲍氏原有的清代世系也是通过一系列的石谱构成的，这种传统一直在三良村流行到今天。另外需要注意的是，石谱中还有 6 块神主碑，系同族兄弟各自为亡考妣所立。神主碑也刻有三代简单的世系，是一个不包括妯娌的直系家庭形式。新刻石谱又分为多块，每一块开始都是始祖以下五世或六世的直线世系，再往下则是分支族人的详尽系谱图。

图 4-6　鲍氏祠堂——鲍家楼（笔者自摄）

图 4-7　鲍家楼内的新旧石谱（笔者自摄）

---

① 鲍家楼《鲍进忠纪太君神主碑》。

至于说鲍氏为什么没有在清代将世系刻成一通谱碑，而是将全部世系分列在不同碑面上，可以从康熙五十二年《创修祠堂碑记》找到线索。鲍氏曾于康熙五十二年（1713 年）创修祠堂，碑记云："斯楼之建，长子异居，二子劳心，三子劳力，六子死亡，千辛万苦，□不辞艰难，惟七子之力居多，大抵出于兄弟友恭妯娌和睦而成之者也。而后人宜齐心修筑，念我前人创造之难，慎勿败坏之易，则幸矣。"① 石谱中以图示方式列出各房子孙，又有各房所建先考妣神主碑，两者结合可考证出当时三代世系见图 4-8。

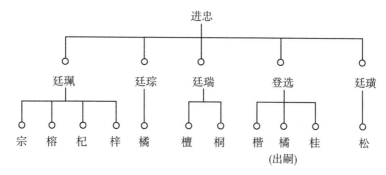

图 4-8　鲍氏石谱三代世系图（根据鲍氏神主碑和《创修祠堂碑记》绘制）

在六块先考妣神主碑中，一为二世众兄弟为父母进忠和纪太君所立，其余系五兄弟各为其父母所立，其中鲍橘既为亲父登选立碑，又为过继之父廷琮立碑。道光年间所刻石谱，以"廷"字辈为二世，当属尽忠兄弟的旁支世系。估计当时也刻有一系列石谱，这只不过是其中的一块。到民国时，鲍氏族人更为繁盛，于是在原有石谱基础上继续增添世系。而各房仍然各自立碑，各碑世系起点分别如下：长支为松，次支为桂和楷，三支为桐和檀，四支为橘，五支则是梓、杞、榕和宗四兄弟。由鲍氏祠堂石谱的例子可以看出，石谱的世系编排方式是对原有传

_____

① 肥城市桃园镇三良村鲍家楼《创修祠堂碑记》。

统的继承。在创修祠堂碑上意味深长地题写"和气致祥"，碑文中也再次提及"兄弟友恭、妯娌和睦"，令人不能不反过来去想，鲍氏在以祠堂为中心构建宗族的过程中，是不是发生了分裂的情况。特别是碑文仅仅提到长子、二子、三子、七子以及死去的六子，那么四子和五子的去向又如何呢？而且之后的石谱世系也的确仅有五大支，独缺四子和五子的世系。如果道光石谱中"廷猷、廷煜"二人世系，正是鲍氏宗族分裂出去的两支，是不是可以证明，在宗族构建的过程中又存在着与合族相反的力量与现实？

对于鲍氏宗族而言，系谱从未完整过，原本的七大房在祠堂中仅存五大支的石谱。而道光年间所刻另外两支世系的石谱，在 2004 年修谱过程中才在柳滩村原老林中找到。据祠堂门外的新立碑刻记载，道光之后鲍氏族人有过迁茔活动，新茔位于穆屯村。① 迁茔有时意味着宗族的分裂。特别是当老林仍有足够空间时，另外择地建茔无疑另立门户。明代葛昕曾说，"其有立茔分厝者，相视甚于异爨"。② 鲍氏两支留在老林，其余五支迁至穆屯村，发展繁衍为现今三良村后裔。可以说原有的七房分为两大派，各自记录门派世系，作为整合全部宗族世系的谱碑，也就没有存在的价值了。从这一点上看，石谱的出现反映了历史上的宗族分裂现象。

本 章 小 结

清代中期以后，随着民间宗族组织及其谱牒的成熟与普及，碑谱形制与内容确定下来，类型上也分化出大宗碑谱、小宗碑谱和支系碑谱。碑谱世系学因其功能的分化，在某种程度上反映了华北特别是山东地区

---

① 鲍氏修谱委员会：《穆屯村北鲍氏祖林简介》碑，鲍家楼 2004 年。

② 葛昕：《集玉山房稿》卷六，四库别集-572 部，钦定四库全书本。

宗族的形态与结构。实际上，山东宗族就是经过多次人为选择而形成的世系范畴，或者说是系谱化的结果。小宗谱法和小宗碑谱应该是当地世系学的主流。这种小宗碑谱所界定的血缘群体内部，也并没有严格的财产关系，即山东宗族并非拥有共同财产的生活团体，而是文化上或礼制意义上的抽象组织。尽管这一社会团体的最高组织原则仍是父系单系世系，但其成员的权利与义务却没有得到足够限定，甚至十分模糊，更像一种松散的同姓俱乐部。宗支发展的不平衡反映在碑谱上，就表现为主动剔除和弱化某些分支世系。而支谱碑又称门谱碑，其碑谱是最为典型的小宗碑谱，反映出宗族不断分离和断裂的历史现象。从这一角度看，山东宗族的分化属于系谱性对称分化，而非南方宗族的非对称性裂变。均衡性发展模式预示着世系建构具有理想化的成分。

当然，碑谱在历史发展过程中也出现一些变例，这些变例与曾经出现过的各种谱系碑刻都有很强的传承关系，或许可以认为是碑谱进化中的变异。这些变异的碑谱类型主要有先茔碑谱和墓碑谱以及祠堂中的石谱，所刻世系图表与狭义碑谱既有一定联系又有区别。世系图表是碑谱的主要内容，发挥着类似族谱标明世系的作用，但这并非谱碑的全部。碑谱还主要作为墓祭的工具和对象，在宗族组织化过程中具有强化血缘认同的意义。在族谱还未充分发展的宋元时期，碑谱一度是北方宗族仪式活动的中心，也是家族组织宗族化首先选择的谱牒类型；而在族谱和宗族组织都已成熟的明清时期，更发挥着接续祖先记忆，重建宗族与壮大宗族的作用。可以说，从谱牒发展的角度看，碑谱是族谱发展过程中出现的一种特殊形式，也是族谱发展的阶段性产物，碑谱也会在未来相当长的时间内仍旧充当宗族的代言者。因此，碑谱也必然能够反映特定区域历史条件下的华北宗族形态。

第五章　宗族碑谱的形制

宋元以来的谱碑在墓志和诔碑的基础上，已发展出富有特色的类型和样式。到明清以后，谱碑形式与内容确定下来，类型上也分化出大宗谱碑、小宗谱碑和支谱碑。当然，谱碑还出现了一些变例，这些变例与谱牒史上曾经出现过的谱系碑刻有关，也许是演变过程中的类型变异。在第三章关于谱碑历史渊源的介绍中，我们划分出谱系墓碑和先茔碑，谱系祠堂碑和石谱以及专门的族谱碑（即狭义的谱碑）；而第九章又将探讨元代军功家族和圣贤家族的"宗派之图"碑，认为它们确立了谱碑的原初"样本"。尽管直到清代和民国时期，上述各类谱系碑刻仍然并行不悖，但狭义谱碑逐渐成为主流，反映出华北宗族的发展具有别样风格。这些谱碑在呈现族谱文书（如谱系与谱序）时，大都采取了比较一致的外部构造形式与内部书写格式，按照碑铭学的习惯可称之为碑谱的形制（shape and structure）。

碑谱的出现，是宋元以来宗族世系记录的一种新发展。依形式而言，碑谱是中国宗族谱牒的一种特殊类型，相对于纸质的软谱，民间俗称硬谱。它们是汉代以来多种形式的石刻文章谱、表格谱和线型谱的发展，也是华北宗族重视墓祭传统的新型谱牒选择。碑谱既有对汉唐诔碑和墓志铭谱系的传承，又有对宋明新式族谱元素的吸收；不但在形式和内容上集中体现了传统族谱的核心价值——世系，又兼具谱序、谱引和谱论，有的还列出字辈排行，俨然就是浓缩和简化的族谱。碑谱记录的谱系也同近世族谱一样，大多是普通宗族分支世系的衍递情况，而不再像宋以前的谱牒和墓志，主要记载世家大族或高官名士的家族谱系。世系的范围也从五服之外的九族，缩窄至始迁祖以下的分支派系。碑谱形制变迁体现了汉人宗族文化的沿革与创新，对于宗族不断自我更新发展具有象征意义。

一、碑谱文体结构

明清时期的碑谱已经形成一种相对固定的文体格式或内部制度，体现在碑刻上主要有碑名、额题、楹联、序文、世系图表、落款等几个方面。碑谱的文体结构是决定其谱牒性质的内在因素，没有这些因素的碑谱仅是广义上的或变异的碑谱。

1. 碑名

碑谱一般都以"谱"为碑刻题名，书写于碑面的上端，明确地表明这是记录家族或宗族谱系之碑刻。前述已知最早用"谱"命名的碑刻是山西省闻喜县金大定十一年（1171 年）《裴氏相公家谱之碑》。明清之后碑名更以略称"某氏谱碑"为主流，有的干脆就称"某氏家谱"，以示碑刻的系谱载体性质。如山东省莱芜里辛镇石家岭村《石氏谱碑》（清雍正十年）、潍坊市昌乐朱刘镇郑王庄《老二股大公四支谱碑》（清道光二十年）、淄博市博山区石门乡龙堂村《刘氏谱碑》（清同治十三年）、新泰市石莱镇三山村的《徐氏族谱》（清宣统二年）、泰安市省庄镇亓家滩村《焦氏支谱》（清宣统三年）和肥城市安临站镇陈楼村《陈氏家谱》（民国十五年）等等。还有些题名书写在序文前面，仿佛是谱序的题目，如莱芜张家洼镇大洛庄村南官槐旁的《孟氏谱碑》（清光绪二十八年），该碑为三个长方形碑体并肩而立，最右端一块上为孟氏族谱序文，它前面的题目即为"孟氏谱碑"。

从羊流镇徐家庄徐氏祖林元代以来的谱碑命名上，我们可以看出这种谱系图碑的历史演变过程（见图 5-1）。徐氏祖林始自元至治三年

图 5-1　新泰羊流镇徐家庄《徐氏宗谱之碑》（题名在序文上方，笔者自摄）

（1323 年）时任麻城尹的徐彬为父徐琛所建墓园。是年三月立《太守徐公神道之碑》，由名士卫融先生撰文作序，碑阴篆书"宗派之图"，下列子孙姓名辈分，为纵向世系图。① 故该碑亦可称为徐氏"宗派之图"碑，属于元代常见的碑谱载体类型。入清以后，徐氏宗族早已分裂，七世长子一支远徙失传，三子迫通迁于徐州，唯有次子谨一支在平阳（今新泰）繁衍。为"使先烈不泯祧祊□叙，世居者咸知其枝派，播迁者能溯其源流"，遂于清康熙七年（1668 年）又刻立了新的谱系碑，题名《徐氏宗谱之碑》。② 除碑阳题名，碑阴又题刻"宗派之图"，说明碑谱的专属性质已经固定下来。以上二碑世系都是从始祖开始往下按序排列，体现了早期碑谱记录"宗派"的总谱特征。同处祖林的谱碑还有清道光五年（1825 年）支谱碑。该碑碑阳为序文，额题"徐氏宗谱"，并旁注九世祖徐兴以下至二十三世"支分派别，各有碑碣，了若

---

① 碑文可参考缪荃孙《艺风堂金石文字目》之卫融拓本，今藏北京大学图书馆。

② 新泰市羊流镇徐家庄《徐氏宗谱之碑》，清康熙七年。

指掌"的情况。碑阴即为分支世系图，额题"支派分衍"，分布于三块碑石上，各自以不同的分支祖为首，记录了五至八代的世系，希望以此"笃同宗之谊，理络而分，咸知本支之辨"。① 清咸丰三年（1853年）徐氏族人再次刻立谱碑，该碑碑阳上端正书"徐氏族谱"，碑阴为各分支世系图，同样分布于三块不同的碑体上。随着时间的延长，支系不断蔓延迁徙，宗族人口日益众多且关系复杂，谱碑向支系碑发展成为趋势，而碑刻本身也由一块增为多块，形成多体式谱碑。这些在祖林成序列发展、规制统一的谱碑载体，使得徐氏碑谱显现出更为成熟的族谱性质。

除上述专属名称的谱碑之外，还有些先茔碑和祠堂碑也会刻录宗族谱系，它们的额题往往是根据自身性质而定的。如海阳市龙山街道大荆家村《荆氏先茔碑》（清道光二十八年）题"荆氏先茔"，泰安粥店司家庄的《叶氏之墓碑》（光绪六年）题"叶氏之墓"等。如前所述，这些碑刻都属于谱碑的变异类型，与通例长期并行存在。

总之，元代以来，碑谱的专属性质逐渐定型，其载体也开始采用"谱"命名，至明清时期更多以"谱碑"命名，碑谱就成为中国宗族一个独立和成熟的新谱种了。这些谱碑有的即便没有题名，也仍然会在序文题目或内容中体现出"谱"来，说明"谱"已经逐渐成为"碑"的专有修饰词，这是谱系碑刻深化发展，成为特定族谱载体的必然结果（如图5-2）。

2. 额题

额题，原指匾额亦可指碑刻上端题写的文字。除上面提到的碑名外，还有一些谱碑并不具名其身份、性质，但在碑首会题写有关吉祥和孝道的文字，以表明其宗族性或谱牒性。这类碑刻因其内容包括典型的世系图表，我们同样可以称之为"谱碑"。

---

① 新泰市羊流镇徐家庄《徐氏宗谱碑》，清道光五年。

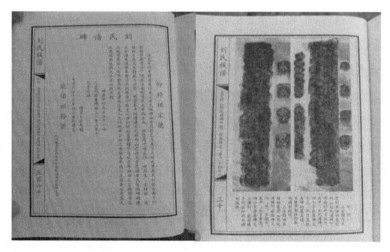

图 5-2　山东省博山石门乡龙堂村《刘氏族谱》中的碑谱（笔者自摄）

如山东省宁阳县华丰镇南梁父村姜氏旧祠中的两块谱碑，一为清同治元年（1861 年）所立，一为民国十三年（1924 年）立，是世系相续的新老谱碑。两者皆为石灰岩矩形碑身，只有一面书文（右为谱序，左为世系图）。前碑上端刻"谱序昭然"，后者刻"昭兹来许"，颇为呼应。肥城汶阳镇汪城宫村《汪氏谱碑》，亦为单体石灰岩碑体，无命名，仅在序文上端书"万古流芳"。还有泰安市大汶口镇上泉村《郑氏谱碑》，形制为三石并立，上加碑檐，碑面从右至左分别为谱序、始祖世系、四支世系。每块碑体上端都有题额，分别是"报本追远""昭穆并序"和"支派分别"，以体现谱碑主旨（见图 5-3）。在序文中同样提到类似的话，"族之有谱所以明世系、序昭穆、别支派，亦即所以尊祖、敬宗、收族也"。

额题字号一般比正文大三到四倍，字体多用正楷或篆书，且外加纹饰边框，显得庄重而醒目。额题是碑刻的灵魂和点睛之笔，所以尽管有的谱碑没有具名，但额题言简意赅的短语也能起到提纲挈领、发挥旨意的作用，仍然使人明确地意识到其族谱性功能。

图 5-3　泰安汶口镇上泉村《郑氏谱碑》额题（"报本追远"，笔者自摄）

3. 楹联

楹联常为明清谱碑所采用，内容多是寓意子孙繁衍的妙语佳句，对称地书写在碑体两侧，有建造碑亭或碑廊的就刻在亭柱或廊柱上。

如泰安市岱岳区徂徕镇东埠前村村南《刘氏谱碑》，该碑由 9 块大石板构成，通长 7.2 米，宽 2.2 米，为山东地区体量最大的谱碑。其外覆石构碑亭保存完整，雕梁画栋，廊柱前后 8 个。碑阳序文前的两个廊柱分别书有"脉龙盘固太山远"和"祖豆绵衍汶水长"，将家族命运和世系繁衍与地理环境联系起来，表现出一种朴素的人文地理观。

还有些谱碑阴阳两面皆有楹联，或者在碑亭前后柱子两侧刻写，观之颇有登门入室的感觉。如肥城老城街道办事处原曹庄村南光绪三十二年（1906 年）的《李氏谱碑》，系单体影壁式碑体（见图 5-4）。碑阳横批"李氏家谱"，下刻始祖名讳及谱序，左右条石分书上下联："螽斯振振祖功宗德"和"瓜瓞绵绵子孝孙贤"。碑阴为李氏宗族分支世系图，两侧条石分书上联"世序昭穆逮儿孙"，下联"本抱春秋追鼻祖"，

125

横批"木本水源"。

图 5-4　肥城老城街道曹庄村《李氏谱碑》(笔者自摄)

(光绪楹联在谱碑两侧条石上,外覆碑亭为 1989 年
新立,厅柱上又有楹联)

4. 序文

序文是碑谱的核心内容之一,主要叙述得姓由来、祖先迁徙、宗支
分衍和刻碑缘由等。该文一般刻在碑阳,正文直书,字体规范,由立碑
的宗族后裔延请地方名流文士撰写。因此碑谱序文不但文体优美,富有
文采,而且还往往体现出一定的宗族理论素养和儒学价值观,对于研究
地方宗族及其文化的形成和传播,具有十分重要的文献价值。

碑谱序文如同族谱序文,是为谱本身所作的序。如泰山区邱家店镇
颜张村《陈氏谱碑》,其序文较短,叙述了陈氏宗族迁徙旧事及刻谱缘
由,今移录如下:

> 余邑东省庄人也,先代系出某地,自某地迁居省庄,姑弗深
> 考。移居颜张村已越七世,族姓颇繁,苟不循流溯源以序之,虽比

间而处，将有行辈莫辨，亲疏不分之虞。此不独余一人之咎，其所以贻戚后人者不浅矣。爰刻石为谱，触目了然。上推高曾昭一本也，下列支裔悉宗派焉，后世子子孙，其亦有感於斯乎。

大清嘉庆拾叁年岁次戊辰阳月吉日

五世孙 鉴沐手敬撰并题①

碑谱序文前一般具有标题，如"某氏谱碑""谱碑序"② 或"谱碑记"③"谱碑志"④ 等，有时也会径直称"谱序"或"谱叙"。如莱芜里辛镇石家岭村清宣统三年（1911年）《石氏谱碑》，碑阳即为"本支谱序"。又如肥城市新城街道沙沟村《田氏谱碑》，碑阳题"田氏族谱序"，序文后有撰写者、立碑者的落款，⑤ 并书以立碑年月。

5. 世系

宋元以后碑谱形式变化较大，形成以世系图表为核心的重要特征。至明清时期，碑谱的世系表达主要有三种形式，文章、图表和线段。

文章谱源自中古墓志的世系叙述，宋元以来逐渐减少，目前所见明清碑谱的文章形式不多。⑥ 如山西省闻喜县裴柏村的裴氏碑廊仅有一通咸丰七年（1857年）《闻喜裴氏家谱序碑》，承袭金大定十一年（1171年）《裴氏相公家谱之碑》中唐代族谱的世系"书法"，分东、中、西三眷叙述汉迄明代的各支系，特别是对取得功名官爵的族人世系进行了详细记录。其序云："三眷世系旧有靳公愿书碑，岁月既久，风雨剥蚀，□□□□，辨认维艰。且片石幅仄，尤嫌阙略，爰考证详明，重为

① 泰安市后省庄《陈氏族谱》，2007年。
② 肥城市潮泉镇白窑村《顾氏谱碑》，民国十年（1921年）。
③ 肥城市汶阳镇武新村沈庄《沈氏谱碑》，清康熙五十年（1711年）。
④ 肥城市仪阳镇鹿家沟村《刘氏谱碑》，清同治八年（1869年）。
⑤ 个别谱碑的撰写者题名放在序文之前，如山西省闻喜县裴柏村明嘉靖二年《裴晋公祠堂记》、山东省宁阳县华丰镇南梁父村清同治二年《姜氏谱碑》等。
⑥ 但有一些碑谱在以世系图表为主的前提下，会辅以文章谱系说明。

刊石，昭兹来许。"咸丰碑所书族谱作者款识，为"唐将仕郎试秘书省校书郎闻喜县令裴滔"，明显有误。裴滔系原大定碑谱作者，而咸丰碑世系实为嘉庆十年《裴氏世谱》的内容。也许是为了向祖先和旧谱致敬的缘故，新的碑谱依然采取了文章谱的世系叙述方式，这在明清碑谱中属于不太常见的类型。

另外，近年来经各类媒体报道发现的全国各地所谓"家谱碑""族谱碑"，实际上有些就是文章碑谱的载体。① 这在山东地区也有相似的例子，如沂南县张庄镇小河村（原沂水县乐城乡高柱社）康熙二十二年（1683 年）的《李氏谱碑》，碑阳上书"李氏世系"，下为高祖李良以下七世关系图。该世系图以高祖为顶点向下逐代延伸，左右子孙对称排列，无疑是垂丝系图（图 1-1）。但其中的世系关系却另有文字描述，如"高祖李良生子五人"，下接大公、二公至五公名讳与生子情况，再往下以此类推。

又如济南市莱芜里辛镇石家岭村清雍正十年（1732 年）《石氏谱碑》。该碑谱系为六世以下五代族人的世系，从六世开始，自左至右，也是用某生某的方式进行叙述（图 5-5）。这种谱系叙述方式有可能源于宋代谱图，前述无论是欧苏谱式还是晋中榆次《王氏世次碑》，都采用上下对应的父子联系，能够清晰地呈现出汉人宗族的宗祧和分房原则。

图表谱则是源自《史记》中的"世表"。如前述孟庙启圣殿前的金大安三年（1211 年）《重修邹国公庙记》碑，碑阴"邹国公累世孙之派"图表，即孟子四十四代至四十九代子孙世系的直观展示。该碑谱世系以横格制表法，分上下两层画出图表。上层最右书"四十三代已（以）上世系载在家谱"，然后顺次往左并排书四十四代、四十五代和四十六代名讳。每代之下有同辈若干，其中就有四十五代"中兴祖"

---

① 见第二章第二节"田野所见谱碑的分布"中所列媒体文章。

图 5-5　济南市莱芜里辛镇石家岭村《石氏谱碑》（笔者自摄）

孟宁之名。四十七代以后，则每人名下标明子数、官职和住所。又如孔庙崇圣祠旁明立《孔子世谱碑》，收入五十世孔拂以下十四代子孙世系。其中第一排孔拂至五十七世孙世系为表格式，第二排五十八世至六十五世也是表格式，第三排以后子孙世系开始为线段式，说明这两种表达方式在明代有过过渡阶段。而此种表格式碑谱入清后也有几例，如平阴县东阿镇乾隆元年（1736 年）《谷城于氏祖先堂碑》，载有明万历阁臣之首于慎行支的宗族谱系。该碑为三块石板并列构成，通体刻画矩形表格，每个格内为一位族人及其官职。中碑最上一排中间刻一世"深"之名，从二世开始分支派罗列。右边依次为长支、二支、三支、四支，左边为五支。从上往下则是一世、二世、三世，以此类推至十二世。世系表中的族人依靠表格的上下和左右位置确定相互关系。还有一些碑谱世系则仅仅是按表格排列，表格本身反而省略了，如莱芜张家洼大洛庄《孟氏谱碑》、牛泉镇吕家楼村的《吕氏大门碑》和肥城市汶阳镇汪城宫村《汪氏谱碑》之系谱。例如表 5-1 中的吕氏世系关系，各族人的相对位置可谓一目了然。

表 5-1　　　　　　莱芜牛泉镇吕家楼村《吕氏大门碑》世系表

(原表为从右至左书写)

始祖	信复(二世)	直兴(三世)	希颜(四世)	庆(五世)	钫(六世)	修(七世)	学言(八世)	景阳(九世)	廷范(十世)	瑾(十一世)	承业(十二世)	其璨(十三世)	適(十四世)	遇进	尽忠	尽美	诏淑	以下疑缺四列
	淑子二	智子		梅子	柯子		柱子八				林子二		机子二		昌子三	佐子三	曾子一	
柏	栋	林	继瑞(十六世)	继昌	继佐	继曾	继文	继舜	继盛	继贤	继明	继端	继让	继祥	继周	继传	继唐	继平 继贞(十七世) 洴 澄 韶 硕 辉 佩 洵 沂 涟
				端子二	让子二	周子	照子	平子二	贞子		洴子	澄三	韶子五	硕子二	辉子二	佩子	沖子	涟子三 湘子
可	泓	溢	汾	浙	敖	润	万魁	元魁	震木	纪	中嘉(十八世)	中迪	中陶	中育	中伦	中律	中柯	中懋 中模 中宜 中言 中教 中典 中期 中占 中强 中立 中化 中理
	六	洧子二		汴子五(疑上十七世近)		洛子三		登子四		可子	云子	泓子	汾子	浙子三	敖子	润子二	万子二	元子二
中慎	中昇	中志	中养	中侯	中晶	中武	中能	中焕	中养	中本	中格	中粹	中权	中翔	千千	中节	中常	中常 中好 中嘉 中述 中选 占太 清太 恒太 新太 兆太
育子二	伦子二		律子四		裁子二	柯子三	懋子		模子二	宜子		教子五			典子三		期子三	占子 强子二
乐章	汉章	立章	伋	备	侃	侧	攸	仔	儒	健	俟	伸	价	完章	位	条	保	佃 傌 佑 付 仍 伊 仟 休 傻 仁
			雍子二	膦子		扬子五		照子二		序子二		慎子四			昇子四		百子二	志子二 能X子
纯宽	纯功	纯惠	纯煕	纯孝	振松	仁松	义松	智松	翠松	泰松	绘松	亭松	士松	甫松	龄松	徕松	云松	梦松 岳松 景松 华松 纯起 纯友 纯友 纯谊
本子二	格子	粹子		权子二		翔子二		节子二		常子二	好子		清子三		恒子	新子二	兆子	献子二 鳌子二 佑子 佾子*
纯庸	纯楷	纯楷	纯俭	纯亮	纯聪	纯方	纯刚	纯习	纯英	纯保	纯偶	纯宪	纯代	纯健	玉海	思贵	荣贵	臣贵 成先 荣先 遇月 献金 光(二十世) 学棠 伯棠 莘
佺子二		备子	攸子四		收子		倜子		健子二		宪子	位子二		保子二	佃子		傌子二	付子二 仍子二 休子二 傻子
乾恒	甲	泰	生恒	爱棠	芳	召	舍	钦棠	雨棠	荫春	怀棠	青	有恒	兆恒	学恒	得恒	监恒	善 文 性恒 作恒 淳 乐恒 定恒 安恒 忠 信 中恒 效恒
一子三			敬子四			三子四				庚子五				仓子二	和子	生子		宽子四 功子二 惠子 武子 熙子二 孝子 振子*
惠	清恒	诚	绥	根恒	幹	端	庄	达恒	顺	持	因	明恒	存	秀	植	刚	睿恒	裕恒 寅恒 宸 密 宥 宗恒 勤恒 珍恒 珍 申 月恒 雍 *
子三	翠子三			泰子六				绘子三		亭子		士子四		甫子	龄子二	明子	徕子三	云子二 梦子三 景子三
彭	彩	思恒	观	决	保恒	果	良	静	立	进	勉恒	超	为	岱恒	岱恒	守恒	法	振 约恒 福恒 温恒 纪恒 伦 怀恒 耐 著恒 春 煦 喧恒 曜 晖
庸子二	楷子二	俭子	亮子二		熙子	方子二		刚子		习子二		英子二		宪子三			代子二	荣子四 臣子二 成子 先子 光子*
教恒	养恒	卓迈	典恒	牧恒	慈	爱恒	商恒	赐	钦恒	贡恒	卜	先恒	祥恒	昌恒	盛兴	秩恒	璧	耐寒 联笫 联兴 芳 藻 联科 联甲 联宝 联元 联珠
二	伯子二		乾子四			甲子	泰子二		生子二		有子二		监子		文子二		安子二	忠子二 诚子二 鲜*
树勳	树学	树校	树源	树教	树法	树楷	树经	树常	*	树基	树本	树人	树栗	树榛	树嘉	树椿	树檀	树乔 树荫 树葵 树楼 树欣 树梅 树兰 树芝 树桂 树桐 *
决子	保子二	良子二									暗子				教子二		典子二	兴子二 芳子 藻三子 科子二
树屏	*	*	树言	树行	树荣	树业	树艺	树明	树猷	树苓	树疆	树木	树楠	树柯	树文	树哲	树宝	树玉 树槙 树枫 树培 树务 树信 树棠 树典 树棣 树鼎 树蒲
											玉子二						政子二	二十四世 二十二世
树楹	树塃	树墀	树準	树幹	树防	此处空白		树声	树檀	慎教记	慎记							

明清碑谱最为常见的世系表达方式应该是线段型的世系图，即所谓"宝塔图"（隐形线段）、"垂丝图"或"吊线图"。这种世系图普遍存在于宋元以来的族谱之中。一般而言，碑谱中的世系图也是以始祖或始

迁祖为起点，向下扩展至数代。如果世系过长，族人数量太多，单个碑体面积不够，就增加碑石，形成多体碑谱。而且随着时间迁移，碑谱也同族谱一样被续修，使不同时代的世系连接起来，形成完整的宗支链条。而每两个相近时代的碑谱，在世系上也会有几段重合之处。因此同时参看一个家族不同时期的碑谱，可以全面了解其世系的范围和发展过程。碑谱世系图大多置于碑阴，少数也会与序文同在碑阳。世系图中的基本要素是父系直系男性亲属，即父子、祖孙和兄弟，以直线相连表示其关系。进入世系图的族人应该是参与祭祖的全部成员，因为没有凡例，只能推测纳入碑谱的遴选原则。有时我们也会在碑面上发现名字被剔除的痕迹，可能就与族规的惩罚有关。另外，如果有功名或官职，一般会在名下注明。出嗣、乏嗣和婚配、生子、迁居等情况也会尽量标出。绝大多数世系图其实都是分支谱系，所以在可能的情况下，会从一开始就标出各支派名。

在碑谱中，不同的祖先各自统领自己的后代世系。但由于纸谱资料的缺乏，不清楚早期祖先彼此的真实关系，所以那些以多个祖先为起点的世系图，有时会被认为是联宗行为的结果。如泰安市大汶口镇上泉村《郑氏谱碑》，碑体分为三块，右碑为"郑氏谱碑叙"，中碑和左碑为世系图，呈现多支并列的局面。其中中碑额题"昭穆并序"，下为始祖乙荣之下十代世系。左碑额题"支派分别"，下面并列四支世系，分别由长支郑铠、二支郑泰、三支郑节和四支郑义所领，共七世。左碑的四支祖与始祖的关系不明确，但始祖以下第五世和支祖以下第二世都出现"松"字辈。始祖以下世系的第五世也多单字名，如"举、兴、旺、普"，似乎可以认为支祖应为始祖下的第五世成员。同时，支祖之下自第二世以后的辈行字，基本上与始祖以下世系吻合。为什么支祖以上的世系没有列出？是祖先失讳还是有意省略？实际上中碑始祖以下世系是十分完整的，行辈也很清晰。如二世为"邦"字，2人；三世为"得"字，4人；四世为"玉"字，5人。支祖以上没有名讳是很可疑的事情。

6. 杂项

有时碑谱在序文和世系之外，还会列上一些涉及宗法、族规、辈行以及族产的内容，形成一种看起来颇为简便的宗族文件。如莱芜里辛镇石家岭村《石氏谱碑》（清宣统三年），在碑阳世系图后靠近立碑者落款的地方写道："自金字以后按五行相生排辈。"根据世系图显示，"金"字辈系石氏自明代嘉靖年间始祖迁至莱芜以后的第十四代，也是碑谱所列世系的倒数第二代。另据序文，立碑者为石氏十二世和十三世，作为族中最有话语权的两代，他们试图通过确立字辈来整合现在和未来的宗族。另外肥城市仪阳镇鹿家沟清同治八年（1869 年）《刘氏谱碑》，亦在碑阴世系图后对字辈和祖产分别作了规定：

> 以后碑及林树有毁坏，祭祖罚钱贰拾千文，不受罚者送官究治。
> 后代之命名轮流贰拾字：
> 保、贵、善、秉、忠、崇、文、相、公、长、绍、福、天、尚、德、万、世、永、国、光。①

新泰市石莱镇三山村清宣统二年（1910 年）《徐氏谱碑》，同样也在序文之后"预立行辈"，共八个字"敬、恭、纯、笃、礼、义、恒、安"。在碑谱中专门确立后代的行辈字，与先前既成的世系搭配，体现了汉人力求"源流可稽，世代繁衍，追先启后"的宗族理想，这和明清时代纸质族谱中的做法如出一辙。

二、碑谱外部构造

碑谱的外部构造是指谱碑碑体的外部形态、组成构件以及碑文之外

---

① 肥城市仪阳镇鹿家沟《刘氏谱碑》，清同治八年（1869 年）。

的纹饰、雕刻等附刻内容。如果说碑谱的文字与图表是软件部分，① 那碑谱的外部构造则可以看成硬件，两者相辅相成。碑谱的外部构造可以看成其载体碑刻的各种形态与组合，为了方便描述，后续讨论将从谱碑角度展开。谱碑的外部构造成分包括碑帽、碑身、碑座和附件等，其中尤以碑帽最具特色。而作为附件的纹饰和雕刻也富有浓厚的地方韵味，在此一并加以叙述。

1. 谱碑外部样式

明清谱碑在刻立过程中，碑帽部分大量模仿了中国传统建筑的风格和样式，形成乡村社会一道亮丽的宗族文化风景。因此谱碑式样的分类可参考古建筑样式，分为殿廊式、庙宇式和无檐式碑刻等几种，每一种式样又有细微差别，还可以分成若干变体。

（1）殿廊式

殿廊实为谱碑外覆的碑廊，是由碑亭演变而来的。苏洵曾在《苏氏族谱亭记》中记载，"作《苏氏族谱》立亭于高祖墓茔之西南而刻石焉"。古时碑刻大多为石灰岩质，暴露于外界环境时，容易受阳光和风雨的侵蚀而破损甚至断裂。因此在碑刻上置亭建廊，甚而将碑刻移至室内，不失为妥善的保护措施。如清同治二年（1863年），新泰羊流徐琛神道碑"风雨侵蚀，已折坏多处"，于是后人合议"复立墓碑，并建碑亭一座，以垂不朽"。②

泰安市祖徕镇东埠前村外田中，有一通清同治十三年（1874年）《刘氏谱碑》，刘氏子孙在谱碑外面修建石殿，围以过廊，形成碑廊一体的格局，显得十分雄伟壮观（见图5-6）。这种殿廊式谱碑往往体量巨大，用料考究，当为一方大族所为。《刘氏谱碑》序文中就说，"泰邑刘氏所在多有，而居汶阳之埠前村者，其为族尤巨，家多

---

① 其中更包含看不见而只能体会的宗族伦理与感情。
② 徐氏九修族谱委员会《功德永昭》碑，新泰羊流镇徐家庄，2002年。

富饶"。①

图 5-6　泰安徂徕镇东埠前村《刘氏谱碑》（外覆三进碑廊，笔者自摄）

（2）庙宇式

庙宇式谱碑是指将碑帽制作成古建筑的屋顶和屋檐形状，左右加以条石，下以台座为基，仿佛置谱碑于祠堂中一般。其实庙宇式谱碑是殿廊式谱碑的简化，不像后者有廊柱围成的空间，而是直接将谱碑外显，象征谱碑受到在祠堂中供奉的待遇。

将庙宇式谱碑细化还可分为重檐顶单体式和多体式、硬山顶单体式和多体式、悬山顶单体式和多体式等几种。刻碑宗族根据财力和偏好的不同选择不同的具体样式。谱系内容越多、越复杂的谱碑往往体量越大、碑帽雕饰越精美，如古建筑屋顶一样具有象征意义和明显的等级性。这些谱碑样式带有鲜明民居建筑风格，尤以明清时期砖石结构房屋常见的硬山式和悬山式为多。硬山顶和悬山顶有利于防风防火和节省木材，山东地区的谱碑制作选择此种屋顶样式，无疑是当地建筑文化和风土人情的体现。

如淄博市博山区石门乡龙堂村《刘氏谱碑》，位于其先坐绪祖茔前，前后皆有碑文，上覆悬山式碑檐（见图 5-7）。碑文中说道：

---

① 泰安徂徕镇东埠前村清同治十三年（1874 年）《刘氏谱碑》序文。

历代传闻，碑碣建立，家谱失迷，曾未有过而问焉者。今有十七世孙桂、崟、忠等，镌字追忆当年祖功之宗德，想音容而致望思其人，有不禁感慨系者也。念先人之仪形，率合族之老幼，各尽诚心，光前垂后，恐其久而莫闻焉。故镌之于石，以照不朽。

文后附制作者的题名，并提及"碑身并帽共石头十一块"，说明这是一通制作精良、构造复杂的碑刻，碑帽在制作之初就是重要的部件之一。

图 5-7　博山石门乡龙堂村《刘氏谱碑》（碑帽为庙宇式，笔者自摄）

（3）无檐式

无檐式谱碑是指没有碑帽，或者碑体上部未加装饰的谱碑。无檐式谱碑既有单碑，也有二联碑、三联碑，甚至由数十碑体构成。这是最为简单的一种谱碑形制。在汉唐时期，碑刻周身以不加雕饰为常。碑首多为方形、半圆形或圭形，碑座为赑屃，其风格重内容轻形式。到了元代，"宗派之图"碑也不建构屋檐式的碑帽，但多刻画交尾螭龙，配以篆文天门，有向庙宇式转化的倾向。明代孔庙和孟庙的谱碑则以无碑帽的大型方碑为主，颇有复古意味（见图 5-8）。

图 5-8　莱芜双阳桥村《周氏谱碑》、孟庙"宗派之图"碑（笔者自摄）

此外，设置在祠堂中的谱碑因为本身就处于庙宇之中，也省略了许多碑刻外在的象征性构件和装饰。如肥城市安驾庄镇李家炉村现存祠堂谱碑九通。其中世系图在八块碑上，分别为始祖牌位碑、道光二十一年谱系碑、光绪十年谱系碑、民国八年谱系碑。序文在单独一块碑上。这些碑刻都没有加盖屋檐式碑帽，碑体制作也较为简单。《创建祠堂并族谱碑序》云：

> 从来支以分而愈岐，派以别而愈远，苟非尊祖以敬宗，敬宗以壮族，何以历永久，而本源不失乎？吾李氏讳容，当前明初间自青州府益都县广耀舍枣隶庄，移居泰邑西南乡，遂名厥里李家炉，嗣后子孙渐及昌盛。故自此而迁居四方者数支，其谱牒被乾隆三十六年汶水肆溢而失，自纨绔子弟下数世祖讳俱失。然大京祖实属长支，纪祖实属次支；至世卿、世登、之悟、之耀数祖，长次无考，各为一支；青柏祖兄弟自为一支，旺云祖兄弟自为一支。延及于今，族众共立祠堂，以妥佑先灵，爰立石镌谱，以垂

永久。虽前代疑信相参，而后世昭晰无疑，用见支虽分而归于一
□，派虽别而统于一源矣。记所谓尊祖以敬宗，敬宗以壮族，不
于是乎得哉？

李氏族人在乾隆年间族谱遗失，导致长次无考，光绪年间"族众
共立祠堂，以妥佑先灵"，于是"立石镌谱"，试图恢复族人世系关系。
因为谱碑要放在祠堂之中，所以就没有必要特意在碑帽上做文章了，这
样更像一座座祖先牌位，便于祭拜和教育后代。

2. 谱碑的纹饰与雕刻

谱碑在碑身及碑帽、碑座和边框等处刻画不同题材的花样纹饰，以
表现生衍、祈福、富贵和长寿等主题。谱碑雕刻也深受中古时期以来佛
教雕塑艺术的影响，又内含山东地区灵芝、瑞兽等民间信仰，富有浓厚
的地方宗教特色和乡村艺术风格。

（1）花样纹饰

卷草纹又称唐草纹，是汉唐时期广泛流行于北方地区的一种传统
工艺美术图案。纹样多取忍冬、兰花、荷花、牡丹等花草，经夸张或
变形处理，以连续的"S"状曲线排列，富有韵律感。卷草纹常与富
贵花搭配，装饰于碑刻或佛教造像舟形背光边缘，表现子孙繁衍、世
代流长和大富大贵的愿景。① 隋唐时期，山东地区受青州和济州两大
佛教造像中心的影响，结合当地民间艺术风格，发展出独具特色的石
刻文化。在泰山地区石窟造像中，常见精美的卷草纹和富贵化装
饰，② 这无疑给明清时代的碑刻留下了富有地方特色的民间装饰传
统。明清时期的谱碑纹饰除花草、瑞兽之外，还常见回形纹、窃曲纹

---

① 《辞源》中注："藤生，凌冬不凋，故名忍冬。"由此可见其寓意支系繁衍
与生命顽强，颇可比拟家族发展。

② 周晓冀：《泰山地区佛教石窟造像研究》，山东大学硕士学位论文，2008
年。

以及云纹。这些纹饰的特点是连绵不断、百折不挠，象征家族世系绵延久远，绳绳继继（见图 5-9）。

图 5-9　肥城沈庄《沈氏谱碑》、莱芜双阳桥村《周氏谱碑》（纹饰，笔者自摄）

（2）瑞兽雕刻

瑞兽又称吉祥兽，是传统雕刻艺术题材，寓意镇邪、吉利和美好。相传，中国的四大吉祥兽是麒麟、凤凰、龟（实为玄武）和龙（或螭），好显于太平盛世。其中龙和麒麟在碑刻装饰中十分普遍。一些规格较高的碑刻往往还配以龟趺（赑屃），俗称"龟驮碑"。尽管龙在明清时期占有很高的政治地位，但民间艺术中依然常见，人们将它刻画在谱碑上以显示宗族的尊贵。而麒麟性情温和，主太平、长寿，更象征宗族祥和、子孙繁衍。民间将这些神兽传说用于宗族建构，起到了一定的精神支持和心理安慰作用。相对于高大庄严、朴实无华的墓碑或记事碑，明清谱碑以瑞兽作为装饰，显得乐观向上，充满乡村艺术气息（见图 5-10）。

（3）构件雕刻

明清谱碑除利用一般的浅浮雕或阴线刻手法，还圆雕出龙首（螭首）、螭吻碑帽以及各种建筑构件。龙首（螭首）在唐朝时就已成为身

图 5-10　肥城老城街道曹庄村《李氏谱碑》的龙和麒麟纹饰（笔者自摄）

份和等级的象征，只有五品以上的官员才准刻制。① 宋元时期，碑刻螭首已成定式，多用于制作受皇帝御批的"宗派之图"碑碑帽，体现了宗族的尊贵身份和荣誉。螭吻又名鸱尾、鸱吻，即殿脊的兽头之形。传说螭吻也是龙的九子之一，勇猛而好吞火，主辟邪、安宅和防火。山东民间大户人家习惯采用屋脊安置螭吻的方式，突出建筑物及其主人的高贵感。这一建筑风格为谱碑匠人所借鉴和模仿，从而制作出同样观感的碑帽（碑檐）或碑亭（见图 5-11）。圆雕传统建筑构件的目的是将谱碑作为祭祀和祈福的对象，置于想象的庙宇之中，体现了制碑者尊祖追远的恭敬和虔诚的心态，具有浓厚的民间信仰特色。

图 5-11　博山龙堂村谱碑龙首、肥城曹庄村谱碑螭吻（笔者自摄）

---

① 《唐律疏议》中规定：开元礼，五品以上立碑，螭首龟趺，高不过九尺。

本 章 小 结

碑谱作为族谱发展过程中出现的一种特殊类型，至明清开始具有独立的形态与格式，其载体谱碑也逐渐表现出稳定的内外部制度。这些制度既有碑刻制作工艺上的，也有碑谱文书写作方式上的，主要包括碑刻构造与式样、文体构成与书写格式、纹饰和边框设计等。碑谱制度在符合其定义的一般性基础上，又因时代变迁而产生差异性；有通例也有变例。根据前述分析，谱系是碑谱的核心内容，也是碑谱发挥尊祖敬宗收族功能的主导因素。作为碑谱的物质外壳，谱碑的形制受制于谱系内容，又强化了谱系内容的功能。

本章主要介绍了明清碑谱相对固定的外部形态与内部文体格式，如碑刻的构造、组合、造型与纹饰以及碑名、额题、楹联、序文、世系图表、落款等内容。通过分析可以看出，碑谱是汉代以来多种形式的石刻文章谱、表格谱和线型谱继续发展的成果，也是华北宗族重视墓祭传统的新型谱牒选择。碑谱形制既有对汉唐诔碑和墓志铭谱系的传承，又有对宋明新式族谱元素的吸收和利用。碑谱不仅在形式、内容上集中体现了传统族谱的核心价值，还体现了汉人宗族文化的创新与发展。对碑谱形制的了解有助于深刻认识其内涵与功能，并能理解为何华北宗族能够在重大历史变迁中不断克服困难，实现破茧重生。

第六章　宗族碑谱的谱系

祖先崇拜是宗族的重要活动，而对祖先世系的追述则是宗族活动的主要内容之一。对祖先世系的追述是通过谱系的记录、展示与传播来实现的，因此在长期的宗族发展过程中，逐渐形成了专门的谱牒学。族谱正是中国汉人宗族历史文化的基本载体，在不同的时代表现出不同的时代特征。作为碑谱核心内容，序文和世系对于宗族的建设以及每个处于其中的族人而言都是至关重要的文献档案。钱杭先生认为，宗族需要明确世系和一个能被文化传统所认同的宗族历史，才能建立起使它存在的文化价值基础，而能在社会上立足。同时，这也是宗族给予本族成员的用以证明自己社会身份和权利的特殊资源。① 这种宗族对于自身"合历史性"的塑造，在华北尤其是山东地区往往就是通过谱系建构来实现的。

宋元以来，随着宗族组织的形成与发展，谱系的记录与保存逐渐转移到社会下层。明代在元代族谱的基础上进一步完善，形成了谱、图、传、论兼备的近世谱牒形式。这一谱系方式的变革与明代宗族自律化有关，并直接影响到碑谱的创作。钱杭发展了義江明子关于系谱样式的划分，将中国古代系谱分为三种类型，即系图系谱、表格系谱和文章系

---

① ［日］瀨川昌久著，钱杭译：《族谱：华南汉族的宗教·风水·移居》，上海书店出版社 1999 年版，第 266 页。

谱。[①] 他指出，文章谱长于表达社会公共职务和政治地位的继承，反映了宗族发展所经历的"他律性"历史过程。而表格系谱特别是系图系谱，可以更为简明地表现世系集团内部的人际关系，其产生与流行体现了宗族自我意识的不断觉醒。其前提就是近世以来在儒家世系观念的影响下，人们对于以自身为中心扩展开来的世系网络有了更为清晰的了解和认识。谱牒结构的成熟和纸谱的流行就是这一趋势的表现。谱系描述方式的转变证明其功能已经由政治性转向文化性，即从国家管控姓氏的地望分布转向血缘与地缘结合的民间化。中古时代那种依靠世系传承官职和种姓婚姻的大族，失去了存在的意义和具体形态，由血缘世系的自然分化形成的宗支派别，在形态上表现为一个"自律性"的世系集团。这就是宗族自宋元以来基本的发展模式。新型的谱系建构方式导致新型系谱的产生，这就是碑谱出现的历史背景。

一、碑谱序文：素材与含义

每当王朝更替，基层社会往往处于失控状态，社会规范和社会秩序亟须稳定，从而为宗族复兴滋生了制度性的土壤。宗族可以利用自身的组织功能，对社会资源重新进行分配。越是恢复较早、规模较大的宗族，越能在社会资源占有上居优势地位。[②] 社会资源包括土地、水利、祭祀权和地方行政权等，这些都必须依靠组织的力量方能获取。即便是拥有军功或受新朝器重的将领、士人，也必须依靠其血缘团体或其他社会组织，才有可能在社会上立于不败之地，而这一努力的前提就是要追溯甚至重构祖先和宗族的历史。

在历史上，华北和山东宗族曾长期未受到官方和学者的关注，正史

---

① 钱杭：《世袭传递中的职爵继承：对西周微氏铜器铭文的系谱分析》，《史林》2015 年第 3 期。

② 这样一种认知普遍存在于华南宗族研究，已成为明清宗族发展模式的共识。

和档案文献中的相关记载也远少于华南宗族。那么，是什么原因形成了山东宗族的"薄弱"形象，他们在传统社会是如何产生、存在，又是如何自我发展的？其宗族形态在明清时期的专权统治下又是如何自我表现的？是否也具有同华南宗族相似的"乡约化""士绅化"发展模式，还是完全走向另一条不同的道路？按照谱牒学理论，谱牒内容基本上能够反映宗族的生存状态，因此我们接下来不妨通过分析碑谱文体，来对上述问题的回答作一些初步尝试。

毫无疑问，序文是宋元以来新式谱牒的重要组成部分，谱序通过对祖先迁徙、宗支分裂、谱牒编修等过程的叙述，可以大体呈现出宗族的历史演变和现存状况。同时谱序也是表达宗族思想和谱学理论的主要途径，反映出一定时期或地域的社会观念。碑谱同样具有专人撰写的序文，其形式和内容与族谱谱序具有相似性，但也有自己的特点。

1. 观念的来源：礼学还是礼俗？

钱杭认为，宋代学者说的"谱学废绝""谱遂大废"，主要是指与大宗谱法相关的官方谱学——姓系谱。而众多的私人"世系谱"则损失较小，成为宋元时期恢复谱学所依据的主要样本。[①] 民间有关宗族的各种知识不仅存在于流通的经典、乡村的儒生，还体现在以墓祭为核心的各种民间信仰和礼俗中。尤其是祖茔和墓碑所记录的姓氏起源、家族迁徙以及所构建的祖先世系，甚至口耳相传都成为北方社会宗族文化再次兴起和发展的重要基础与知识来源。常建华认为，元代士人的族谱思想来源于宋儒，欧阳修"人要知祖宗"的思想和苏洵"观谱生孝，勿视族人为途人"的思想，都强化了人们尊祖敬宗收族的宗法意识，促进了民间修谱行为。[②] 他的结论出自对元人文集中族谱跋序的分析，区域集中于华南的浙江、福建和江西等地，北方宗族碑谱观念的情况尚需

---

① 钱杭：《宗族的世系学研究》，复旦大学出版社 2011 年版，第 250 页。

② 常建华：《中华文化通典·宗族志》，上海人民出版社 1998 年版，第 277~278 页。

根据资料进一步考量。

我们首先分析一通河北井陉县柿庄的《师氏族谱记碑》，该碑立于元至大元年（1308 年），碑文见于 1962 年河北省文化局文物工作队的发掘报告。①

  族谱图表。师氏之宗族也，源自赐姓。命氏以来，枝分派别，流布天下，或因或革，或讹或正，世代绵邈，谱碟不存，遂使后代失其本真，可不惜哉。一日吾同郡位德乡师尹德与其弟尹顺偕来，谓予曰："尹忠尹立亡父尝言，尹□尹庶，先祖世居威州，宗族之盛，大化乡里所称，系本尹姓，时有避忌，遂改师焉。天兵之乱，分散□□□居乡贯，或落他邑，虽东西相望，不能团聚，至于今日，有闻名而不相识者，蓦如路人，每深以为恨。自惟□□尹贵昆季三人，幸托庇阴，有田可耕，有桑可蚕，门户既应，租赋亦口，衣食粗足，皆祖宗之余庆也，敢忘之乎？意欲会合宗人，刻石图谱，碣于先茔，庶儿后之子孙，知宗派之渊源，不忘本祖，得相亲睦，亦为子之一道也，其亦可乎？"

  予闻而嘉之，感叹良久，而告之曰："昔庐陵欧公，眉山苏公，亦尝碑谱于茔域矣。君今之意适与之合，岂不善哉。盖人生天地之间，无贤愚贵贱，以生有所养，死有所葬，祭祀不辍为幸。兵革以来，上自王公，下逮黎庶，嗤类不遗，坟陇平荡，不沾一奠者多矣。君之先茔岿然独存，宗族皆得无恙，瓜瓞绵绵，若此之盛，素非祖宗积德累行，能如是乎！昔范文正公谓其子孙曰：吾家宗族甚众，于吾固有亲疏，以吾祖宗亲之，皆子孙也，固无亲疏矣，遂设义田周瞻。古人称之。圣人一视同仁，民为同胞，物为吾予，矧乃骨血天伦，均气同体，其可不相亲爱乎？君之宗族虽然散居，相

---

  ① 河北省文化局文物工作队：《河北井陉县柿庄宋墓发掘报告》，《考古学报》1962 年第 1 期，第 71~72 页。

去不远，岁时祭祀，咸得会合，苟因图谱念祖宗之德，思昌炽之福，感文正公之言，吾知其亲亲之心，欢心洽浃，有不能自己者矣！"昆季喜曰："愿先生记之，以告来裔。"守让弗获，于是乎书。

时广平路威州井陉县大化乡祖居师庄人氏尹社长、尹忠并男尹三、尹四等，同心降意，同力敬之。立志。

槐川野人谨识　陉山郡崇真居士王丙直篆额 书丹
大元国至大元年岁舍戊申三月初六日 立石

碑文叙述了乡族尹氏在金代改姓，至元代又想复姓归宗合族的经历。尹氏由于兵乱散居各乡贯，宗族聚居条件遭到破坏，同宗之人"蓦如路人"，这一感慨与苏洵何其相似。尹氏复族的动机最早还是源于祖先崇拜，因为感激"祖宗之余庆"而"会合宗人，刻石图谱，碣于先茔"，保存世系和不忘祖本的心愿非常朴素，未必是受到宋儒的影响。因此作者随后感慨："昔庐陵欧公，眉山苏公，亦尝碑谱于茔域矣。君今之意适与之合，岂不善哉。"这是一通元代民间恢复宗族的重要史料碑刻，表明在华北地区宗族完全有可能自发形成。既不需要来自朝廷的政策或舆论的影响（就像嘉靖大礼议），也不需要具备充分儒学知识的士人来启迪——他们根据民间宗族实践的现状而阐发理论和推波助澜倒是有可能。从碑文中看，宗族的恢复一定建立在经济基础之上，元代北方地区短暂的生产繁荣催生了对姓氏、世系和宗族求索的朴素意识。撰文和题额之人应为乡村儒士，他们利用自己的知识对宗族的发展予以肯定和总结，使民间的宗族实践上升到道德和理论的高度。于是，宗族的恢复和发展围绕传统的墓祭展开，这种合族联宗和谱图于石的实践具有典型的时代性和推广意义。

到了明代，更多的文人参与到宗族建设中，在碑刻上记录宗族谱系的理论自觉性就形成了。如万历时期葛昕曾撰《葛氏续宗谱碑记》立于鬲津河之阳，提及其"先大夫既作合族通谱，先少保公已括叙之，镌于祖垄之碑阴矣"。之后关于世系的扩展、谱碑的接续有精彩评论，乃为明代刻谱于碑的真实写照。今将《葛氏续宗谱碑记》移录如下：

> 吾祖赠太保端肃公，实开我家上光宗祧，以佑启我后人。今虽厝大葬于城东，敢敬请冠斯新表之碑，以明有宗。下详宗枝子孙，即传至九服外，一一惟递世接书。石满，乃许另寻贞石谱之，期传至无穷。其各枝应自起为小宗者，将来子孙繁盛，此石难容，不妨请伊嫡长高曾祖为冠，另立碣以纪之。于此表自相照应，按图一稽即百世可知矣。呜呼！此世表直上下视之，可以充蔼然孝慈之心；横次第视之，可以起油然友于之念，不但可通观九族之伦序尔也。凡吾后人将欲敦伦广爱，以光大宗族者，其尚三复乎斯文。①

明代碑谱已经普遍将世系扩展到五服之外（碑文说传至九服以外），出现了大宗世系图。由于谱石面积有限，宗族通过续修谱碑，来满足人口和世系增长的需求。各碑世系图表相互照应，构成了完整的大宗世系。这一点与苏洵对小宗系谱的期望是一致的，即小宗谱法产生的支谱不断汇集，通过彼此参照有可能形成合族通谱。在葛昕的思想和实践中，族谱和碑谱的世系记录方式别无二致，功能上自然也是相通的。

其实，明代文人对于谱系碑刻的认识早在洪武时期就有了。丁丑年（1397年）解缙作《重修解氏族谱序》，提到宋咸淳年间其家族墓地曾发掘出一通"世系碑"，该碑"遗像具存"，颇似族谱像赞之例。甲子年（1383年）该碑复现水南民家，可惜在运输过程中"椎裂粉散，无复可求"。因此他认为，刻石为谱"以广其传"，不失为备存谱牒的有效方式。② 解缙在文章中还着重评价了宋代谱法，认为苏谱"独详其亲，用心不广"，欧谱"考摭太谬"，曾（子固）谱"与史记诸书不

---

① 葛昕：《葛氏续宗谱碑记》，《集玉山房稿》卷六，钦定四库全书本。
② 解缙：《重修解氏族谱序》，《解学士文集》卷五，钦定四库全书本。

合"，王（介甫）谱"以乾贞为南唐年号"考据不严。在承认天下法欧苏二谱的基础上，提出"重修解氏谱为天下谱法"。由此可见，明代学者对于宋代谱学的了解是十分深入的，对传世旧谱的各种副本也有精到的比勘。明初文人的修谱实践和谱牒创新的思想，借助有影响力的官僚和文人集团对社会产生了较大影响。正因如此，明代以后所刻碑谱流行撰写序文，大谈宗法和伦理，与同期纸谱的文体风格和意识形态相吻合。宋明理学对谱牒的全面渗透，使谱系碑刻的理学和孝道思想较金元时期远为浓厚。

如果说解缙是江西人，且长期在京朝为官，代表了明代南方地区的谱学思想，那么北方的情况又如何呢？北方民间碑谱序文中的思想来源显然更为复杂，反映了华北宗族发展路径的多元化和自发性的特点。嘉靖二年（1523 年），山西闻喜县裴氏刻立《重修唐裴晋公祠堂记碑》，碑阴题立石官员姓名，下书"裴氏后裔"，共计四代 42 人。碑文核心为"天道报施，因果相应""大德之后，子孙必兴"等观念，从报偿祖先裴度等人的功德出发刻立了谱系碑。而嘉靖庚戌（1550 年）山西沁水县《柳氏宗支图记》，则明显继承了宋儒的谱学思想。碑文中说："昔苏明允谓，情见乎亲，亲见于服，服尽亲尽，亲尽则情尽，情尽则喜不庆，忧不吊，相视如途人。"又说"由一人分而为途人，故感苏子之言，而作是图也"。① 万历二十七年（1599 年）河北南和县的《城南三思要氏寿林碑记》，碑阴为"家谱题名"，记录了高祖以下八代世系。该碑碑文议论了宗族"恒祀"问题，认为当地"习俗墓祭重献"，提倡以庶礼俗固亲志。要氏刻碑与立祠的目的都是为了安神主、昭来世，并未提及明代谱牒序文中常见的世系观点，这提示我们华北宗族的建构原则另有深意。②

在清初的山东地区，碑谱序文也处处充满了祖先崇拜意味。如新泰

---

① 车国梁：《三晋石刻大全·晋城市沁水县卷》，三晋出版社 2012 年版，第 41 页。

② 张月尊：《三思村志》未刊稿第 10 本，2014 年，第 155 页。

徐家庄《徐氏宗谱之碑》立于康熙七年（1668 年），风格仍有墓志铭的痕迹。其谱序对州太守（徐琛）之后人"考宗派、辨世次"，思想有从祭祖向聚族演变的倾向。文中说："虽骨肉之谊几等路人，而非谱系昭垂，何以使后世子孙咸知其尊卑哉？""路人"与苏洵的"途人"是一个意思，两者在其后的鲁中宗族碑谱中都较为常见。明清时期，民间宗族组织多由普通乡绅主导，他们中有不少人都是受过系统儒学训练的本族子弟。如该碑的发起者就是徐氏后人中的庠生，以"鲁""生"辈为主共 20 名，"搜集子姓而缵修祖谱"。撰写序文者甚至是"甲午科举人"刘健行，篆额亦为"邑庠生"，他们均自称"眷晚生"，应为徐氏姻亲。由此可见，乡村儒生的宗族知识和谱学思想对于碑谱序文的撰写起到了积极的影响。

明清政府推行伦理政治，士大夫编写族谱受到"劝民谕旨"的影响，在序言中表现出明显的教化思想。乾隆三十八年（1773 年）武氏《重建谱碑记》中，肥城武新村增广生武允理为本族所作碑谱序文说道：

> 余尝读国朝圣谕广训书而知，圣祖仁皇帝圣谕十六条首言敦孝悌以重人伦，次即继之曰笃宗族以昭雍睦。盖宗族由人伦而推，雍睦未昭即孝悌有所未尽。故连类及之，明人道必更以睦族为重也。世宗宪皇帝复推其意，著为广训，内昭言曰，修族谱以联疏远，□以族谱不修则疏远不联，非未不知雍睦，亦且□为宗族矣。①

碑谱序文到了清代出现与纸质族谱相似的政治化趋势，但是并未改变山东地区尤其是鲁中宗族组织化不完善的基本状况，族人之间的现实联系性仍然不甚紧密，只能在岁时祭拜和婚丧嫁娶这种礼俗活动中才表现出睦族孝悌的一面。至于规范族人行为，强调家法约束方面也远不如

---

① 肥城汶阳镇武新村武氏《重建谱碑记》，乾隆三十八年。

纸质族谱更有效果。这似乎说明，碑谱仅仅作为山东宗族在形式上或者说系谱上的联合手段，其慎终追远的象征意义远远大于实际的合族意义。

2. 谱序的功能：与族谱的比较

谱序所承载的信息乃是宗族发展和谱牒编纂的历史，撰写者如何描述又是如何理解这些历史信息决定了谱序所能发挥的现实功能。在族谱中，谱序往往起着提纲挈领的作用，每次编修都有自己单独的序文，有时还不止一人作序。多次编修的族谱也会将原有谱序尽收其中，以新序开篇，旧序依次登场，体现了血脉相承的谱系思想。然而，以石为载体的碑刻系谱毕竟面积有限，谱序的撰写和呈现必会与纸质族谱有所不同。

首先，碑谱序文提供的信息较为简要。族谱序文往往载有丰富的宗族历史，有些还是作序者自己独特的生活体验。一篇典型的碑谱序文则没有太多机会表现个人独立的谱学知识，当然也不能完全表现出个性化和情绪化。族谱序文是从作者角度阐发谱论，评价宗族历史；而碑谱则尽可能从宗族全体成员的角度来综述。碑谱序文正像濑川昌久所说的是宗族选择性的历史叙述，宗族对纸谱序文的内容有意删改后才刻在碑上。由于面对的是公众包括村中的其他大姓，因此碑谱序文对于宗族历史的构建与叙述必须极为谨慎，所有可能引起歧义或容易出现漏洞的内容会一概舍弃。如民国二十九（1941 年）年《孙氏创修族谱序》中说，孙氏始祖自明代中叶迁来泰安，子孙繁衍分居数十村。康熙年间七世祖迁居埠东形成新派，"虽间有石谱而年代湮远，语焉不详"，故族人日益疏远，先世之德，创业之苦无以考证。孙氏石谱直言"语焉不详"说明一个事实，就是碑谱也许只能提供最为简洁的公开信息：一是祖先来历，二是宗族分支和落户，三是宗族立谱碑的情况。条理清晰和概括性强是碑谱序文的基本要求。根据作者所搜集的资料，明清碑谱序文最长的 660 字（崇祯十年高台县《王氏谱碑》），字数一般在

300~400 字。族谱谱序大概也在此范围内，但是其优势在于可以多人同时写序，展现的宗族面貌更为丰富和生动一些。碑谱则更多选用平面或单一视角，综述宗支的分衍和迁徙过程。以康熙十七年（1678 年）泰安《重修宋氏谱碑序》为例：

> 宋氏世系于今亦称番衍也哉。溯其始则其祖讳贤者，故籍枣强县，一迁于章丘，继迁于岱下汶阳之里，来止居焉。事农业乐桑麻，纯乎先民遗风。举四子，长曰缙，次曰绅，季曰绥，四曰礼，类皆阡陌散人。今之绵延不绝者，要皆缙绅绥礼之苗裔也。三传而至思聪、思义，以耆硕之年作宾都邑宰，峨冠博带，盖彬彬乎礼乐之选也。……讫于今，生齿其渐藩矣。命名道字，虑有隐犯前人之讳而不知者，前碣记载已悉，今又为之续志族谱，分支别派题其名于碑阴。①

其次，碑谱序文的思想较为朴实，甚至僵化。对于纸谱而言，历次编修谱序存于一本之中，可以方便检阅，并形成连续的宗族史观。同时，每个人的谱学思想也可以相互参照，取长补短。但是碑谱序文只能由一位作者执笔，个人文风和观念的局限不可避免。于是碑谱尽可能采用为人所熟知的欧苏谱学，或是浅显易懂的世系观念，用比较中性的语言叙述宗族历史。例如开始和结尾都会有一定的俗语套话，像"族不能无谱""族人恐为途人"之类。到清代中后期，"报本追远、敦宗睦族、木本水源、支分派别"等话语词汇已经十分常见，碑谱序文的风格和样式也出现程式化倾向。即开篇为谱系理论，次及宗族由来和世系传承，接下来以最大篇幅记叙谱碑创修的因缘和经过，最后是发愿序志立碑。清代的鲁中地区盛行刻立谱碑，谱序也多会叙述历次续修的经过。如前引康熙十七年《重修宋氏谱碑序》言，"前碣记载已悉，今又

---

① 《泰安宋氏家谱》（六修），2004 年，第 15 页。

为之续志族谱"。乾隆三十二年《三修宋氏谱碑序》续记，"泰岱宋氏之兴，前于崇祯十三年刻碑勒石，后于康熙十七年重建墓志，水源木本有自来矣"。道光二十四年《四修宋氏族谱碑记》载，"创立谱碑以别宗派，事在崇祯之十有一年，由是有举无废，重修与（于）康熙十三年，三修与（于）乾隆三十二年，迄今人阅五世矣"。尽管前后年代不一，所处社会环境也有差异，但是我们几乎看不到历次续修谱碑中序文的思想变化。有清一代，同一宗族按照同一模式续修谱碑，成为一种近乎刻板的文化传统，体现出碑谱作为一种公开的宗族文献，在专制统治下的尴尬生存境地。直到民国时期，这种情况才有所改善。泰安汶阳镇田东史村民国二十一年（1932年）《田氏谱碑》序文，由十七世、十八世族人撰写、题名，其用语行文都有新时代的风尚。开篇写道："中山孙子拟，中国崇拜家族与宗族较任何观念为深充其极。如遇不平，则殚精捍卫，不惜牺牲身家性命，令团结力之强大，甲于全球。此固征中国特性……"可见，孙中山关于以宗族为代表的"旧团体"促成"国族团结"的观念，已经在鲁中乡村得到回应。同时，1931年东北发生的九一八事变震惊全国，碑中之语颇似一篇激昂的战斗檄文，而与当时的社会潮流相契合。①

再次，两种序文的观众（阅读者）不同。碑谱序文如何写作，关键是看阅读对象。即谱碑放置在公众场合（墓地或祠堂），由什么人来看、要谁看的问题。因为识字有限，普通的族人很少能够通读序文，因此也不太会对上面讲些什么感兴趣。只有儒生和士绅才会阅读与品评序文，这一点几乎和族谱一样。但是碑谱毕竟是公开的宗族文献，所见者未必没有族外之人。所以碑谱序文对于祖先历史的叙述尤为慎重，没有实证的就存疑，而少有明显的拟制伪造。如莱芜和临朐族人共修的《潘氏谱碑序》，"吾族潘氏之聚族于潘家埠也，不知其几世矣，有明以

---

① 据2009年续修《田东史田氏族谱》序言，1937年田氏十七、十八世族人组建抗日游击队，次年更成立了泰安西南乡第一个中共村党支部，在抵抗外侮的战争中立下功勋。田纪云即出生于当地的该族族人。

前世远年湮，无可考据，固不敢附会其说也"。明正统十年（1445年），潘氏初立碑志，就仅记高祖以下世系，"支派行列，信而有征"。明清时期，在碑谱序文中较少攀附名人或远征秦汉始祖的例子，就是怕给外人留下笑柄。在谱序中大多数宗族只是将始祖追溯至明初移民，有的记述甚至是清代中晚期才迁来定居并发展起来。历史上，鲁中族谱确有因"妄相伪引"招致惩罚的案件。如据《高宗圣训》卷二六四《厚风俗》载，乾隆四十五年（1780年）国泰上奏，沂水县民刘鄁所修族谱有"卓尔本源、衍汉维新"字样，属于僭妄字句。乾隆批示："于凡例内远引汉裔，妄自夸耀，甚属不合……如搜查该犯家中，果实有别项不法形迹，自应从重处理，以昭炯戒。若止于支谱内妄相援引，以为宗族荣宠，亦不过照例以不应重律，将所有板片及印存家谱尽行销毁，以足示惩。"①

也许，在鲁中地区的清人眼中，碑与谱都有自己的局限，只有坚持续修并按时墓祭才是传递世系的良方。乾隆六十年（1795年）优廪生崔象溥所作《宋公守奇墓碑序》，指出："谱笔之书，书固不免于蠹，即勒诸石，石亦有时而泐。惟持仁人孝子，笃念本源，接武增修并著家法如眉山苏氏。所以，联族众俾岁时伏腊相与尽其权，欣爱洽稍远，亦殁必讣，冠娶妻必告……"② 其观点就完全出自苏洵的《族谱亭记》。明清时期，相比大多数山东地区而言，鲁中地区的祠堂和族产更不发达，宗族祭祖主要集中于坟茔。由于族葬制度的盛行，宗族可以墓祭五代以上的远祖。从清代开始，祭祀刻有祖先世系的墓碑逐渐演变成一种民间礼俗。就是在这样的文化背景下，谱碑正式走上了宗族谱牒舞台的中心。

碑谱与族谱一样，都是宗族意识形态的反映，同样起到一定的教化作用。所谓教化之权不在上而在下，由于明清乡村社会并未纳入到国家

---

① 转引自常建华：《中华文化通志·宗族志》，上海人民出版社1998年版，第306页。

② 《泰安宋氏家谱》（六修），2004年，第24页。

统一的教育体系中，传统文化和思想道德主要是通过家庭和宗族来传播的。孙中山曾说，"吾国家天下数千年，群之事不备于有司，家教而族约以为一，家有人事业、文章可传者，官史或不具，惟家乘所详，视官史且信"。① 作为社会组织或社会团体的宗族，既能够产生宗族意识的自我认同，又能结合社会的规范进行自我教化，教化的途径往往就是族谱或碑谱的编纂和续修。族谱的教育功能始于欧苏谱法，在明清时期又被王权所利用。彼时思想家也常谓宗族为救世济贫的良道，颂扬宗族聚民对于稳定社会和发展生产的实际作用。如章学诚引魏源所说："天下直省郡国各得是数百族，落落参错县邑间，朝廷复以大宗法重之，俾自教养守卫，则鳏寡孤独废疾者皆有所养，水旱凶荒有恃，谣俗有所稽察，余小姓附之，人心维系磐固而不动，盗贼之患不作矣。"②

但是碑谱的教化作用远比族谱简约而方便，因其公众性更能贴近普通民众，效果自然也就更为突出。碑谱所体现的宗族思想核心是孝道，而这种孝道是通过"一本"观和"途人"说来表述的。在序文中随处可见"亲亲之道""世守勿替""敦亲睦族"和"孝弟亲逊"等话语，为文者循循善诱的心态跃然碑上。作为宗族建构的物质化成果，碑谱具有普及传统伦理道德、凝聚宗族团结力的功能，间接反映了乡村普通民众对士绅生活的向往和追求。碑谱序文中出现频率最高的两组对应词语，是"迁茔、分居、失序"与"报本、合族、蕃衍"，表达出宗族实践者内心的焦虑和敬宗收族的迫切愿望。尽管多数鲁中宗族是因为族产贫弱，才刻立了简便化的谱碑，但这无疑正体现了他们精神层面的追求，即祭礼的规范化和世系记录的常态化。这种追求体现了生活在鲁中地区的居民长久以来形成的遵从礼仪，崇尚伦理道德，顽强生存的内心

---

① 孙中山：《詹氏宗谱序》，湖北蕲春县田家桥《詹氏宗谱》五修。转引自洪燕：《孙中山先生的一篇轶文〈詹氏宗谱〉序》，《寻根》2001年第5期。

② 魏源：《庐江章氏义庄记》，贺长龄、盛康编：《清朝经世文正续编》卷58《礼政五》，广陵书社2011年版，第30页。

世界和文化风貌。郑振满认为宋明以来的礼仪变化是宗法伦理的庶民化，其实也可以理解为，是庶民用礼教使自己士绅化。① 士绅生活的标志就是伦理化和秩序化，以及脱离单纯的生计对"礼治"的追求。乾隆四十七年（1782 年）泰安范镇的《冯氏谱碑》和六十年（1795 年）肥城汶阳的《汪氏谱碑》，就都感慨"礼不下庶人"，希望通过建庙修谱立碑，在族中实现"上治下治旁治之法则"。同治十三年（1874 年）徂徕《刘氏重修谱碑叙》更将劝化之意表白无遗：

> 余维立谱之意，固所以敦亲睦族也，而继述之志与法守之思未尝不即寓于是。盖按谱而稽，则曰某祖之勤俭若何我辈尝法之，某祖之忠厚若何我辈尝嗣之，某祖之孝友若何我辈尝于门内服习之，某祖之睦娴任恤若何我辈尝于戚党间里训行之。睹其名，思其行事，事奉前人为典型，将见族中无游荡之子弟，里内绝诈伪之浇风。丁口日盛，门闾日昌，未必不由斯谱之立而肇乃丕基也。况贵族世传忠厚，旧称仁里，尤尝嗣前人之令绪，世守而勿替也。余与君家为世交，故敢以斯义相规，斯固由立谱之意而推广，基孝思者也，君其与族众共勉之。②

"礼并不是靠一个外在的权力来推行的，而是从教化中养成个人的敬畏之感，使人服膺；人服礼是主动的。"③ 乡村"礼治""无讼"社会的构建，就是士绅思想和生活模式在乡村的普及和传播。然而对于鲁中宗族而言，明清时期这种社会士绅化的过程，并非像科大卫、刘志伟等学者描述的南方地区那样，宗族既是乡村社会的基本细胞，同时又是基层社会管理的主体；他们通过建家庙、修族谱来附丽官僚身份，甚至

---

① 科大卫、刘志伟：《宗族与地方社会的国家认同——明清华南地区宗族发展的意识形态基础》，《历史研究》2000 年第 3 期。

② 泰安市岱岳区徂徕镇东埠前村《刘氏重修谱碑叙》，同治十三年。

③ 费孝通：《乡土中国》，生活·读书·新知三联书店 1985 年版，第 52 页。

虚构世系来联宗合族，以便承担相应的社会事务。在鲁中地区，宗族通过墓祭和碑谱所展示的本族历史和祖先世系往往是真实的，他们所谓的"士绅化"更多的是出于祖先崇拜的本能和对道德礼仪的追求，目的是在地方建立合法而"合礼"的姓氏集团。这种宗族实践更像是对于传统儒家文化的继承，是对王朝政治的认同和服从，也是邹鲁之地"谦谦君子"之风的历史延续。

"认同"不但是一个个体心理学概念，也是一个社会心理学概念；既代表着个人心理防御机制的建立，也反映了个体进入群体的社会化过程。宗族主动利用国家意识形态和传统文化观念整合自己，就是一种"认同"社会的过程，也是参与和融入社会的过程。鲁中宗族的碑谱序文通过一种规范化的语言和思想，体现了他们试图协调人与环境之间矛盾的努力，也体现了另外一种宗族运作的模式。即宗族以真实的父系血缘关系为基础，以实际的生活地域为世系范围，以意识形态为核心形成想象的宗族共同体。这是北方社会宗族组织化的方便之门，因为只需要一定的宗族人口，便可以在社会普遍承认的祖先观念催化下，形成一定范围的世系关系。此种世系关系往往脱离血缘与地缘的实际联系，反映的仅仅是世系学意义上的祭祖团系和继嗣组织，因而并不具有现实的社会功能，故为方志、正史等官方文献所忽略。那么，碑谱世系的具体形态是怎样的，其功能又是怎样的？我们将在下面的部分进行探讨。

二、碑谱世系：范畴与建构

宗法形态和谱牒形式都是宗族现实生活的反映。钱杭认为，先秦时期因特有的世卿世禄制度所形成的"别子—大宗"规则下移，置换为"对一般宗族世系主干的相对性描写"，成为宋元以后"宗法制度开始与宗族世系制度正式连接的逻辑起点"。[1] 明代宗族的世系法则正体现

---

① 钱杭：《宗族的世系学研究》，复旦大学出版社 2011 年版，第 233 页。

了这种将大宗理想付诸小宗谱法的实践。至于碑谱上的世系，同样反映了大宗谱法的某些特征，克服了苏谱"世迁而世变"的局限，发展了"世增而不世变"的欧谱。因此，我们看到的碑谱世系图都是超出五世但又不无限上溯，而是以始迁祖或分支祖为起点，展示实际存在的连续性世代序列，其实就是将五世一图的欧谱展开，首尾衔接所构成的不间断谱系。如果按照苏洵的理想，则是部分实现了"得吾高祖子孙之谱而合之"。① 这种谱系建立的前提是宗族世系，基本不会虚拟或伪造，属于真实的宗族范畴。其次，碑谱世系的选择决定于始迁祖的确认。由于山东地区历史上宗族迁徙十分频繁，如何确认作为世系起点的始迁祖十分重要，也是十分必要的。不同的始迁祖所属的宗族在规模上不同，碑谱世系所反映的宗族范畴具有明显的村域性。也就是说不同村落的同宗族人，往往重新选择族葬之地并另立谱碑，以示支派不同。② 一般来说，明清时期盛行一族一谱，编修族谱会打破地缘限制，尽可能收进同宗共祖的族人。而碑谱之例则与欧苏谱一脉相承，"详谱本宗，别支则略"，可谓"一支一谱"。乾隆年间，纪昀所作《景城纪氏家谱序例》就肯定了"一支一谱"的意义，认为它"各详其出，即彼此可以互明"。③

1. 世系的再生：以祖茔为中心

碑谱是在祖茔祭祀圈的基础上发展起来的。族人们通过对祭祖权的确认，划定了现实宗族的组织范畴，又在对远祖世系的追认上，再造了历史上的宗族群体。这样碑谱就将现实的宗族与想象的宗族合为一体，

---

① 苏洵：《族谱后录上篇》，《嘉祐集》卷十四《谱》，曾枣庄、金成礼笺注：《嘉祐集笺注》，上海古籍出版社1993年版。
② 山东地区的宗族在一个村落一般只有一块集中茔地，这也是族葬和祖祭的场所。
③ 纪昀：《景城纪氏家谱序例》，贺长龄、盛康编：《清朝经世文正续编》卷58《礼政五》，广陵书社2011年版，第32页。

用世系的书写彰显其文化求索。

秦汉以后，所谓的"大宗"世系已经并非"原本"，而仅仅是存在于儒家经典中的理想状态，也因此成为乡村儒学实践者的理念和追求。他们所谓的"本族大宗"实际上明显对"原本"进行了修正和转换。① 宗族人口的不断增长是突破小宗"五世则迁"原则的前提，人口外迁打破了血缘的地缘基础，导致对始祖的认可超过了近祖。小宗世系学反映了同族聚居的现实，而大宗世系学又满足了防止人口不断溢出世系的需求。

《欧阳氏谱图序》中说，"自唐末之乱，士族亡其家谱，今虽显族名家，多失其世次，谱学由是废绝。而唐之遗族，往往有藏其旧谱者，时得见之，而谱皆无图。"② 不仅反映了动乱对谱牒的破坏，也说明了原有谱法的弱点和不足。中古时期谱牒世系的表现方式，最有可能就是墓志上的一贯连叙法，前述陈直和陈爽的相关研究已经证实了这一点。以此推论，旧谱世系以文章谱叙述，其形式繁琐颇难复述和记忆，远不如图表法清晰而简明。加之谱书本身的材质不易保存，一旦遭到损毁哪怕只是污损都会造成世系的缺失和断裂。当然，宋代以前，"谱皆无图"可能与当时谱学重地望和官职有关，谱系的表述还包括父系世系之外的姻亲关系，也可以说在"旧谱"中包含父党、母党和妻党的家族世系占主要地位。这种世系琐碎分散，形不成系统，显然不能用图表方式表述。欧阳修和苏洵等人看到了唐宋社会的转变对宗族发展所提出的新的要求，开始探索利用古代世系学中的小宗之法，构架现实中具有实际功能的宗族团体。他们采取的主要方式就是仿效《史记》《汉书》和《诗谱》，通过五世一提的图表呈现五服之内的宗亲。到了元代，这种图表法在宗族实践中早已突破了小宗世系，发展为能够记录更长世系的"宗派之图"。宗族团体也不仅仅由五服之内的族人构成，大宗祠的

---

① 钱杭：《宗族的世系学研究》，复旦大学出版社 2011 年版，第 238 页。
② 欧阳修：《欧阳氏谱图序》，转引自王鹤鸣《国宝〈欧阳氏谱图序〉简介》，《图书馆杂志》2003 年第 4 期。

出现更表明，现实生活中对大宗世系的追求已经超越了小宗的实际范围。"宗派之图"一直到明代仍然是鲁中及周边区域的重要碑谱形式。正如孟庙中正德六年（1511 年）的三通"大明宗派之图"，首碑为孟子至四十六代孙世系，余二碑分别为四十六代开始分支的两大派"坚"和"存"的世系，长达六十一代。明代会通谱和统宗谱的出现是宗族组织高度发达的结果，反映在碑谱上就是统合始迁祖以下的各支谱系，形成大宗世系图。沂水县富官屯镇垛庄一处明代家族墓群，立有一通明嘉靖十七年（1518 年）《王氏宗派之图》碑。① 该碑由颍州官员王伯升为亡考所刻，碑文记录了九代世系。其父为始祖以来第五世，碑刻不但由自身上溯五世至高祖，还突破小宗范畴，追溯到祖茔始建者——太祖的世系。碑文说："谨将世系开列联写，当不庶忘木本水源之意。累代始祖率由家谱涣散无征，可证者仅有（如下）。"这其实是一通墓碑与先茔碑结合的产物，立于祖茔，属于墓祠祭祀的对象。《王氏宗派之图》碑所列五世祖先，相当于祠庙中的五尊牌位。从碑文世系分析，这些祖先都与王伯升有直系血缘关系，而旁支不书其名。其父之下又列四世，则直旁系兼备，显然是一支小宗。如果没有族谱，即便作为官宦也只能追溯四五代人的世系，更何况随时都有战乱和灾害的冲击。因此，还是刻上世系图更能使谱碑保存宗族记忆，这对于不断出现变乱的北方地区持续组织和发展宗族，具有具体的操作性和重大的现实意义。

在元代，刻石为谱的现象已经较为普遍。常建华认为元人在墓碑上刻谱，主要与战乱导致的宗族离散和族谱丧失有关。一是石谱不易损坏，可长期保存；二是兵火之后人们记忆的先祖世系有限，族谱只是简略的世系图。因此，将族谱刻于石碑很有必要，技术上也行得通。另外先茔碑和墓志中以文字叙述的家史和世系，也成为后人编纂族谱重要的

---

① 《读〈王氏宗派之图〉》，富满莒沂边的博客。

材料来源。① 诚然，这种观点能够解释易代和乱世中，宗族对此类石刻谱牒形式的选择是出于无奈。但是到了明清时期，天下承平日久，百姓安居乐业的局面超过前代，印刷业也较为普及，在乡村中纸质族谱颇为流行的情况下，人们还要刻立碑谱，那该如何解释呢？

实际上，追求较远世系的族谱也是从元代开始流行的。人们不再满足于在五服之内建立小宗世系，而是尽可能确立较早的祖先，使同宗的出服之人也合为一族。黄岩《童氏族谱》记唐乾符以来十三世，"作五世图者十有六，各自为小宗，则前作合族大图……为台之大宗"。说明在族谱中已经出现超越小宗世系的大宗图谱，当然这里的大宗并非经典意义上的大宗。族谱中呈现的大宗图谱追求的是"百世不迁"，但宗族所认可的"别子"实际为始迁之祖，宗子在继嗣和继承制度上也并未表现出优势。所以这种大宗图谱呈现的还是小宗世系，只不过具备了大宗世系的某些特征，比如祖孙一体的观念、世系范围不受限定等。

明清宗族构建世系的主要目的之一就是划定宗亲范围，形成明确的宗族实体框架。这种宗族界限的自觉性甚至始于宋元之前。如唐代墓志所叙世系以高祖为起点，就是将世系范围限定在小宗之内。苏洵在《苏氏族谱亭记》中通过刻石为谱，将宗族的范围、权利与义务确定下来。文中说："凡在此者，死必赴，冠娶妻必告。少而孤，则老者字之。贫而无归，则富者收之。"也就是说，苏洵所刻石谱上的世系是五服之内的亲属关系，这是一个现实中的宗族团体。凡在此团体中的族人利益相关，通过各种互助活动，成为命运共同体。明清时期，碑谱世系的范围则以村族（村级宗族）为主，即聚于一村的同宗男性族人。其书写方式是从同村族人的世系往上追溯，直至葬于本支祖茔的祖先第一人。当然碑谱世系范围限于碑的面积，也不可能随意扩张。如同治十三年（1874年）冯氏（乔庄）《续修支谱碑》中指出，"族之有谱亲亲

---

① 常建华：《中华文化通志·宗族志》，上海人民出版社1998年版，第275~277页。

也，而亲要不自同族始也，由同族而递溯之，而至于同胞，而至于同祖，而至于一人之身"。① 早期的初修谱碑由于宗族资料缺乏，祖先世系"不能悉为枚数者矣，故就近代班列楚楚者镌之"。② 或者根据远祖墓碑世系，"乃有可微记者爰列于后"。随着宗族的发展，谱牒的续修越来越系统，宗族世系将变得十分庞大。反映在现实生活中，则是宗族人口与村落空间容积承载量之间的矛盾变得尖锐。环境压力导致的宗族人口迁移最先发生于基层家庭分房和分家，而非宗族世系上层的宗支分裂。新分出的核心家庭脱离原有的世系网络，在新的环境中重新卜茔和定居，从而形成家庭与宗族循环的新起点。这种情况下，碑谱世系不再以原有村族为范围，而是以新茔为中心重新确立单独的分支谱系。所以说，碑谱世系的拥挤可以在主观上通过增加碑石面积解决，也可以承认分家移居的事实而另立宗支，从而在客观上减缓世系增长或削弱世系范围。尤其后一种情况，实际上正是鲁中地区宗族发展过程中表现出的常态化现象，也是宗族释放环境压力的基本手段。

明清时期，谱碑的刻立是出于祭祖和记录谱系的目的，"故仁人孝子具报本逐远之念，以普示当世，昭兹来许，立谱碑之雅意也"。③ 因此，无论是小宗谱碑还是支谱碑，其世系范围必定局限于同一祖茔林地，以方便族人进行公祭。如果某一支迁出村落，另行卜茔而居，则一般会单独刻立支谱碑——自然是发生于几代之后，由迁祖的后裔根据重新整理的分支世系而将新的宗族刻在碑上。即使是新编的纸质谱牒也仅限于新茔的世系范围。如乾隆四十七年（1782 年）《冯氏三修谱碑》记载："吾乡汉卿冯公，既于其新茔之在疃里者详具世次而谱诸图矣。又念族丁颇繁，统属一本恐其久而失传也，于是谋诸族众，序其世系之

---

① 《泰安冯氏家谱》，2001 年，第 458 页。
② 清雍正六年《潘氏谱碑序》，临朐《潘氏宗谱》，2008 年，第 55 页。
③ 民国十三年《孙氏重修谱碑记》，《泰安埠东孙氏族谱》，2004 年，第 432页。

可考者，复刻诸故县之祖茔贞珉。"① 这种支谱碑上的世系始自迁出的
祖先，而不会记录宗族原有的世系。他们也可能会回乡参与共同的祭祖
活动，但是即便祖茔所在地新立谱碑，也不会联合分支制作共同的世系
图。这就形成了鲁中宗族人为的世系断裂。新的宗支在新茔的带领下继
续生长，直到成熟到足够分裂的阶段。除非在茔地建立合族的祠堂，其
间的碑谱往往在一祖之下多支并列，体现出宗祠合宗收族的目的。如宁
阳南梁父《姜氏谱碑》、肥城武新村《武氏谱碑》、田东史村《田氏谱
碑》以及新泰徐家庄的《徐氏谱碑》都是在墓祠中的谱系碑刻。《姜氏
谱碑》就记载了始祖之侄的世系以及分布于东梁父和磁窑等村落的姜
姓世系。在世系图上这些并列的宗支其实来源十分模糊，仅仅从某一代
开始才形成辈分字上的统一。作为对于旁系的关注和尊祖的心理需求，
迁出的宗支世系会被允许放置在祖茔谱碑主干世系的旁侧。所谓主干世
系当然也就是祖茔所在村落的本宗族支的直系世系。以祖茔为基点，以
村落为范围，是明清碑谱世系对于族人的主要筛选原则。以某个祖茔为
中心重新确立分支谱系的做法说明鲁中宗族是以祖茔为核心建构的地缘
性血缘群体，而碑谱仅是确认本支世系的公证物，除非从祖茔搬迁到祠
堂之中，或者干脆制作成多碑组合的联宗石谱。嘉庆二十三年（1818
年）冯氏曹家村分支所刻谱碑中就说，"昔故人以本俗安万氏，而族坟
墓联兄弟，为先上以此教，下以此化，孝子贤孙每多留意于此"。② 通
过墓祭连接族亲，实现组织实体化的行为与南方地区明显不同。鲁中宗
族之所以分茔之后各立碑谱世系，较少参与始祖坟茔的公祭，大概与明
代以来极高频率的人口迁徙有关。即使新迁到不远的村落，分支后代也
会在二三世之后同样再次迁徙，从而导致更早的世系发生断裂。新生宗
族更容易在小宗世系范围内彼此认同，联宗合族的成本和代价无疑远比
通过碑谱确立近世祖先高。

---

① 《泰安冯氏家谱》，2001 年，第 449 页。
② 《泰安冯氏家谱》，2001 年，第 456 页。

碑谱的世系在纵向上的延长靠续修来实现，而在横向上的扩展则靠碑面的增加来满足。在强调分茔立祖的鲁中地区，宗族较少采用横排的石谱展现不同的分支世系，而是利用分支立碑的方式独立处理各自的世系关系。如果本支的横向旁系过于庞大，说明同辈子孙出生率或成活率高（多数因为宗族比较富有）①，则本支谱碑会形成多石一组的规制。除前述泰安东埠前村的《刘氏谱碑》为九块石板构成的一通大型谱碑外，新泰徐家庄道光和咸丰年间所立《徐氏谱碑》也是典型的例子。在道光五年碑之《平阳徐氏族谱序》中，作者写道："爰立三石合为一碑，不必复前谱之旧致失雷同，只欲取故牒之阙加以增补，详昔人所未详。"茔地碑谱和祠堂碑谱的区别在于世系上是否联宗，后者是在鲁中宗族充分发展之后才出现的。而用碑谱记录小宗世系特别是本村本支世系，仍然是明清时期当地宗族的普遍现象。

2. 世系的功能：与纸谱的比较

关于碑谱与纸谱的关系，清代以后的宗族均有相似的观点。民国十三年泰安宋氏在《创修谱书自序》评论道：

> 谱之为碑曰谱，谱之为书亦曰谱，均是谱也，而为详为略则大有异矣。盖勒于碑者于父族之所出所系。上自始祖，下至云初，莫不支分派别，秩然有序，可谓详且备矣。而独于母氏之族阙如。远自始祖祖姚，累世祖姚，以及诸姑姊妹子若孙之所娶所适、里居姓氏，盖置弗录。是所志者半，所不志者将不及半焉。后之人漫无考据，欲将从前之所遗而备补之，不其难哉？此勒碑不如修书之为尤

① 同理可见弗里德曼所说"家庭的规模随着财富的积累而增长"，"富裕的家庭多子多孙而且存活率高，还有可能通过收养增加家庭的成员"。见 Freedman：Chinese lineage and social：Fukien & Kwangtung, 1966, 台湾南天书局有限公司 1984年版，第二章家庭。

详也。①

碑谱文本中的世系描述具有父系核心性，即以父系单系世系中的男性直系宗亲为主，这一特点在明清时期更为突出。钱杭认为，父系世系关系是宗族建构的核心内容，它包含夫妻婚姻关系在内，以及经由此类关系而认定的宗亲。② 这一观点自然是符合中国传统社会中宗族实际的。在鲁中碑谱世系上我们就能明显感受到，其刻意凸显纯粹的血缘关系和男性世系的一面，除了碑面有限且方便镌刻的原因以外，似乎说明当地宗族的建构方式更具理想。其主要功能也是形成祖先祭祀团体，而非具有实际意义的生活团体。碑谱是当地宗族组织文化的具象化物质载体，在表达宗族的内在结构和功能方面独树一帜。碑谱世系的设计也因此与族谱有很大不同，必须具备受众的开放性和世系的有限性。

首先，碑谱是一种面对公众的文献。除了序文要经得起政府勘验和公众评阅，通过平阙之制以体现出对皇朝、皇帝和祖先的尊敬外，其世系图也属于一种公开的家族资料，会尽量减少编纂者的个人因素。世系图的刻画方式和原则，以及所选择的族人范围，都是经过"合族公议"而产生的。谱碑一般放置于宗族公共墓地或是祠堂，因此至少在本族范围内所展示的世系关系是公开的，而且是鼓励族人去查询，并将它作为先祖神主的变通形式而祭拜。相反，纸质族谱历来具有神秘性，不轻易示人，其展示需要特定的时间和条件。而且并非家藏一卷，阅读和查询也需要一定的知识技能和耐心。无论是纵向的父系关系还是横向的旁系关系，往往跨越数页，翻检十分繁琐。光绪五年（1879年）大汶口镇的《郑氏谱碑》序文中说："谱之修世固善，尤莫善于刻谱于碑。谱藏于家，族人有见者有不及见者。惟刻之于碑，昭穆派别一举，自而了然可辨。"描述的就是碑谱与纸谱之间的区别。

---

① 《泰安宋氏家谱》（六修），2004年，第9页。
② 钱杭：《宗族建构过程中的血缘和世系》，《历史研究》2009年第4期。

碑谱所载世系多数情况下是在一张平面上实现的，即便是刻有复杂世系的多块碑面，依然具有很强的直观连续性，使人有一目了然的感觉。这一观感在鲁中纸谱记载中也可以找到认同。如崇祯十一年泰安《创修宋氏谱碑序》说，"大宗小宗亦支分派别，瞭若指掌焉"。① 光绪二十八年祝阳镇姚庄《赵氏谱碑》说，"谱之于书必待翻阅而始之，未若谱之于碑，为众着后之人略就谱碑而观之，则夫孰为穆，若者亲，若者疏，及亲疏之皆出自一祖，即莫不一目而瞭然"。② 1950 年刻立的《刘氏三支续修谱碑》序中也说：

> 据颠末因次其序而辨其系，按其人而勒孰为出亡孰为守业，核其名而循其实，亦列其尊卑上下。使世系炯然，朗若列眉，如秦镜之悬，似温犀之照，俾后之为子孙者，睹石而瞭然在目，展卷而洞然于心。支派自是而可悉，出亡守业自是而可知，尊卑上下自是而可辨，族谱之修尚可视为缓举哉！③

可见，碑谱在某种程度上可以代替纸质族谱，方便查询到族人的世系位置，直观了解族人间的亲属关系。反观纸谱所载的世系图，每页五世多至十世，往往连续多页才能构成完整的宗族世系。单页图表人为割裂了本应连续的宗族世系，旁系关系也不易辨别，因此纸谱查询有时变成十分专业的技术工作。碑谱世系图则是普通族人阅读的重点。他们一般文化水平不高，也许只认识自己的名字，他们只关心名字能不能上谱。乾隆四十七年（1782 年）《冯氏三修谱碑记》云，"令族人之列斯谱者按图稽之，祖考不忘，支派不紊，虽不事诗书者亦将晓然于一脉之传而相亲相睦矣"。④ 又如道光五年（1825 年）新泰市羊流镇《徐氏宗

---

① 《泰安宋氏家谱》（六修），2004 年，第 14 页。
② 《赵氏谱碑》，光绪二十八年，泰安市泰山区祝阳镇姚庄。
③ 《乌江刘氏支谱》，友爱堂，1950 年，第 25~27 页。
④ 《泰安冯氏家谱》，2001 年，第 450 页。

谱碑》所言，"之后之人按谱考核，分支别派，瞭若指掌，维百世之远，不啻祖孙父子，共聚一堂矣"。① 因此，从碑谱世系图上一下子发现自己的位置，对于普通族人而言是最重要的事情——也许是死后全部的事情，这意味着他本人在某个世系中得到了永生和后人祭祀的机会。② 这其实也是明清时期鲁中宗族热衷刻立谱碑最为深层次的心理动机。

其次，碑谱世系是有限的。在大多数情况下，碑谱所载仅为宗族在本村的一支或几支世系。有条件联络迁居外地者，则包含一祖之下部分旁直系。前者世系的出发点在于村族，是聚居于一村之内的宗族。因为血缘和地缘的关系，他们自觉意识到保存世系和祖先记忆的重要性，从而刻立谱碑。乾隆十四年（1749年）《支茔谱碑序》说，"为后人计，莫如修本支谱，仿老泉之遗意，以笃宗族"。③ 一代人不凭族谱只能追记三至四代（除了某些少数民族有意识地口传家谱），这也是为什么欧苏谱共倡五世一提，高祖之外别世为记的原因。明清时期一般的墓志也是将墓主先世上溯至高祖以下，许多谱系墓碑所记世系也都是五代之内。谱碑则在谱系墓碑的基础上累计世系，形成以村族为主的血缘群体。因为谱碑主要刻立在祖茔林地，所以其谱系就以茔地所葬始祖而下，迁出另葬的祖先及其后代谱系算作别支，不在本茔地谱碑上刻写，但有时会在世系图上注明迁往何处。后者在祠堂中则采用石谱的方式，凡是始祖以下的支系都会分别刻在不同的石板之上，形成连续性的统宗谱系。特殊情况下，如"新阡"在本村的另一侧，则所立谱碑以新迁祖为始。同治十年（1871年），潘家埠潘氏《新整谱碑》载，祖坐在村之东北，后世名"尔锡"者又迁茔村西。至其六世子孙虑"世远年湮，恐无可考矣"，遂"共议立供桌香炉谱碑一座，重整支派"。新的分支谱碑自"尔锡"始，列出六代世系，仅有15人，完全是从本村主

---

① 《徐氏宗谱碑》，道光五年，新泰市羊流镇徐家庄徐氏墓园。
② 尽管出身儒学的作者往往更期待实现敦宗睦族的理想。
③ 《泰安宋氏家谱》（六修），2004年，第20页。

干世系上分离出来的。①

对于碑谱与纸谱在世系上的区别，鲁中族谱中其实有更为深刻的认识。"谱碑限于局面之狭，只载名讳，不注姓氏，况其他生卒寿数，所以不可泯者多乎？谱牒所以辅谱碑所不逮，何以……乃尊祖茔仅修谱石而睦族社不制家乘乎？"②"老茔之左碑历历二百年，始创之令人庶几一览焉。后世观石谱者睹石在目而不知其详，离石在心而不详其知，盖知亦有难焉？皆由世世之无谱，实由世世之不修也。谨将所传闻者，不得已载在石谱。"③又如民国十三年《宋氏谱序》中记载，其族"亟以修谱相商，转以勒之于石，不过支分派别，瞭若指掌"。"弗若笔之于书，将祖考之字、与号行、与事及祖妣所生之姓字爵里而并记之"。随后《宋氏谱书后》进一步分析了谱碑简陋之弊：

> 自明讫清，累建谱碑，凡四修于兹矣。但谱碑所载，简而不繁，不过明世序昭穆而已。至于配出何族、女归何氏，固难备列。而同族之硕人畸士，所有传表志铭，载在碑者，尤难汇集。揆诸孝子仁人之用心犹有遗憾焉。甲子之春，宋氏诸翘楚议修族谱，易碑为书，众谋签同。④

《冯氏族谱》也记载，万历四年所刻昭勇将军墓碑上的合族谱系，"年月深远，字迹殆平，倘其年愈远而字愈平"。于是冯氏于康熙二十八年，乾隆二年、四十七年三修谱碑，以济碑图泐坏之穷。"序其世系之可考者，复刻诸故县之祖茔。"对于谱与碑二者之不足，冯氏在《三修谱碑序》中写道："然谱笔之书，书不免于蠹；谱刻诸石，石亦时而泐。况传世既远，乱离几更……以情以势，谱事固无永垂不朽之法也。

---

① 临朐《潘氏宗谱》，2008年，第59页。
② 《刘氏支谱序》，泰安《汶阳刘氏族谱》，2004年，第9页。
③ 《族谱原序》，泰安《汶阳刘氏族谱》，2004年，第3页。
④ 《泰安宋氏家谱》（六修），2004年，第17页。

惟续前人之旧牒，俾后人以无迷。"① 尽管如此，冯氏在道光元年又四修谱碑，以碑代谱似乎成为鲁中宗族的一种习惯性的文化选择。甚至当冯氏本族具备了纂修纸谱能力时，他们依然没有意识到需要作出改变。"戊辰冬，吾族将续修族谱，勒建碑亭，以仿苏氏故事。"② 此处所指族谱依然是冯氏宗族传统的碑谱形制，直到族中有文人指点"谱书尤善"，他们方创修纸谱。

同治八年（1869 年）《冯氏创修谱序》借此评价了两者的优劣，给出"谱书之善莫可殚述"的结论。具体而言：

> 谱之碑则风剥雨蚀，易就残缺；谱之书则锦函牙签，密诸珍藏；谱之碑则族共一谱，未便观览；谱之书则支存一谱，甚便披阅；且谱之碑，详父族而遗母族，未免缺略；谱之书则自祖宗以迨，戚党靡不周详。③

从序文中可以了解到，同治年间冯氏已经具备了一定的资金，能够满足高等级收藏的条件（锦函、牙签）以及具有充分的人口（父族、母族）。此时宗族分支和姻亲关系足够强大，以至受到重视，还有就是族中出现了一批引导谱牒编纂的文人。谱序后半部分，作者还介绍冯氏成立以文人为班底的修谱组织，有主事、佐者和补苴等，其身份为"艺士"。

莱芜港里《乌江刘氏族谱》序言中，创修者指出："谱碑限于局面之狭，只载名讳，不注姓氏，况其他生卒寿数所必不可泯者多乎？谱牒所以辅谱碑所不逮，何以……乃尊祖茔仅修谱石而睦族社不制家乘

---

① 康熙二十八年《冯氏谱碑记》，乾隆二年《冯氏重修谱碑记》，乾隆四十七年《冯氏三修谱碑记》，《莱芜冯氏家谱》，2001 年，第 448、449~450 页。

② 康熙二十八年《冯氏谱碑记》，乾隆二年《冯氏重修谱碑记》，乾隆四十七年《冯氏三修谱碑记》，《莱芜冯氏家谱》，2001 年，第 448、449~450 页。

③ 《冯氏创修谱序》，《莱芜冯氏家谱》，2001 年，第 451 页。

乎？"清代以来，越来越多的人看到了碑谱之弊，一旦财力允许，宗族更希望编修出纸谱。所以作者感叹道："此无他，时也数也。非因年景凶荒，即是国务繁重，巨资筹办维艰。"于是刘氏族人"先议定刊石续修谱碑，再议决联络创修谱牒"。在两者不可得兼的情况下，只好将谱碑作为权宜之计，"族谱之修尚可视为缓举哉"。① 由此看来，宗族发展的程度决定着谱牒的媒介和书写方式。这里的发展不单单是指宗族的公产和人口规模，更主要是指宗族中知识阶层的出现和成长，以及随之而来的宗族文化的提升。明清时期，地方儒生和士绅对宗族谱牒思想和内容的形成起着引导作用。

本 章 小 结

谱系是族谱类文献的核心成分，也是碑谱的主要内容。谱系实际上包含两个部分，一是对宗族历史的叙述，主要表现为谱序；二是宗族内部的人际关系，主要表现为各类世系图表。谱序和世系的内涵与书写方式由宗族发展的程度决定，是宗族建设至关重要的档案文献。与谱系相关的宗族知识不仅存在于过去的经典、乡村的儒生，还体现在以墓祭为核心的各种民间信仰和礼俗中，尤其是祖茔和墓碑所记录的姓氏起源、家族迁徙以及所构建的祖先世系，甚至口耳相传都成为北方碑谱文化的重要基础和知识来源。从谱系的一般特征可以看出，用碑谱教化远比用纸谱简约而方便，因此也更能贴近普通民众。

碑谱序文到了清代有与纸谱政治化相似的趋势，但在规范族人行为，强调家法约束方面并不如纸谱的作用大。这也说明，碑谱仅仅作为村落中宗族在形式上的联合手段，其象征意义远远大于实际的合族意义。明清时期，碑谱文本中的世系描述凸显父系核心性，世系范围以村族为主，即聚于一村的同宗男性族人。随着宗族的发展，谱牒的续修越

---

① 《乌江刘氏族谱》，1950年，第9、11页。

来越系统，宗族世系将变得十分庞大，碑谱世系很难再以村族为范围，而是以某个祖茔为中心重新确立分支谱系。因为放置于祖茔方便祭祀，该碑谱的世系顶点一般就是茔中始祖，而祠堂石谱则不同，可以追溯到更为久远的谱系。可见，碑谱的兴修出于祭祖和记录谱系的目的，无论是小宗碑谱还是分支碑谱，其世系范围主要局限于同一祖茔林地的祭祀对象。

第七章　宗族碑谱的撰制

在传统社会，碑刻是文化的载体，也是传递信息与表达情感的工具。碑刻文化一直深深影响着宗族，而这种影响离不开宗族文化的倡导者：士绅。到明清时期，宗族已经越来越成为以士绅为主导的民间团体。作为连接国家与社会、政府与民众的中间桥梁，士绅们通过撰写碑文不断将国家制度和主流意识形态传播至民间。对于宗族谱系碑刻而言，在谱序写作、书丹创作和碑刻制作等方面，也体现着这样一种影响。国家如何影响地方，地方民众又是如何回应，可以通过谱序作者、书者以及碑刻制作者的有关情况一窥端倪。

清人钱泳在《履园丛话》中曾谈到墓碑文化所经历的历史演变：

> 墓之有碑，始自秦、汉。碑上有穿，盖下葬具，并无字也。其后有以墓中人姓名官爵，及功德行事刻石者，西京杂记载杜子夏葬长安，临终作文，命刻石埋墓。此墓志之所由始也。至东汉渐多，有碑，有诔，有表，有铭，有颂。然惟重所葬之人，欲其不朽，刻之金石，死有令名也。故凡撰文书碑姓名俱不著，所列者如门生故吏，皆刻于碑阴，或别碑，汉碑中如此例者不一而足。自此以后，诔墓之文日起，至隋、唐间乃大盛，则不重所葬之人，而重撰文之人矣。宋、元以来，并不重撰文之人，而重书碑之人矣。①

---

① 钱泳撰，张伟点校：《履园丛话》，中华书局 1979 年版，第 82 页。

从所葬之人到谀墓之文再到撰文之人而至书碑之人，碑刻文化逐渐从其核心意义转化为徒具形式的象征意义。钱氏的评论固然尖刻，也有脱离乡村实际之虞，然而凡立碑必延请甚至乞求官宦士绅作文，则在明清时期成为常态。不独民间墓碑，鲁中宗族谱碑的序文作者和篆额书写者，往往也是具有一定社会地位的士人。尽管他们多数只是乡村中的低级儒生，取得功名或位居高官者十分少见，但是对于宗族建设和谱牒纂修的热情却十分高涨。由于明清政府与基层文人达成相对和谐的局面，他们将自己的人生命运与宗族构建联系起来，自然而然地成为国家所主导的伦理和纲常教育的乡村代言人。到民国时期，由于新式学校的出现，国民教育体制下的毕业生又成为碑谱序文撰写的生力军。时代和思想的巨变反映到宗族建设中，表明即使在最不利的社会条件下宗族依旧保持着惊人的活力。一直到当代，宗族内部和乡村本身的"文化人"，仍然是碑谱文体的主要作者。这也体现出碑谱作为具有浓厚乡土气息的地方文化现象，具有顽强的生命力和特别厚重的历史价值。碑谱在元代以后，越来越倾向集中于华北尤其是山东地区，而且在谱序撰写和碑刻制作上也表现出典型性。现根据在鲁中搜集的民间碑谱资料，将作序者和书丹、篆额者梳理并试评述如下。

一、序文作者

本书整理出明清至民国碑谱序文共 75 篇。① 序文作者除了有功名者外，还有一种自称"业儒"或"儒生"的，当是粗通文墨的乡村读书人。以下列举凡族外之人标其所取得的科举阶位，而族内之人因功名较低或语焉不详，笼统记为一组，还有文末未标撰文者，则记为不详。目的是区分作者身份的族内外之别，并大体提示出参与者的功名地位。

---

① 见附录。

1. 进士

佚名　赐进士出身　工部营缮司主事补员外郎升郎中选江西广信府知府升□南吉宁兵备道加按察司□□□《周氏谱碑》（清代某年，泰安房村）

2. 举人

梁余亭　乙卯科举人　成武县训导　《刘氏重修谱碑》（同治十三年，泰安徂徕）

刘健行　甲午科举人　候选知县　《徐氏宗谱之碑》（康熙七年，新泰羊流）

韩维熙　庚辰科举人　《冯氏三修谱碑》（乾隆四十七年，泰安故县）

杨世熺　丙午科举人　前任宁津县知县　《冯氏四修谱碑》（道光元年，泰安故县）

赵淑身　庚子科举人　《冯氏支谱碑》（道光二十四年，泰安故县）

3. 邑岁进士

腾德生　郭允友　《重修族谱碑》（咸丰三年，新泰羊流）

杨汶　《三修宋氏谱碑》（乾隆三十二年，泰安）

4. 邑庠生

郭景山　《萧氏谱碑》（光绪十四年，新泰翟镇）

董汝章　《冯氏重修谱碑记》（乾隆二年，泰安故县）

魏元良　《葛氏重修谱碑》（光绪十五年，莱芜辛庄）

5. 邑增生

张鸿廉　《张氏谱碑》（民国九年，肥城安临站）

6. 郡增生

李馨若　《姜氏谱碑》（同治元年，宁阳华丰）

7. 郡庠生

刘宾　《重修宋氏谱碑》（康熙十七年，泰安）

8. 庠增生

刘仪廷　《刘氏谱碑》（同治八年，肥城仪阳）

9. 贡进士

侯监东　候选训导　乡饮大宾　《郑氏谱碑》（光绪五年，泰安汶口）

10. 廪生

崔鸿度　《赵氏谱碑》（乾隆五十五年，泰安祝阳）

刘克恭　《刘氏谱碑》（雍正八年，莱芜鹏泉）

崔簧度　《冯氏支谱碑》（乾隆四十二年，泰安瞳里）

11. 贡生

陈万盛　《徐氏谱碑》（宣统二年，新泰石莱）

12. 廪贡生

马传珠　候选训导　《朱氏谱碑》（民国十一年，肥城安驾庄）

13. 郡廪膳生

白西庚　《续修支谱碑》（光绪四年，泰安）

14. 生员

徐元龙　《温氏谱碑》（咸丰五年，肥城安驾庄）

魏三秀　《宋氏支谱碑》（光绪二十九年，泰安）

15. 新式毕业生

张盛德　师范毕业生　《陈氏谱碑》（民国十五年，肥城安临站）

滕大章　师范毕业生　《田氏续修谱碑》（民国二十一年，肥城汶阳）

16. 居士

欧阳九亭　汶阳居士　《姜氏谱碑》（民国十三年，宁阳华丰）

17. 族人（含国学、监生、生员、文庠、武庠以及业儒等若干）

汪氏族人　《汪氏谱碑》（乾隆六十年，肥城汶阳）

陈氏族人　《陈氏谱碑》（光绪十年，泰安省庄）

陈氏族人　《陈氏谱碑》（嘉庆十三年，泰安邱家店）

展氏族人　《展氏谱碑》（民国五年，新泰宫里）

侯氏族人　《重修祠堂家谱碑》（民国十年，东平）

顾氏族人　《顾氏谱碑》（民国十年，肥城潮泉）

顾氏族人　《顾氏谱碑》（民国五年，肥城桃园）

孟氏族人　《孟氏谱碑》（光绪二十八年，莱芜张家洼）

武氏族人　《武氏谱碑》（乾隆三十八年，肥城汶阳）①

刘氏族人　《刘氏谱碑》（民国二十九年，肥城安临站）

周氏族人　《续修谱牒碑》（民国二十四年，泰安房村）②

徐氏族人　《徐氏家谱碑》（道光五年，新泰羊流）

刘氏族人　《刘氏三支续修谱碑》（1950 年，莱芜港里）

秦氏族人　《秦氏祖碑》（乾隆五十五年，莱芜辛庄）

秦氏族人　《本支谱碑》（光绪元年，莱芜辛庄）

秦氏族人　《续修族谱碑》（光绪二十七年，莱芜辛庄）

葛氏族人　《创修谱碑》（道光十五年，莱芜石湾子）

葛氏族人　《重修谱碑》（光绪十五年，莱芜石湾子）

王氏族人　《王氏续修族谱碑》（嘉庆二十五年，莱芜王家庄）

孙氏族人　《孙氏重修谱碑》（民国十三年，泰安埠东）③

宋氏族人　《支茔谱碑》（乾隆十四年，泰安）

冯氏族人　《冯氏支谱碑》（嘉庆二十三年，泰安曹家村）

冯氏族人　《冯氏续修支谱碑》（同治十三年，泰安乔庄）

宋氏族人　《创修宋氏谱碑》（崇祯十一年，泰安）

宋氏族人　《四修宋氏族谱碑》（道光二十四年，泰安）

宋氏族人　《宋氏支谱碑》（光绪二十九年，泰安）

18. 不详（佚名或未署名，但根据序文内容可知为本族之人）

《桑氏谱碑》（光绪二十年，莱芜辛庄）

《石氏谱碑》（雍正十年、宣统三年，莱芜里辛）

《刘氏谱碑》（乾隆元年、同治十三年、民国十八年，博山石门）

《叶氏之墓》（光绪六年，岱岳区粥店）

---

① 该《武氏谱碑》分左右两碑，分别刻有《重建族谱碑记》和《重修族谱题名碑记》两文，均为本族增广生武允理撰写，武允发书丹。

② 为高等小学肄业生。

③ 为山东省立商业专门学校毕业生。

《刘氏谱碑》（康熙四十五年，新泰宫阳）

《萧氏谱碑》（咸丰八年，泰安道朗）

《创建祠堂并族谱碑》（光绪二十九年，肥城安驾庄）

《周氏谱碑》（民国六年，莱芜艾山）

《焦氏支谱碑》（宣统三年，泰安黄前）

《赵氏四立谱碑》（光绪二十八年，泰安祝阳）

《李氏谱碑》（光绪三十二年，肥城老城）

《陈氏谱碑》（光绪三十一年，肥城老城）

《李氏族谱碑》（光绪十年，肥城仪阳）

《沈氏谱碑》（康熙五十年，肥城汶阳）

《田氏谱碑》（光绪二十六年，肥城新城）

《秦氏谱碑》（雍正庚戌，莱芜辛庄）

《董氏谱碑》（道光十九年，肥城老城）

从上述碑谱序文的作者功名及身份情况看，本族子弟撰写的比例最大，但是多数只是低阶层的儒生；他们的序文有 47 篇，占 64.4%。族人之中有没有宗族观念的引导，是宗族组织化能否顺利实现的前提。到清代乾隆时期，由族内文人撰写序文的比例大幅增多，说明此时宗族文化教育进入发达阶段，由本族文人倡议的修谱行为多了起来。通过对撰写碑谱序文的族人统计发现，他们的科第功名主要有国学、监生、生员、文庠、武庠以及岁进士、国子监肄业等，还有一位作者毕业于山东省立商业专门学校。另外有些族人取得低阶官职，如光绪四年《冯氏续修支谱碑》作者，为乙亥恩贡修选儒学教谕族孙继长。

不过，明清时期出过进士或举人等高级功名的宗族，在编修的纸谱中很少言及碑谱。这些科举成功者多数具有官职，能够提供充足的修谱资金，但却似乎倾向制作宗族信息更为丰富的纸谱，遂使得纸谱的延续性得以保持。明嘉靖二十一年（1542 年），莱芜亓氏《创修族谱序》中提到，亓氏原本自明洪武初年迁来，定居于莱芜羊庄占军匠两籍之家，户名"亓官氏"。至六世之后，亓氏身份转变为民户，"以农业是务而家日昌大，子孙繁衍"。根据序文，亓氏不但渐生悖疏尊亲之"大虑"，而且面临族内"额差徭役"的轮周和分配问题，于是认识到"是宜谱之"。① 亓氏"先世之人不知学"，而到六世则"为秀才者以十有八人"。所以，亓氏之所以能合族修谱，关键是具备了知识上的条件。万历四十五年，在朝为官的"礼科给事中"亓诗教（九世孙）利用回家祭祖的机会，主导了族谱的重修。直到民国十九年，《亓氏族谱》已修至六编，这在当地算是少有的纸谱续修例子了。

碑谱的创修或重修则容易得多、花费也更少，有时甚至是宗族为抢救濒临断绝的世系记录而不得已的权宜之计。当宗族逐渐发达起来，具备一定经济条件时，建祠堂修纸谱就会成为努力的目标，而碑谱作为文化传统也会被保存下来。碑谱往往是山东宗族首次记录本族世系的文本，族内初级知识分子成为碑谱序文撰写的主体。他们不但具备宗族理想和相关理论，而且还积极参与并主导了谱牒编纂，从而推动了宗族组织化的进程。尽管他们大多未获取高级功名（以各种生员为主），却依然是改变本族历史的关键人物。

在传统宗族理论中，科举是宗族高度发展的内在动力。但对于鲁中而言，所谓的科举人才多是各种各样未取得功名的儒生，而像举人、贡士、进士之类的高级知识分子参与碑谱撰制并不多，② 上述材料中只有五位，且都是为名门望族撰写序文。如《刘氏谱碑》立于同治十三年，是泰安地区体量最大的谱碑，外覆廊柱形碑亭，华丽壮观。刘氏正如序文中所言是"汶阳巨族"，作者为成武县训导乙卯科举人梁余亭。又如《徐氏宗谱之碑》立于康熙七年，其族自元代徐州太守徐琛始，后代有

---

① 嘉靖十七年谱序，莱芜《亓氏族谱》（七修），2001 年，第 65~66 页。

② 据清宣统《莱芜县志》选举表，明代进士共 11 人，清代 18 人；明代举人39 人，清代 70 人。见尹承乾编：《莱芜历代志书集成》，中国图书出版社 2009 年版，第 521~527 页。民国《重修泰安县志》，明代进士 14 人，清代 12 人；明代举人 56 人，清代 69 人。见《中国地方志集成·山东府县志辑》，凤凰出版社 2004 年版，第 459~462 页。济南府各县平均进士 17.7，山东布政司县平均也有 16.7。见吴宣德：《明代进士的地理分布》，香港中文大学 2009 年版，第 72 页。

世袭也有封官，是当地大族。序文作者是候选知县甲午科举人刘健行。徐氏在清代多次刻立碑谱显示其宗族传承有序，支派繁盛。而居于泰安故县的冯氏，无疑更是当地望族，现存清康熙至道光年间的谱碑就有八通。冯氏三修碑谱序文为庚辰举人韩维熙所撰，四修碑文为丙午举人杨世熿所撰，支谱碑文为庚子举人赵淑身所撰。冯氏能在不同时代都请到举人作序，说明其宗族势力延续时间长、社会交往甚广。

　　明清时期，鲁中乡村宗族的文化追求逐渐勃兴，宗族理想也深入民心。尽管当地宗族并未依靠强有力的官僚或士绅形成庞大组织，也没有富庶的公产提供持续充足的保证，但是依然以一种特殊的面貌独立于宗族社会。即便是上述名门望族，在其发展过程中也充满波折和坎坷，碑谱序文见证了鲁中宗族艰难的成长历程。如上述冯氏，明代初期其先祖被封为"昭勇将军"，万历年间也出过"泗州卫都指挥"和"锦衣卫校尉"，但在明清鼎革之际却家道衰落。万历谱碑是两位族中官员出资竖立的，到康熙二十八年和乾隆二年谱碑则需要"族人共输资财"，甚至变卖茔中枯树筹措碑费。这两通谱碑也仅是延请了庠生之类代为作序，表现出宗族败落但仍未放弃延续世系书写的追求。清代宗族愈加普及，撰写碑谱序文的知识分子也逐渐扩大至下层，除了地方上有一定名气的士绅文人外，很多在私塾教书的乡村先生也参与其中。光绪二十九年（1903 年）泰安近郊的渐汶河《宋氏支谱碑》就是一例。序文作者记云："余于是年，设帐于渐汶河村，广浃诸公因其谱事既成，转托东主求余为文，余不获辞，遂不揣固陋，而略序其大概云。"[1] 民国时期，新式教育培养出的毕业生多了起来，他们又成为碑谱序文撰写的生力军。这些青年学子初具民主和科学思想，推崇民族独立，在一定程度上革新了宗族传统观念。如肥城马家埠的滕大章系清末邑庠生，自署"师范毕业生"，民国二十一年（1932 年）就为汶阳《田氏谱碑》撰写过序文。序文认为，中国家族与宗族观念深厚，团结力强大，"如遇不

---

① 《泰安宋氏家谱》（六修），2004 年，第 593 页。

平，则殚精捍卫，不惜牺牲身家性命"。作者从家族和宗族角度呼吁团结民族，强大国家，全文慷慨激昂，散发着扑面而来的时代朝气。根据当地族谱资料，后来滕大章还为1939年牺牲于抗日战场的烈士赵子英撰写墓表，充满感情地写道："当夫国家无事则固本，其怀抱扶持困厄，思以改造社会。设不幸而遇变局尤能冒险前进，虽赴汤蹈火亦所弗辞。"同时为《田氏谱碑》书丹的滕蓝田也是师范毕业生，而题名的郭建恒则毕业于京师警察学校。有这些新式人才参与碑谱撰制，吸收关于民族团结和国家独立的新思想，说明民国时期的乡村宗族同样被卷入了轰轰烈烈的大革命的浪潮。

在多数情况下，鲁中宗族并不像华南宗族那样，在较为丰厚的物质基础上，试图建立一种在地方上强有力的团体；而是出于对祖先的敬意和对世系的求索，试图建立一个永恒的祭祀团体。这样一种宗族文化的选择在碑谱序文中得到强烈表达，显现出当地宗族对于世系断裂和失祭威胁的恐惧，而这种恐惧恰恰形成于该地区长达千年的暴力和冲突的特殊历史背景下。因此就很容易理解，在鲁中地区基本的世系学知识经由儒学者的传播很容易得到民众认同，随之转化为现实的宗族组织也不过是很自然的事情。这也许就是宋元以来所谓"文字下乡"在地方社会微而具的实例吧。

明清时期，随着科举私塾、宗教仪轨和乡规民约的普及，文化知识在民间的传播速度加快。同时，越来越多的知识分子因落榜而在基层社会堆积起来。这些没有生活来源的文士并非就此沉沦，而是依靠充当私塾教师或为他人撰写墓志碑刻为生，间接地向乡村社会输送了以伦埋纲常为底色的国家意识形态。自然，鲁中地区的乡村宗族中也很快出现不少翰墨于胸、心怀"修身齐家"之志的儒学者，他们干脆把宗族建构作为实现自己人生价值的重要途径。通过科举事业造就的这批知识分子，于是成为连接国家与社会的中间桥梁。而他们所缔造的乡村宗族无疑变成帝国制度经纬中的一个个结点，不知不觉中与整个社会共呼吸。

二、书法作者

碑刻上的书法指的是碑额、碑文字体的艺术形式，是碑刻内容的重要载体。常言道"碑以书传"，书法水平的高低影响着序文内容的传达，也体现着碑刻制作的等级性。古代碑刻书法中包含丰富的人文精神、价值取向和审美内涵，形成所谓的"碑帖学"。但是，对于民间谱碑而言，讲求书法的艺术性却并非易事。我们试从书丹和篆额两方面来分析。

1. 书丹者

书丹是用朱笔在碑石上书写序文，以便工匠描画雕刻。好的书法无疑会令序文赏心悦目，增强可读性和观赏性，从而提高谱碑的艺术价值。如果书丹者具有较高的身份，也会抬高刻碑之族的社会地位。鲁中谱碑并非全部都有专人书丹，许多宗族的刻写显得十分随意，有的甚至笔画稚拙。现将特意题写书丹者的谱碑罗列如下：

亓因培　甲午科举人[1]　《孟氏谱碑》（光绪二十八年，莱芜张家洼）

刘培廉　族人　高小毕业生　《刘氏谱碑》（民国二十一年，肥城安临站）

刘克仁　庠生　《刘氏谱碑》（雍正八年，莱芜鹏泉）

姜敬深　族人　邑庠生　《姜氏谱碑》（同治元年，宁阳华丰）

欧阳九亭　汶阳居士　《姜氏谱碑》　（民国十三年，宁阳华丰）★[2]

---

[1]　亓因培（1861—1953），山东莱芜人，曾参加广州护法运动，后任博山县长、莱芜县民主政府参议员、山东省临时参议会参议员、山东省宪政促进会会长，参编《续修莱芜县志》。

[2]　标★的谱碑撰文和书丹为同一人。

刘序庭等　族人　《刘氏谱碑》（民国十八年，博山石门）

刘德麟　族人　《赵氏谱碑》（乾隆五十五年，泰安祝阳）

刘仪廷　庠增生　《刘氏谱碑》（同治八年，肥城仪阳）★

刘端孝　乡谊　《郑氏谱碑》（光绪五年，泰安汶口）

宗汉龙　增广生　《刘氏重修谱碑》（同治十三年，泰安徂徕）

刘则颜　邑庠生　《徐氏谱碑》（宣统二年，新泰石莱）

陈世平等　族人　《陈氏谱碑》（民国十五年，肥城安临站）

侯允咢　族人　《侯氏谱碑》（民国十年，东平）★

李鸿基　单级师范毕业生　《朱氏谱碑》（民国十一年，肥城安驾庄）

顾□兴等　族人　《顾氏谱碑》（民国五年，肥城桃园）

滕蓝田　师范毕业生　《田氏续修谱碑》（民国二十一年，肥城汶阳）

武允发　族人　增广生　《武氏谱碑》（乾隆三十八年，肥城汶阳）

陈乐潘　太学生　《陈氏本支谱碑》（光绪元年，莱芜秦家洼）

秦延吉　族人　《陈氏续修族谱碑》（光绪二十七年，莱芜秦家洼）

戴应遴　张安南　邑庠生　《王氏续修族谱碑》（嘉庆二十五年，莱芜）

冯鲁珍　庠生　《冯氏支谱碑》（乾隆四十二年，泰安疃里）

冯溥波　族人　庠生　《冯氏支谱碑》（嘉庆二十三年，泰安曹家村）

赵淑身　庚子科举人　《冯氏支谱碑》（道光二十四年，泰安故县）★

宋香函　邑庠生　《冯氏续修支谱碑》（同治十三年，泰安乔庄）

张俊　身份不详　《冯氏谱碑》（康熙二十八年，泰安故县）

东夜崇阶　癸酉科拔贡　丙子科副贡　《冯氏四修谱碑》（道光元

年，泰安故县）①

宋宁敬　族人　《宋氏三修谱碑》（乾隆三十二年，泰安）

宋殿臣　族人　国子监肄业　《宋氏四修族谱碑》（道光二十四年，泰安）

宋继长　族人　乙亥恩贡　修选儒学教谕　《宋氏续修支谱碑》（光绪四年，泰安）

宋梅村　族人　武庠生　《宋氏支谱碑》（光绪二十九年，泰安）

2. 篆额或题铭者

篆额对于比较讲求品位和档次的谱碑而言十分重要。凡是题写篆额的都会将作者姓名单独列出，落款于撰文和书丹者之后。资料中有篆额的谱碑共两通，即《徐氏谱碑》和《田氏谱碑》，都是地方大族所立。而《陈氏谱碑》则是普通的宗族谱碑，由族人自撰并题额，并未用篆书。现列篆额或题铭者如下：

朱衣俊　邑庠生　《徐氏宗谱之碑》（康熙七年，新泰羊流）

徐宗一　族人　廪膳生　《徐氏宗谱碑》（道光五年，新泰羊流）

陈光周等　族人　《陈氏谱碑》（光绪十年，泰安省庄）☆②

陈鉴　族人　《陈氏谱碑》（嘉庆十三年，泰安邱家店）☆

郭建恒　京师警察学校毕业　《田氏续修谱碑》（民国二十一年，肥城汶阳）

总之，谱碑的话语系统和书写权利被牢牢掌握在地方文人特别是士绅手中，他们利用儒家传统的敬祖观念和聚族思想，将国家意识形态引导至基层社会，同时也为乡村宗族的发展确立了合理、合情与合法的依据。

---

① 《续修泰安县志》作东野崇阶，乙酉举人，选为冠县教谕，第461、474页。

② 标☆的谱碑撰文和题额为同一人。

三、谱 碑 制 作

作为明清时期鲁中相当重要的谱牒形式之一，碑谱在与纸质族谱相配合、相补充的过程中，体现出自己不可或缺的独特价值。正因如此，鲁中宗族十分关注谱碑的刻立与续修，使之成为宗族组织化的重要手段。谱碑在制作成本和工程技术方面与纸质族谱纂修有较大差异，通过分析其具体的制作过程，或可有助于增进对鲁中宗族历史形态的了解。

1. 谱碑所需费用

谱碑的制作被认为是权宜之计、方便之计，其原因之一就在于花费远比纸谱纂修少。学术界的传统观点也认为，明清时期北方乡村地区较为贫困，才导致碑谱的产生与流行。无论是纸谱还是碑谱，作为宗族活动的一项重要内容，其实都需要花费一定的精力和财力。不同社会地位的宗族，在不同地区和不同的时期，花费数额也会有一些变化。下面我们试图通过泰安及周边地区部分族谱中的记载，来分析刻立谱碑所需的资金问题。

（1）老谱中经费记载

元代的"宗派之图"碑多出于军功世族或圣贤之族，经费自然可以保证。进入明代，山东地区尤其是鲁中经过移民的开垦，乡村经济渐次恢复。随着土地集中趋势的出现，地主阶层在基层社会形成，他们对宗族的消费需求最先产生。谱碑的刻立有二个条件：宗族有分支，祖茔有地产，族人有文化。明代鲁中宗族以仕宦之家最为显赫。如莱芜羊庄的亓诗教宗族、吴家楼的吴来朝宗族，族内均有进士多人，在朝野掌握权柄，盛名一时。他们多资产雄厚，所修谱牒规范、内容丰富，历代不辍补编。亓氏明初以军匠两籍落居于汶北，三世始置田产，"惟农业是务，而家日昌大，子孙繁衍"。到第六世"为秀才者已十有八人"，亓氏转化为"斯文"之家。嘉靖十七年开始创修谱牒，目的是均衡族内

"额差徭役"，避免"分派粮差，互相争端"。① 此谱较为简易，未能付
梓遍传。其后，万历进士、号称亓党领袖的礼科给事中亓诗教推动了族
谱的重修和印发。崇祯二年（1629 年）亓氏设仁孝社联束族人，实际
上就是大宗祠，"祀竣礼成，登仁孝堂燕享焉"。② 亓氏一门直到当代
都是莱芜及周边地区的大族（见图 7-1），至今已七修族谱。不过，从
亓氏的族谱资料看，至少在其核心聚居地区未发现刻立谱碑的信息。相
反，流散到外地的亓氏有不少在当地刻立谱碑，如微山夏镇的亓楼村以
及郓城、平阴的全祖支派。③ 亓氏一族纸谱编修有序，宗祠蔚然可观，
显示出谱强碑弱的特点。

图 7-1　民国时期亓氏修谱族人合影（1930 年前后，选自七修《亓氏族谱》）

　　然而大多数鲁中宗族公共财产有限，科举仕宦人才缺乏，所以只能

---

　　①　莱芜《亓氏族谱》（七修），嘉靖十七年谱序，2001 年，第 65~66 页。
　　②　亓诗教：《仁孝社记碑》，莱芜《亓氏族谱》（七修），2001 年，第 116
页。
　　③　亓诗教：《仁孝社记碑》，莱芜《亓氏族谱》（七修），2001 年，第 170、
191、200 页。

选择石碑的形式将族谱简而化之。根据明清以来的族谱和碑谱资料，鲁中宗族刻立谱碑多依靠"族人协力输金"①。如乾隆三十八年（1773年）肥城汶阳镇武新村《武氏谱碑》载，"积贮数年，将从前遗文概加修葺，复立世系二石于其侧上"。咸丰五年（1855年）肥城安驾庄镇正东村《温氏谱碑》载，"欲重修谱牒，难于付梓，纠合族众期来春勒石于其祖茔，碑阴镌世系名号……"民国六年（1917年）莱芜《潘氏谱碑志》也载，"境遇拮据，事不易举，议之谱碑，经济困难……兹将可考者复续而益之，聊为后世重辑者之一助也"。这些乡村宗族刻立谱碑大多合族共议，很少有独为其事者，说明宗支发展较为均衡，缺乏独大的强支主导。这大概也是鲁中宗族纸质族谱不甚发达的主要原因，族人往往依赖"攒份子"的方式开展宗族活动。道光二十四年（1844年）《四修宋氏族谱碑记》就说，"合族公议，各按地亩人丁，赋钱每亩三百，每名三百，共得钱四百七十吊有奇，因鸠工勒石……"② 他们所占有的公共资源只不过是祖茔林地中的树木，按照族规也并不能随意采伐。民国泰安王氏《族茔封林碑》记，"茔中栽树亦古人栖神意，迩年来无知之徒砍伐树株，纵放牛羊，践踏坟墓，殊属不堪"。③ 即便是为修谱立碑筹措资金，变卖茔木也必须选枯老朽材，并由族人共同商议决定。嘉庆二十三年（1798年），曹家村《支谱碑序》载冯氏，"历世愈多，里居各异，谋诸父老，售不材之木以佐工费"。④ 清末民初，是鲁中宗族大量形成的时期，乡村宗族更加相互效仿，不惜变卖祖茔中的林木去立碑刻谱。光绪二十七年（1901年）莱芜秦氏《续修族谱碑记》认为，"谱碑易修，费有所出""现茔中树株枯干甚多，价而卖之，足抵费有余"。⑤ 光绪二十八年（1902年）泰安祝阳镇姚庄《赵氏谱碑》

---

① 康熙五十年肥城汶阳武新村《沈氏谱碑》。
② 《泰安宋氏家谱》（六修），2004年，第17页。
③ 莱芜《涝坡王氏族谱》（五修），2003年，第7页。
④ 《泰安冯氏家谱》，2001年，第456~457页。
⑤ 《莱芜秦氏族谱秦家洼支谱》，2009年，第22~23页。

记载，"乃谋及族众，卖柏而购石，相与以成斯举也"。《古嬴吴氏族谱》中也详细记载了道光以来吴氏宗族筹措立碑修谱费用的情况：①

　　　心忱而窘于工费，忽思道光元年祖林中龙烘树一株，又有枯而未朽一株。族人咸曰，嘻，售之恐违祖训，否则生听其朽……盍用为修谱之资，于是众议始决。（道光五年《续修吴氏族谱序跋》）

　　　乙酉四月间，将树卖成得京钱四百千，存铺以备谱费，以买祭田并修敦本堂以为祖先住所，兼立碑碣垂戒……以及两明堂供桌顺几至石，无不就理。（《续修吴氏族谱告成序》）

　　　从堂弟允孚出杜梨树一株，解版数十页，备刻谱板使用。（《续修吴氏族谱告成竣序》）

　　　林树不许斩伐，有永鉴碑记而幹违祖训耶？无已其将林外杨柳树五株价卖，以作开工费。议定将树出卖得京钱一百二十四千文，又将盘龙林中杀杜梨树三株，买育勃叔林边杜梨树一株，谱板固以充用。（光绪三十年《四修吴氏族谱序》）

　　　其财按四修谱碑所载，每人一名摊京钱一百文，每地一亩摊京钱二百文，今约增加十五倍即能告竣。（民国二十二年《五修族谱序》）

　　吴氏宗族曾经是泰安明清时期的大族，但谱牒编纂的费用仍然主要出自祖茔的林木，公共资产贫弱正是鲁中宗族生态的基本写照。许多宗族更是只有手录、抄本，"族寒失谱，难以繁叙"。②"修谱难哉，谱碑宜急修也"，③看来刻立谱碑成为不得已的权宜之计。

　　一般来说，碑谱的制作费用较纸谱远为低廉。民国十二年（1923年）汶阳刘氏《重修家祠族谱碑序》中说道，"邀同族共议，将枯杨二

① 莱芜《古嬴吴氏族谱》（六修），2004年，第20~29页。
② 雍正庚戌谱碑序，《莱芜秦氏族谱秦家注支谱》首卷，2009年，第18页。
③ 雍正庚戌谱碑序，《莱芜秦氏族谱秦家注支谱》首卷，2009年，第23页。

186

十余株得贯资两千三百吊，再续谱牒，重修宗祠……"① 另有民国十三年（1924年）泰安宋氏《创修谱书自序》中记载，"先是族林中有杨柳树十余株将枯，鬻之得钱叁百八十吊"，后"又选林中柏树之大者十有三株，鬻钱五千六百吊，基础之金已备"。以此二例作为纸谱费用的参照，可以同下列民国时期谱碑资料中的制作费用作一比较，看看两者之间到底有何差距：

> 于是合族共议，将林树变卖百余缗，立石以志之。（民国八年沂南县青驼镇《曾氏续修谱碑》）
>
> 顿起敦宗睦族之心，欲立谱碑以联络之，然又苦于无资。不得已卖柏树数株，得钱四百缗，以为立碑之费。（民国九年肥城安临站镇西张村《张氏谱碑》）
>
> 谋立谱碑，以昭后嗣。于是选卖林树拾二株，得京蚨陆佰八拾贯。先买护茔地陆分，使钱二佰吊。续栽林树，并修盖看林房屋，复使钱一佰六拾余吊。其余钱项皆作建修谱碑之资。（民国十一年肥城安驾庄镇朱家颜子村《朱氏谱碑》）
>
> 慨然动敦宗睦族之思，谈次辄道重修谱碑事，遂纠众议妥，将族林枯柏数株卖作先资。（民国十三年《孙氏重修谱碑记》）②
>
> 毅然以建石自任，将祭田所得租资，并卖柏树数株得钱三百余缗，存留出放共积财，以为立碑之费。（民国十五年肥城市安临站镇陈楼村《陈氏谱碑》）
>
> 议决卖林中柏树二十八株，价洋四百七十二元，以作修谱碑之资。（民国二十年肥城安临站镇凤凰山庄《刘氏谱碑》）

我们看到仅仅是在民国十年前后，谱碑制作费用从几百吊（缗）

---

① 泰安《汶阳刘氏族谱》，2004年，第38页。
② 《泰安埠东孙氏族谱》，2004年，第432页。

到几百元不等，这些大概只占同期编修纸谱所需金额的几分之一。无怪乎在鲁中地区，那些公共经济贫弱的宗族总是偏爱碑谱，将它作为记载和延续世系的首选媒介，这纯粹是出于省钱又能办大事的目的。

（2）新谱中经费记载

新中国成立后，各地在意识形态上的统一并未立即实现。其表现之一就是不少乡村依然延续着宗族文化的传统，他们编写族谱，刻立谱碑，建立祠堂，祭祀祖先，甚至像在传统社会中那样发生宗族间的械斗。鲁中当地多部 20 世纪 50 年代的谱牒，就叙述了在制度转变背景下宗族活动表现出的特殊时代性，其中也包括谱牒编纂经费的筹措。一部分宗族继续售卖祖茔中的林木以获得资金，公共资产缺乏和核心家庭贫困依然是该地宗族的经济特征。如 1950 年（原谱题"民国三十九年"）莱芜葛氏《创修谱书序》中载，"沿及今瓜绵椒衍，势不能再修谱碑，商议创修谱书……根据谱碑所刻之世系支派，誊录清册，以茔域中所售柏槲树资为经费"。[1] 1959 年，涝坡王氏在《四次续修纸谱叙》中亦回顾了续谱经历：

> 由前清初年至民国九年贰佰七十余载，先人续修三次。宗脉堂世系支派俱各勒石注明，后人一目了然，至现在又四十年矣。（如今续谱）言而易行而难，族间财政缺乏，一点积蓄无有，亦难进行。兹有过去族茔中枯树几株，变卖了几十元钱，尚未支销。族间商议，借这树钱买纸笔墨费，暂续纸谱几份，以承先人之本源，以裕后人之纪念云尔。[2]

相对于葛氏和王氏宗族弃碑为谱的选择，港里刘氏则采取了碑谱并重的态度。1950 年（在谱序中也被写为"民国三十九年"），以族人

---

① 莱芜《葛氏族谱》，2010 年，第 4 页。
② 莱芜《涝坡王氏族谱》（五修），2003 年，第 11 页。

锡川为主续修族谱和谱碑，过程被记在序文之中。他们认为"时乃革命维新，正有可乘之机"。于是"先议定刊石续修谱碑，再议决联络创修谱牒"，"树碑修谱为当务之急"。而资金来源在谱序中也有明确规定：

> 恰好革命维新，改良法制，平均地权，耕者有田。将田宅赟制者抽补不足。举凡义田、庙田、社田等无主户正式名分者改归公有，法制已定，且准卖复。噫嘻，川至是时可以能办大事矣！①

刘氏宗族表达"世机可乘"的想法，也许是出于对新中国政策的一种误解，但在实际操作层面碑谱双修的初衷到底还是圆满实现了。

谱碑制作与竖立作为一项重要的宗族活动，在今天的鲁中地区依然盛行，新编族谱中照例刊出不少有关谱碑设计和经费使用情况的记录。如 2009 年泰安《田氏家谱》中说："本谱支系图将新刻碑石六块。碑面高 2.0 米，宽 0.6 米，厚 0.25 米。正面为田氏支系图，两边排辈字，谱碑背面为碑文、捐款名单和编委会成员名单。"关于费用包括如下各项开支：家谱资料收集、办公等 1.5 万元，上下册（300 套，每套 2000 页）打字印刷费 4.0 万元，田姓祠堂大殿修缮费 0.5 万元，谱碑刻制及建亭费 1.5 万元。② 2010 年莱芜《葛氏族谱》更是列出费用明细，并附有收款收据，现摘录如下：

> 总收入 97620 元
>
> 其中：赞助费 98060 元，人口款 8560 元
>
> 支出
>
> （1）谱书

---

① 莱芜《乌江刘氏族谱》，1950 年，第 10 页。
② 《泰安田氏家谱》，2009 年，第 475 页。

招待费 3954 元

办公费 1770.5 元

人工及车费 16580 元

退回千元以上人口款 230 元

500 元以上赠谱书 63 本×130 元，计 8190 元

支出合计 30724.6 元

余 66895.4 元

（2）谱碑

付谱碑款 47800 元

预计谱碑底座用材料款 3000 元

人工费 2000 元

吊车费 2000 元

付石头湾祖碑及祭祖用款 6000 元

办公费、出车费、生活招待费 6095.5 元

（3）总费用合计 97620 元

下为一张族谱印刷单位的收款收据，计 190 本 24700 元。①

葛氏支出的族谱制作费用实际应为 30724.6+24700，合计 55424.6 元。相比而言，葛氏谱碑制作费用的比例要远远高于一般的谱碑。据笔者亲自联系当地的石碑作坊得知，刻一通三块一组的谱碑（每块 2.0× 0.5 米），字数在 1000 字以内，费用为 4000~5000 元（含石料、刻工和运输等）。当然石料和刻工有时差别很大，目前来自北部山区的大理石料最受欢迎。但无论如何，谱碑的制作费用都是一笔不小的开支，以个别乡村家庭的财力似乎难以独承。所以，即使在明清时期，举族合资修续谱碑也并非易事。

---

① 莱芜《葛氏族谱》，2010 年，附页。

2. 碑刻工匠

鲁中地区的碑刻传统由来已久，因此石料开采和加工行业尤为发达，石匠之中的优秀者自然也可以凭此技能发家致富，甚至拥有一定的社会地位。从谱碑落款中常见的石匠题名，与撰文、题额的文人仕宦比肩来看，其身份不像常人所认为的那么卑微。

石匠在谱碑上题名，较早可见元至大元年（1308 年）《师氏族谱记碑》，该碑序文之末有"井陉县石匠提控贾进"落款。"提控"在金元时期意指官员管控、治理之职责，又指在盐场、石场等处设置的负有监管职责的提控官。所以贾进本人也并非一般的技术人员，而是具有一定权力的匠师。从这个意义上看，官员题名于碑似乎无可厚非。而明代碑刻的石匠题名则未必尊贵，大概只是一般的刻写传统。如嘉靖十七年（1538 年）沂水县垛庄《王氏宗派之图碑》，序文落款"本州□仕官单经书丹，阴阳生杨相、郑通，陈村社石匠张□记"。张姓石匠来自本村，无疑也是一般社员。但是由于碑谱在宗族中是极为重要的公共文献，对于碑谱版面的设计、施工以及碑文、纹饰的刻写要求较高，因此石匠的实际地位不低，属于受人尊重的职业。他们的工作态度和技能水平决定了碑谱的文化品位和艺术水平。

有时，身为石匠的族人也会利用自己的专长参与谱碑制作，并捐助功夫和技术以代资金。博山石门乡草峪岭的刘氏宗族，于清同治十三年（1874 年）重刊乾隆元年老谱碑，并新刻十一世至二十四世本支世系以接续前谱。[1] 碑阳老谱序后落款："碑身并帽共石头十一块，元奎捐助，磨碑抬立功夫二百个，龙堂庄助，镌字石匠元魁。"碑阴新谱序后也落款"镌字在廷"。该碑落款中并未出现常见的文人秀才之类，倒是出现了三位石工匠人：元奎、元魁、在廷。他们同属刘氏宗族，分别捐助了"磨碑抬立功夫"和"镌字"等，这些都是谱碑制作过程的主要环节。

---

[1] 博山龙堂庄《刘氏族谱》，2008 年，第 622 页。

石门乡处于鲁中地区东部群山之中，盛产各种石料，村社宅院多以石块堆砌而成，具有典型的山地村落景观。村民中从事石匠行业的不在少数，碑刻石雕为传统工艺，清代有"铁笔刘"之称。族中有善此技者自然更为方便，宗族碑刻也因此十分流行。光绪五年《捐施碑记》、三十二年《祭田文契该碑》均有"铁笔刘元魁""（刘）升阶铁笔"等字样。村现存102户，300余人，有清代和民国时期的护林、墓志、捐助碑以及谱碑等十余块。① 刘氏宗族在乾隆之前"家困于财，墓志不能编"，但一直对世系记录孜孜以求。谱碑系"先人遗制"，刘氏热衷刻石为谱，自同治以后刻立了多通，分立东、中、西三处祖茔。2008年新编的《刘氏族谱》没有老谱可依，就完全按照乾隆以来的碑谱世系来修纂。

1950年，莱芜港里的刘锡川秉承先志，续修三支谱碑，并创修纸谱。在他所编《刘氏族谱》中，邀请其师作《端一刘先生传》，端一即为锡川之父，出身石匠之家。端一父"身列石作，工铁笔，生平以技艺精勤起家"。文中认为，先人创业无论农商百工技艺，都殚精竭力，倍历艰辛，铢积寸累方致充裕之家。② 端一九岁丧母，父子度日，"时时负锤凿山功错"，"数年中衣履缝纫、井臼炊爨、衣食之困"等等苦不堪言。但这似乎只是一时之困。端一幼时即"就傅力学"，数年诗文颇通。其父丧偶后又连聘二女，殁后配享先茔，得以立石表墓。以文中所叙分析，刘氏仅以核心家庭而言并不贫弱，甚至小有资产。事实上，后来端一正是继承祖父遗业"南园"，"更蕃莳、养小柏"，依赖童山庙院、百姓墓田的"大批用度"而致富一方。端一的经历反映了清末民国石匠家庭生活的一部分。尽管不可能所有的石匠都能"以技艺精勤起家"，但以鲁中碑刻石雕风气之浓厚来看，相当多的石匠之家是可以具备一定财力，并拥有一定社会地位的。刘氏宗族自明代由枣强迁此，

---

① 《龙堂村碑》，1987年，见博山龙堂庄《刘氏族谱》，2008年，第652页。
② 莱芜港里《乌江刘氏族谱》，1950年，第46~49页。

在港里已居二十一世，至锡川时分六支，公田十余亩。锡川家"衣食丰足，养老慈幼不亚于富家翁焉"。所以其父子两代，才能热心于修谱事业，并成为村中宗族的领袖。前述龙堂庄还有一通民国十九年《护林碑》，碑文之后写明"支石匠工料钱一千贰佰玖拾吊文，支零星花销钱五吊佰文"，结合第一部分对民国时期谱碑费用的分析，也可以看出当时石匠的收入的确不菲。①

当然，谱碑的制作还有许多其他工序，对于讲求气派和面子的宗族，在碑刻制作工艺上的要求也更高。碑刻从采石、打磨到镌刻、安装及搬运等，除石匠外，还需其他各工种匠人的配合，是工艺复合度很高的工程。前述新泰羊流徐家庄的徐氏是地方大族，在清代的康熙、咸丰和光绪年间曾多次续修谱碑。徐氏宗族谱碑就记载了多种工匠的信息，如道光五年《徐氏族谱碑》文末题名："修山屏风木工本族凤安、得义、文琢、公彦、观溪、敏让，铁笔本邑刘凤俊，泥水匠本邑吴宗廉。"木工大概是用于建碑亭，其用工数为最多，说明工程量较大。泥水匠则用于拼接多体谱碑、按接碑帽等，也是必不可少的工种。

本 章 小 结

本章对碑谱的写作和制作主体进行了分析，并探究其制作的动机与过程。谱碑是鲁中宗族记录本族世系的特殊载体，作为一种具有浓厚乡土气息的地方文化现象，显示出顽强的生命力和特别厚重的历史价值。各种基层知识分子是撰写碑谱序文的主体。他们首先具备了宗族理想和谱牒学理论，参与并主导了本族的祠堂建设和谱牒编纂，推动了宗族组织化的进程。尽管他们大多未获取实质性功名，却依然是改变本族历史的关键人物。

另外，通过谱碑制作的经济分析，得出与普遍认知不同的观点，即

---

① 博山龙堂庄《刘氏族谱》，2008 年，第 650 页。

谱碑的制作费用其实是一笔不小的开支，以个别乡村家庭的财力似乎难以独承。所以，即使在明清时期，举族合资修续谱碑也并非易事。即便明清时期的鲁中大族，其谱牒编纂的费用也主要出自祖茔的林木，公共资产贫弱正是当地宗族的基本写照之一，刻立谱碑成为不得已的权宜之计。从谱碑中常见的石匠落款看，其社会地位在明清时期也不会太低。

第八章　碑谱与宗族变迁①

学界一般认为，北方宗族特别是华北地区的宗族，从明清以来表现出与南方宗族不一样的特点。其实这些特点早就孕育于宗族演变过程之初，而不是明清时代的产物。就作为宗族宪章的谱牒之载体来说，北方宗族向来重视专门记录谱系的墓地碑刻，这一传统可以上溯至汉魏时期的诔碑和墓志。宋元以来，受新式谱牒编纂的影响，谱系碑刻在华北发展为"宗派之图"碑。这类碑刻在碑阳叙述宗族历史，又于碑阴刻画祖孙世次接续，形成类似族谱序文和世系图表的固定模式，后来更演变为明清时期被民间称为"谱碑"的东西。

在晚清及民国的金石学文献中，就有著录华北"宗派之图"碑的例子。② 近来的宗族研究又出现关注谱系碑刻的趋势。如王鹤鸣、常建华等从谱牒学和宗族史的角度，认为这种记录世系的碑谱来源于汉代，到宋元时期刻石为谱成为一种风俗。日本学者饭山知保指出，蒙元时期先茔碑在北方流行，是新兴官员首次记录家族谱系的媒体。而王霞蔚的博士论文也列出山西中东部多通谱系碑刻，认为这是金元时期家族世系的主要保存方式。王日根、张先刚和汪润的论文，则围绕明清时期华北

---

① 本章的主要内容曾发表在上海社会科学院《传统中国研究集刊》第 14 辑（2016 年 8 月）上，特此说明。

② 如清代叶昌炽的《语石》（宣统年间），吴式芬的《金石汇目分编》（光绪年间）以及民国时期马衡的《金石学概要》（1923 年），牛诚修的《定襄金石考》（1913 年）等。

地区的墓祭传统，分析了墓碑的谱系性功能。① 尽管在他们的讨论中，家族和宗族的概念往往未加以明确区分，但是关于谱系碑刻具有祭祖收族功能的认识大体不差。宋元以来，北方社会变动剧烈，民间宗族组织发展出新的特点。长期的战乱不利于纸谱的保存，却催生出将谱系刻在墓碑上，与祭祖相结合的碑谱传统。由于谱牒的表现形态与宗族生存状态基本对应，北方流行的碑谱或可弥补宋元谱牒的稀缺，成为观察北方宗族形成的重要资料。② 本章将从这种谱牒载体专门的谱系表达方式着手，按照时空转换的逻辑逐一呈现其历史变迁，并借此反映宋元时期宗族演变的新特征。

一、中古时代：家族谱系

在碑刻中记录家族谱系的历史早至汉代的碑谱，如汉桓帝延熹三年（16 年）《孙叔敖碑》，一贯连叙相君以下十余世，文末有"谱记也"三字。汉代以降，石质媒体上的谱系经历了墓主的亲属关系圈，到祖先的后代祭祀圈，再到作为现实生活团体的父系世系群三种历史形态。③谱系记录的文本形态也相应产生三种类型：文章谱、表格谱和线段谱。宋代以前的谱系碑刻主要是士族阶层的墓志，以文章谱的形式叙述家族

---

① 参见王鹤鸣：《中国家谱通论》，上海古籍出版社 2011 年版；常建华：《中华文化通志·宗族志》，上海人民出版社 1998 年版；［日］饭山知保：《金元时期北方社会演变与"先茔碑"出现的意义》，《中国史研究》2015 年第 4 期；王霞蔚：《金元以降山西中东部地区的宗族与地方社会》，南开大学博士学位论文，2010 年；王日根、张先刚：《从墓地、族谱到祠堂：明清山东栖霞宗族凝聚纽带的变迁》，《历史研究》2008 年第 2 期；汪润：《华北的祖茔与宗族组织——北京房山祖茔碑铭解析》，郑振满主编：《碑铭研究》第二辑，社会科学文献出版社 2014 年版。

② 钱杭：《关注"新谱"——中国谱学史研究的深化之路》，《光明日报》2014 年 5 月 27 日，第 16 版。

③ 这三种谱系形态是循序发展的，后面的形态也会删减或增加前者的谱系内容。

中的各类亲属关系，其中自然也包括以父系世系为主的宗族团体。中古时期，士族是社会结构与宗族结构之间的核心，在北方社会生活中占主导地位。其构成原则既包括血缘关系、世系关系，还包括姻亲关系。因此，士族是一种综合性的家族组织，即一种以父系血缘为基础，在五服九族框架内构成的三党群体。宗族包含在家族组织之中，在血缘和姻亲关系交互的网络中展开活动。① 相应地，士族谱牒主要是姓系谱，强调同姓和官职地望；其次还有私家的姓氏谱，记录父系祖先来历和世次传承。这两种谱牒的目的都在于维护士族特殊的社会地位，体现了门阀与血缘的结合。中古谱牒具有辨婚姻和明选举的功能，文字叙述适合描述复杂的、世系原则不固定、世系关系不连续的家族谱系。

至唐代，士大夫阶层流行私家谱牒，仍然重视姓望和官职，其主要目的在于出仕和联姻，体现了继承魏晋谱牒家族性的传统。《新唐书·谱牒类》所搜31种谱书中，以"某某家谱"为名者最多。今藏山西闻喜县礼元镇金大定十一年（1171年）的《裴氏相公家谱之碑》，就记录了唐代裴滔所撰《裴氏家谱》原文，保存了中古家族谱系的原始文本。该谱以文章谱叙述裴氏三眷（即三派分支）的由来和各自世系，根据《贞观氏族志》所定等次而作各眷职官录。三眷分别为东眷裴居道（第二等）、裴怀节（第四等）和裴知礼（第四等），西眷裴世矩（第三等），中眷裴世清（第四等）。怀节为居道五从叔，知礼为居道十二从兄，世矩为知礼九从祖，世清为知礼五从叔。各眷亲属关系以官职为核心叙述，首叙先祖官职和了孙承袭（跳跃式，中间不连续），再叙眷内官职、科举以及王妃总况，然后详列个人具体官名，没有官职或王妃名号的亦不录入。谱中强调的不是子孙承袭的世系关系，而是受唐代官修谱系的影响，所形成的一种突出官职和婚姻的家族谱系。这一形式的谱系体现在石刻上，就形成了中古墓志的谱牒类型。另外根据陈爽研

① 冯尔康：《中国宗族史》，上海人民出版社2009年版，第162页。

究，由于中古时期存在"引谱入志"的传统，部分墓志的确保留了属于谱牒的基本内容。① 如北魏正光三年（522年）《卢令媛墓志》（出土于河南洛阳），谱系以特殊志例载于志文尾部，详细记录曾祖父母、祖父母、父母以及各位夫人的父亲的官职。又如北魏熙平二年（517年）《崔敬邕墓志》（出土于河北安平），"叙述祖父母、兄弟，并其葬地；祖母、嫡母、兄嫂、弟妇、姊妹夫之祖若父名字官位一一备载"。② 可见，墓志的谱系记述是以墓主为中心的，在记录其主要家庭（含直系和联合家庭）亲属的基础上，又选择了姻亲关系中的仕宦成员。因此墓志中的亲属网络十分复杂，甚至并行多种世系关系，呈现出发散型的系谱特征。墓志对于世系的记录属于文章谱，继承了汉碑一贯连叙的方式，其实是将后世谱牒的谱序与谱系合二为一。

除文章谱的形式外，中古谱牒中还出现过图表系谱。如在《史记》和《汉书》中就有"旁行斜上"的谱表之法，现存北朝的家谱残件中也有直线相连的世系图。③ 宋代之前的墓志极少发现利用图表的例子，因它们反映的是家族中的官职和婚姻情况，所以世系记录并非完整的，而是有所选择；也并非单系的，而是跨越了三党九族。

如果说墓志谱系表现的是从墓主出发的发散型亲属关系，那么图、表之法则表现出围绕父系直系构建的宗族世系关系。世系关系是人类社会发展到一定阶段的产物，其本质在于将全部亲属关系中的宗亲和姻亲等划出明确范围，构成彼此相区分的世系类型，而不是不加区分的血缘关系。世系关系强调的是相邻世代的连接规则和连接形式，这在北宋出现的新式谱牒中得以集中展现。④

---

① 陈爽：《出土墓志所见中古谱牒研究》，学林出版社2015年版，第266页。

② 黄本骥：《古志石华》，道光二十七年三长物斋丛书本。

③ 李裕民：《北朝家谱研究》，中国谱牒学研究会编：《谱牒学研究》第3辑，书目文献出版社1992年版，第61~69页。

④ 钱杭：《宗族的传统建构与现代转型》，上海人民出版社2011年版，第70~79页。

二、两宋时期：谱图历史

无论是南方宗族还是北方宗族，其庶民化的起点都是北宋开始的宗族复兴运动。宗族复兴的实质是汉人社会以世系关系为核心，重新建立父系亲属团体的过程。宗族实际上是源于一"宗"的"父系家族"，也可以说是家族发展史上的某一阶段。①

北宋时期，随着九品中正制和庄园经济的崩溃，社会等级的划分标准由科举取代了血缘和门第。重新将松散的家庭组织凝聚为宗族共同体，既是宋代儒学家的理想，也是社会现实的需求。在传统社会经济条件下，联合家庭的演变趋势主要表现为"大家庭的持续发展"，为寻求更为持久和稳定的协作方式，人们选择了建立在血缘和世系基础上的宗族组织。② 当然，在家庭与宗族之间绝非自然过渡，而是存在一个根据父系世系原则筛选亲属，确立权利与责任的主动建构过程。

欧阳修和苏洵首创"谱图"之法，专门记录父系直系世系，就是为了说明这种新型的宗族关系。南丰《曾氏谱图》和西原《许氏世次图》，在曾巩和王安石的推崇下也有广泛影响。不过，尽管称之为"谱图"，但主要还是仿照班马谱表旧法。欧式是横格制表式，强调世代分层；苏氏是竖排制表式，强调宗法关系。欧苏谱法在南宋得到了最直接的继承，证据之一就是族谱中越来越频繁出现的世系图。常建华在《中国文化通志·宗族志》第四章"族谱"中举出多例：婺源王氏"九族图"、弋阳陈氏"五宗九世图"、泰和胡氏"垂丝图"和"余庆图"

---

① 钱杭：《宗族的传统建构与现代转型》，上海人民出版社 2011 年版，第 11~12 页。
② 郑振满：《明清福建家族组织与社会变迁》，中国人民大学出版社 2009 年版，第 35 页。

以及婺源胡氏的"庆源图"。① 这些世系图从字面上看强调了"一宗"的"本源"意味，似乎脱离了谱表旧法，以更为形象的线段描述世系关系，是真正意义上的"图示"之法。例如"垂丝图"（也称"垂珠体"）表现世系前后相继，就是在苏谱基础上的发展，早在北宋时期的华北地区就已见端倪。今存山西榆次熙宁十年（1077 年）《王氏世次碑》，上段叙述编名勒碑之缘由，下段刻其小宗五代世系图（图 8-1）。② 该图以曾祖为顶点，向下左右对称分列两房子孙世系，描述了一个包含 16 位男性的大家庭。相比而言，南宋世系图的信息仅存各类典章或文集，多数在明前就已亡佚，所以尚不清楚其实际的样式。但宋代流行图文碑刻，从构图和技法上看已经十分成熟，似可以为谱图之碑提供借鉴。如今藏苏州碑刻博物馆之《帝王绍运图》碑，刻出历代帝王的传承关系（图 8-2）。谱图本身为南宋绍熙元年（1190 年）黄裳所绘，淳祐七年（1247 年）由王致远刊石。③ 该图与后世族谱中的宝塔式极为相似，不同之处在于上下之间不是连续的世系关系。

谱图之法的出现与五代以后士族衰落，和以官僚地主为主的庶民宗族兴起有关。至和二年（1055 年）欧阳修在《欧阳氏谱图序》中道明了原因：

> 自唐末之乱，士族亡其家谱，今虽显族名家，多失其世次，谱学由是废绝。而唐之遗族，往往有藏其旧谱者，时得而见之，而谱皆无图，岂其亡之，抑前世简而未备欤？因采太史公史记表、郑玄诗谱，略依其上下旁行，作为谱图。上自高祖，下止玄孙，而别自为世。使别为世者，上承其祖为玄孙，下系其孙为高祖。凡世再

---

① 常建华：《中国文化通志·宗族志》，上海人民出版社 1998 年版，第 260~271 页。

② 王琳玉：《三晋石刻大全·晋中市榆次区卷》，三晋出版社 2012 年版，第 24~25 页。

③ 毛远明：《碑刻文献学通论》，中华书局 2009 年版，第 246 页。

图 8-1　《王氏世次碑》世系图（选自《三晋石刻大全·晋中市榆次区卷）

图 8-2　《帝王绍运图》碑（局部）（笔者自摄）

别，而九族之亲备，推而上下之，则知源流之所自，旁行而列之，则见子孙之多少。夫惟多与久，其势必分，此物之常理也。凡吉孙别而自为世者，各系其予孙，则上同其出祖，而下别其亲疏。如此，则子孙虽多而不乱，世传虽远而无寄。此谱图之法也。①

上文深有涵义。一是遗族旧谱并无图谱之法，中古社会重视家族成员的门第和官职，而非父系世系的单一性和连续性。谱牒世系的叙述一般不超过五代，但是横向的姻亲关系则比较庞杂，因此利用文字叙述（文章谱）比较方便。二是欧氏制作谱图主要为了记录父系直系世系关系，兼及五服之内的旁系关系，以适应家族组织在新社会条件下的变化。因此可以认为，谱图之法是宋代士族组织没落和宗族组织兴起的反映。

作为族谱性质的碑刻一般认为起源于北宋，苏洵仿《苏氏族谱》刻立石碑于高祖墓茔，"以示吾乡党邻里"。② 欧阳修据说也有此为，欧阳守道回忆："熙宁见六一公作世次碑。"③ 明代解缙也说，"至宋咸淳，闲人发芙蓉山王夫人塚前地，得世系碑，遗像具存，墓碑亦在焉"。④ 由于记载过于简略，尚不清楚这些碑刻是否使用了谱图之法。但像前述山西《王氏世次碑》刻画"垂丝图"的情况应该不是个例，这种将谱序与世系分开的写法与墓志不同，显然是要突出完整而准确的世系范围。随后谱牒的发展显现出南北宗族文化的分野，在南宋地区谱图主要体现在族谱上，在石碑上记录世系的做法逐渐式微。为适应南宋地区宗族的稳定成长，族谱中的谱图之法发展出谱表和系图两种类型，从横与纵两个维度记录世系关系。北方地区则陷入宋金交战的漩涡，由

---

① 王鹤鸣：《国宝〈欧阳氏谱图序〉简介》，《图书馆杂志》2003 年第 4 期。
② 苏洵：《嘉祐集》卷一四，《苏氏族谱亭记》，明嘉靖太原府刻本。
③ 欧阳守道：《巽斋文集》卷十一，《钦定四库全书》本集部四，集类三。
④ 解缙：《解学士文集》卷五，《重修解氏族谱序》，明嘉靖四十一年罗洪先刻本。

于纸质谱牒不易保存，原有的谱系碑刻得到进一步的推广，就发展成为一种新的碑谱类型。

三、金元之交：宗族谱系

如果说南方宗族的谱图之法主要体现在纸质谱牒上，那么黄河以北被女真人统治的汉人则更热衷于在墓碑上刻画世系。原本着意纪念单个祖先的墓志逐渐向具有合祭功能的先茔碑发展，更为单纯的父系世系成为碑刻的核心内容。饭山知保认为，将系谱图刻在石碑上的做法，从金代后期开始普及到北方社会。这种新的碑刻门类可能具有与编纂家谱同样的社会功能，由于主要放置于族葬墓所，作为合祭祖先的对象，从而北方地区产生了围绕祖茔建立宗族组织的倾向。而新形成的宗族组织是更为单纯的父系世系团体，主要由获得军功的地方豪强组成。为了拉拢北方汉人势力，金代统治者对于宗族组织较为宽容，也允许庶民家族建立自己的谱系碑刻，这样就扩大了碑谱使用阶层的社会范围。

金大定二十九年（1189 年）泰安《许氏坟林宗族之记碑》就是这样一通普通宗族的谱碑。该碑记载了族人许志、许彬等"破正阳首登城，以功累转昭信校尉，曾任解州商酒都监司"的经历，[1] 并着重谈及宗族保存谱牒情况："自始祖而下尝有一图本，列次宗枝之名位，代代保之。然多以农桑为业，或进身于诗书，奋跡于武勇，荣膺轩冕者亦不鲜矣。□世远不可得而详言之，况计之片楮。又丁宋季之乱，干戈竞起，舍屋既焚，因以失去，莫复录实，谁其念之。"可见，许氏曾创世系图本，但因宋金战争而毁于战火。他们提出："远祖之后图亡，既难推考，宜自目今十代孙列在碑阴，广空其下，庶使来裔世世得以叙之石，至无所容，仍冀后人别加措划，以谋长策。"这无疑是一种标准的宗族谱牒编纂方式，尤其是"广空其下"的做法更与"余庆录"之类

---

[1] 《许氏坟林碑》，中华泰山网，2010-10-20。

相同，用图谱的形式描述了新的宗族团体。金代北方汉人留下的族谱很少，他们多选择将谱系刻在碑石上，这是与南宋宗族的重要区别之一。该碑由泰安州学学正安升卿撰文，也反映出女真政府对于民间宗族发展的宽容乃至支持。

由于金代属于少数民族对汉人社会快速冲击的阶段，北方地区传统文化的保存和传递有些措手不及。宋代萌芽的谱图之法没有顺理成章地变成族谱，而是依附于石头媒介出现了各种变形发展（如在经幢或碑、碣、墓志，甚至摩崖和石槽上记录世系）。北方原本就有墓祭和刻碑的传统，局势动荡又易使纸谱损毁和遗失，于是更加重视利用墓碑保存谱牒的做法。世宗、章宗在位的12世纪后期，华北集中出现了一批谱系碑刻。根据饭山知保、魏峰、王霞蔚和笔者的考察，已知的碑刻实例较多出自山西地区。如金大定十年（1170年）《峪口吴家祖茔经幢》（寿阳），十一年（1171年）《裴氏相公家谱之碑》（闻喜）、《董氏家谱之记》碑（绛县）和《故周公之墓铭》（定襄），除《裴氏相公家谱之碑》仍采用文章谱叙述"一宗三眷"外，其余均在碑阴刻有世系图。《峪口吴家祖茔经幢》为六棱形，五世人名刻于第五面。《董氏家谱之记》碑万历年间尚存，图谱形式见于明代《西董董氏家谱》"旧宗派图"（图8-3）。[1]《故周公之墓铭》记录高祖信以下三支的男女子孙世系，碑阴题"周家宗派图记"。[2] 此外还有明昌六年（1195年）《李氏祖茔碑》、承安二年（1197年）《邢氏宗族墓铭》以及永济县的《河中郭氏坟碑》（金代，时间不详），可能都刻有世系图。[3] 此外，山东地区在金代也开始出现谱系碑刻，但形制上似乎不如山西成熟。除前面提

---

[1] 王绍欣：《祖先记忆与明清户族——以山西闻喜为个案的分析》，赵世瑜编：《大河上下——10世纪以来的北方城乡与民众生活》，山西人民出版社2010年版，第211~239页。

[2] 牛诚修：《定襄金石考》，殷梦霞、张爱芳、南江涛编：《地方金石志汇编》第14册，国家图书馆出版社2011年版，第446页。

[3] 王霞蔚：《金元以降山西中东部地区的宗族与地方社会》，南开大学博士学位论文，2010年，第29页。

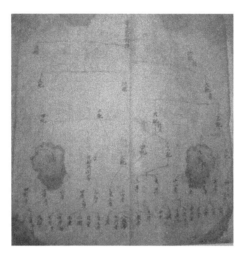

图 8-3　金大定十一年《董氏家谱之记》碑"宗派图"（图片来源：王绍欣论文）

到的《许氏坟林宗族之记》碑，还有今存邹县孟庙的《重修邹国公庙记》碑。该碑立于金大安三年（1211 年），碑阴额题"邹国公累世孙之派"，形式为横格制表（图 8-4）。但表格仅分上下两栏，从左至右刻44 代至 49 代子孙姓名和所居村落。落款"知泰定军节度副使赵伯成撰文，宣威将军、前行滕州邹县令王瑀立石"，显然是一通由政府主持建立的世系碑。另有邹县《天水严氏墓记》，据《金石汇目分编》载，立于金"□□元年十月"，碑阴有"宗派图"。金代谱图之法在碑刻上不甚完善，仍有与文章谱、表格谱混杂的情形，不过还是显示出家族组织的一些新的变化。同南宋宗族族谱中流行各种世系图表类似，北方宗族开始倾向在石碑上使用"宗派图"的固定名称，似乎更着意突出宗族源与流的关系。用"宗派图"展示宗族群体的规模和内部组织结构，是北方碑谱的创新形式，图谱之法的发展在北方碑刻上表现出与南宋族谱相似的进程。

金代碑刻开始脱离以记录个人仕宦为主的墓志性质，发展为以记录宗族谱系为主的碑谱。这也正反映了原本建立在血缘和姻亲关系上的家

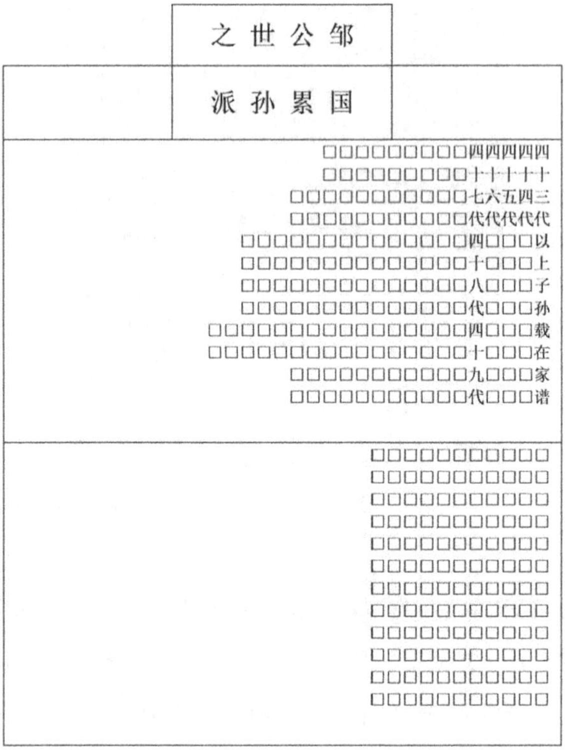

邹　公　世　之

国　累　孙　派

四四四四
十十十十
七六五三
代代代代
四　　以
十　　子
八　　孙
代　　载
四　　在
十　　家
九　　谱
代

图 8-4　"邹国公累世孙之派"图（根据金大安三年《重修邹国公庙记》碑绘制）

族组织，因为个人军功的获得和家庭地位的提升，实现了向父系本位归宗的转向。用门第和官职支撑起来的家族观念，因为社会的极度动荡而失去存在价值。人们更关心的是能否长久保存谱牒，使源于一宗的父系世系不至于断裂。金代流行的谱系碑刻催生出了后来元代的新型碑谱，这是在北方特殊的民族政策下和恶劣的社会环境中，汉人宗族满足自我生存需要的文化选择。

四、元代以降：世俗宗族

如上所述，北方墓地碑刻谱牒化在金代后期普遍起来。如果说金代这一转变以集中于山西为地域特点，元代则因山东地区特别是鲁中集中出现"宗派之图"碑，而表现出新的演变特征。"宗派之图"是一类碑刻的特有名称，以在碑额题写"宗派之图"或"祖宗之图"而得名，实际上包含先茔碑、神道碑和墓志碑的各种变形。碑的所有者十分复杂，既有受少数民族统治者扶持的孔孟等圣贤家族，又有在蒙古、女真和南宋多方征战中崛起的汉人世侯和军功家族。13世纪末期，在碑上刻"宗派之图"的做法亦在平民社会流行开来。华北宗族与南方宗族的分野就是从金元时期开始的。

"宗派之图"来源于金代的所谓"宗派图"，主要为规范的线段图，制作也更为精良，是谱图之法在元代的新发展。元代的谱图之法显然更为成熟，已经成为谱牒的固定"书法"，甚至有些族谱就以"谱图""支派图"或"本支图"命名。碑刻上的表现同样如此，那些原本用文字叙述的家族谱系，因为变成了单纯的宗族世系，而被各种"宗派之图"所代替。元代族谱的刻本化有所提高，但仍要将族谱刻于碑上，说明这一载体是族谱的必要补充，并为民间社会所接受。相对于南方地区仅存于文集中的个别谱图碑刻，华北地区此类碑刻无论在文献中还是调查中，其数量都令人印象深刻。叶昌炽《语石》中说，"至元时，北方世族多有先茔碑"。他所藏至正甲午年（1354年）《董信公孝思碑》碑阴有"董氏宗派图"；又举例涞水龙泉里《傅伯纯塔》之一面，刻伯纯五子及子孙三代世系，"皆分支挂线"；至元二年（1265年）济宁《杨氏祖茔碑》碑阳，"其额为祖宗之图四大字，当亦世系图也"。他因此提出，将世系刻于祠墓之碑是保存家族谱系的良策："以世系勒于碑阴，则谱牒即有散亡，石刻犹在，不至无征。"① 马衡在《凡将斋金石丛稿》中持相同观点，并举出延祐二年（1315年）《邹氏宗派之图》（莱芜）、至正七年（1347年）《王氏世系图》（平定）和至正十二年

---

① 叶昌炽著，柯昌泗评：《语石·语石异同评》，中华书局1994年版，第214页。

（1353 年）《杨氏祖茔祖宗之图》（嘉祥）等数碑。① 另外，在清人吴式芬所著《金石汇目分编》中，也收录了 18 通刻有"宗派图"或"宗支图"的元代墓碑。②

　　鲁中地区以其特殊的战略要塞功能，成为元代军功家族兴起之地，亦成为"宗派之图"碑最为集中的区域。现存即有肥城石横镇大德二年（1298 年）《故都统刘公墓志铭》、新泰羊流镇至治三年（1323 年）《太守徐公神道之碑》、章丘普集镇泰定三年（1326 年）《大朝故元帅李公神道碑》等。《故都统刘公墓志铭》（下文简称《刘海墓志》）尽管仍然具有传统墓志记录墓主行状的性质，但是又专门在碑阴刻"宗派之图"。墓主刘海事迹于史无征，但志文中所及人物和战事都有历史根据。刘海出身地方官僚家庭，金元之交家族败落，遂依附于汉人世侯严实，殁于蒙元对女真人的战争之中。《刘海墓志》碑首两面有四条蟠螭，显示他受到较高的社会待遇。元人仰仗汉人地方武装代其征伐，故会给军功宗族以无上的荣誉。刘海后裔同样以军功获得社会地位，因而为他刻立墓志铭以示纪念和歌颂，更重要的是将"宗派之图"刻在碑上，使子孙后代都能受到祖先功德的蒙荫。《刘海墓志》"宗派之图"因碑文漫漶而无法识别，但据同为鲁中军功宗族的《武氏族谱》所记，当为六世以下的小宗，而最核心的无非就是墓主本人的直系家庭。③ 因此，"宗派之图"实际上就是将刘海家族中具有父系直系血缘关系的亲属，置于官方划定的蒙荫范围，相当于一份官方认定的世系档案。同样，因蒙元统治者强调政权的礼教正统性，孔孟圣贤家族受到政府扶持也强化了对父系世系的认同。今存邹城孟

---

　　① 马衡：《凡将斋金石丛稿》，中华书局 1977 年版，第 92 页。

　　② 吴式芬：《金石汇目分编》，山东省图书馆藏清光绪海丰吴氏刻民国文禄堂印本。

　　③ 受战乱影响，蒙元时期的鲁中宗族一般世系较短。据肥城孙伯镇庄头村光绪十八年《武氏族谱》载，"始祖雨畦公以下六世，备书于三世祖浩源公墓表之阴，盖我世祖君光公所敬识也"。

庙的延祐元年（1314年）《先师亚圣邹国公续世系图记》碑，碑阴题"亚圣宗派之图"，而孔庙天历二年（1329年）的《孔氏宗支图记》碑，刻有孔子以下57世线段图，两者当为相同类型的谱图碑刻。从此，谱图碑刻成为碑谱的官定标准形式。

"宗派之图"是以军功将领或礼教圣贤为核心的父系世系图表，新兴宗族将它刻在先茔碑上，起到明确世系团体范围、强化血缘联结纽带、保证族人特权的作用。"宗派之图"碑是一种新的石刻类型，体现了元朝盛行的"根脚"和"蒙荫"风气。它们集中建立的13世纪后半期到14世纪，恰好是蒙元政权逐渐稳定并控制全国的时期。北方汉人的宗族实践正是从刻立"宗派之图"碑开始的。不独军功家族和圣贤家族发展出各自的宗族组织，北方平民家族的宗族化也开始普遍起来。河北井陉县柿庄的《师氏族谱记》碑，立于至大元年（1308年）。碑文叙述了乡族尹氏在金代改姓，至元代又想复姓归宗的经历。[1] 尹氏由于兵乱散居各乡贯，宗族聚居条件遭到破坏，同宗之人"蓦如路人"。尹氏复族的动机源于祖先崇拜，因为感激"祖宗之余庆"而"会合宗人，刻石图谱，碣于先茔"。作序者感慨："昔庐陵欧公、眉山苏公，亦尝碑谱于茔域矣。君今之意适与之合，岂不善哉。"这是一份元代民间恢复宗族的重要史料，表明在华北地区宗族完全有可能自发形成。宗族的恢复建立在经济发展的基础之上，元代北方地区短暂的生产繁荣和稳定催生了对姓氏、世系和宗族的朴素意识。碑刻的撰文和题额之人为乡村儒士，他们利用自己的知识对宗族实践予以肯定和总结，使民间的宗族实践上升到道德和理论的高度。于是，北方宗族的发展围绕传统墓祭渐次展开，这种合族归宗和谱图于石的思想在当时具有典型的时代特征和推广意义。

陈其南关于汉人宗族形成的系谱性观点，对于我们理解"宗派之

---

[1] 河北省文化局文物工作队：《河北井陉县柿庄宋墓发掘报告》，《考古学报》1962年第1期。

图"的产生颇具启发意义。他认为"在定义宗族形成和分支过程时，首要的是房和家族意识与系谱"，汉人宗族组织应视为基础家族意识的自然成长结果。[1] 按照他的理论，"房"与"族"是两种"彼此矛盾但又互补"的因素，两者于宗族结构之中实现动态平衡。前者导致家户和财产的分割，后者通过建祠修谱和设立族产，强化了团体的包容性和一致性。"宗派之图"展现的也正是这种意义上的父系世系团体。"宗"字的经典含义是先祖神位或祭祀祖先，其核心就是对父系世系的认同。[2] "派"的本义指水的支流，则代表宗族的房或支。"宗"是同一父系世系关系的人们组成生活团体（族）的前提，"派"则体现了汉人宗族系谱性的分支过程。"宗派之图"将两者结合起来，形成北方特有的石刻谱牒，反映出汉人宗族形成过程中所固有的谱系意识。可见，碑谱在华北地区宋元时代的宗族变迁中，发挥了至为关键的推动作用。

本 章 小 结

钱杭发展了義江明子关于系谱样式的划分，将中国古代系谱分为三种类型，即系图系谱、表格系谱和文章系谱。[3] 他指出，文章谱长于表达社会公共职务和政治地位的继承，反映了宗族发展所经历的"他律性"历史过程。而表格系谱特别是系图系谱，可以更为简明地表现世系集团内部的人际关系，其产生与流行体现了宗族自我意识的不断觉醒。其前提就是近世以来在儒家世系观念的影响下，人们对于以自身为

---

[1]　陈其南：《汉人宗族制度的研究——弗里曼宗族理论的批判》，台湾大学《考古人类学学刊》第47期，1991年，第74页。

[2]　钱杭：《中国宗族史研究入门》，复旦大学出版社2009年版，第32~33页。

[3]　钱杭：《世袭传递中的职爵继承：对西周微氏铜器铭文的系谱分析》，《史林》2015年第3期。

中心扩展开来的世系网络有了更为清晰的了解和认识。谱牒结构的成熟和纸谱的流行就是这一趋势的表现。

系谱描述方式的转变证明其功能已经由政治性转向文化性，即从国家管控姓氏的地望分布转向血缘与地缘结合的民间化。由于北方地区特殊的社会动荡状况，纸谱的保存尤为不易，从而将刻石为谱的文化推上历史舞台，宋元以来的谱图之法得以在石碑上进化。中古时代那种依靠世系传承官职和种姓婚姻的大族，失去了存在的意义和具体形态，由血缘世系的自然分化形成的宗支派别，在形态上表现为一个"自律性"的世系集团，而在谱牒上表现为"宗派之图"的世系碑刻，此可谓宋元以来北方宗族变迁的山东新模式。

第九章　碑谱与宗族复兴^①

汉人世侯在面对民族与宗族问题上的对策以及他们的身份认同问题，一直为学界所关注。^②而探讨汉人世侯和军功家族在先茔碑上刻录谱系的社会意义，则刚刚处于起步阶段。比较有代表性的成果除常建华《元代族谱研究》、魏峰《先茔碑记与元代家族组织》、王霞蔚博士论文《金元以降山西中东部地区的宗族与地方社会》等以外，还有日本学者饭山知保的专文。^③饭山的文章提出几个重要观点：一是先茔碑为特在蒙元时期北方流行的一种世系碑刻，是新兴官员第一次记录家族谱系的媒体；二是到 13 世纪末，平民家族也开始建立先茔碑，于是把系谱刻在先茔碑上成为北方地区的普遍现象。这些观点对本书有重要的启发意义，但是也有些意见需要对话和商榷。比如他认为蒙元时期北方人没有意识到苏洵与他们立碑之间的延续性，元明之后不再有建立先茔碑的事例，而且这种碑刻并没有促进大规模宗族组织的发展，以及 12 世纪以前没有如先茔碑般把系谱图刻在石头上的实例等。

---

① 本章的主要内容发表于《青海民族研究》2017 年第 1 期。

② 相关研究可见萧启庆：《内北国而外中国：蒙元史研究》，中华书局 2007 年版；符海朝：《元代汉人世侯群体研究》，河北大学出版社 2007 年版；章毅：《元代徽州路的军功家族》，《安徽史学》2015 年第 3 期；赵文坦：《汉人世侯与蒙元关系的演变——以世侯征伐镇戍为中心》，《文史哲》2010 年第 2 期；《金元之际汉人世侯的兴起与政治动向》，《南开学报》2000 年第 6 期。

③ ［日］饭山知保：《金元时期北方社会演变与"先茔碑"出现的意义》，《中国史研究》2015 年第 4 期。

显然，材料的缺乏会影响学术观点和判断的价值。其实，金元之交华北出现的谱系碑刻，不仅局限于先茔碑，还有墓志和神道碑等形制，它们互相作用形成一种所谓"宗派之图"的类型，同时碑谱序文的内容也有许多新的发现。本章即尝试以军功家族"宗派之图"碑的材料，来分析身处社会危机，华北地方宗族如何处理民族和家族、生存和发展的矛盾，又是如何在元代顺利实现身份转变，从而适应新的政治经济和文化环境的。这些问题涉及金元之交北方汉人的国家认同以及蒙元的民族观，也涉及中国宗族碑谱性质的关键转化，值得认真加以考量。

一、宋元碑谱与宗族恢复

安史之乱和唐末战争导致传统世族势力崩溃，五代之时华北地区已无大族可言。至北宋时期，由儒学家推动的宗族复建活动陆续展开，出现了新型的官僚缙绅宗族。然而随着女真和蒙元的入侵，华北人口大量减损和迁移，血缘与地缘结合的社会结构趋于瓦解。金元之交，北方汉人军功家族开始兴起，并对明清以后的宗族发展产生深远影响。如果说，宋人主要进行的是宗族理论的探讨，那么元人则在实践上构筑了完整的新宗族形态。①

1. 宋金墓碑与世系保存

钱大昕在《十驾斋养新录》卷一二《郡望》条谈到："五季之乱，谱牒散失。至宋而私谱盛行，朝廷不复过而问焉。"② 宗族的重建和谱牒的创修都离不开儒学的理论建设和实践推广。而鲁中地区在宋代正好具备了浓厚的儒学氛围。孙复、石介和胡瑗并称"宋初三先生"，他们设坛授徒，提倡以仁义礼乐为学，以继承儒家道统自居。石介与孙复均

① 冯尔康等：《中国宗族史》，上海人民出版社 2009 年版，第 164 页。
② 钱大昕著，杨勇军整理：《十驾斋养新录》，上海书店出版社 2011 年版，第 228 页。

与欧阳修交好，后者曾为二人作墓志铭。欧阳修是新式宗族和谱牒的倡导者，不但以"断自可见之世"为原则，创修了《欧阳氏谱图》，还将宗族世系刻在碑上。南宋欧阳守道曾记："熙宁见六一公作世次碑。"[1]北宋在碑上刻世系图的实例还可见于《三晋石刻大全》，该书所录熙宁十年（1077 年）《王氏世系碑》列有 6 代祖孙，世系图呈树形排列。[2]该碑以曾祖为起点的世系，象征祭祀牌位的昭穆次序，表明它实际上就是一通先茔碑。这个例子说明，在北宋刻石为谱并非空穴来风。徂徕石氏的宗族实践则更早，石介于康定二年（1041 年）撰《石氏先茔墓表》，对曾祖以下宗支世系情况叙述详尽。后晋时期石氏分为五大院，之后大院又分十六小院，至石介时共有族人五十四，在宋初已成为具有一定规模的宗族。[3] 石介所做墓表意在尊祖而收族："祀远，惟介之烈考能谈其谱，讨源及流，实为详尽。小子尝受之烈考，终不有识，大惧坠落。又为石高五尺，广二尺三寸，厚一尺，列辞二千三百六十八字，表于墓前，以传万世。"[4] 从文意上看，似乎是以文章谱的形式刻立的墓表，也算是一种石刻的谱牒。[5] 徂徕石氏一族是北宋比较典型的地主官僚宗族，尽管世系和规模都很有限，但在宗族发展史上具有代表性。

　　金朝统一黄淮地区之后，猛安谋克与汉人杂居，北方的社会经济与阶级关系发生变化。政府括籍夺田，"悉租与民"，使"农民重困"，[6]

　　① 欧阳守道：《黄师董族谱序》，《巽斋文集》卷十一，上海人民出版社 1986年版。
　　② 刘泽民、王琳玉主编：《三晋石刻大全》，《晋中市榆次区卷》，三晋出版社 2012 年版，第 24 页。
　　③ 葛延瑛、吴元录：《重修泰安县志》卷一四《艺文志·金石》，泰安县志局民国十八年（1929 年）铅印本。
　　④ 石介：《拜扫堂记》，《徂徕石先生文集》卷一九，中华书局 1984 年版，第 235 页。
　　⑤ 常建华先生也认为石氏墓表实际上是石谱。见氏作《中华文化通志·宗族志》，上海人民出版社 1998 年版，第 265 页。
　　⑥ 元好问：《嘉议大夫陕西东路转运使刚敏王公神道碑铭》，《遗山先生文集》卷十八，上海商务印书馆 1936 年版。

汉人宗族的聚居形态遭到破坏。但是金世宗时期，由于推行与民休息政策，在山东招抚汉人归农，"以致大定三十年之太平"。北方宗族又因此得到短暂的恢复，金大定年间各地出现了许多刻有谱系的石碑。其中有些是为汉人军功家族所立，他们最早成为有资格也有条件记录长世系的宗族。如泰安徂徕镇许家庄村的许氏，五代后期由河南许昌逃难而来，从三兄弟发展到十世五十余家。许氏之所以在战乱之中能够保全宗族，除了徂徕山区闭塞的环境有利于藏身聚居之外，更赖其族人以军功获得庇护。金大定二十九年（1189 年）许氏刻立《许氏坟林宗族之记》碑，记载立碑人许志、许彬等"破正阳首登城，以功累转昭信校尉，曾任解州商酒都监司"。碑文还谈及其族的谱牒情况："自始祖而下尝有一图本，列次宗枝之名位，代代保之。然多以农桑为业，或进身于诗书，奋跡于武勇，荣膺轩冕者亦不鲜矣。□世远不可得而详言之，况计之片楮。又丁宋季之乱，干戈竟起，舍屋既焚，因以失去，莫复录实，谁其念之。"许氏宗族曾创造简易的世系图本，但因宋金战争而毁于战火。世系的断裂和宗族的离散在所难免。因此碑文提出，"远祖之后图亡，既难推考，宜自目今十代孙列在碑阴，广空其下，庶使来裔世世得以叙之石，至无所容，仍冀后人别加措划，以谋长策"。能记十代子孙大概经历了二三百年，已能将世系上溯至五代时期的始迁祖，这无疑是一种标准的谱牒编纂方式，尤其是"广空其下"的做法更与"余庆录"之类相同。① 金代北方汉人宗族留下的族谱很少，而多选择将谱系刻在碑石上，这是与南宋宗族的重要区别之一。欧阳守道曾在《书欧阳氏族谱》中记载南方盛行纸质谱牒的情况，"前后所见同姓诸谱，但在庐陵诸邑已六七本，各巨轶细书。至临郡清江、宜春、长沙同姓，亦各有谱"。② 两者谱牒载体的不同，预示着宗族之路愈渐

---

① 此碑于 1995 年春被毁，碑文转自《许氏坟林碑》，中华泰山网，2010-10-20。

② 欧阳守道：《书欧阳氏族谱》，《巽斋文集》卷十九，上海人民出版社1986 年版。

出现南北分化。

　　总之，在宋金时期，北方汉人宗族的发展十分有限。特别是在金代，由于战争和民族政策的原因，多数汉人宗族在脱离原有的聚集形态之后，没能继续形成稳定和有力的血缘联系。战乱又导致谱牒大量被毁，祖先坟茔也因族人迁徙流散而遗忘。人们失去有关宗族历史和世系的记录，只好通过为祖先刻立先茔碑，以图保存仅有的世系记忆。因此在北方地区，墓祭成为主要的宗族活动，而军功家族则是这一宗族实践的代表。他们将"见在"的谱系刻在碑上，希望能在不可预见的后世保存得更为长久一些。这种谱系碑刻遂成为元代"宗派之图"碑之滥觞。然而女真政府不信任汉人执掌地方，山东一地仅为刘豫短暂所领。金代的汉人军功家族比较少，更不可能形成地方割据势力，汉人宗族复兴的时机尚未成熟。

2. 金元碑谱与世系重建

　　13 世纪以来，随着蒙古势力不断南侵，北方社会的宗族发展再次陷入深刻危机。1214 年，金宣宗被迫迁都南京（开封），不久黄河以北尽入蒙古囊中。北方汉族豪强陆续结兵自保，在女真、南宋和蒙古各个阵营间摇摆不定。出于对金作战的需要，蒙古在华北设立汉军万户，原来的金朝军功家族纷纷归服。其中势力较大的被封为万户，获得地方制辖权，准他们世袭，史称"汉人世侯"。而依附于世侯的中下级军官，也允许其子孙世袭官职，参与南征，获得各种擢升和恩惠。由于金元之交军功家族大量出现，北方汉人宗族具备了复兴的条件和可能。这些军功家族并非依靠现成的父系团体而兴起的，但是当他们在地方社会具备权威和地位以后，便开始尝试构建自己的血缘世系群——包含祭祀与生活双重范畴的团体。这种主动构建宗族的动机和思想就体现在"宗派之图"碑上。

　　"宗派之图"是以军功将领为核心的父系世系图表，新兴宗族将它刻在先茔碑上，起到明确血缘团体范围、强化血缘联结纽带、保证族人特权的作用。这是一种新的石刻类型，体现了元朝盛行的"根脚"和"蒙荫"风气。这种碑刻多为先茔碑、墓志或神道碑，额题"宗派之图"或"祖宗之图"。其世系往往追溯至始迁之祖（某些圣贤世系碑更是上溯至孔孟诸贤），往下又及立碑者的子孙，因此形成多个分支派系的图谱。"宗派之图"碑实际上突破了欧苏谱"五世为图"的局限，合可考之族于一碑，是将大宗谱法的原则应用于小宗世系图的实践。这种碑刻形制高大、华丽，以蟠螭碑首和龟趺碑座为常见，并非一般士人所能制作。① 它们集中建立于 13 世纪后半期到 14 世纪，这也正是蒙元政权逐渐稳定并控制全国的时期。元人的宗族实践正是从北方汉人宗族刻立"宗派之图"碑开始的。

"宗派之图"受北宋士人刻石为谱的影响，最早以世系图表的形式集中出现于金世宗时期的晋中南地区。② 现在已知最早的金代世系碑，是山西寿阳县《峪口吴家祖茔经幢》，刻于金大定十年（1170 年），为六棱形。其第一、二、三面为《佛顶尊胜陀罗尼经》经文，第四面是墓志铭，第五面是家族世谱。世系图从高祖开始记起，从上往下排列了五代人的姓名。③ 另外还有三通皆为大定十一年（1171 年）所立。其一为定襄县《故周公宗派图记》，记高祖以下三支子孙的世系，分刻四面。④ 其二为闻喜县《裴氏相公家谱之碑》，序文中说"今欲将家谱模勒是碑，非徒为远近荣观，又且为不朽之计"。碑刻唐人裴滔所撰三眷（支）谱系，体例为文章谱。其三是绛县《西董氏家谱之记》碑，碑阳镌"董氏宗谱图"，记录了八代世系。同年所立《董父豢龙碑》铭曰：

---

① 胡侍《真珠船·坟碑之制》说，"（金石例）三品以上神道碑，五品以下不铭碑，谓之墓碣"。

② 这种影响的确存在，如元至大元年《师氏族谱记》刻"族谱图表"，碑中专门提及，"昔庐陵欧公、眉山苏公，亦尝碑谱于茔域矣"。见河北省文化局文物工作队：《河北井陉县柿庄宋墓发掘报告》，《考古学报》1962 年第 1 期，第 72 页。

③ 王霞蔚：《金元以降山西中东部地区的宗族与地方社会》，南开大学博士学位论文，2010 年，第 29 页。

④ 牛诚修：《定襄金石考》卷一，辽阳书社 1990 年版，第 44 页。

"家风好事，人物多贤，谱记镌石，永显其传。"① 前者即已出现 "宗派" 两字，从题名上看明显是一通刻有家族分支谱系的先茔碑。后两者处于晋南地区，是早期将族谱刻碑的典型例子。金熙宗、世宗都推崇儒教，重视孔孟后人的寻访和世系的确认，并将孟子的祭祀地位提高到国家高度，于是在金代形成了所谓孔孟 "圣裔" 制度。方便记录家族历史和世系的 "宗派之图"，也从晋南传播至河北、河南和山东等地，并在孔孟圣贤家庙集中的鲁中南地区扎下根来。今存邹县孟庙的《重修邹国公庙记》碑，就是当地较早接受这一风气的例子。该碑刻于金大安三年（1211 年）六月，由知泰定军节度副使赵伯成撰文，宣威将军、前行滕州邹县令王瑀立石。该碑碑阴额题 "邹国公累世孙之派"，世系为横格制表，从右至左，顺次记叙孟子 44 代至 49 代子孙世系和所居村落（见前文图 8-4）。该碑列世系人名 27 行，各种施主姓名里籍 26 行，并说 "四十三世已（以）上世系载在家谱"。这是一种多种文体混杂的谱系碑刻，说明当时的 "宗派之图" 碑还尚未定型。

　　元朝建立以后，蒙古统治者继续推行尊崇孔孟礼教的政策，尤其注重山东地区孔孟世系的重建和恢复。元朝仿照宋金对孔孟圣贤后代的任命和恩荫制度，在孔庙和孟庙刻立了数通谱系碑刻，同时孔孟直系后代的墓碑也多刻录家族世系，以示正本清源。孔庙和孟庙圣贤世系碑的集中出现，代表着 "宗派之图" 样式在邹鲁之地正式确立起来。以天顺元年（1328 年）山东淮南等路行省勘立的《先师亚圣邹国公续世系图记》碑为例，碑阴的 "亚圣宗派之图" 记载了孟宁之下 8 世世系。世系图为垂珠式，世代之间以直线相连，纵线为父子祖孙关系，横线为兄弟旁系关系。还有至顺二年（1331 年）所刻《皇帝圣旨里》碑，碑阴为 "孟氏宗支图派"。碑体自上半部分刻有孔氏

---

① 该碑序文作者与《裴氏相公家谱之碑》同为 "彭城刘若虚"，篆额并书也是 "西河靳愿"。

第 3 代至 44 代子孙姓名，下半部分刻有 45 代孟宁至 55 代世系图。碑文为延祐元年（1314 年）中书省所下为孟氏子孙勘田免税的官文，落款是"山东宣慰使司"。"宗派之图"碑由政府授意，官员参与，属于合法的宗族行为。

13 世纪末到 14 世纪初，在统一战争中涌现出大量军功家族的鲁中地区，也开始流行利用墓碑记录世系和房派。如肥城石横镇大德二年（1298 年）《故都统刘公墓志铭》，碑阴为"宗派之图"。新泰羊流镇元至治三年（1323 年）《太守徐公神道之碑》，碑阴亦为"宗派之图"。章丘普集镇泰定三年（1326 年）《大朝故元帅李公神道碑》，额题"宗派之图"下刻有十世支系图。民国《重修泰安县志》著录数通元代先茔碑，其中延祐七年（1320 年）《千户平公祖茔》碑，碑阴刻"祖宗之图"，也是典型的军功家族碑刻。另一延祐年间的《临汶公氏祖茔碑》，碑阴亦为"宗系之图"，叙述始祖公全所生四子派下世系。[①] 元朝统一全国后，建立先茔碑刻成为奖掖汉人世侯和军功家族的手段。如果说孔孟圣贤之族是被动地由统治者扶持起来的，那么元代的军功家族则是依靠自己的力量，通过获得官职和名望而复兴的。

金元之交，"宗派之图"成为军功家族记录宗派世系的主要手段，而在北方地区普遍流行起来。而到了 13 世纪末期，乡村中的普通庶民之族也开始在墓碑上刻录世系图。清人吴式芬所著《金石汇目分编》中，记载了 18 通元代世系碑。[②] 除了因蒙元政权特意寻访和扶植的孔氏和孟氏，其余建碑者的身份尚不清楚，但无疑均是皇族、世族以外的庶民。这些碑刻主要分布于今鲁中地区的西南部，见表 9-1。

---

① 葛延瑛、吴元录：《重修泰安县志》卷六《艺文志·金石》，泰安县志局民国十八年（1929 年）铅印本。
② 吴式芬：《金石汇目分编》卷十二，山东省图书馆藏清光绪海丰吴氏刻民国文禄堂印本。

表9-1　　　《金石汇目分编》所见元代谱碑（碑名依原著）

序号	碑　　名	碑阴	建碑时间	地点
1	元权袭封主奉祀孔萧墓记	分派图	皇庆元年	曲阜
2	元孔子五十三世孙奉议大夫孔澄墓碣	宗派图	至正四年	曲阜
3	元孔子五十四世孙奉议大夫孔思逮墓碑	宗派图	至正十六年	曲阜
4	元孔子五十四世孙参政知事孔口口墓碑	宗派图	至正十六年	曲阜
5	元胡氏先茔记	世系图	至元三十年	宁阳
6	元孙氏墓记	宗派图	至元三十一年	宁阳
7	元邹国公续世系图记	世系图	天顺元年	邹县
8	元杨氏先茔记	宗支图	延佑四年	邹县
9	元董君墓碑	世系图	泰定四年	邹县
10	元朱氏先茔记	世系图	泰定四年	邹县
11	元张谅墓碑本宗图	本宗图	至正十三年	邹县
12	元任城赵君墓碣铭	宗支图	至治二年	济宁
13	元武斌墓碑	宗族图	至元二年	嘉祥
14	元杨氏祖茔碑	世系图	至正十二年	嘉祥
15	元杨氏祖茔记	宗派图	至大三年	嘉祥
16	元邵信墓碑	宗派图	天历元年	嘉祥
17	元唐氏世系图	宗派图	至元六年	嘉祥
18	元日照县令相林墓碑	宗派图	至正三年	日照

　　元代较早的"宗派之图"碑集中出现于鲁中南地区，而且靠近"孔孟之乡"的曲阜和邹县。这里毗邻鲁中的泰安、肥城和新泰等地，中间有宽阔的河谷平原地带，交通便利，是山东地区最具特色的宗族文化地带（如图9-1所示）。两千年来儒家文化在两地之间相互流传而光大，其中较为著名的例证如以汉代"孝文化"著称的肥城"郭巨墓"，① 西汉今文礼学最早传授者平阳高堂生（今山东新泰龙廷人），

---

① 经今人研究，世传"郭巨墓"实为汉代某郭氏大族之墓，与"孝子"并无关系，但北朝以来当地一直流传此类传说，可以证明儒家"孝文化"之昌盛。

宋代迄清出现泰山儒学"五贤"即孙复、石介、胡瑷和宋焘、赵国麟以及"名士"党怀英、王去非兄弟等人。这一地区在元明时期出现大量反映儒学宗族实践的碑刻，自然有其深厚的历史和文化背景。

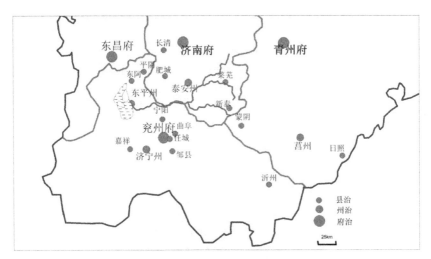

图 9-1　元代山东中西部部分府县设置

二、宗派之图与宗族振兴

　　元人的宗族实践主要体现为宗族组织的民间化和世俗化。不但出现了大宗祠和各种管理规范的族田，族谱形式和内容也更加丰富，谱图之法成为元谱的定例，表达出对更远世系的追求。元代宗族的这些新变化起于金元之交北方的汉人世侯和军功家族，他们通过刻立"宗派之图"碑，强化了保存谱系的意识。尤其是这些军功家族通过有意识地世系选择，形成了以父系原则为核心的宗族组织，实现了民间家族组织向宗族的自然转化。这些新兴的父系血缘团体，不但具有北宋以来宗族组织的一般特征，而且逐渐走上与南方地区宗族发展不同的道路。13 世纪的鲁中地区，是蒙元、金和南宋以及红袄军和各种地方武装混战的区域，"宗派之图" 碑这种特殊的谱牒载体集中出现于此有其历史必然性。

1. 宗派之图与世系确认

《刘海墓志铭》，大德二年（1298 年）刻，额题 "故都统刘公墓志铭"。所在地原属肥城前衡鱼村，今属平阴县邱林村，两村今毗邻。① 该碑高约 5 米，宽 0.8 米，厚 0.4 米，形制恢宏大气。碑首高浮雕螭龙戏珠，刻画精细，间饰云纹。碑阳书墓志铭文，碑阴为 "宗派之图"（见图 9-2）。

图 9-2　《刘海墓志铭》碑阴额题 "宗派之图"（笔者自摄）

该墓志铭由 "奉训大夫孟州知州前集贤待制杨遇撰并篆额"，"承事郎前济宁路肥城县兼管本县诸军奥鲁兼劝农事段继祖书丹"。因碑身半没土中，志文多有缺失。幸坊间流传有拓片②，碑文亦被选入《济南

① 1948 年春由肥城七区衡渔村划出邱林村，归平阴县。
② 王庆吉、韩吉庚：《人物传略·刘海东》，《石横镇志》，方志出版社 1997 年版，第 4 页。

历代墓志铭》①。刘海墓在光绪十七年《肥城县志》和光绪三十四年
《肥城县乡土志》古迹中皆有著录，但讹为"刘海东"。刘海事迹于史
无征，但志文中所及人物和战事都有历史根据。刘海出身地方官僚家
庭，金元之交家族败落，遂依附于"严无惠公"。严无惠公即严实，东
平路行军万户，是山东地区最大的汉人世侯。汉人世侯有属地官员任免
权，于是"辟复（刘海）为平阴都统"。刘海"召集流移"，"以部民
从役"，在参加开封近郊黄龙岗之战中陷殁。② 一个中下层小军官战死
沙场，本是蒙元战争中寻常之事。然而后世子孙却为他刻立了如此高规
格的墓志，不能不让人对元朝的职官制度、对待汉人的政策以及汉人军
功家族入元后的心态作一番深思。

　　《元史·刑法志》记载元代禁令，"诸职官居见任，虽有善政，不
许立碑，已立而犯赃污者毁之，无治状以虚誉立碑者毁之"。③ 并禁止
汉人官员服龙凤文及鞍辔画云龙。织物上也不允许造"周身大龙"。规
定"谓龙，五爪二角者"，一般将相、亲王或有功之臣的蟒袍只能为四
爪之蟒。刘海墓志碑首有四条蟠螭，周覆云纹，显示出较高的社会地
位。据当地文物工作者说，20 世纪 70 年代刘海墓地附近的田里还出土
过精美石象生和龟趺。元人系仰仗地方上汉人武装势力代他们征伐，故
会给有军功的宗族以无上的荣誉，刘海及其子孙均在此奖掖范围之内。
因此，元朝的禁碑令也许会对军功家族网开一面。

　　成吉思汗在消灭金军北方精锐后，命大将木华黎率偏师对付金朝，
自己则全力西征中亚细亚。汉人世侯严实就是在这一时期选择归顺蒙
古，成为攻灭金朝在山东军队的主力。而刘海无疑认可了严实的身份转

① 韩明祥编著：《刘海东墓志铭》，《济南历代墓志铭》，黄河出版社 2002 年
版，第 88 页。
② 应为黄陵岗，1233 年，《元史》中"张柔传""史天泽传""速不台传"
均有述。
③ 《元史》卷一百五，志第五十三《刑法四·禁令》，中华书局 2013 年版，
第 1781 页。

换，从而依附于他，也成为汉人世侯阶层中的一员。尽管刘海职务不高，但是依当时的情形仍属于仕途可望之辈。蒙元选用官员重用军功，"根脚"的政治原则在地方社会同样适用。而且归附蒙元既可以"保障乡里"，又能致身荣显，对原金朝境内的汉人十分具有吸引力。黄淮以北自建炎南渡，在女真的统治之下已有百余年。当地出生的汉人已有三四代之多，所以他们早已将自己视为异于南宋属民的"北人"。当蒙古南下之时，严实之类纠民自保，在各种势力之中周旋。更多的人就像刘海一样，"天下板荡，无所依附"。而"贞祐之乱"造成山东地区"群盗并起"，百姓苦不堪言，鲁中地区成为各种势力混战的场所。正如刘海墓志中所说，"时河朔被扰，娄值凶荒，民有饥色"。对于刘海来说，追随金军就是明珠暗投；对于惊慌无措的流民来讲，投奔强势的蒙元才最有活命的机会。于是刘海一呼百应，组成了一支流民部队为蒙元效力，在黄龙岗阻击金军。而刘海也正是在此役中"殁于王事"。后来，刘海的长子刘源"以将家子，例占军籍"，刚开始只是担任守把、百夫长等下层军职。丁巳年（1257 年）蒙哥率大军征伐南宋，刘源从属严实，参加了鄂州之围。到至元庚辰年（1280 年），累官至昭信校尉、后卫亲军都指挥使、司镇抚，佩金符。癸巳年（1293 年）其子刘淙袭昭信校尉亲军千户，刘源荣归故里。大德丁酉年（1297 年），刘源招武淙商议为刘海立碑事。正如志文所说，"命淙持行状诣京师，乞予以志公墓而铭之，兼议可否"。立碑之事不同寻常，应是在朝廷的允许下，才能制作出如此体量巨大的碑刻。

刘海墓志是由其子孙树立起来的，之所以如此，是因其本人乃至子孙的军功。这也反映出元朝政府自罢汉人世侯权利之后，仍然给予原来以军功发迹的家族以恩惠奖掖。刘海后裔同样以军功获得社会地位，因而要为他刻立墓志铭以示纪念和歌颂，更重要的是将"宗派之图"刻在碑上，使子孙后代都能受到祖先功德的蒙荫。"宗派之图"实际上就是将刘海家族中具有直系血缘关系的亲属，置于官方划定的蒙荫范围，相当于一份官方认定的世系档案。这种经过父系原则筛选的结果，则是形成了以刘海先祖为顶点的宗族组织。

2. 宗派之图与权利继承

蒙元社会论"根脚",讲"承荫",不但高层蒙古、色目人如此,地方上的汉人世侯同样按照这一原则进仕和承袭官职。与科举出身的仕宦人物相比,有"根脚"者更为一帆风顺,其宗族也更有地位。[1] 当时的汉人世侯大小数以百计,在地方上形成了错综复杂的权力网络。

依附于蒙元的汉人宗族,为承袭父辈官职,树立地方威望,致力于在坟碑上刻录"宗派之图",叙述祖先来历和功业。除上述肥城刘海墓碑外,今存还有新泰羊流镇徐家庄《太守徐公神道之碑》,刻于元至治三年(1323 年)。该碑亦为螭龙碑首,赑屃座。《山左金石志》记:"亳州知州徐琛墓碑,至治三年三月立,正书。碑高五尺二寸,广三尺一寸。在新泰县和庄南徐公墓。右碑篆额未拓,文三十六行,字径六分。卫融撰并篆额,□(李)鉴书丹。"[2] 徐琛生于金正大七年(1230 年),青年时"仪观魁伟,有杰士风"。[3] 宪宗五年为严忠济(严实长子)招为部下,己未年(1259 年)随军南征鄂州,任尚书行军万户府令史。至元三年(1266 年)转任沂郯万户府经历,后升承直郎、广德路总管府判。至元三十一年(1294 年)朝京师,拜奉直大夫、归德府亳州知州;元贞二年(1296 年)敕封为中宪大夫,升归德府总管提督太守。后受丞相脱脱推荐南征,任三路副元帅。大德七年(1302 年)卒于徐庄故里,享年七十三岁。元帝赠光禄大夫,赐御葬。其子徐彬为之立碑颂德,在碑阴刻"宗派之图",并建碑亭以覆。"宗派之图"为纵列的线型世系图,姓名之下标注娶妻情况、子嗣数量和长次位置。而

---

① 姚继荣:《略论元朝仕进制度中的民族歧视政策》,《青海社会科学》1996年第 3 期。

② 毕沅、阮元:《山左金石志》卷第二十二《元石》,江苏古籍出版社 1998年版。

③ 江乾达:《新泰县志》卷十八,乾隆四十九年(1784 年)刻本。

且从中可以辨别出有较为规范的辈分字。徐彬为徐琛四子，也蒙荫授官，"彬字雅儒，荫黄州路麻城县尉"。① 徐琛墓园神道长 50 米，宽 6 米，整个园区占地 20 余亩，呈矩形。神道中立一石坊，上书"徐公祖茔之门"。墓前翁仲、华表、石虎、石羊各二。如此高规格的墓园设计说明，徐琛宗族在元代地位显赫，财力雄厚，当为一方望族。

肥城孙伯镇庄头村武氏也是以军功起家。武元，从伯颜、阿术南征，至元二十二年（1285 年）诰授宣武将军、领军都镇抚。弟武全从兄征战，亦授武信骑尉。族弟武进至元年间敕授承信校尉管军千户成都镇抚。武进之子国贞，袭父原官。后元大德五年（1301 年）为征西副元帅，擢显武将军。之后武家代出将军之职，计有武略将军、怀远将军、昭武将军以及河南副元帅等职务。武家为元朝统一江南地区，远征交趾，平定西南诸藩出力甚多，展现出汉人世侯以军功发迹的时代特征。根据村中现存《武氏族谱》记，"始祖雨畦公以下六世，备书于三世祖浩源公墓表之阴，盖我世祖君光公所敬识也"。② 浩源即武进（字君光）之父，至元时曾敕封承信校尉，大德年间因子功诰封显武将军。其墓表应为武进及子国祯所刻立，碑阴"宗派之图"，同样体现元代"承荫"制度的传统。不仅军功卓越者的子孙可以顺次承袭其官位，而且其父亲和祖上也能分别得到朝廷封赠。最初是国贞"袭父原职承信校尉管军千户成都镇抚"，而后大德时武进"以子国祯功晋封显武将军"。同时武进之父也被诰封显武将军，已经去世的祖父武安和曾祖武圃则分别被诰赠为武义将军。这样，因武国贞在大德五年授显武将军，其父祖和曾祖、高祖均被封赠将军一职。

"根脚"与"承荫"还表现为军功家族子弟参与征战，有更多的机会提升官职。延祐二年（1315 年），国贞子武祥出镇云南；泰定二年（1325 年）平赵丑厮、郭菩萨动乱，授武略将军、河南副元帅。国贞孙

---

① 徐有尚：《元太守中宪大夫后赠光禄大夫徐公状记》，新泰羊流镇徐家庄《平阳徐氏族谱》，顺治十一年（1654 年）刻本。

② 肥城孙伯镇庄头村《武氏族谱》，光绪十八年（1892 年）刻本。

士英，至正初年（1341 年）季阳翼指挥使、授怀远将军。曾孙武净，官至枢密院同知，诰授昭武将军。至正二十一年（1361 年），配合察罕帖木儿和扩廓帖木儿父子收复东平和济宁。二十二年（1362 年），兵围益都，受田丰、王仁成偷袭战死。武氏一门在元代诰授将军七位，校尉一位，父祖皆授封赠，遂成为地方大族。

金元之交，北方地区社会动荡，汉人军功家族借助蒙元势力迅速发展起来。而蒙元也利用汉人世侯的地方武装，将他们作为主力进攻金朝和南宋。元朝的荫叙制度初定于至元四年（1268 年），"诸官品正从分等，职官用荫，各止一人"。这一政策使汉人世侯的家族势力得以巩固和扩大。蒙古国后期，汉人世侯隐匿人户，"奴视所部"，严重扰乱地方社会秩序，成为社会经济恢复和发展的阻碍。① 燕京等处行尚书省设置以后，忽必烈实行"画境之制"，对地方行政区进行调整，开始逐步削弱汉人世侯的权力。入元以后，元朝继续推行蒙古至上的原则，使汉人和南人处于不利地位。随着元朝对中国全境的统一，汉人获得军功的机会大为减少。大德年间突然增多的"宗派之图"碑，就是汉人世侯争取权利，扩大家族影响的努力。从碑文旨意来看，汉人世侯在宋金元三者交锋中，认可自己的北人身份，试图通过为蒙元征战获得相应的地位和权利。这种心理既有屈服于蒙元武力征服的因素，也是北方地区长期被金朝统治，与传统的汉人世界隔阂的结果。北方的汉人经过长期多民族的融合，风俗习惯和文化制度已经表现出与南宋地区不一样的特点。加之金元时期，庙制不立，北方宗族的发展不受礼制束缚。13 至 14 世纪，北方仿效和比肩圣贤家族的风气深入民间，所以"宗派之图"尤受地方宗族的推崇，很快成为地方上宗族复兴的碑谱范本。

"宗派之图"碑出现的意义重大。首先，先茔碑是汉人从祖先崇拜向宗族意识过渡的产物，代表了北方宗族在元代的复兴。这种新型的碑

---

① 赵文坦：《蒙古国汉人世侯辖区社会经济考察》，中国蒙古史学会编：《蒙古史研究》（第六辑），内蒙古大学出版社 2000 年版，第 43~48 页。

刻谱牒将宋儒划定的小宗世系进一步向五服之外的族人扩展，在某种程度上实现了苏洵所期待的大宗理想。宗族成为实际的生活团体不仅有了理论上的基础，而且确定了具体的世系范围。原先断续的父系世系经过"宗派之图"的整合，变成连续性的谱系，使民间祭祀五代甚至以上世系的祖先成为可能。其次，宗族组织从儒学的理想状态转化为现实的民间团体，山东地区提供了可资证明的实例，从而弥补了近世宗族从宋代的初始形态发展到明清时期成熟的社会组织之间的重要缺环。可以认为，至少在鲁中地区金元之交就已经出现宗族庶民化倾向，民间祭祀远祖已经不是个案。同时，前述新泰徐琛和肥城武氏宗族，在明清时期都有较大规模的发展，证明元代以来北方宗族组织的发展具有连续性。再次，军功家族属于地方上的豪强，但是根基还是在民间社会。他们的出身并非世家大族，有的甚至只是江湖人士。他们的宗族意识是在拥有一定社会地位之后才产生，无论是专注于祖茔墓祭还是刻石为谱，都与士大夫阶层所强调的谱学传宗思想有出入。他们所刻的"宗派之图"是一种朴素的系谱传承方式，既有当地碑刻文化的传统影响，又有鲜明的世俗化特征。也就是说，为了世代获得朝廷蒙恩，军功家族必须收窄世系范围，通过父系原则的亲属筛选，构建直系血缘组织。这一点与孔孟圣贤之族如出一辙，而并非宋代理学推动的结果。因此，北方家族组织向宗族的转化也是一个功能化的过程。

金元时期，北方宗族发展中渐次出现一些与南方地区迥异的新特点、新模式，这些特点和模式应该成为今后中国宗族史研究需要多加关注的新课题。

本 章 小 结

金元之交，北方汉人宗族最先兴起于军功家族。他们利用"根脚"和"承荫"，在墓碑上刻写"宗派之图"，建立了同宗共祖的血缘组织。13—14世纪，"宗派之图"碑集中在鲁中地区出现，反映了北方汉人从祖先崇拜向宗族意识的过渡。汉人宗族在蒙元统治下争取权利，利用碑刻记录宗支世系和分派，表现出与南方地区不一样的谱牒类型和特点。元代迄清，北方宗族组织的发展具有连续性，山东地区提供了可资证明的实例。

"宗派之图"碑具有重大的宗族理论意义。首先这种新型的碑刻谱牒的出现，代表了北方宗族在元代的复兴。原先断续的父系世系经过"宗派之图"的整合，变成连续性的宗族系谱。其次，在这种连续性系谱的引导下，元代宗族组织从儒学的理想状态转化为现实的民间团体，从而弥补了近世宗族从宋代的初始形态发展到明清时期成熟的社会组织之间的重要缺环。最后，"宗派之图"是一种朴素的系谱传承方式，既有当地碑刻文化的传统影响，又有鲜明的世俗化特征，反映出北方家族组织向宗族的转化是一个功能化的过程。

第十章　碑谱与社会建构①

在鲁中地区，祖茔是宗族发展的物质基础，用来聚合族人，划分族属关系和族群边界。而碑谱则具有墓祭功能，碑谱世系主要是围绕祖茔祭祀而建立的宗族范畴，其构建过程和具体形式与茔地的位置、数量和祭祀范围有关。祖茔在宗族构建过程中起着先导的作用，迁居必然要确立新茔，分支宗族成立的标志是对新茔的确认，以及在新茔刻立谱碑这种新型载体。于是，共同的祭祖活动成为整合族人的前提，建构祖茔园地是为了形成永久的祭祀空间，祖茔和碑谱构成鲁中宗族地域性的主要标志。这种对祖茔及祭祀的集体认同，来自对传统文化的继承，是其宗族组织化的历史内涵。

鲁中地区宗族广为流行的谱系碑刻，最初是以在宋元之间刻画祖先世系为主的"宗派之图"碑为滥觞，但到明清时代"宗派之图"并未完全消失，而是部分地保留在圣贤之族的碑刻中。② 甚至到了清初，元代延续下来的军功家族还通过"宗派之图"，追溯祖先历史，记录宗族世系。③ 不过，随着明清易代，"宗派之图"所蕴含的根脚和蒙荫意味

---

① 本章的主要内容发表于山西大学中国社会史研究中心《社会史研究》第6辑，社会科学文献出版社2018年版。

② 即孔子、孟子等儒家圣贤的宗族谱系碑刻，金代以来多为政府刻立，以标榜统治的正统性、合法性。

③ 周晓冀：《13至14世纪"宗派之图"碑与北方汉人宗族的复兴——以鲁中地区的军功家族为中心》，《青海民族研究》2017年第1期。

却淡化了，这种碑刻逐渐更名为"某氏谱碑"，乡村的平民宗族将本族的世系图表，结合族谱序文刻写到墓碑或祠堂碑刻上，成为华北宗族的物化特征之一。任何一个乡村中的宗族都有自我组织的权利，但在鲁中地区，这种权利的实现却经历了曲折而痛苦的过程。

一、明初碑谱与世系追记

明代，由于鲁中地区移民社会的形成，乡村宗族再次发展起来。但是直到嘉靖即位之前，各种谱系碑刻都远没有元代兴盛。相反纸质谱牒却渐渐流行起来。这一现象在明代族谱谱序中多有提及，似乎与北方地区 14 世纪以来的变乱历史有关。今存明代泰安《孙氏族谱文》就记载，元末明初族谱毁于兵火，洪武年间又遭"红蝇之毒"，致使"泰莱地面几乎无留人矣，世系后裔之不灭谨如一线"。① 由于谱失家破，宗族世系的保存大概就只能依靠墓碑上的记载了。然而到永乐初期，北方却又遭受了一次毁碑事件。"成祖即位，下诏扫北，令到碑倒，自此古碑无有存者，所还存者百无一二。"② 孙氏族谱作于明英宗正统元年（1436 年），距洪武建元不到七十年，距永乐改元也只有三十余年，文中所记当为真实的历史记忆。只不过由于兵火过于频繁，作为百姓不可能完全理解个中缘由，致使多个历史事件被叠压在一起，形成混为一谈的民间传说。短短几十年各种武装势力混战于华北地区，暴力的硝烟此起彼伏。从《孙氏族谱文》中我们看到，至少有两次战争深刻留存于当地民众的记忆之中，而且形成了叠加和变异。

一是元末的红巾军起义。谱文中"红蝇之毒"当为元末红巾军北

---

① 《孙氏族谱文》收录于清代乾隆辛丑年《泰安孙氏世系谱书》抄本，现藏泰安图书馆及泰安范镇岔河村孙氏祠堂。

② 泰安岔河《泰安孙氏世系谱书》，乾隆辛丑年抄本，第 13~15 页。

伐，记为洪武年间事情，自然也是记忆失序。① 至正十七年（1357年）毛贵率东路军北伐与至正二十七年（1367年）朱元璋命徐达北伐，均经过山东，尤其是后者横扫鲁中地区北部，造成了民众的恐慌。二是所谓"燕王扫北"。"燕王扫北"不见于史书，而是民间流行的说法②，但其意指却众说纷纭③。"燕王扫北"应该主要是指以山东、河北等地为主战场的"靖难之役"，用"扫北"来形容对北方地区造成的扫荡性结局。鲁中地区作为金元以来历代朝廷的京师拱卫之地，其战略地位毋庸置疑，因此遭受大型战争的频度和烈度尤其为甚，鲁中亦是朱棣进攻南京政权途中最硬的骨头。至于被民间讹传为"扫碑"，其一说与朱棣借口清明为祖先祭扫功德碑，打出"清君侧"和"靖难诛奸"旗号，攻取南京有关。④ 其实孝陵功德碑建于靖难之后的永乐十一年（1413年），而燕王拜谒孝陵也是在攻入南京之后才由学士杨荣提醒而为，⑤所以靖难之役和祭墓扫碑并无关系。不过，《孙氏族谱文》中的说法倒是给了我们某种有趣的启示。文中说"下诏扫北，令到碑倒"，这两件看似无关的事情在当时发生了关联，说明的确产生过另一种"扫碑"的流言。"碑"与"北"谐音，"扫碑"和"扫北"在民间社会出现了记忆重叠。"燕王扫北"与"燕王扫碑"是性质不同，但彼此相关的两件史实，而且的确很早就流传于民间。不过这里"扫碑"之"扫"又

---

① 也有观点认为燕王的军队头戴红巾，百姓视之为瘟疫，暗指靖难所造成的"千里无人烟"的局面。见《洪洞县志资料》1984年第7期，第20~21页。

② 1923年云记书庄，1942年沈鹤记书局都曾出版过《燕王扫北》章回体小说。今人单田芳也有多个版本的评书《燕王扫北》，其中以群众出版社1999年版为早。

③ 主要有靖难说、报复说、伐蒙说和移民说四种，见栗永：《靖难之变与"燕王扫北"》，《当代人》2011年第12期；赵春万：《"燕王扫北"之我见》，《寻根》2008年第2期；周利成：《燕王扫北与天津建卫》，《天津档案》2008年第3期。

④ 张可先：《"燕王扫碑"与"永乐扫北"》，青岛即墨区情网，2011-12-11。

⑤ 谷应泰：《明史纪事本末》，中华书局1977年版，第272页。

多了一层扫除、清除的意味，暗示永乐年间所发生的毁碑事件。值得注意的是，在百姓记忆中两者之间肯定不会无缘无故构成联系。靖难之役中的山东济南、聊城和德州等地官民，在参政铁铉、总兵官盛庸等率领下曾大败燕军。绕道鲁中地区偷袭都城得手的朱棣是否如传言，对山东地区进行了报复性杀戮？《明史》中没有丝毫记载，但是从距离靖难之役不久的《孙氏族谱文》看，"扫北"的传说也许是真实的历史。① 其真实性还在于百姓产生的对"谋逆者"的恐慌，即由"扫北"联想到对祖茔及碑刻的破坏。② 这种将个人生命和世系记录一并毁掉的行为无疑是最为可怕的宗族灾难——而且事实上很可能已经发生了，所以才会记录在正统元年的谱文中。毁碑未必是"扫北"的初衷，是否真的下过"扫北"令也尚且不论，但是无论如何永乐年间的确出现了"古碑无有存者，所还存者百无一二"的现象。这种现象自然不能全部归因于靖难之役，元末以来连绵不断的兵燹一直是鲁中地区民众的梦魇，无疑都会对传统文化产生粗暴割裂的影响。如果以上的推测属实，那么明代中叶以前鲁中地区的谱系碑刻较为稀见就不难理解了。

回过头来再分析泰安岔河孙氏，是如何在"扫北"或"扫碑"之后重新构建宗族的。孙氏一族原为泰山先生、北宋仁宗朝国子监直讲孙明复后人，嘉祐年间即"积顷百，经营祠堂于岔河"，但经过元末农民起义、燕王靖难之役后也溃不成家。不过，永乐年间有两件事对孙氏的重新振兴起了关键作用。一是孙氏祖碑侥幸留存。"（二世）佑邦老祖墓碑，原是孙氏掌穴之地，族人不肯毁坏君恩祖德，无人查问，竟留于岔河孙氏祖茔之中。"碑文记载了孙氏在北宋嘉祐年间的情况，如在肥

---

① 无论是朱棣攻取南京过程中的"扫北"，还是继位之后剪除内患的"扫北"，包括鲁中地区在内的华北地区，无疑在永乐定鼎前后都遭受过严重的战乱冲击。

② 祖茔上的碑刻除了墓主的墓碑之外，还有专门刻写宗支世系以便合族祭祀的先茔碑。先茔碑最早出现于宋初，元代潘昂霄《金石例》中提到其"书三代并妻子"，其实是一种从墓碑向宗族谱碑发展的过渡性碑刻。

城、东平等地积地、定居、建祠堂和卜茔地的情况，是十分珍贵的族史资料。① 二是永乐移民中由淄川迁来敬公一族与岔河之孙氏合族，"叙成一家一祖一林，列为九世"，从而壮大了孙氏宗族，避免了世系断裂和支派迷失的继续发生。据谱文记载，北宋时期孙氏第三世分为六支，其中第六支名蕙的徙居淄川，其余五支落户岔河，三四百年间"支派散居外乡不知有多少矣"。这就为永乐年间与淄川来居的一支建立起了祖先的世系联系，尽管中间断裂了六世，但不影响孙氏在劫难后重新建族的努力。谱文描述当时孙氏宗族的情况，"吾族世系苗裔很弱，食不果腹，衣不蔽体，佣工者多，识字者少"。曾在宋代辉煌一时的泰山大族历经北方多次战乱，以致宗族贫弱，有"失迷支派"的危险。所以文末称，"同修草谱一卷，传于后世，宗派保无紊乎？"

永乐移民往往因为现实生存需要同当地土著宗族联姻或联宗，而联宗的办法就是从谱系上认祖归宗，即在己身以上几代找到双方共同认可的祖先，从而在谱系上建立移民宗族和当地宗族之间的关联。因此，完整的谱系链条是联宗的前提，淄川孙氏就是利用岔河孙氏在北宋的分化，声称他们就是当年外迁的分支，从而在第三世上与岔河孙氏祖先建立起同宗的兄弟关系，这种祖先的世系联系也许是拟构的，但在双方认同下成为实实在在的联宗基础。根据明代岔河孙氏谱书的说法，他们与淄川孙氏在宋代原本一族，靖难之变后遭遇宗族败落，因此能与淄川孙氏移民合为同宗一族，实乃壮大本族实力的幸事。又说"支派散居外乡不知有多少矣"，也为原有谱系散失情况下，两者重新建构宗族历史和世系关系作了解释和铺垫。可见，岔河孙氏认可其在北宋时的二世祖也是淄川孙氏的二世祖。

我们没有足够的史料来分析，"燕王扫碑"到底在多大程度上破坏了宋元以来碑谱的发展进程。但是以目前的资料而言，整个明代上半叶在碑刻上记录宗族世系的传统并未得到发扬。现存的明代碑谱统计中，

---

① 《泰安孙氏世系谱书》，乾隆辛丑年抄本，第5~9页。

除了受到政府表彰的圣贤之族的谱系碑刻外，乡村中鲜有此类碑刻存在。① 这种情况直到万历朝之后才有所改变，明末普通宗族才开始流行用先茔碑，继而用碑谱记载迁徙历史和宗支世系。与此相对应，见诸史料的纸谱编纂事例倒是很多。明代作为汉人再次操命天下的朝代，对宗法仪礼的理解和宣扬无疑会超过金元时期。随着汉人政权的稳固，宋代理学为朝廷所推崇而延续，碑刻被认为是逾越礼制的违禁行为。如果说在所谓庙制不立的元代，北方宗族皆刻立"宗派之图"碑而得以复兴，那么在明代讲求礼制的大环境下，民间碑刻进入低潮则是可以理解的。泰安岔河孙氏联宗合族之后，也就没有按旧例刻制先茔碑，而是"修草谱一卷"，以载宗支世系。据乾隆四十六年《重修孙氏谱》所记，该谱为"布帛一束"，内容为手书谱纸一章，介公墓表一章。作序者感叹，自宋真宗年间至今六七百年，"碑志不详峙于何处，何以叙之？"② 明代宗族谱系碑刻之不兴可见一斑，其一鳞半爪仅能从现存鲁中族谱中有所窥见。

二、清初碑谱与宗族再造

华北地区宗族发展过程的最大特点就是变迁性，即由于历史上的主动和被动迁居所引发的宗族组织演变。而无论是何种迁居都离不开战乱和环境灾害这两大因素。作为封建国家主要资源的人口，既是国家赋税的来源又是社会稳定的必要条件，因此如何确保人口增长的规模成为历代政府的主要任务。清代在实行保甲制的同时，支持民间宗族组织的发展和自我管理以及允许他们参与地方社会事务，以此作为控制区域人口数量和规模的重要手段。

---

① 反而在太行山以西的汾沁流域以及长江以南地区出现数例碑谱，且多为朝廷官员所立，似乎是元代"宗派之图"碑传统的继承。

② 《泰安孙氏世系谱书》，乾隆辛丑年抄本，第16~17页。

明清政府首先面对的人口问题就是华北传统农耕区——也是宋元以来战争和自然灾害频发的地区——的人口逃亡。山东地区在元末明初和明末清初都经历过巨大的人口变动，其原因除了政府有计划的招垦移民之外，主要是山东人口的大量外逃。"地土荒芜，有一户之中止存一二人，十亩之田止种一二亩者。"① 同时，山东省内的移民活动也十分频繁，体现在其他地区的人口向鲁中地区尤其是其东部高地和西部盆地集中，形成变乱时期类似纺锤形的人口分布。这一分布形态为和平稳定时期鲁中宗族的发展奠定了历史基础。

逃荒是华北灾民长期以来的习惯选择，而明清政府都意识到掌握好流民就能取得政权的稳定。② 清初解决流散和逃亡人口主要通过户籍和田制的改革。如准许军籍子孙参加科举，按宗系分配财产，设立保甲制度，对山居棚民和外来流民编册管束并安置等；康熙五十一年有"新增人丁永不加赋"之谕，雍正之时更有编审之停。在田制方面，康熙八年下诏推行更名田，"满兵有规占民间房地者，永行禁止，仍还诸民"；后又施垦荒屯田之令，"凡州、县、卫无主荒地，分给流民及兵官屯种"。③ 因此，随着劝耕准业政策落实，各地复垦相继完成，逃亡人口得以抚实，编审人丁开始大幅增加。④ "自圣祖以来，休养生息百有余年。""民生其间，自少至老，不知有兵革之患，而又年丰人乐"，遂致"户口繁庶"。到道光二十九年，统计人口已经突破四亿，达到有清一代的顶峰。⑤ 这一人口变迁的历史也透过鲁中地区清代早期碑谱的

---

① 蒋良骐：《东华录·世祖》卷二"顺治二年一月"，转引自彭雨新《清初的垦荒与财政》，《武汉大学学报》（人文科学版）1978年第6期。
② 王建革：《传统社会末期华北的生态与社会》，生活·读书·新知三联书店2009年版，第325~329页。
③ 赵尔巽等：《清史稿》卷六、卷八、卷一百二，天津古籍出版社2012年版，第89、142、1659页。
④ 李辅斌：《清代前期直隶山西的土地复垦》，《中国历史地理论丛》1995年第3期。
⑤ 赵尔巽等：《清史稿》卷一二〇，中华书局1998年版，第1651~1652页。

兴起而显现出来。

以笔者所录鲁中地区 75 篇碑谱序文为例，有 5 篇出自康熙朝，3 篇出自雍正朝，还有 11 篇出自乾隆朝。康乾时期总计 19 篇，占总数的 25% 强。而乾隆时期的碑谱又有 9 通是重修碑谱或支谱碑谱，其初修当在清初。现存清代中后期碑谱序文中，也有多篇提及本族碑谱创修于康乾时期。根据统计，除了碑谱较多的光绪和民国时期，其他各期碑谱序文数量要少于康乾时期。① 尽管笔者搜集的样本数量有限，但结合对于 228 通碑谱的分期研究，其分布趋势大体是吻合的——即在数量上，康乾时期的碑谱占清代碑谱的总体比重较大。② 这说明随着清代人口规模的逐渐扩大，鲁中地区很可能出现了一个小规模的宗族建设潮流。明代一度衰落的碑谱，经过康乾时期的社会发展又重新开始复兴。

清初的碑谱序文反映的主要是鲁中原住居民的繁衍情况。一类是元代及以前的原住居民，如"世居平阳"的徐氏，始祖为元代徐州太守徐琛（其更自认为唐英公之苗裔）。徐氏于康熙七年作《徐氏宗谱之碑》，序文提及人口逃亡的历史，"迩来水旱频仍，兵燹渐疏，弃乡井而之他方者众欤"。说明清初鲁中地区的人口流失，主要并非兵乱而是因为灾荒。鲁中地区的自然灾害向来以气象灾害为多，主要是干旱，间或夏季降水集中引起的河流泛滥。明代以来，黄河流域连年水旱雹蝗灾害，在各种地方志的"祥灾"篇中都有较多记录。山东境内自万历四十三年（1615 年）到顺治十六年（1659 年）共发生各类严重灾害 20 多起。崇祯十一年（1638 年）至十四年（1641 年）的连续大旱，导致

----

① 笔者所集鲁中地区其他各期碑谱序文数量如下：同治年间 6 篇，咸丰年间 3 篇，道光年间 6 篇，嘉庆年间 3 篇，总计 18 篇。

② 参见笔者《宋元以来鲁中地区宗族谱碑研究》（上海师范大学博士学位论文，2016 年）中的第三章"鲁中地区谱碑的渊源与分布"及附录"现存谱碑统计表"（调查截至 2015 年 3 月）。

89 个县中有 82 个出现 "草禾俱尽" "道馑相望" "人相食" 的惨状。①
康熙四年（1665 年）全省 107 个州县大旱，泰莱地区所在的鲁中地区
即是旱灾的核心区域，大旱导致很多村庄颗粒未收。② 尽管自然灾害
使徐氏族人散居各方，"昭穆既絜，世系莫考"，但是宗族的恢复十
分迅速，同族之中出现多位举人士子，说明其经济基础已初具规模。
于是开始商讨追记祖先谱系，"勒石于茔" 以传 "千百年衣冠文物"
成为聚族亲宗的首要大计。号称 "岱左之名族" 的冯氏也是泰安原住
居民宗族，早在洪武年间就有 "昭勇将军" 葬于故县村北。冯氏入清
之后 "士食旧德，农服先畴，瓜绵椒衍，子孙绳绳"，遂于康熙二十
八年（1689 年）初创碑谱，反映乡村通过耕垦增强了抵御灾荒的能
力，实现了人口的恢复。此外外逃的人口大量返乡，也促成了清代早
期原住居民宗族的恢复，他们所刻碑谱所保留的世系就明显长于移民
宗族。冯氏于乾隆二年（1737 年）和乾隆四十七年（1782 年）分别
再次刻立谱碑，就反映了清初宗族快速发展的态势。前者由庠生董汝
章作序，认为冯氏 "固最著也，传世远而族属众"；后者由 "家眷
弟" 身份的举人候选知县韩某作序，感慨 "族丁颇繁，统属一本，恐
其久而失传"。③ 说明其人口经过清初的恢复后，社会交往范畴逐渐扩
大，宗族组织化显示出较高的水平。

　　还有一类原住居民原本是明初的外来移民，主要由洪武或永乐年间
由山西洪洞或河北枣强迁来此地。这类 "晚到" 的原住居民在整个明
代乃至清初大多经历了多次迁居，宗族整合能力差，呈现出离散的特
点。如泰安邱家店的宋氏，祖籍为枣强，自洪武以来先迁济南章丘，后
迁岱下汶阳，其子孙 "隆隆其日起，或咏吟一室，或出就外传，间不

---

①　刘德增：《山东移民史》，山东人民出版社 2011 年版，第 6 页。

②　《中国地方志集成·山东府县志辑》，凤凰出版社 2004 年版，第 158~159
页。

③　《泰安冯氏家谱》，2001 年，第 448~453 页。

乏人"。至乾隆三十二年（1767 年）三修碑谱云，"散处东西者固多，星居南北者亦不少"。① 不过宋氏在清初也保持了相对稳定的人口规模，"户口日增，生齿芸芸"，遂于康熙十七年（1678 年）刻立碑谱，"为之续志族谱，分支别派题其名于碑阴"。又如祖徕镇东埠前村的刘氏，号称汶阳巨族，其同治十三年（1874 年）所修碑谱中说：

> 我四世祖淮公于康熙壬辰年始创立谱碑，而世系赖以不紊。嗣是，我七世祖丽玉公乾隆丁酉年重修之，八世祖东序公于道光戊子年又重修之。三次修谱上下不过百余年，所迄今又历四十余年。丁口益繁，散处者且多……

从文中可以看出，刘氏三次修碑的时间分别为 1712 年、1777 年和 1828 年，间隔五六十年即重修一次。尤其是前两次反映了鲁中地区的人口快速增长期，四世和七世修碑的时间间隔仅为六十五年，大致相当于每隔 21.7 岁就有一代人成熟，这是相当快的繁衍速度。而从 1828 年三修碑谱到 1874 年四修碑谱，也只过了四十六年，可见刘氏人口的膨胀对扩充世系记录的需求一直较高。

与其说人口的增殖是碑谱复兴的前提，还不如说碑谱反映了清初特殊政治经济条件下宗族重新出现的时代背景。康乾时期人口的增殖奠定了鲁中地区宗族发展的生物学基础，而随之出现的社会问题和环境压力，又形成宗族构建的外在推动力。清初，整个泰安府的人口逃亡率在 10%以上，加上因战乱和自然灾害的损失，人口较万历时期减少 1/3～1/2。② 无疑，动荡的社会和恶劣的环境都不能使宗族维持稳定的成长。直到康熙五十年，鲁中地区的碑谱主要还是旧有的大族所修，而新移民

---

① 《泰安宋氏家谱》（六修），2004 年，第 572 页。
② 颜希深纂修：《泰安府志》卷八"田赋"，清乾隆二十五年（1760 年）刻本。

碑谱绝无仅有。清初的修养民生政策成为鲁中宗族形成和发展的契机。顺治六年诏谕："凡各处逃亡民人不论原籍别籍。必广加招徕，由各道府州给予本地方无主荒田。"① 康熙五十一年诏曰，"嗣后滋生户口，勿庸更出丁钱，即以本年丁数为定额，著为令"。② 山东地区在康熙时期的年人口增长率高达 21.8‰，到乾隆三十一年则下降至 4‰，相应地人均占有耕地面积仅为康熙年间的 1/4 左右。③ 鲁中地区以山地丘陵为主，随着荒地的分配和开垦以及人口快速繁衍，人地关系势必变得紧张。康熙五十三年圣祖即指出，"今人民蕃庶，食众田寡，山地尽行耕种"。④ 为稳定税收，康熙五十五年开始又逐步推行摊丁入亩，乾隆时期大致普及全国。到乾隆二十五年，除西部水患严重的东平、肥城和平阴外，鲁中地区的泰安州、新泰、莱芜、东阿四地丁额，基本恢复到明万历时期旧额水平。而这些地区多山地丘陵，一直就是人口与土地、资源矛盾较为突出的区域，具备宗族聚居的环境基础和形成宗族聚合的社会条件。在鲁中地区，康熙至乾隆时期的碑谱绝大多数就是出于上述地区。清初的赋税制度改革，无疑有助于促使扩展后的家庭形态整合为新的血缘群体。召垦政策导致大量自耕农家庭出现，并逐渐积蓄了个体家庭的财富。为划清税额的责任与范围，基于里甲体系的户与各个姓氏的族群构建结合起来。因此，宗族有可能作为基层的赋役共同体，承担起自我管理和参与国家事务的义务。明清时期宗族聚合的首要目的即在于应对赋役，这在北方地区并非孤例。政府对乡村的控制主要靠经济关系

---

① 《清世祖实录》卷四三"顺治六年四月壬子"，转引自李辅斌《清代前期直隶山西的土地复垦》，《中国历史地理论丛》1995 年第 3 期。

② 赵尔巽等：《清史稿》卷八《圣祖本纪三》，中华书局 1998 年版，第 142 页。

③ 闫娜轲：《清代山东府县人口考论》，曲阜师范大学硕士学位论文，2010 年，第 18~19 页。

④ 《清世祖实录》卷二五九"康熙五十三年六月丙子"，转引自李辅斌《清代前期直隶山西的土地复垦》，《中国历史地理论丛》1995 年第 3 期。

来维持，户族成为最基层的赋役单位，日益增长的人丁之重要性反而下降。① 宗族组织在鲁中民间的再次兴起，或许就与以族为户，共享定额赋税有关。以此来看，同宗之人聚为一族既能有效应对环境和资源的压力，又能平均负担，共同发展，故而成为民间社会最为普及的自治化团体。

尽管清初的碑谱序文中一再强调，保存世系是为了尊祖睦族，但根据当时的社会发展条件分析，其真实意图应该是通过碑谱世系划定赋役承担的人员范围，明确实际的户族单位。由于相关资料十分缺乏，这种推测主要还是基于大的历史背景所作。期望今后能有更为丰富的证据，对清初碑谱刻修的动机和目的做出更为准确合理的判断。

三、碑谱谱系与墓祭功能

康熙二十八年（1689 年）《冯氏谱碑记》载，万历四年（1576年），冯氏在昭勇将军墓前"勒石刻铭，明先启后，宗派各依"。同治年间十九世孙悦恕又在《纪昭勇将军碑始末》中明确提到，"此碑界为两截，序文为尧化祖撰，及将军以下七世讳具在上截，其款式则自上而下竖写成行，合族谱讳则在下截，其款式自左而右横排成行，每行首题几世孙三字"。② 昭勇将军顺斌为明初之人，按例应为正三品武馆职，朝廷是允许立碑的。但是顺斌其人其事"见史阙文"，"并无谱牒"，冯氏后人给出两种推测，一是"将军后裔适值靖难兵起，到处兵燹，竟遭秦火耶？"还有另外一种可能"抑数传而后，家值中衰，无人考订耶？"直到万历时期才由八世、九世借"家声再振，乃立将军墓碑"。明代后期直到清朝，鲁中地区依然流行利用先茔碑追溯祖先历史，以确

---

① 关于户族承担里甲赋役的研究可以参考王绍欣《祖先记忆与明清户族——以山西闻喜为个案的分析》，赵世瑜主编：《大河上下——10 世纪以来的北方城乡与民众生活》，山西人民出版社 2010 年版，第 211~239 页。

② 《泰安冯氏家谱》，2001 年，第 448~453 页。

立宗族存在的合法性和合理性，但他们所追溯的始祖是否真实存在还是应打上问号的。如昭勇将军"史乘阙如"，后裔世系无考，冯氏又怎能在新立之碑上刻写将军以下七代世系？而且涉及包括始祖在内的十余人？万历四年距靖难之役已有一百七十余年历史，碑刻无存大概可以归结为"燕王扫碑"的结果，但是这一口耳相传（假设如此）的昭勇将军的真实性又有几分呢？祖先事迹难考的宗族在明代绝非孤例。自金元以来三四百年间，北方社会几经战火，朝代更替，流民迁徙，传统的安土重迁观念早已成了不可及的梦想。仅以鲁中地区的碑谱和族谱而言，宗族历史记忆从明初开始的占大多数，而元末之前的宗族寥若晨星。因此，从明代万历时期逐渐兴起的乡村宗族，其首要任务便是确立始祖，构建新的宗族历史。

从现有族谱或乡间传闻了解，大多数鲁中宗族的构建都是围绕祖茔的修建而开始的，称之为"茔族"似乎是比较形象的说法。就像上述宋代就定居泰莱区域的孙氏，正统年间其宗族复兴的契机正是外来同宗共建祖林，合为一族。不过由于"燕王扫碑"冲击的后续影响，孙氏没有选择碑刻形式记录宗族世系，而是"同修草谱一卷"。[①] 自明代才有确切历史的冯氏建族则晚至万历时期，由后人通过在先茔碑上刻写世系的方式，实现尊祖敬宗收族的理想。据康熙二十八年（1689年）《冯氏谱碑记》载，首次确立始祖世系的是族中两位军官，"钦依南直隶东海等地方把总、泗州卫都指挥尧化公同锦衣卫校尉自垒公"。正是他们"勒石刻铭"，才使冯氏聚为一族，"明先启后，宗派各依"。嘉庆二十三年冯氏在曹家村另修分支碑谱，也说："昔故人以本俗安万氏，而族坟墓联兄弟，为先上以此教，下以此化，孝子贤孙每多留意于此。"冯氏凭借祖茔的影响联宗同姓，刻立谱碑，教化子孙。可见，孙氏和冯氏在不同时期，分别是以不同的谱牒方式记录世系，各自完成了对宗族的

---

① 关于不立谱碑的原因，孙氏于乾隆四十六年《重修孙氏谱》中解释说，金石有不朽之功，但亦有销沮之时，不若"托于纸楮，永传于世"。显然是偏重谱牒保存的人为因素，是一种在承平日久形势下才会产生的观点。

组织与建构。

　　明代初期，吏治严厉，等级森严，整个社会风气十分压抑。创制于洪武年间的《大明律》推行法与礼的结合，沿革了《唐律》中关于"长吏辄立碑"的规定，官员百姓立碑受到政府的管控和监督。如："五品以上，许用碑，龟趺螭首。六品以下许用碣，方趺圆首。庶人茔地九步，穿心一十八步，止用圹志。"（《大明会典》卷八一）即一般情况下，庶人墓前不许立碑碣，只许埋"志石两片"。庶人可"祭里社、乡历及祖父母父母"，"余俱禁止"（《大明会典》，卷一六二）。明成祖即位后采取更为严苛的高压统治，在一定程度上也约束了民间立碑。明代中期以后，随着官僚政治的成熟和商品经济的发展，社会环境转向宽松。而王阳明、王艮所提"百姓日用即道"，又推动了整个社会的思想解放。方志和各种金石录中显示，民间刻碑已蔚然成风。① 朝廷的禁令在地方社会并未得到很好的贯彻，乡村宗族不但刻立去思碑、德政碑，进而还开始刻立祭祀远祖的谱碑。

　　从鲁中宗族发展的历史个案看，其形成过程一般是迁居——卜茔——立村——定居——繁衍成族（其间有多次分支和迁徙过程）。而碑谱则成为茔地与宗族之间沟通的桥梁，族史与谱系既是祖先崇拜的对象，又是现实宗族的范畴——多数情况下就是以祖茔墓主为顶点的宗族团体。因此，茔地在宗族构建过程中起着先导的作用，迁居必然要确立新茔，形成宗族分支（或者是房派，或者是门派）。分支宗族成立的标志则是对新茔的确认，以及在新茔刻立谱系碑刻。"凡我同居者难各有新阡，同皆不懈，祖茔祭祀"。② "厥后，支派既分，里居亦异。其迁居乔庄者，则自恒修公之仲子讳祯公始卜葬于此，遂为本支祖茔"。③

　　有时宗族为了联宗也会创立新的祖茔。如崇祯七年十月莱芜秦氏五门在秦家洼共置祖茔，留下《秦氏祖茔碑》，宣告秦氏宗族在秦家洼形

---

① 柏桦主编：《明清律例研究》，南开大学出版社2013年版，第203页。
② 清雍正六年《潘氏谱碑序》，临朐《潘氏宗谱》，2008年，第55页。
③ 《泰安冯氏家谱》，2001年，第457~458页。

成。《秦氏祖茔碑》系族居于此的第五世所刻，每门有四位族人留有题名。三门是目前居住在秦家洼的族人，以名“志”者为三门始祖。其余各门分迁各处，如一门在莱芜西部的牛泉定居。雍正庚戌（1730 年）碑记载：“秦家洼秦氏聚族由来已久，族寒失谱，难以繁叙。自志祖迁茔有擎宇墓志，以后而名次乃有可微记者，爰列于后。”① 康熙时，三门第六世凤鸣又迁居营子庄，“卜兆于村南，而茔墓复建于兹”。至乾隆五十五年（1790 年），该支已繁衍有九代，成为秦氏宗族的支派，世系另行单独计算。② 秦氏至清末仍为民间寒族，族产贫弱，世系的传承惟靠祖茔碑刻，在光绪年间就曾两次续修支碑谱。其中光绪二十九年《续修族谱碑志》提到，合族共议修谱立碑之事，父老三曰其难。于是将茔地中枯树若干变卖为钱，使“谱碑易修，费有所出”。

清代的鲁中地区选茔立林成为风气，并逐渐打破宗子制度的束缚，使宗族组织的结构更具灵活性。雍正八年莱芜《刘氏谱碑》就提到，刘氏合族之林在“西港之右，祖孙艾子，次序相依”。至九世振西生子三，其中长子和次子都出仕在外，三子澄瀜升职未任，居于陈家峪。振西遂“设林于陈家峪村之东”，澄瀜承担起修谱立碑之责。祖茔作为宗族墓地是不会轻易迁移的，归葬祖林也是族人宝贵的权利。因此，鲁中地区乡村均热衷修建茔园，种植林木以栖祖先神灵，祖茔成为宗族最为重要的公产。祖茔还是宗族集体墓地，一般会以始迁祖之墓为首，以下依次按照昭穆次序安排族人的墓葬。不能葬入祖林是对族人最大的惩罚之一，其意义相当于祠堂中的神主牌位。如果说，南方地区以祠堂作为公产发挥聚合宗族的作用，那么鲁中宗族则利用祖茔构建封闭的园林，通过墓葬的安排和碑刻的世系来“承先启后，昭兹来许”。因此，墓葬本身属权并非个别家庭所有；相应地，碑谱作为合族共有之物也算作公产。乾隆二年《冯氏重修谱碑记》云：“今又各捐资财立一石碑，而昭

① 《莱芜秦氏族谱秦家洼支谱》，2009 年，第 1、18 页。

② 乾隆五十五年《故乡耆秦公凤鸣暨邹夫人墓》碑，系由凤鸣六世、七世孙署名刻立。见《莱芜秦氏族谱秦家洼支谱》，第 18~20 页。

穆之序，世系之统，列于其上焉。以一族共有之物为一族公用之，此义举也；以族茔原有之物为族茔特用之，此孝义也。"①

明清时期，鲁中地区以祖茔为核心构建宗族组织，形成超越地域的血缘世系群。如乾隆二十四年《冯氏疃里支谱碑》，提到昭勇将军之十一代孙冯应战迁居疃里后，子孙"星居分厝"；到应战之五世孙国杰时，"虑其日久年远，或至迷误，爰图世系刻碑于墓，庶异世子孙按谱以稽雁序森然"。他们编修的族谱也以葬于祖茔的始祖后裔为范围，按照门派和分支进行系统记录，这一点同南方地区十分相似。但是，分散在各个村落的宗族分支也会通过续修碑谱记录自己的世系。由于每个村落都是因"卜茔"而选定落居的，所以碑谱世系仍然是围绕祖茔构建的世系。只不过本村祖茔中的祖先（新迁祖或称新阡祖）成为世系图的节点，其上的祖先世系十分简略，仅仅记录出自始祖的旁支祖先，对于其子孙世系则略而不记。碑谱世系的主要部分是新迁祖以下的世系，即宗族在本村的现有居民及其直系祖先，所以碑谱其实也包含现实中的生活团体，族人之间具有日常的实际的宗族活动。而不是像纸质族谱所记的宗族世系那样，其范围具有跨地域性，很难实现相互的往来。鲁中宗族多数都有各村落的本支碑谱，所记直系祖先一般就葬在距离各自村落不远的宗族墓地，提示我们该地宗族聚居方式具有散点状特征。宗族活动大多数情况下局限于一村之内，同村的族人是共同分支祖先的后代。光绪二十九年（1903年）泰安渐汶河村《宋氏支谱碑》记载，"自前明迁发以来，不数传而子孙藩衍，徙处外乡者多有之，各立墓田者多有之，惟公太学生讳希贤字景颜为始祖十二世孙，居故土而迁茔在此，即以此为本支之祖茔焉"。②

从上述分析来看，碑谱世系主要是围绕祖茔祭祀而建立的宗族范畴，其构建过程和具体形式自然也与祖茔的位置、数量和祭祀范围有

① 《泰安冯氏家谱》，2001年，第449页。
② 《泰安宋氏家谱》（六修），2004年，第593页。

关，主要体现在以下两个方面。

1. 碑谱世系图中的减杀原则

一般而言，碑谱不刻联宗谱系或统宗谱系，相反纸谱则强调收族，即要收一宗之下所有之族人。如 1950 年《乌江刘氏族谱原序》记载，立于本村老茔的"石谱"至今已有二百余年，"睹石在目而不知其详"。原有碑谱世系信息不全的原因是，迁出去的宗支世系不被记录，"不知迷失他州他县他乡否？"刘氏颇为宗支不全而"仅能成就一支之谱，殊觉有愧于族宗"。也许是祖先有灵保佑，居住在南苗山村的二支族人听说刘氏修谱，"闻风即来"，要求参与。二支的世系信息原本就在老茔碑谱上，只不过因为是移居外村的旁支，所以后代世系并未被记录，"二支已杳杳近十世矣"。刘氏修谱的宏愿是："三支在外，三支故里，三三并修，不亦宜乎？""谨望六支统宗一谱。"

碑谱的刻立就没有这种横向的宗族需求，而是强调追溯直系祖先的重要性，以体现木本水源的道德愿望。所以碑谱世系图与纸谱世系不同，展现出一种不断减杀旁系的特征。其世系的逻辑起点实际并非共同的祖先，而是现存的聚居宗族。也就是说，以一定地域宗族范围内（一般是某个村落）的全体族人为基础，向上追溯直系祖先，凡是直系父子关系的就记录，没有直系关系的仅登记到其上一级祖先的名讳。其实，这也是碑谱世系制作的实际过程：从下往上，而非从上往下。如果归纳为一种模式，即如图 10-1。

世系图中共有 13 世，立碑者为新迁祖先的第五、六两代孙，以这两代为中心的前后世系范围即现存实际的宗族团体。从图中可以看出，凡是与现存族人无关的旁系，只列其祖先名讳而不列子孙世系，而具有现实关系的直系则被完整记录。因此碑谱世系图就只能是新迁祖的直系世系图，迁出的旁系需另立分支碑谱。当然在现实族人各自向上追溯直系世系的同时，间接构成了现实族人的旁系关系，但这种旁系关系只是追溯直系世系的结果，而且仅仅终止于新迁祖这一世。同时，该世系图

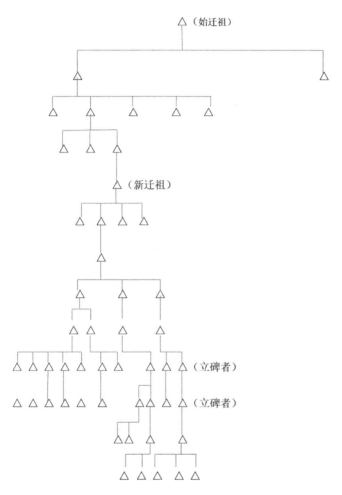

图 10-1　碑谱世系模式（根据莱芜秦家洼乾隆五十五年谱碑绘制）

也是"房"的分裂示意图，涵盖了现存族人的所有直系男性亲属。碑谱世系图的构建反映了真正的"系谱性分支过程"，即根据每一代兄弟之间的父子联系的分化而构成的分房过程。①

————————

①　碑谱世系图的例子印证了其关于汉人宗族形成的谱系法则，相关理论见陈其南《家族与社会》，台湾联经出版事业公司 1990 年版，第 74 页。

2. 碑谱世系图类型的决定因素

村落碑谱世系图是单体的还是多支并列的，决定因素在于该村祖茔中葬有几个始迁祖。像上面的宗支图就代表了村落中该宗族源于同一个始迁祖。由于现实宗支间发展的不平衡性，这种单体的世系图中各支谱系长短宽窄不一，从而表现出主次和强弱关系。如果始迁祖有两个以上，而且他们的坟茔确切就在村落之旁并且需要祭祀，碑谱世系就会呈现出多支并列的情况。即如上图多次复制，每个祖先各领自己的子孙世系，更有可能构成平行的系谱模式。因为有明初大移民和明清时期复杂的区域内人口流动，几个兄弟同时迁居某处的例子很多。所以鲁中地区村落中由不同祖先繁衍下来，构成共居的地域性宗族的情况十分常见，莱芜辛庄镇光绪年间《桑氏谱碑》中的例子就十分典型。先看其序文：

> 尝闻我桑氏自明洪武初年枣强迁移以来，三祖离居。一居寿广县焉，一居蒙邑焉，一居莱邑城东乡铁车保石湾子村。世远年湮，上世之轶事，先祖之遗风，皆失其传焉。以及迁居草场，至兴公旺公。二祖生于斯，卒于斯，垂裕于后，延绪于今，滋庆繁炽，八世荣昌，子孙绳绳，瓜瓞绵绵。庶几触春露秋霜之感，不忘木本水源之思也。夫于是序其谱系，次其支脉，勒诸贞珉，以志不朽云尔。①

桑氏现居桑响泉村，村中几乎全部姓桑，皆为清中期迁来的兴公、旺公之后裔。二公祖上为明初来自枣强的三兄弟，其直系始祖是当年析居石湾子村的那一祖。这位始祖后裔的某一世于清代又迁居此地，直到兴、旺二公才有明确的世系记录。《桑氏谱碑》所记世系就以兴、旺二公分别为起点，向下延伸到现存的族人，共计八世。桑氏世系图在碑谱

①　莱芜市辛庄镇桑响泉村清光绪二十年（1894年）《桑氏谱碑》序文。

上呈现出两支并列的形式，各自形成封闭的世系链条。该世系图的真实性比较可靠，似乎没有祖先拟制的痕迹，二公以上也因为世系不清而未被记录。

碑谱世系图的类型还与碑谱功能的转换有关。因为碑谱分为放置在祖茔或祠堂的两种，自然也会产生功能上的区别。① 也就是说，祖茔碑谱具有墓祭功能，所以碑谱世系主要是本村的宗族范围，以方便就近祭祀坟茔中的祖先。而某些祠堂碑谱（主要建于村中而非茔地）除了祭祖外，联宗合族的功能更强，将外迁的宗支世系附列其上，目的就是将一祖之下的族人尽可能全部收入，以形成联合性的大宗。祖茔碑谱世系图以单体形式为主，而祠堂碑谱世系往往出现多支并列的形状。如宁阳华丰镇南梁父村同治年间的《姜氏谱碑》，现存清代始建的姜氏祠堂中，世系图就分为主辅两个部分，四个序列。谱序中说："虽一姓远近异势，皆出祖宗一人之身。因修家祠之余，皆纪诸贞珉，使后之览者亦可由之以尊祖敬宗收族焉。"该碑以祖茔确定的始祖直系世系为主体，而仅根据旁系关系确定的世系为辅体。主体世系从始祖旺全开始，一共十代，108 个名字。以世系图的最后四世为现存族人的话，主体宗族共有 64 人（仅男性），其中第四代只有 5 人，应为族内最后出生的男性子孙。而旁系则是从始祖旺全之侄——佩环开始的，世系只有四代，显然是一支从第四世失联的宗族分支。② 此外还有两支外迁的旁支，其一为东梁父支派，从明德、明士二人始记，有七世 31 个名字；其二为西磁窑支，只列父子两个人的名字。东梁父支派的第六世与主体世系中第九世字辈完全相同，且都是倒数第二世。主辅两部分世系并排在一起，展示了自始祖以来的全部直旁系世系关系。由于旁支迁出的时间晚于主体支系，主辅世系的起点不同，从而各自形成独立的血缘群体。谱序中提到旺全公以下世系的确立情况："清初，旺全公自申村迁于南梁父，

---

① 由于祠堂碑谱在鲁中地区属于少数，在此仅作为祖茔碑谱的参照而论述其世系图的构建原则。

② 应该不是乏嗣，因为在该世系图中凡乏嗣的都被标明，共有 14 人。

至乾隆丙申岁创立诸碑，迄今八十余年。序列谱碑者，厘然不乱；未载谱碑者，茫然莫辨。"可见，南梁父姜氏有明确的世系传承，至少到乾隆丙申年（1776 年）本村的族人都应上谱。而"未载谱碑者"大概就是迁茔析居外村的族人后裔，散居各处形成不同的分支世系，"或处不同乡，居不同里"，故难以统计。根据碑谱世系图，东梁父一支比主体世系晚了四代，按每代三十年计应为一百二十年。以清初旺全公迁来时间计，东梁父一支的迁出时间恰在乾隆丙申之前。所以，同治元年的《姜氏谱碑》不但刻上本村的主体世系，还将早先迁出的宗支世系一并排列，实现了在祠堂中联宗合族的实际功能。至于佩环一支和西磁窑姜姓因迁出失联，仅记所知世系，则体现了碑谱记录的真实性。

鲁中地区的特殊谱牒形式除了碑谱以外，还有称之为家堂轴子和祖先折子的，都具有简易经济和方便记录、保存的特点，亦都有强烈的祭祖意味——事实上也同碑谱一样，是祖先祭祀的对象和工具。在石碑上记录宗族世系不单是为了收族，更为了划定祭祀团体的范围，以实现精神上或礼仪上的追求。因此，鲁中宗族的构建既基于事实，又基于文化需求，即能够反映族群意识和现实权利的宗族文化需求。宗族的历史和世系作为一种传统文化资源，被利用和宣传，体现出宗族的合历史性和归属感。鲁中宗族的凝聚力来自深厚的孝文化和祖先崇拜观念，共同的父系血缘是宗族形成的重要纽带。地方文献中所记宗族不过几十家，都是些"有谱可稽"的大族，他们拥有连续性的纸质族谱，甚至拥有可观的祭产和祠堂，属于少数精英宗族、上层宗族的类型。然而明清方志显然忽视了那些"刻石为谱"或者祭拜轴子、折子的乡村宗族，或许这类宗族更多，代表了宗族在特殊历史环境下的发展变化。在宗族的个体发展史上，碑谱也常常作为记录世系的临时手段，反映出宗族从无谱向有谱阶段过渡的生存状态，或者说宗族从无组织到有组织的历史过程。

通过任何媒介考察宗族形态都有局限性，因为宗族本身也是一个动态的发展过程，在不同的历史时期和社会环境中会有不同的内涵，不应该拘泥于一种固定的看法。但是宗族的核心一定是父系世系，不同之处在于对血缘关系的处理方式。明清时期的东南社会，宗族作为基层自治组织的作用越来越强，不但具有宣扬教化、自我管理的功能，还往往在赋役纳税、军事防御、社会救济、公共事业和司法方面发挥作用，俨然成为一级政府组织。这说明华南宗族逐渐突破了血缘群体的范畴，已经向地缘性社会组织演进。其最为重要的变革就是放弃严格父系血缘认同，通过虚构和拟制父系世系，发起广泛的同姓联宗组织，这无疑是明清社会经济条件变化的结果。而在鲁中地区，尽管社会环境在不同历史时期也多次发生大的变化，但是相对而言经济基础变化微弱，尤其是稳定的自给自足的小农经济长期延续，商品经济和产业经济相对落后，宗族形成现实生活团体的动机不强。宗族组织的发展必然不能超越历史条件，因此没有必要形成跨地域的宗族联合，去应对地方社会的变化。碑谱所表达的宗族可以归类为纯粹的父系血缘世系群，既保证了血缘关系的真实性，又实现了世系关系的完整性。他们追求的是汉人传统的祖孙一体和慎终追远观念，宗族的功能应定位在礼仪上，而不是社会控制与经济利益。碑谱从墓地系统的碑刻发展而来，在形成规范的宗族历史叙述和世系图表之后，最终又回归于祖先祭祀。

四、宗族地域社会的形成

从历史角度而言，生活方式与文化至关重要。[①] 明清时期碑谱在山东鲁中的盛行，反映了华北地区一种新的社会结构开始形成。与南方宗族利用人群聚合功能，参与控制有限的土地和文化资源不同，该地宗族并不在实际生活中产生影响，其根本功能在于维持礼教，宣传伦理纲常。也就是说，碑谱所反映的鲁中宗族更像是"想象的共同体"——

----

① ［法］谢和耐著，黄建华、黄迅余译：《中国社会史》，江苏人民出版社2010年版，第11页。

一种观念性的系谱化宗族，主要通过祭祖仪式将族人统一到意识形态上的架构之中。

碑谱序文中最为常见的宗族活动就是修谱（包括碑谱），其次是建立祠堂（不到10%），但主要目的其实是形成和保持传统习俗所认可的祭祖仪式。碑谱所宣扬的尊祖敬宗收族无非从以下两个方面实现这一目的。一是纵的方面：由于祖先迁徙历史久远，宗族文献记录缺失导致"祖先失讳"和世系断裂，因此通过碑谱的世系恢复和连续记录，为祭祖提供完整可靠的祖先记忆和宗族历史。二是横的方面：由于明代，特别是清代以来，频繁的区域内外的人口流动，导致原有宗族不断分裂分支，成员散居于核心村周边地区，甚至个别家庭远徙外省。通过碑谱的世系记录，可以联络较近世代的散居族人，使他们共同完成对始祖的祭祀。同时，也为迁居家庭后续发展出的不同宗支走向独立化，提供世系追溯的历史依据，即各支系碑谱在坚持迁祖为始的原则上，又为宗族寻找到较远的直系祖先来源。

1. 鲁中宗族的村落形态

根据已有的华南同姓村落研究，"有相当的一部分村落实际上是由不具备来自同一祖先的同姓集团构成"。① 华北地区的情况又如何呢？现存鲁中地区的碑谱序文中经常提及，始迁祖也就是宗族的开基祖为兄弟数人，几经迁徙、繁衍和分支，才形成目前的宗支格局。我们有理由认为，族谱的历史叙述是当下宗族意识形态的结果，也是现存宗族组织结构的回溯性反映，甚至是宗族生存状态的共时性描写。通过对碑谱资料的分析，或可有助于理解明代以来鲁中地区频繁的宗族移居历史，以及他们迁居后所形成的地域社会。

明清时期，鲁中地区人口分布的整体特征是原住居民比例高于移民，

---

① ［日］濑川昌久著，钱杭译：《族谱：华南汉族的宗教·风水·移居》，上海书店出版社1999年版，第16页。

移民多数是加入当地原有村落。在笔者收集的 75 篇碑谱序文中，明末至清代乾隆时期 11 姓宗族中，有 4 姓从外地迁来。即泰安邱家店的宋氏自洪武年间迁自枣强；新泰羊流的刘氏迁自枣强；肥城汶阳的沈氏洪武年间迁自青州，汪氏迁自徽州：他们均落居在鲁中山地肥沃的河流冲积平原上（史称汶阳田）。其中宋氏最初迁居于章邑（今章丘），后落户邱家店渐汶河村，崇祯十一年（1638 年）所立谱碑叙述了一段美好的迁居记忆。序文中说，其高祖讳贤，因为朝奉泰山元君（即泰山圣母碧霞元君，俗称泰山老奶奶），路过汶河集而住宿，见当地景色迷人，乡民敦朴，回乡后与人称羡，遂"别亲戚携子女"来居于此。迁入该村后，受到乡人热情款待，各姓"率咸与结往来之好"，呈现出一幅土客相融的景象。明清鼎革，宋氏在入清之后的康熙十七年（1678 年），又重新刻立了一通谱碑。碑文提到宋氏在新村落"事农业乐桑麻"，世系繁衍，而子孙"隆隆日起"。这一场景的描述无疑为当下渐汶河村的和睦局势作了铺垫，而两次立碑间隔仅有四十年，也说明宋氏在明末清初的动乱中仍有所发展。无论当时迁居的真实情况如何，宋氏族人对于和谐融入原有村落所持的期待，大概是所有移民宗族的美好愿望。渐汶河村宋氏所收获的幸福，显然是建立在汶河谷地更适宜居住的环境与生产条件上，也许正是反衬了初迁之地章邑的恶劣环境与生活压力。

关于北方宗族与村落的关系，一般认为两者之间血缘与地缘的分割相当明显，很少出现像华南宗族与村落紧密结合的情况，即以族为社会学意义上的村级单位，能够承担封建国家基层赋税缴纳和伦理治理的功能。实际上，北方不同宗族在同一村落的混居现象十分普遍，即便现存的单姓村落也并非由于血缘壁垒而形成的。正如王笛所认知的那样，华北村落聚居程度较低，但村民间的关系比较紧密，村庄之间也比较孤立和内向。① 因此可以想见，华北村落中社会组织的依靠远比宗族纽带更

---

① 王笛：《袍哥——1940 年代川西乡村的暴力与秩序》，北京大学出版社 2018 年版，第 26 页。

为重要，作为公共管理体制的里甲一直存在到民国时期自然有其道理。移民宗族在历史上多次借皇权政策迁入原有村落，在事实上形成与当地原有宗族共享社会与环境资源的局面。康熙五十年肥城汶阳《沈氏谱碑》上，就记载其始祖"原居青州府益都县枣林□，自洪武间挟策西游，来至泰邑□□沈家庄，风淳俗美，可以卜居，肇立恒产，家道颇昌"。文中之"策"就是政府颁发的迁居命令，不管当时村名是否为沈家庄，但沈氏无疑属于村庄的后来者。鲁中移民宗族在居住地形成生活团体，并非意味着他们对当地环境与资源的完全占有，他们有可能只是村落的过客，随时会迁往下一个地点。事实上，当地宗族的分裂和析居十分普遍，一旦人口增值超过环境压力，就会造成新的迁移——当然这种迁移主要是房支的迁移，而非宗族主干。因此，村落对于宗族来说只是暂时生存的空间。从碑谱上反映的频繁迁茔举动看，当地宗族对于死后落叶归根的愿望，远不及在新村落形成新的血缘团体重要。一旦在外地形成新的宗族，就专注于迁茔始祖的祭祀，而对于迁出地祖茔的感情则逐渐淡化。因此可以将鲁中宗族与村落的关系概括为三种，即融入、占有和迁出；形成的地域宗族也相应表现为杂居型、聚居型和散居型三种。

根据碑谱资料分析，鲁中宗族因为环境与人口的压力，并不具备大规模的聚居条件，村落中各姓杂居是宗族的主要形态。无论是移民宗族还是原有的古老大族，随着人口的增殖往往三四代之后就会向外迁徙，进而产生房支的分离。因此，鲁中宗族总是无法维持较大的地域性规模，当村落的人口容积率达到极限时，就会出现宗族迁移活动。而由于鲁中山地一带在历史上开发较早，可耕土地十分有限，迁出的人口也很难在附近形成较大规模，只能继续向更远的地方迁移。甚至个别情况下，某些宗族无法在新居地长期停留，而是不断开发新"领地"，形成连续性迁移。民国五年（1916年）新泰宫里镇《展氏谱碑》记载：

　　芳韵祖至再世价祖，于清康熙二十五年迁演马庄，卜茔庄东南孔庄，后葬焉。子五人，长化林，次化凌，三化奇，四化正，五化坤。祖之子讳应魁，有子五，长璧，次琚，四瑚，五瑞，同迁大羊集，卜茔庄东二里许葬焉。再世又迁裴家洼。琚祖传二世绝。瑞祖再传绝。瑚祖一支安居裴家洼，璧祖之次子绍武又迁南屯，此二处较近，每至祖茔冬祭，必亲赴焉。独琏祖于康熙末年分居泰安城西大马家庄，道远情疏，百余年间几如秦越，且字行各异，尊卑亦难辨矣。

展姓是源于春秋的上古名姓，今居新泰者均以展子禽（即柳下惠）为始祖。据碑谱记载，展氏至清初已有七十余代，从康熙二十五年至康熙末的三十余年中，展氏五代族人始终处于迁徙流转之中。既有同辈五兄弟同迁一村，又有子孙异世而居，还有像独琏这样与兄弟同迁大羊集，再迁裴家洼，又迁大马家庄的情况。展氏世居的宫里镇位于柴汶河南岸平原，系土地肥沃的冲积平原，宋元以来的古老村落分布十分密集。碑谱中所录迁徙地名现在多已不见，但根据演马庄、大马家庄等村名线索，展氏这一支的迁徙主要是向西进入肥城和泰安，距离祖居地最远有 70 千米以上。中华人民共和国成立前，这一地区以盆地丘陵为主，低山群布，道路崎岖，环境远比展氏祖居地为差。展氏最初的迁徙都是宗族性"同迁"，而到后来，随着人口继续增殖和代际增长，宗族房的分裂速度加快，同族异地而居的现象也开始出现。宗族与环境的拉锯战成为有清一代鲁中宗族的命运主题。展氏在民国五年尝试将"散处各村者"聚为一族，希望以后"不至视一本支亲如路人"，正是当时宗族生态的真实写照。

而那些最早占据汶水平原的宗族，多数发展成人口众多的大族，其中就包括所谓"汶阳诸族"。① 从 47 支宗族的碑谱序文分析其定居情

---

① 这一说法曾频繁出现于鲁中，如光绪四年《重修刘氏族谱序》有"汶阳故多大族"字句，道光元年《冯氏谱碑》有"宗族广茂，多在汶右"字句，同治十三年《刘氏谱碑》亦有"汶阳之埠，为族尤巨"字句，等等。

况，可以看到有 12 支写明居住地与汶水有关。按今鲁中地区属地乡镇罗列，分别是邱家店宋氏、羊流徐氏、安驾庄李氏、里辛石氏、上高冯氏、大汶口郑氏、安驾庄温氏、徂徕刘氏以及汶阳的汪、沈、武、田四大家族（见图 10-2）。后 6 支明确提及其族居住在"汶阳"，即鲁中地区耕地条件最好的区域。这些宗族主要是宋元以前的古老大族（徐、石、冯、郑、武），或是明初就迁自外省，经明清两代经营积累而形成的强宗。他们所居村落以姓命名，人口规模较大，是典型的聚族而居的宗族集庄。其形成与较早占有优势土地资源，村落容积率较大从而迁出人口较少有关。相比于其他清代才迁移而来的宗族，他们明显具有迁出分支少、居住集中的特点，堪称当地"大族"。

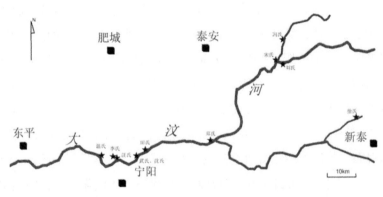

图 10-2　碑谱所见"汶阳大族"的地理分布

当然，如果我们按照传统宗族研究的概念去理解，所谓"大族"应当指那些世系绵延较长、历史悠久，旁支体系复杂庞大，具备相当的宗族人口规模和宗族公产数量，组织化程度较高，能够在地方社会产生一定影响力的宗族。对比而言，这种宗族类型在鲁中地区无疑较为少见，即在碑谱中自诩为"巨族"或在地方志中列为少数"名族"的宗族，在现实生活中往往也并不具备完整而清晰的组织形态，甚至有些连起码的大宗祠堂和合宗族谱都不常见。称之为"大族"，或许仅仅因为这些宗族本身繁衍的人口数目确实巨大，族人彼此也能够认同祖先和族源，但是却没有强有力的手段将宗族组织起来，其宗族观念仅仅停留在意识形态的表面，而没有具体的实践过程。这些"人口大族"凭借天然的村落范围聚居在一起，定时共同祭祀始迁之祖，彼此参与各分支家庭的婚丧嫁娶，形成礼仪上的宗族团体。一旦有足够的宗族公产和热心倡导的士绅，便主动开始组织化建构——在鲁中地区往往就是围绕祖茔的认定和谱碑的刻立，才使原有宗族世系和族群边界明确起来。

学者们大致同意，华北宗族保存着中国传统宗族最为典型的、也是最能体现世系的血缘本质特性。也就是说，宗族的认同感纯粹来自共同的祖先和连续的血缘世系，那些北朝时代重"同姓"的古老传统，到明清时期转变为仅仅对同宗"本家"的认可，而对同姓不同族则采取漠视的态度，这一点在共居同一村落时更为明显。就鲁中宗族来看，天然的父系直系血缘标识着族人的身份，因为地缘利益而联宗的事例十分少见。宗族主要功能就是组织同宗族人的祭祀、婚礼等礼俗性活动，对地方社会的参与性反而不高，缺乏宗族在南方地区常见的"民主自治"因素。北方地区"重家庭轻宗族"的说法有一定道理，所谓的同族仅仅是一个共同祖先的祭祀单位。从历史环境的地位分析，由于山东地区向来是中央政府的拱卫之地，鲁中地区也从未缺席过王朝权力和权威的关注，类似宗族这样的民众自发组织能够活动的舞台自然十分有限。因此，宗族在鲁中乡村之中势力薄弱，甚至很少参与诸如路桥工程、神庙祭祀，就更不用说商业管理、武装自卫、税收征粮这类公共社会事务了。如此说来，鲁中宗族组织不受地方官员重视，在方志中没有地位也就不足为奇了。

2. 移民宗族与社区的形成

关于祖先来自山西洪洞或河北枣强的叙述，在咸丰以后首创的碑谱序文中开始增多，而且大都自述是在洪武年间奉旨迁来。这种祖先移居传说到光绪时期更为普遍，甚至成为鲁中地区族谱和碑谱中的通例。例如，碑谱中大约三分之二的宗族肯定自己是从山西洪洞或河北枣强迁来，有的几经分离和迁徙才定居当前的村落。当然，自认为来自本地古老大族或干脆避而不谈的也不在少数，有三分之一强的宗族就认为自己来源于本地，或是从附近的青州或齐河等地迁来。民国时期地方志中所记宗族情况与此类似，如《重修泰安县志》所载22个宗族中有13个从外地迁来；《肥城县乡土志》记载氏族22个，明初移民而来有11个；《东平州乡土志》记载宗族18个，除了3个"东平旧族"之外，其余都是移民宗族；《莱芜县乡土志》共记大姓14个，全为移民宗族。结合笔者在当地的实际调查可知，认为自己祖籍为外省，明初才迁来的宗族集中于肥城和莱芜，前者以洪洞为主，后者以枣强为主。另外，在新泰和岱东地区（泰莱交界地带）声称迁于枣强者也很多，除了源于外地二次迁居的宗族，还有可能是附会了洪武移民传说，是人为拟制宗族历史的结果。[1]

明初是鲁中村落的主要形成期，外来移民以建立新村为主，或者融入人口较少的旧村。到清初，省内移民又以除豁逃亡和召垦减赋为契机，流向高地和山林以及聚落之间的空闲地，带来了鲁中村落形成的第二个高峰期。但是作为新生的清代自耕农，有些宗族仅仅获得了少量的土地，远不及明朝所给予的发展条件。如雍正十二年，山东贫民29940户，共垦荒地217711亩，所垦的地绝大部分是贫瘠的山地和淤滩，平均每户仅有七亩二分。[2] 明清时期对待流民入籍安插的态度在禁止与允许之间摇摆，大多数情况下以默认为主。[3] 在新居地开垦土地十分艰辛，民国五年肥城桃园镇《顾氏谱碑》就回忆了当时的

---

[1]　周晓冀：《近世山东宗族的重构与地域开发——以清代以降鲁中地方志为中心》，常建华主编：《中国社会历史评论》（第19卷），天津古籍出版社2017年版，第40~47页。

[2]　彭雨新：《清初的垦荒与财政》，《武汉大学学报》（人文科学版）1978年第6期。

[3]　陈勇、罗勇：《我国历史灾害移民及相关政策研究》，《西部发展评论》（2014），四川大学出版社2015年版，第68页。

情况:

> 盖闻本固者枝荣,源远者流长。人之有鼻祖,犹木之有本,水之有源也。我顾氏之族,迤青州府益都县柳桁头,迁居于肥邑西南鸡鸣□之隅,□□姓名,瓜瓞绵延,本支蕃盛。传至八世族祖,□德重兄弟二人。惟德重公又迁居于黑牛山之□,自立村落,以姓名新庄。尝闻迁居以来,无室可居,惟土屋是住;无地可耕,以垦田为业。经营拮据,昼夜不遑,家渐丰焉。公德配田孺人,生二子。长讳思英,次子思杰,相继务农。若考作室,厥子乃肯堂而肯构;厥父菑,厥子又肯播而肯获。由是家道昌隆,世业富厚。居于斯,聚族于斯,百岁寿终,遂卜茔于斯焉。传至今约有八世,并无碑记,特恐代远年湮,后世子孙不知祖宗之坟墓何在,春秋之孝思难尽。在昔先人欲立谱碑而未果,嗣后户丁愈繁,昭穆易紊。合族共议建碑于公之墓前,并序谱于碑阴,以承先人之志,无愧孝思之心。于是支派分焉,长幼序焉,春露秋霜之感,木本水源之义,赖以不□,云尔。

明清时期,随着宗族的持续发展,原有村落无法容纳增多的人口,于是出现宗支的分离和族人的外迁。迁出的宗支或家庭在其他村落定居,逐渐融入当地社会环境,成为新的村落成员。这些移民宗族在新居地形成的次级聚落,不同于古老大族的中心性扩张,呈现出一种发散性的插化模式。如莱芜《桑氏族谱》所载碑文记录,明万历十三年,桑氏始祖自枣强逃荒迁来蒙阴桑家庄,后来所生七子又分居各处,如寿光、滨州、宁阳、金水河、临朐等地。迁居莱芜金水河的一支现分布于黄庄镇的六个村庄:即金水河村、南北通香峪、东王家庄、茄子峪村、台子村和桑家庄。① 由于资料缺乏,移民宗族在新村落如何获得居住权

---

① 莱芜《桑宽成简易桑氏家谱》,黄庄镇北金水河村,1992年,第5页。

还不得而知，但是不少移民难以在新村落长期稳定发展，无法形成大规模宗族是不争的事实。所以在明清以来的鲁中地区，随着外来宗族人口规模的不断扩大，有时会出现迫不得已的"离宗"现象。即宗族从主干上不断剥离出家庭或小宗支这样的单位，不断向外地迁移散居。由于不能左右自己的居地选择，这些新分支宗族的迁居行为和目的地都比较随机，导致彼此间的联系十分薄弱，形不成集中连片的聚落形式。分离出的宗支就与原来的宗族仅存在观念上的联系，即对应所谓的"上位世系群"，而形不成具有实际功能的地域化宗族组织。新的聚落群又往往远离宗族本支，也就远离始迁祖的茔地，使得族人难以进行合族的春秋时祭。随着共同祭祀祖先的机会减少，迁出宗支又在各自生活的聚落中重新形成新的迁祖祭祀群，宣告原有宗族发生了世系上的断裂和组织上的分离。这一趋势迥异于习惯上所熟知的宗族聚合活动，以及历史上较为常见的同姓联宗现象。因此，鲁中宗族并不像南方地区宗族一样，可以在地方上有效发挥经济和政治影响，其主要功能在于实现以祭祖为核心的仪式活动，所以实际上仪式也就成为其宗族分裂的内在动因。①由于移民宗族的不断融入，鲁中地区村落呈现出各姓小族杂居的形态，与华南大族聚居面貌明显不同。如果说华南地区形成宗族与村落紧密结合的"宗族村落"结构，那么至少从鲁中地区的例子来看，华北村落更像是各个不同族姓构成的小宗，他们彼此契合，和谐共处于"居民村落"社区之中。

明清时期，鲁中宗族的形成过程一般是卜茔——立村——定居——繁衍成族（其间有多次分支和迁徙过程）。而碑谱则成为茔地与宗族之间沟通的桥梁，碑刻的族史与谱系既是祖先崇拜的对象，又是现实宗族的范畴——多数情况下就是以村落为中心的宗族团体。茔地在宗族构建过程中起着先导的作用，迁茔则迁居，迁居必然引起宗族分离

---

① 付来友、王丽霞：《宗族的裂变与合并——一个山东村庄的个案考察》，《北方民族大学学报》（哲学社会科学版）2015 年第 5 期。

（或者是房派，或者是门派）。分支宗族成立的标志则是对新茔的确认，以及在新茔刻立谱碑。碑谱所记现存族人的直系祖先就葬在村落附近的公共墓地，提示我们鲁中宗族主要呈现点状聚居。宗族活动大多情况下局限于一村之内，同村的族人是共同分支祖先的后代。由于宗族组织的礼仪功能远大于社会经济功能，宗族与地方社会显现出一种脱离关系。宗族在村落中的形态以杂居为主，不同的族姓和谐相处于一个社区共同体之中。相反，同宗由于迁徙的缘故更易于发生主动的世系断裂，分离出去的宗族小而灵活，成为独立的祭祀单位和继嗣团体。这种小宗族分散在鲁中地区的各处村落，是明清以来当地最主要的宗族类型。

本 章 小 结

无论是在墓园还是祠堂，碑谱都象征着祖先牌位和祭祀团体的集合。在鲁中地区，祖茔作为一种文化符号被用来聚合族人、划分族属关系以及族群边界。这种对祖茔的集体认同，来自对传统文化的继承，是其宗族组织化的历史前提。因此可以说，祖茔是华北宗族发展的物质基础，宗族发展必然表现为祖茔的变迁。共同的祭祖活动是整合族人的前提，其发展形态自然是以祖茔和碑谱为标志的。宗族专注于建构祖茔园地，就是为了形成永久的祭祀空间，这是一种特殊的宗族形态，或可称为华北模式。

碑谱所能反映的自然是曾经存在过的宗族类型，而且很可能是鲁中地区最为主要的宗族类型。近年来，学界对于华北宗族的研究也一再提示，祖茔具有合宗收族的基本功能，墓祭是维持宗族组织的关键所在。① 而立于祖茔作为墓祭对象的碑谱，由于其记录世系和传播宗族文

---

① 可参见王日根、张先刚：《从墓地、族谱到祠堂：明清山东栖霞宗族凝聚纽带的变迁》，《历史研究》2008 年第 2 期；［美］孔迈隆：《中国北方的宗族组织》，马春华主编：《家庭与性别评论》第四辑，社会科学文献出版社 2013 年版。

化上的意义，更是起到了类似族谱的作用。明清时期，庶民宗族成为乡村势力的主体，一种以祖茔为核心的宗族文化最终定型。碑谱承继了传统世系碑刻的式样和功能，逐渐流行于鲁中地区的民间社会，显现出宗族文化的地域性特征。

第十一章　少数民族碑谱

　　各民族在历史上都有自己的谱牒传统，都是中华家谱文化大家庭不可或缺的成员。尽管不同民族不同类型的谱牒有其差异性，但在记录家族历史的功能上、世系的连续性上，甚至载体上都有高度的一致性。例如，与汉族流行碑刻谱系相似的是，西南地区各民族也有将家谱刻成石碑的传统。将家族谱系刻于石质载体的文化形式由来已久，最早可以上溯至汉代的《三老赵宽碑》。从北宋开始，随着新的宗族观念和谱牒编纂方式产生，汉族基于墓志记录世系的功能，发展出一种特殊的石质谱牒，这就是宋元时期北方流行的碑谱。① 碑谱概念比较复杂，如果单从记录谱系的载体而言，可能涉及大量的墓地碑刻，包括墓表、墓志、墓碑、神道碑和先茔碑等。碑谱主要以记录宗族谱系为目的，甚至有的还专门刻写谱序和世系，兼具祭祀和组织功能。明清以降，碑谱很快传播到西南地区的民族聚居地。这些碑谱资料不但在中国宗族发展史上具有标志性意义，对于理解少数民族的宗族化也有重要价值。

　　尽管家谱、族谱都是比较日常的称呼，但彼此在学术上却有细微的差别。除了有时可以通用之外，家谱还可以指称家族谱系，而族谱专指宗族谱系，对于西南地区各民族而言，学界多称家谱。宗族概念比家族更为严格，其所指代的亲属关系主要限定于源于一"宗"的世系关系

---

　　① 周晓冀：《北方谱系碑刻与宋元宗族变迁》，《传统中国研究集刊》（第14辑），上海社会科学院出版社2016年版，第140页。

范畴，而家族则可能包含世系关系之外的姻亲关系以及具有父系直系血缘的女性成员。① 所以在理论上，家族谱系（家谱）比宗族谱系（族谱或宗谱）更为宽泛，相对于西南地区各民族家谱，汉族主要采用宗族谱系表达和规范亲属组织。家族是总类概念而宗族是分类概念，前者是个体家庭按生活"共同体"整合而成，后者则强调具有父系直系血缘的男性身份。这种谱系表达上的不同，反映了西南地区各民族在生存环境、发展历程以及文化意识上的独特性。西南地区的民族碑谱更多强调家族谱系，而且又比家族谱系更为复杂和神秘。对民族碑谱的考察应在既有民族谱牒研究的基础上，结合碑谱调查数据，理清其形态特征、源流和分布，为深入探讨这一谱种在民族聚居地流行的原因和意义作好理论铺垫。

一、少数民族碑谱的研究

少数民族谱牒的丰富内涵已为学界所关注，较为系统的研究，如王华北所编《少数民族谱牒研究》（2013 年）、专著《中国少数民族家谱研究》（2013 年）以及主持的国家社科基金重点项目结题成果《北方少数民族家谱整理与研究》（2018 年）等，在内容上重点探讨了民族谱牒的源流、特点、体例和功能，以及保存现状和收集、利用方面的情况。从范围上看，既涵盖了我国境内主要聚居民族如蒙古族、朝鲜族、回族等族的家谱，还涉及边远地区部分散居民族，如达斡尔族、锡伯族、毛南族等族的家谱，但殊为可惜的是没有关注到民族碑谱形式。其实这一谱种在某些民族中已有较长的历史，特别是在回族、白族等民族中还存量较多。既往的通论性谱学著作也仅有个别提及碑谱的，如欧阳宗书的《中国家谱》（新华出版社 1992 年版，第 15 页"莫姓哨目族

---

① 钱杭：《宗族的世系学研究》，复旦大学出版社 2011 年版，第 100～109页。

谱"）、王鹤鸣的《中国家谱通论》（上海古籍出版社 2011 年版，第 217 页"罗娑贤代铭"）等。如果不能对民族碑谱作出深入分析，显然影响到对民族谱牒的全面把握。不过，这一情况在最近几年发生变化，开始出现涉猎或研究民族碑谱的著作和论文，如：王鹤鸣、王洪治等《中国少数民族家谱通论》（上海古籍出版社，2018 年）；陈建华主编《中国少数民族家谱总目》（全二册）（上海古籍出版社 2018 年版）；周晓冀《宋元以来鲁中山地宗族谱碑研究》（上海师范大学博士学位论文，2016 年）；袁艳伟《大理白族碑谱研究》（大理大学硕士学位论文，2017 年）等。王鹤鸣的《中国少数民族原始形态家谱调研报告》介绍了自 2011 年起，历时 10 年的以民族口传家谱、实物家谱、单页家谱和石碑家谱等原始形态家谱为重点的，有计划、有重点的调研工作。① 其中提到的《谭家世谱碑》和《罗娑盛世贤代碑》都有较为详细描述。但以上著作与论文主要着眼于谱牒类型学研究，尚未形成系统化、专门化的民族碑谱研究，对于这一特殊谱种缺乏理论概括和实证分析。2021 年大理大学何俊伟申报的国家社科基金年度项目"云南少数民族碑谱整理与研究"（项目编号：21BTQ014），算是针对该谱种系统和科学研究的良好开端。当年他发表的论文《云南少数民族碑谱资料探析》（《兰台世界》2021 年第 11 期），比较全面地梳理了当地民族碑谱的资料数据，并对其特色、形式和价值进行了初步讨论，提出了很多有见地的观点。总起来看，目前已知的民族碑谱主要存在于西南地区，而且无论是从谱牒学还是碑刻学出发的研究，也大多集中于西南民族。如何俊伟等搜集与碑谱相关的地方文献资料，有《大理古碑存文录》《大理丛书·金石篇》《大理凤仪古碑文集》《祥云碑刻》《楚雄历代碑刻》《丽江历代碑刻辑录与研究》《德宏史志资料·第七集》《彝文石刻译选》等，涉及白族、彝族、回族、纳西族、傣族、阿昌族等西南

---

① 王鹤鸣：《中国少数民族原始形态家谱调研报告》，《安徽史学》2021 年第 5 期。

民族明清至民国时期碑谱近 50 余通，在民间仍有大量碑谱资料的散落，亦存于民间文献（族谱、村志）中。①

现有研究普遍认为，西南地区各民族利用石碑编纂家谱，有可能受汉族碑谱文化的影响。在《中国少数民族古籍总目提要》（2003—2015年）、《广西少数民族地区碑文契约资料集》（2009年）、《济南回族家谱选辑》（2004年）、《云南回族宗族制度探析》（1991年）中就记载多例，如白族、纳西族、仫佬族、毛南族、裕固族、羌族以及回族等都有这一传统。② 这些碑谱主要以文字谱形式叙述家族历史和祖孙世系，有些则还在世系图之外概括性介绍墓主先世及自身迁居、仕宦、行状等事迹。尽管目前研究者对于碑谱的定义还比较模糊，限定外延也十分宽泛，但他们在观点、资料和方法上仍有如下主要贡献：

（1）将碑谱视为民族谱牒的重要类型，从而引起学术界的关注。如王鹤鸣等认为，民族谱牒在载体上有"石碑谱牒"，与口述谱牒、纸质谱牒等并列。而且碑谱在某些民族的家族发展史上具有特别意义，成为已修纸谱的备份或续修族谱的重要补充。目前，学术界观察和搜集到的民族碑谱已经初具规模。尽管与汉族碑谱不尽相同，如包含的类型与内容过于繁杂，世系突出英雄或传说人物等，显示出民族地区的文化特殊性，但是毕竟已归纳出民族谱牒这一重要传统，为解读少数民族文化与汉族文化的关系提供了新的材料与视角。

（2）对现有民族碑谱进行了系统整理，作出分类并归纳出其性质与功能，为拓展民族谱牒学研究提供了丰富的资料。根据王鹤鸣等研究，碑谱载体似乎可以分为宗祠世系碑和墓地族谱碑两类。前者如白族，"许多世家大姓常把家庭世系镌刻在石碑上，存立于宗祠"，以凤仪一带的旧式家祠为多见，其中《董氏族谱碑》最具代表性。该碑系大理石碑刻，共四块组成一通，用楷体记载 42 代世系及其官职，是迄

---

① 何俊伟：《云南少数民族碑谱资料探析》，《兰台世界》2021 年第 11 期。
② 王鹤鸣等：《中国少数民族家谱通论》，上海古籍出版社 2018 年版，第 28 页。

今发现字数最多的民族碑谱。后者有剑川沙溪乡沙坪村的《李氏族谱碑》、金华镇南门的《赵氏族谱碑》以及大量记载墓主简明谱系的墓志、墓碑、神道碑等。如明代永乐年间的《知思明府黄公神道碑》，据说由大学士解缙撰写，为最早的壮族家谱、官谱之一。碑文属于墓志题材，记载了墓主生平事迹之外，还载有 10 代世系，显然兼具了墓碑祭祀和家谱传承的双重功能。①

（3）通过对各民族碑谱资料的比较和解读，既了解到西南地区各民族的源流与播迁，又概括出区域社会历史发展变迁的脉络，进而延伸出从谱牒形式研究民族生存状态的新视角。可预见的学术成果是，在分析碑谱载体数量分布、形制类型的基础上，探讨西南地区各民族的姓氏、婚姻、宗教信仰等文化习俗，借以展示一地一族的社会风貌与历史进程。② 比如民族碑谱世系中依然遗存父子连名制习俗（分冠姓和无姓），而且和中央王朝的赐姓并存。赐姓后世袭土官采用"官讳"来维护特权，并用所谓的"阿姓"维持宗族。③

当然，上述研究也有其不足和局限性。首先是碑谱的定义不明，是否有世系语焉不详。如《大理白族碑谱研究》中提到，"白族碑谱 32 通，可以分为四种类型：家族人物事迹碑、宗亲老少考妣神位（灵位、香位、香席）碑、家族溯源碑、家族垂裕后昆碑"，显然是将很多似是而非的碑文都混称为碑谱了。部分碑刻只能说与族谱编写有关，是介绍宗支来源、族谱体例或编谱缘起的说明性序文碑刻。这类碑刻占有相当比例，决不能混淆为碑谱，以免影响到对于民族碑刻谱系的认知。又如《云南少数民族碑谱资料探析》，将碑谱按照碑刻文献学进行了"形式多样"的分类，举出"族谱碑、宗谱碑、家谱

---

① 王鹤鸣等：《中国家谱通论》，上海古籍出版社 2011 年版，第 372~373 页。

② 陈建华：《中国少数民族家谱总目》（全二册），上海古籍出版社 2018 年版，第 979 页。

③ 何俊伟：《云南少数民族碑谱资料探析》，《兰台世界》2021 年第 11 期。

碑、世系碑（世谱碑）、祖源碑、谱序碑、族规、家训、墓碑等"，显然与其对碑谱的定义"刻在石质载体上的家谱"相抵牾。碑谱和谱碑本是两种不同的概念范畴，前者是系谱类型，后者是系谱载体，应在研究中重新定义或对两者予以区分。再者，对于民族碑谱的源流没有厘清，谈及墓志类碑谱的演变时间和形式比较含糊。碑谱在民族聚居地到底有多久的历史，同汉文化的关系如何？对这些问题的研究均相当重要，但碑谱文献和民族志资料的缺乏无疑是拓展讨论的瓶颈。最后，目前学术界对于碑谱的研究，大多视之为"辅助性质"或者"特殊类型"的文献，从而降低了碑谱讨论的学术性、专业性和认知的普遍性。其实无论是汉族还是民族碑谱，其在某些特殊历史时段和地区，或许都曾具有重要的功能、价值和地位，可弥补诸多文献缺失的空白，甚至蕴含着国家和社会转型，民族、宗教和文化演进的重要信息。如果能够充分认识到这一点，将碑谱作为专门的文献种类加以研究，对民族史、社会史等当大有裨益。

二、少数民族碑谱的特点

中国家谱传统的主流或特点有四个方面，一是族源的原点——男性始祖，二是族内的纵向联系——世代关系，三是族内的横向联系——旁系关系，四是规定族人身份的准则——社会功能，这也是族谱文献的四个主要组成部分。其核心是父子生育原则和世系传递原则，也就是钱杭先生一直提及的"那一套源于一宗、包含了所有直旁系成员及其配偶在内的连续性的父系世系原则"。西南地区许多民族看重和传递的则是另一套连续性的英雄、首领、法王世系，其家谱力图展现的是与自身特有的历史、文化、生存和命运相连的问题和原则。① 正因为两者世系

---

① 钱杭：《中国少数民族有家谱传统吗?》，《中华读书报》2019 年 4 月 17日，第 9 版。

在展现"连续性"上是一致的，所以其谱牒编纂形式上也具有共同性。

对于民族谱牒而言，世系的"稳定性"是个问题，尤其是采用结绳记事和口头记忆的世系内容，往往受表达本身的不稳定性（由传承者的主观因素、传承方式的随机性、传承资料的品质等造成），以及世系性质的不稳定性（由世系等级、权利、范围等的差异性造成）之影响，而几乎无法复原或固定其世系的本来面貌。民族谱牒固化为文字系谱是相当晚近的事情，其中碑谱可以上溯到汉唐碑志，被认为是最早的文字版本。

碑谱能够准确传达家族信息和世系建构的原则，已经远远超出结绳或口头传承的水平，后者仅仅在一定程度上表达世系延续长度、男女比例和人口规模。但是对于文字纸谱而言，碑谱又有简化、直观的特点，而且各支均可自行镌刻，目的是方便单独祭祀。

民族碑谱的特点可以从以下几个方面归纳：强调祭祀功能（墓碑、灵位、香席等）、突出与汉文化的关系（汉字、命名、观念等）、集中于某些地区、民族和姓氏（大理、白族、李姓等）以及具有民族聚居地文化特色、宗教信仰或风俗习惯等。

（1）民族碑谱强调祭祀功能。首先，民族碑谱主要来源于墓地碑刻，从刻录家族世系内容来看，并非仅具一般的纪念性或指示性功能，而是更注重墓祭祖先。因此，这些墓地碑刻后来多数迁入新修的祠堂，以便于更为集中而稳定地祭祀，规格也更高。其次，从名称上看，以大理白族碑谱为例，多冠"香位""灵位""香席"之名，无疑也是出于将碑谱作为祖先牌位的考虑。如《本音田氏门中历代内外昭穆考妣老少祖宗之灵位碑》《施氏门中历代老少宗亲之位碑》《赵氏三支历代祖神主墓碑》等。

（2）民族碑谱中的汉族文化。不少民族碑谱载体都以"谱碑"命名，而且以汉文为主要语言载体，在内容上包含谱序、世系信息，详细记载族源、祠堂、祖茔情况，完全与汉族碑谱一致。此外，现存碑谱中亦有多例，叙述其汉人祖先南征于边疆之地并开宗立祖的故事。如明万历七年（1579年）大理白族《李氏祠堂家谱书院义田集录》，系一通宗祠世系碑，就记录了开山祖李海于蜀汉建兴三年（225年），南征喜洲，官居金齿等事。

（3）民族碑谱多集中于大姓。据记载，所谓白蛮大姓主要有孟氏、爨氏等，早在南诏时期就盛行墓葬立碑。白族碑谱涉及的姓氏，以董、李、杨、阿四姓为多，其中杨姓乃是白族中人口最多的大姓。某些姓氏不但刻碑较早，而且历代续修，且在分支中也有另行刻立碑谱的例子。如明正德三年（1508年）所立《邓川州土官知州阿氏五世墓表》，和万历五年（1577年）所立《阿氏七世墓表》较为一致，都是记载邓川大族的官谱碑刻。

（4）民族碑谱中的异姓合祭习俗。大理市凤仪镇《本音段李氏门中历代宗亲考妣位碑》，记载了段、李二姓及杨姓世系。三姓族众于民国六年（1917年）共同建祠，以合祭祖先，立碑为证。此外，又有民国十一年（1922年）《张马沈陈历代考妣灵位碑》等多通。在民国十二年（1923年）《木本水源杨姓宗谱源流碑》中，还记载了杨氏联合周、李二姓兴修水源的事情，反映了西南地区各民族融合，共同开发经济的历史过程。

（5）民族碑谱中的宗教信仰观念。如大理白族《董氏族谱碑》，体量较大，有七块之多，碑文曾为众多古今文献刊录，乃是现存民族碑谱中较长的。碑中明确记有密宗信息，即第二碑题"敕封阴阳燮理僊术神功天童国师仙胎始祖董公讳伽罗尤"，第三碑题"敕封伏魔衛正神道五密大我国师"，第四碑题"开国元勋顺应国师"等。据说董氏是大理地区典型的密宗世家，世袭阿吒力之职，历经唐、元、明三朝，计七百余年。

（6）民族碑谱中的民族特色或语言特色。如使用当地民族文字甚至域外民族文字，登记妇女的牌位等。西南地区各民族就常常把家族世系源流和迁徙发展历史以本民族文字刻在石碑上，以垂示子孙。① 像武定、罗平一带不少祖先茔墓碑也是以彝族和傣族文字刻写的。② 上文提及的《董氏族谱碑》，又称《董氏本音图略叙碑》，该碑既有明洪武时期敕封的汉文圣旨，又有梵文碑记，而且其第二、三碑分别刻有"亚国夫人蒙氏位"和"命妇淑人杨氏之位"，明显区别于汉人碑谱。另，白族发源地的祥云县大波那村，有《张氏沿革碑记》，据同族所立《石标序言》载，张氏始祖为天竺阿育王之后。

民族碑谱中往往还记载源自汉人祖先的历史，如清康熙三十年（1691年）《剑川新松村白族赵氏祖茔世系碑》与《剑川新松村赵氏始祖碑》，就有赵氏一世祖赵保，获罪发配云南，后来在赵州落户，以及后世多人在明朝因功升迁的故事。这些民族碑谱包含着丰富的家族史、移民史、民族史和民俗学、宗教学、人类学等学科资料，对于研究边疆地区民族关系、经济发展和社会转型，具有重要的文献价值，应予以高度重视。

三、少数民族碑谱的源流

民族碑谱之滥觞可以追溯到东汉时期。如光绪二十七年（1901年）云南昭通白泥井出土的《孟孝琚碑》，立于永寿三年（157年）。这显示两汉期间，当地已有下属官员为墓主刻碑立传的事例。其后，汉族政权深入西南边陲，西南地区各民族深受内地文化影响，重视丧葬礼俗而广立碑刻。至南诏大理国时期，因推行火葬，墓地碑刻又不复流行。明清时期，中国社会再次进入民族大融合的高潮阶段，民族谱牒包括碑谱遂兴盛起来。

---

① 华林：《西南少数民族石刻历史档案的现状与保护研究》，《思想战线》2003年第2期。

② 何俊伟：《云南少数民族碑谱资料探析》，《兰台世界》2021年第11期。

从目前搜集到的民族碑谱看，也如汉族碑谱分为三个类型：文章谱、图表谱和线段谱，可见或由中原宗族文化影响而缘起。其理由，首先是在民族碑谱集中的区域，也发现了典型的汉族碑谱。如前揭文献在大理白族自治州共搜集碑谱 55 通，汉族就有 6 通。其他为白族 44 通，回族 2 通，阿昌族 2 通，彝族 1 通。同时，民族碑谱所叙族源，不少来自北方，可能就是汉人宗族。据碑谱谱名显示，相当多的少数民族都具有汉人姓氏。在《李氏祠堂家谱书院义田集录》《原籍南京应天人赵氏门中历代老幼昭穆宗亲之灵位》《本音董氏门中国历代老少合族宗亲考妣之香位》等碑文中，还记载了家族始祖受汉人朝廷任命为土官的故事。袁艳伟就介绍了 8 个汉人移民以及类似"伪孔"的事例。大理市凤仪镇的《本音杨氏门中历代宗亲昭穆考妣之神位》《本音杨氏门中历代宗亲昭穆考妣之香位》，为一个家族的两个支系所立碑谱，制作时间前后相距 10 年。据杨氏耆老讲述，《本音杨氏门中历代宗亲昭穆考妣之神位》中一世祖杨锦是白蛮后人，而《本音杨氏门中历代宗亲昭穆考妣之香位》中一世祖杨奴琐，则是明洪武年间从南京应天府随征入滇的移民。杨奴琐为杨锦仆人，其后人发达富贵之后，才另立谱系，这可以看作汉白民族融合衍化的佐证。①

无论从类型、形制、内容还是功能角度看，民族碑谱都与汉族碑谱具有渊源关系。既可能是直接引进的汉人文化产物，也可能是地方民族吸收变异的结果。据研究，云南大理白族刻工众多，形成悠久的家族谱系和刻石传统，其中不少刻工家族就来自中原地区。这些刻工家族具有鲜明的中原文化基因，在碑刻上留下了汉族与当地民族文化融合的痕迹。如明代著名的大理刻工家族杨氏，史料可考者就有 84 人，分布于喜洲、太和、苍山等地，以篆刻墓志铭和神道碑为业。他们精通诗书、

---

①　袁艳伟：《大理白族碑谱研究》，大理大学硕士学位论文，2017 年，第 49 页。

广涉诸史，作品中包含各种梵汉文墓志碑，主要记述墓主的家世生平，推动了边疆地区民族碑刻出现汉化特点。①

此外，民族聚居区特殊的环境，也是碑谱产生的重要外在条件。如壮族生活的广西、云南等地区，大部分属于气候温暖的亚热带，在"春季的回南天就连墙壁都会出汗"，因此纸质物品非常难以长久保存。目前已知最早的壮族官谱都是刻在墓碑或摩崖上的，明代以降碑刻更是土官族谱普遍采用的载体。如明永乐年间有解缙所撰《知思明府黄公神道碑》，一以贯之地叙述了10代世系，且记载了黄氏族史与墓主事迹，颇有中古墓志遗风。如果说这还不算是典型的壮族碑谱，那么明代成化八年（1472年）的《恩城州土官族谱》，刻在恩城街的石壁上，序言之后还专门留出续谱的空栏，就更加接近汉人族谱了。同样形式的碑谱还有天启年间刻在凌云县五指山摩崖上的《泗城岑氏族谱》，它以世为序，上下分层，记载了历代土官姓名、官职封号、子嗣和房份，成为后来岑氏纸谱的原本。② 明清时期，部分土官家族受世袭制度的影响和引导，为确保同宗直系血缘亲属的权利继承与共享，逐渐向宗族化演进。在这一过程中，土官碑谱的推行无疑起到至关重要的作用。

王晖在《广西土官"汉裔"认同过程：以泗城岑氏为例》中就认为，岑氏摩崖碑谱为明末岑云汉所撰，其利用传统文化中的道统观念，通过虚构始迁祖岑仲淑，将土官族源与中原汉族衔接起来，初步形成"汉裔"认同。甚至还假托王守仁之名撰写系谱，被编入清朝《古今图书集成》。到光绪初年，岑氏后人在昆仑关修成岑仲淑之墓，从而最终完成汉裔认同。以岑氏为代表的当地民族土官，在追溯族源，凝聚宗族的过程中，利用北宋征伐侬智高的传说，创修了汉人源流世系，并被许

---

① 赵成杰：《云南大理杨氏刻工的家族谱系与刻石传统》，《贵州民族研究》2018年第10期。

② 王鹤鸣等：《中国少数民族家谱通论》，上海古籍出版社2018年版，第372~380页。

多广西土官效仿和推崇，最终实现了同汉族的文化融合。① 于是，碑谱成为彰显土官世系和社会地位，公开宣扬汉人文化认同的有力武器。这一西南地区土官普遍效仿的宗族建立模式，无疑极大地推动了民族碑谱的流行。

进入明代以后，政府为土官传承之需，还建立了专门的世袭档案，如《土官底薄》等。各土司也自作谱牒以备查询，甚至将世系刻在石碑上作为证据，如彝族武定凤氏土知府《凤英自题世系碑》《凤氏世系碑》以及武家凤氏土司《罗鸷贤代铭》等，成为明代民族谱牒的重要载体。再如明代白族大姓，多数都冒籍江南或中原，到明代末期，又陆续根据墓志碑刻把其祖先连回南诏、大理时期。② 阿昌族的《明季诰封世守漕涧武节将军早淘墓志铭》，其实也是左土司家的系谱碑，清道光十八年（1838年）刻立，民国二十三年（1934年）重新刊刻。南涧彝族《左氏祠碑》共5块，立于光绪二十六年（1900年），内容包括《左氏宗族世系谱总图》及各支谱系、灵位。这些土司官谱通过碑刻形式确立刊布，不仅记载宗族人物世系，还反映了诸多社会变迁事件，成为与纸质族谱并行的半官方文献。

四、少数民族碑谱的分布

根据已知文献搜集到的碑谱分析，其时代、民族和地域分布都有明显的集中性。如袁艳伟和何俊伟通过调查得出，"大理白族自治州散见刊布的明清至民国时期白族、回族、阿昌族等少数民族碑谱约有30余通"，"散见刊布的云南少数民族碑谱不完全统计，有涉及白族、彝族、

---

① 王晖：《广西土官"汉裔"认同过程：以泗城岑氏为例》，《广西民族大学学报》（哲学社会科学版）2009年第1期。
② 中国少数民族社会历史调查资料丛刊修订编辑委员会：《白族社会历史调查》（四），民族出版社2009年版，第8页。

回族、纳西族、傣族、阿昌族等少数民族明清至民国时期碑谱近 50 余通"。① 从现有民族碑谱资料看，时间集中于明、清、民国三个时段，而尤以清末民国为多。袁艳伟所列 32 通大理白族碑谱，仅 1892 年至 1923 年的三十余年间就有 13 通，占总数的三分之一强。明代及以前碑谱殊少，至此后则大为增加。提示明代当为民族碑谱的兴起时期，是否与内地汉文化的进入有关，可结合土官制度考察。如洱源县旧州村的《邓川州土官知州阿氏五世墓表》，立于明正德三年（1508 年），碑额题"诰封奉训大夫"。另一通《阿氏七世墓表》，明万历五年（1577 年）立，碑额题"诰封碑记"，碑阴有世系图。至清代，民族碑谱到达鼎盛阶段，似乎又与改土归流有关。大理市鹤庆县清光绪二十一年（1895 年）《董氏族谱碑记》，记载董氏 24 世董信被明朝授予世袭土官知事，立碑者为其后代 40 世董维成，称钦赐蓝翎奉政大夫，无疑已是荣誉称号，并无地方实权了。这种碑谱分布时段的划分特点，清晰显示出西南民族在政治、文化上与汉族逐渐趋同的历史变迁过程。

西南地区碑谱的分布还具有较强的民族差别，有些民族很少或干脆没有，有些民族则青睐这一谱牒形式，历史上遗存了大量碑谱，甚至到当代依然保持这种传统。从《中国少数民族家谱总目》中分析，42 个民族（另外还有 8 个古老民族）的一万余条目录中，碑谱数量的分布呈现集中趋势，共找到 21 条，含 8 个民族的 18 通。其中回族 6 通，白族 5 通，毛南族 2 通，阿昌族、壮族、纳西族、仫佬族、达斡尔族各 1 通。另外有些民族几乎全部是口述谱系，如哈尼族（3620 种）和高山族（10 个族群 317 种），与使用碑刻或文书记载世系形成鲜明对比。可见，在一般的研究者看来，碑谱确实属于民族谱牒中的稀有品种，除非开展专门的调查与搜集，否则是不能全面了解民族碑谱情况的。现就上述文献中的民族碑谱记录，从民族和区域角度对其分布作出分析。

以民族计：白族最多，回族次之，碑谱数量相对较大。其他经调查

---

① 何俊伟：《云南少数民族碑谱资料探析》，《兰台世界》2021 年第 11 期。

发现有碑谱但数量较少的，还有彝族、毛南族、阿昌族、壮族以及仫佬族、纳西族、达斡尔族等。壮族是广西也是中国大陆除汉族以外人口最多的民族，白族则以云南省为最多，尤其集中于大理白族自治州。这两个民族秦汉以来就与内地文化有着密切联系，通用汉文、通婚乃至参与朝廷政治、军事。从元朝开始，白族经历了大规模的汉化过程，在文化属性和风俗传统上渐与汉族趋同。（天启）《滇志》卷三十就说，（白人）"滇郡及迤西诸郡，强半有之。习俗与华人不甚远，上者能读书，其他力田务本，或服役公府，庶几一变至道者矣。"① 同时，纳西族和白族文化共享的现象非常突出，其具有汉文化倾向也不意外。《明史·土司列传》中说："云南诸土官，知诗书好礼守义，以丽江木氏为首云。"② 壮族大姓自古聚族而居，所谓"举洞纯一姓者"。他们长期受到汉文化的影响，建祠堂、立族规、修族谱，形成房、门分派的宗族组织，这些都为碑谱在西南地区各民族族群中产生与流行创造了条件。

以区域计：云南省最多，山东省次之，广西壮族自治区再次之，其他地区罕见。云南和广西都是多民族聚居的区域。其中云南是中国民族数目最多的省，4000万以上人口的民族就包括彝族、白族、回族、壮族等；广西则是壮族、仫佬族、毛南族最主要的聚居区；山东地区少数民族人口最多的是回族，同时该地又是中国宗族碑谱数量最多、分布最集中的区域，碑谱文化特别浓厚。但从全国来看，西南地区是民族碑谱的集中区域，西北和东北地区民族在传统上更重视实物谱牒（如结绳）和口头谱牒，相对而言文字谱牒的历史较短。刘涛提出，碑铭生产之于本土化的民族认同（与资源共享和分配有关），类似于祖先神话、传说，有可能承担着"南中大姓"宣称身份合理性的重要作用，是对社会现实的"自觉加工"，成为塑造族源历史记忆的文化工具。历史上，

---

① 刘文征撰，古永继校点：《滇志》，云南教育出版社1991年版，第998页。
② 张廷玉等：《明史》卷314，中华书局1974年版，第8100页。

涉及南中大姓族属身份变更的过程主要有四个阶段。一是汉末魏晋南北朝时期，他们在族源归属上都是认同华夏族的，如刘宋时期的《爨龙颜碑》。但是其作为黄帝后裔的身份却长期未被中原王朝承认。二是唐时期，在西爨地区出现的新民族群体——白蛮，从文化上体现出明显的民族融合特征，语言上与汉语最接近，在碑铭中坚称自己的汉人身份，如《大唐故河东爨府君墓志铭》。三是从南诏建立到大理国时期，掌管地方大权的白蛮大姓，主导了当地碑铭的制作。为适应独立建国的政治需要，他们开始对自身的族属认同进行本土化修正，特别是阿吒力教的出现，更强化了有别于汉人的神圣起源。这一实例的著名碑刻尽管不多，但是我们可以从清代《董氏族谱碑》中，看到类似的祖先神话记录。四是 16 世纪中叶以后，南中大姓族属本土化倾向衰退，多数墓志铭提及的祖先都是元明时期取得功名、官职者。明清时期对西南地区统治的加强和移民迁入，导致本地家族历史记忆中断，碑刻上的祖先更多来自江苏（南京）、江西等地。① 民族碑谱正是南中大姓，利用汉人碑刻和谱牒文化，塑造族属记忆，确认或改变族属身份，以适应或控制社会现实变化的真实写照。

由此可见，民族碑谱在西南地区的集中分布有其历史渊源。据调查，该地民族谱牒收藏有 5638 种，白族、壮族、阿昌族等都有本民族的碑谱。② 而在白族碑谱的地域分布上，云南大理又最为集中，尤其是凤仪、喜洲以及祥云等县较多，且年代早至明代，当是民族碑谱的发祥地。此地曾是西南地区民族政权的统治中心，自然也是白蛮大姓、南中大姓的聚集地。此外，这些民族大姓多与历史上的土官有关，制作官谱及相关碑谱已然成为风气。谷口房南、白耀天等编著的《壮族土官族谱集成》，考察了广西 26 处土司衙门遗址，调查到含摩崖碑、墓碑在

---

① 刘涛：《文化视域下的社会变革：云南民族关系演进与文化生产》，社会科学文献出版社 2016 年版，第 66~71 页。

② 王鹤鸣等：《中国少数民族家谱通论》，上海古籍出版社版 2018 年版，第 244 页。

内的族谱 50 种，也说明了这一现象。①

五、少数民族碑谱的价值

碑谱是中华家谱大家庭中的一朵奇葩，民族碑谱更是传统谱牒中的稀有珍品。尽管数量不多，但是在印证西南地区各民族自身发展，与中原地区汉族融合共进，创造中国历史统一版图方面具有重要文献价值。少数民族碑谱与汉族碑谱既有相似性又有差异性，显示出民族特点与区域差异在谱牒文化发展中的制约性。从相关性方面看主要有五点：

一是类型上，两者同样分为墓地碑刻和祠堂碑刻两大系统，说明在功能上都具有祭祖、聚族、记录世系，以及公开宣扬家族文化、确立社会地位的作用。

二是在发展过程中都出现了碑、谱并存现象。也就是说，当纸质谱牒在西南民族中流行开来后，碑刻族谱依然具有生命力，甚至有时就是新修族谱的文献来源。

三是无论是汉族碑谱还是民族碑谱都以世系为核心，不但名称上突出"世系""世次""世德"，而且可以单独的世系（图）构成碑刻主体内容。

四是强调宗族观念，如碑名和内容体现出的"垂裕后昆""德垂后裔""木本水源"，以及"源流""支派""门"等反映汉人宗族思想内涵的概念。部分碑谱还与义田、祠堂、灵位等宗族物质基础相结合，显示出明显的汉化倾向。

五是民族碑谱也有自己的地域集中性，主要流行于中国西南地区与汉族在历史上有密切联系的当地民族中。如果说汉族碑谱在华北地区的地域集中性，是金元以后北方民族冲突遗留的结果，那么西南民族碑谱

---

① 谷口房男等：《壮族土官族谱集成》，广西民族出版社 1998 年版，第 651 页。

的出现则是民族融合的象征。

自然，民族碑谱与汉族碑谱还是有一定区别的。比如西南地区各民族中现存宗族碑谱较少，而以各种墓地神道碑、祠堂香位碑等为多。尤其是土司官谱碑刻，强调职位的世袭和财产继承，常用一贯连叙的父子联名谱式。尽管也客观记录了部分直系世系，但是其宗族旁支信息不全或缺失，在形式上并不能构成完整的现实宗族团体。相对于汉人宗族碑谱是明清以降主要在普通百姓中流行的谱牒载体，民族碑谱则更多具有官谱性质。此外，民族碑谱还有保存在寺庙中的传统，如大理凤仪北汤天《董氏族谱碑》就在村内法藏寺（也是董氏宗祠），而多例回族碑谱也是藏于清真寺，显示出民族谱牒的宗教特色。

本 章 小 结

少数民族碑谱是民族谱牒中的稀有珍品，也是中华家谱文化大家庭不可或缺的成员。受汉文化影响，少数民族碑谱具有祭祖、聚族、记录世系的功能，又具有宗教性、民族性特色。少数民族碑谱集中于西南滇桂地区，以白族和回族的为多，时间集中于明、清、民国三个时期。碑谱在印证少数民族自身发展，及与汉文化融合共进，创造中国历史统一版图方面具有重要文献价值。现有碑谱文献的搜集和研究尚有较大空间，应结合田野调查和民间历史文献梳理持续推进相关工作，使之成为民族史和谱牒史研究的新领域。

目前对于少数民族碑谱的调查尚处于起步阶段，仅据文献还远不能掌握全面的碑谱信息。尤其是作为历史上碑谱集中的华北地区，田野工作和民间文献勾陈，就新发现不少回族碑谱。回族同汉族"大杂居，小聚居"，长期的社会生活接触中受传统文化影响较大，或有更多的碑谱能为调查所获。为更好地理解中国宗族碑谱全貌，做好下一阶段少数民族碑谱的调查和研究，将是十分必要而有意思的工作。

第十二章　宗族碑谱探赜

　　本书是一本关于区域性宗族物质文化研究的论著，主要探讨宋元以来华北碑谱的形态、功能和历史发展。笔者在绪论部分曾作过理论上的预设：即谱牒的表现形态与宗族生存状态基本对应。经过了上述十一章的论述之后，这一观点在山东特别是鲁中地方社会得到了验证。碑谱是一种具有典型祭祀特征的谱牒载体，反映了特定历史时期的宗族形态。随着本书接近尾声，似可重新回顾笔者开篇所提的几个问题：碑谱在谱牒史上的地位如何确定？能否构成一种独立的谱种？是不是所有的宗族都会选择碑谱，原因何在？如何科学定义华北宗族？能否对华北宗族的时代性和地域性作出合理的说明？尽管笔者不敢保证能给出最令人满意的答复，但依然想通过如下的思路梳理，尽可能地作出尝试。

一、碑谱的谱牒史价值

　　谱碑，也就是谱系碑刻，是一种将族谱刻于石质载体的文化形式，是华北宗族世系记录方式的重要补充。它所构建的碑谱是中国宗族谱牒的特殊表达形式，也是中国宗族谱牒发展的阶段性产物。宋元以来，碑谱主要分布于华北，尤其集中在山东地区的鲁中一带，直到今天仍然作为独具特色的文化传统为当地宗族所传承。碑谱在不同历史时期具有不同的载体形态，其演变发展与传统的墓祭仪式密切相关。最早在石碑上记录谱系的是汉唐时期的墓碑，主要记录墓主的家族亲属，既包括拥有世系关系的宗族、母族，也包括没有世系关系的妻族、婿族等，目的是宣传家族中的官宦势力和地望背景。宋代以降，受新式谱学思想和族谱形式的影响，墓碑上开始利用谱图之法描述世系关系。金元之交，随着社会稳定格局的破坏，北方乡村流行刻立"宗派之图"碑，反映出新兴宗族地域化和庶民化实践的完成。明清时期，碑谱在内容和形制上趋于成熟，通过对本宗族历史和世系关系的较完整记录，成为一种与纸谱并行的重要谱牒类型。可见，碑谱的流行贯穿华北地区宗族的发展，先后经历了墓祭期、修谱期和祠堂期，到今天仍然是当地宗族活动的重要内容。

碑谱自然不是华北地区记录世系的唯一载体，但它是宗族在特殊历史阶段的必然选择，也与历代朝廷的碑刻制度的倾向性相关。碑谱还主要作为墓祭的工具和对象，在宗族组织化过程中起着强化血缘认同的作用。在族谱还未充分发展的宋元时期，碑谱是北方宗族仪式活动的中心，也是当地家族组织宗族化首先选择的谱牒形式。如果说元代"宗派之图"的流行是上层宗族利用刻碑特权，向社会宣扬本族历史和世系，以期树立新的地方权威的体现；那么明清时期的乡村宗族更多是把碑谱作为"权宜之计"，表现出北方汉人即使在条件匮乏的情况下，依然争取利用墓地系统的碑刻，顽强地追求保存父系世系、恢复古代宗族生活的理想模式。所以，碑谱是过渡性的谱牒载体，具有系谱的替代作用。宗族一旦具备足够的经济基础，一定会渐次实现修谱、建祠、敬宗和收族的目标，构建出哪怕只是字面上的宗族。由于华北宗族的谱牒传统出自碑刻，所以碑谱对后来纸谱的编修影响很大；它不但是新的世系记录形成的依据，而且成为主流纸谱的重要辅助和补充，与它并行于乡村的宗族社会之中。这种不同谱牒载体形式相互依存的情况其实并不常见于中国其他地区，一方面与当地流行自宋元时期发展而来的墓祭和碑谱传统有关，另一方面又与其他地区纸谱连续不断的发展过程有关。尽管在清末和民国时期，碑谱的影响再次传播到全国各地，甚至西南少数民族地区也偶然地出现碑、谱并行的情况；但是像鲁中地区如此重视编修碑谱，至今仍然视它为宗族谱牒的重要组成部分，不肯轻易放弃，则是十分少见的。

总之，从谱牒发展的整体史的角度看，碑谱无疑承担起了北方族谱缺环时代的宗族使命，延续了父系世系的记录，为宗族复兴准备了知识上和谱系上的充分条件。其身份越到后来，越逐渐摆脱单纯的祭祀性或谱牒性，而成为两者合一的宗族象征物。

二、碑谱所见宗族形态

根据谱牒形态反映宗族生存状态的理论，碑谱的不同历史形态也对应着宗族发展的不同状态。从汉唐迄明清，石质载体上的谱系范畴先后经历了从墓主的亲属关系圈到祖先的后代祭祀圈，再到作为现实生活团体的父系世系群；谱系记录文本也相应产生了三种类型：文章系谱、表格系谱和系图系谱。除第一种对应着强调社会公共职务和政治地位的他律性血缘集团，后两者均对应着强调父系直系血缘由自身展开的世系网络和强调文化与社会功能的自律性世系团体，他们既是碑谱谱系反应的主要对象，也是宋元以来中国宗族发展的主要类型。祖先祭祀圈和父系世系群在现实生活中融为一体，只不过在不同时期和不同区域表现出的强弱态势不同。从碑谱谱系的形态上看，华北宗族更注重由父系血缘确定的祖先祭祀权利，因此很可能反映了一种围绕祖茔建构的礼仪性宗族。因为这种宗族不以处理国家和社会事务为主要职能，仅仅依靠系谱维持着微弱的现实联系，所以也可以称之为系谱化宗族。

当然，华北地区的特殊谱牒不止碑谱一种，还有称之为家堂轴子和祖先折子的，都具有简易经济和方便记录、保存的特点，亦都有强烈的祭祖意味——事实上也同碑谱一样，是祖先祭祀的对象和工具。在石碑上记录宗族世系不单是为了收族，更为了划定祭祀团体的范围，以实现精神上或礼仪上的追求。因此，华北宗族的构建既基于事实，又基于文化需求，即能够反映族群意识和现实权利的宗族文化需求。宗族的历史和世系作为一种传统文化资源，被利用和宣传，体现出宗族的合历史性和归属感。华北宗族的这种凝聚力来自汉人深厚的孝文化和祖先崇拜观念，共同的父系血缘成为宗族形成的重要纽带。鲁中地区地方文献中所记宗族不过几十家，且都是些"有谱可稽"的大族，他们拥有连续性的纸质族谱，甚至拥有可观的祭产和祠堂，属于少数精英宗族、上层宗族的类型。然而明清方志显然忽视了另外一些"刻石为谱"或者祭拜轴子、折子的乡村宗族，或许这类宗族更多，代表了宗族在华北特殊历史环境下的发展变化。在宗族的个体发展史上，碑谱也常常作为宗族记录祖先世系的临时手段，反映出宗族从无谱向有谱阶段过渡的生存状态。

透过任何媒介考察宗族形态都有局限性，因为宗族本身也处在一个动态的发展过程，在不同的历史时期和社会环境中会有不同的内涵，研究者不应该拘泥于一种固定的看法。但是宗族的核心一定是父系世系，不同之处在于对血缘关系的处理方式。明清时期的东南社会，宗族作为基层自治组织的作用越来越强，不但具有宣扬教化、自我管理的功能，还往往发挥赋役纳税、军事防御、社会救济、公共事业和司法方面的作用，俨然成为一级政府组织。这说明华南宗族逐渐突破了血缘群体的范畴，已经向地缘性社会组织演进。其最为重要的变革就是放弃严格父系血缘认同，通过虚构和拟制父系世系，搭建广泛的同姓联宗组织，这无疑是明清社会经济条件变化的结果。而在山东特别是鲁中地区，尽管社会环境也多次发生大的变化，但是相对而言，经济基础变化微弱，尤其是稳定的自给自足的小农经济长期延续，商品经济和产业经济相对落后，宗族构建现实生活团体的动机明显不强。宗族组织的发展必然不能超越历史条件，因此当地没有必要形成跨地域的宗族联合，去应对地方社会的变化。碑谱所表达的宗族可以归类为纯粹的父系血缘世系群，既保证了血缘关系的真实性，又实现了世系关系的完整性。他们追求的是汉人传统的祖孙一体和慎终追远观念，并将宗族的功能定位在礼仪上，而不是社会控制与经济利益。碑谱这一载体从墓地系统的碑刻谱系发展而来，在形成规范的宗族历史叙述和世系图表之后，最终又回归于祖先祭祀。因此，无论是在墓园还是祠堂，碑谱都象征着祖先牌位和祭祀团体的集合。祖茔是华北宗族发展的物质基础，宗族发展必然表现为祖茔的变迁。共同的祭祖活动是整合族人的前提，其发展形态自然是以祖茔和碑谱为标志。宗族专注于建构祖茔园地，就是为了形成永久的祭祀空间，这是一种特殊的宗族形态。总之，谱碑所能反映的自然是曾经存在过的宗族类型，而且很可能是山东最为主要的宗族类型。近年来，学界对于华北宗族的研究也一再提示，祖茔具有合宗收族的基本功能，墓祭是维持宗族组织的关键所在，而立于祖茔作为墓祭对象的碑谱，更是起到了类似族谱的作用。乃至明清时期，碑谱成为当地主要的宗族谱种之一。

三、碑谱所见地域社会

北方社会既存在家族宗族化的现象，也存在仅靠系谱维持的宗族概念化现象，或者叫宗族系谱化。因此，单纯的宗族世系学观点或全面家族化、泛家族主义观点，在华北宗族实践中都有需要检讨的地方。通过对于碑谱所反映的历史环境，特别是人地关系、人地矛盾的分析，可以了解到当地宗族的发展具有"血缘本位"的特点。

明清时期鲁中宗族的人地关系显然是多维的，表现在宗族和村落的发展上主要有以下几个方面：一是近乎封闭性的丘陵山地环境，交通十分闭塞，遭受战乱破坏远较华北平原其他地区为轻，唐末以来成为移民避难之地，古老大族的保存也相对完整。内部以汶阳平原为主的河谷地带，农耕条件优越，在和平时期为宗族的生存和发展提供了条件。二是明清时期，华北地区较大规模的移民活动主要由政府组织，迁往因战乱弃耕抛荒的农业区，如鲁中的河谷平原。由于不允许同姓共居，移民最初以个体或家户的形式散居于各处村落，形成各姓杂居的态势。这种杂居村落的发展有两种可能，第一种为移民所到村落尚有原住居民幸存，社区共同体的形成受旧文化传统的支配；第二种为拓荒性移民重新建立新村，随后其他姓氏迁入，村落的主导权在于始建者。战乱之后的原住人口在村落中已经不占优势，甚至完全从原有村落中消失，但无论哪一种都很难发展成为聚族的单姓村。三是移民村落容积率有限，各姓家庭经过几个世代的人口增殖，开始形成较大规模的宗族组织。当村落无法容纳新出生的人口，宗族便以分房为契机出现新的迁移。分家析产、异地而居是鲁中宗族组织化的一般模式，目的是应对杂居村落中人口发展与土地资源日益增长的矛盾。分家有可能减轻原有大家庭的负担，但是频繁的分家行为同样会造成历史感的缺失。新的房组织在外地发展出独立的祭祀团体——房支，由于代际的疏远和环境的阻隔，这种分支宗族无论从经济上还是礼仪上逐渐与主干完全分离。当家族历史记忆不断消失，血缘联系日趋淡化，加之经济上的互助合作脱离宗族范畴，退守家庭成为唯一的选择。鲁中宗族不断出现分支、迁茔和移居，造成宗族规模一般较小，世系较短，分散程度较高。而在杂姓村落中，宗族又有小规模的聚居情况。四是明清时期鲁中地区内部动荡不息，为躲避战乱灾荒，减缓人口对土地的压力，移民自发向丘陵山地流动，出现许多零星小聚落。由于丘陵荒置土地较多，山林资源较为丰富，散居的移民和原住居民容易形成单姓村，从而出现宗族与村落叠合的情况。随着清代以来人口增殖和流动加快，单姓村普遍出现向多姓杂居转化的趋势。丘陵山地区域聚集了较多的原当地宗族，以及较早迁移而来的外地移民，更容易保存和传承当地的文化传统。因此方便记录宗族世系的碑谱，在宗族逐渐恢复和发展过程中，最先从此地产生出来，并随后成为鲁中宗族流行的谱牒形式。如果说宗族散居形态是人们选择碑谱的现实依据，毋宁说随之产生的单独祭祀观念是碑谱最为深刻的精神内核。小规模聚居于杂姓村落中的宗族凭借分支碑谱，巩固了内部的血缘纽带，实现了对父系世系的认同。

综上所述，碑谱是这样反映宗族与村落关系的：血缘是鲁中宗族形成的根本依据，也是村落聚居形成的合适路径，族人依赖血缘关系获得居住权利，实现宗族与村落两种共同体的叠合。鲁中的宗族形态主要表现为两种：一种较普遍，为散居于内部平原地带村落，形成各姓宗族杂居的社区联合体；一种较少见，为聚居于丘陵山地的单姓村，形成一支独大的村落宗族共同体。总体而言，人地关系紧张是该地区历史环境的基本特点，宗族既有散居又有聚居，呈现大散居、小聚居的局面。金元时代支离破碎的鲁中社会结构，经过明清时期的经济发展和文化演进，逐渐形成完整的宗族地域拼图和致密的村落社区图景。

最后需要说明的是，本书关于鲁中宗族的社会功能，特别是在国家治理功能方面的分析还十分欠缺，其意义自然十分重大，笔者对此也特别具有研究兴趣。通过这样一个中观区域的宗族发展结构，有助于理解整个华北地区宗族的演变历程和内在规定性。另外，尽管笔者手头的方志和碑刻资料中，也有当地宗族参与社会管理和公共事业的案例，但是由于没有相对应的充足的谱牒资料，难以具体说明宗族组织参与者的动机、过程和后果；而且如果过多地深入到宗族承担国家职能的分析，有可能偏离关于碑谱研究的主旨性，因此笔者希望将来有机会能够对这一问题再行探讨，在此只好暂且搁置。

主要参考文献

一、论文与报道、报告

[1] 河北省文化局文物工作队：《河北井陉县柿庄宋墓发掘报告》，《考古学报》1962 年第 1 期。

[2] 彭雨新：《清初的垦荒与财政》，《武汉大学学报》（人文科学版）1978 年第 6 期。

[3] 陈直：《南北朝谱牒形式的发现和索隐》，《西北大学学报》1980 年第 3 期。

[4] 李辅斌：《清代前期直隶山西的土地复垦》，《中国历史地理论丛》1995 年第 3 期。

[5] 曹树基：《洪武时期山东东三府地区的人口迁移》，《中国社会经济史研究》1996 年第 4 期。

[6] 姚继荣：《略论元朝仕进制度中的民族歧视政策》，《青海社会科学》1996 年第 3 期。

[7] 钱杭：《莫里斯·弗利德曼与〈中国宗族与社会：福建和广东〉》，《史林》1999 年第 3 期。

[8] 赵文坦：《金元之际汉人世侯的兴起与政治动向》，《南开学报》2000 年第 6 期。

[9] 洪燕：《孙中山先生的一篇轶文〈詹氏宗谱〉序》，《寻根》2001 年第 5 期。

［10］科大卫、刘志伟：《宗族与地方社会的国家认同——明清华南地区宗族发展的意识形态基础》，《历史研究》2000 年第 3 期。

［11］钱杭：《中国古代世系学研究》，《历史研究》2001 年第 6 期。

［12］王鹤鸣：《国宝〈欧阳氏谱图序〉简介》，《图书馆杂志》2003 年第 4 期。

［13］兰林友：《论华北宗族的典型特征》，《中央民族大学学报》（哲学社会科学版）2004 年第 1 期。

［14］杜正贞、赵世瑜：《区域社会史视野下的明清泽潞商人》，《史学月刊》2006 年第 9 期。

［15］赵春万：《"燕王扫北"之我见》，《寻根》2008 年第 2 期。

［16］王日根、张先刚：《从墓地、族谱到祠堂：明清山东栖霞宗族凝聚纽带的变迁》，《历史研究》2008 年第 2 期。

［17］周利成：《燕王扫北与天津建卫》，《天津档案》2008 年第 3 期。

［18］冯尔康：《清代宗族祖坟述略》，《安徽史学》2009 年第 1 期。

［19］钱杭：《宗族建构过程中的血缘与世系》，《历史研究》2009 年第 4 期。

［20］吴欣：《明清京杭运河区域仕宦宗族的社会变迁——以聊城"阁老傅、御史傅"为中心》，《东岳论丛》2009 年第 5 期。

［21］常建华：《中国族谱学研究的最新进展》，《河北学刊》2009 年第 6 期。

［22］钱杭：《世系观念的起源及两种世系原则》，《华东师范大学学报》（哲学社会科学版）2010 年第 1 期。

［23］常建华：《明清时期华北宗族的发展：以山西洪洞刘氏为例》，《求是学刊》2010 年第 2 期。

［24］赵文坦：《汉人世侯与蒙元关系的演变——以世侯征伐镇戍为中心》，《文史哲》2010 年第 2 期。

［25］毛远明：《碑刻文献研究的历程》，《西华大学学报》（哲学社会科学版）2011 年第 4 期。

［26］张金奎：《明代山东地区枣强裔移民考》，《古代文明》（中英文）
　　　2011 第 4 期。

［27］栗永：《靖难之变与"燕王扫北"》，《当代人》2011 年第 12 期。

［28］常建华：《晚明华北宗族与族谱的再造——以〈山东青州邢氏宗
　　　谱〉为例》，《安徽史学》2012 年第 1 期。

［29］李春圆：《"传承与变革——10—14 世纪中国的多边政治与多元
　　　文化"国际学术研讨会综述》，《中国史研究动态》2012 年第 2
　　　期。

［30］吴欣：《村落与宗族：明清山东运河区域宗族社会研究》，《文史
　　　哲》2012 年第 3 期。

［31］刘睿：《新泰上汪刘氏大港村族谱与匾额初考》，《新泰文史》
　　　2012 年第 3 期。

［32］钱杭：《论"结绳家谱"——中国谱牒史研究之一》，《江西师范
　　　大学学报》（哲学社会科学版）2013 年第 3 期。

［33］陈爽：《出土墓志所见中古谱牒探迹》，《中国史研究》2013 年第
　　　4 期。

［34］王春花：《明清时期东阿秦氏家族的合族与婚姻》，《农业考古》
　　　2014 年第 1 期。

［35］钱杭：《"口述世系"与"口述家谱"略论》，《上海师范大学学
　　　报》（哲学社会科学版）2014 年第 1 期。

［36］常建华：《近世山东莒地宗族探略：以民国〈重修莒志·民族
　　　志·氏族〉为中心》，《安徽史学》2014 年第 11 期。

［37］杨建敏：《宗族祠堂碑刻的类型及其传播》，《黄河科技大学学
　　　报》2014 年第 2 期。

［38］张英明：《明清以来莱芜张氏迁徙及发展情况考》，《德州学院学
　　　报》2014 年第 5 期。

［39］钱杭：《世袭传递中的职爵继承：对西周微氏铜器铭文的系谱学
　　　分析》，《史林》2015 年第 3 期。

[40] 章毅：《元代徽州路的军功家族》，《安徽史学》2015 年第 3 期。

[41] 付来友、王丽霞：《宗族的裂变与合并——一个山东村庄的个案考察》，《北方民族大学学报》（哲学社会科学版）2015 年第 5 期。

[42] 曹树基：《湖南人由来新考》，《历史地理》（第九辑），上海人民出版社 1990 年版。

[43] 赵文坦：《蒙古国汉人世侯辖区社会经济考察》，《蒙古史研究》（第六辑），内蒙古大学出版社 2000 年。

[44] 程章灿：《从碑石、碑颂、碑传到碑文——论汉唐之间碑文演变之大趋势》，荣新江主编：《唐研究》（第十三辑），北京大学出版社 2007 年版。

[45] 王绍欣：《祖先记忆与明清户族——以山西闻喜为个案的分析》，赵世瑜主编：《大河上下——10 世纪以来的北方城乡与民众生活》，山西人民出版社 2010 年版。

[46] ［美］孔迈隆：《中国北方的宗族组织》，马春华主编：《家庭与性别评论》（第四辑），社会科学文献出版社 2013 年版。

[47] 王润：《华北的祖茔与宗族组织——北京房山祖茔碑铭解析》，郑振满主编：《碑铭研究》（第二辑），社会科学文献出版社 2014 年版。

[48] 陈勇、罗勇：《我国历史灾害移民及相关政策研究》，罗中枢主编：《西部发展评论》，四川大学出版社 2014 年版。

[50] ［日］饭山知保：《金元时期北方社会演变与“先茔碑”出现的意义》，《中国史研究》2015 年第 4 期。

[51] 杜靖：《闵氏宗族及其文化的再生产——一项历史结构主义的民族志实践》，中央民族大学博士学位论文，2005 年。

[52] 王霞蔚：《金元以降山西中东部地区的宗族与地方社会》，南开大学博士学位论文，2010 年。

[53] 刘海宁：《山东汉代碑刻研究》，山东大学博士学位论文，

2011 年。

[54] 汪润：《华北的祖茔与宗族组织：明清房山祖茔碑铭解析》，厦门大学硕士学位论文，2006 年。

[55] 张先刚：《族谱、墓地与祠堂》，厦门大学硕士学位论文，2007年。

[56] 周晓冀：《泰山地区佛教石窟造像研究》，山东大学硕士学位论文，2008 年。

[57] 闫娜轲：《清代山东府县人口考论》，曲阜师范大学硕士学位论文，2010 年。

[58] 谭景芳：《元代山东宗族研究》，山东师范大学硕士学位论文，2011 年。

[59] 赵天乙：《辽宁铁岭发现两座石碑家谱》，《辽沈晚报》2001 年 9月 7 日。

[60] 曹勇：《高台发现明代族谱碑》，《兰州晨报》2009 年 11 月 20日。

[61] 佚名：《许氏坟林宗族之记》，《泰安日报》2010 年 10 月 20 日。

[62] 王静、李大鹏：《海阳首次发现宗族谱序石碑》，《齐鲁晚报》2012 年 3 月 17 日。

[63] 钱杭：《"文化世家"与"世家文化"》，《光明日报》2014 年 2月 25 日。

[64] 王佳声、刘涛：《鱼山村：用石头垒起的古村落》，《大众日报》2014 年 11 月 14 日。

[65] 牛寨中：《孙嘉淦世系碑与御制碑之考》，《吕梁晚报》2015 年 4月 8 日。

[66] 郭长秀、姬姣姣：《姬姓世系碑刻国内首次发现》，《大河报》2015 年 4 月 16 日。

[67] 山东省土地开发整理工程建设标准研究课题组：《山东省土地开发整理工程类型区划分研究（征求意见稿）》2008 年 4 月。

[68] 山东省城乡规划设计研究院、莱芜市城市规划局编：《莱芜市统筹城乡一体化发展总体规划（2008—2030）》2009 年 5 月。

二、现当代著作

[1] 钱杭：《中国宗族史研究入门》，复旦大学出版社 2009 年版。

[2] 钱杭：《宗族的世系学研究》，复旦大学出版社 2011 年。

[3] 钱杭：《传统中国的社会文化研究》，上海社会科学院出版社 2008 年版。

[4] 冯尔康等：《中国宗族史》，上海人民出版社 2009 年版。

[5] 冯尔康主编：《清代宗族史料选辑》，天津古籍出版社 2014 年版。

[6] 常建华：《中华文化通志·宗族志》，上海人民出版社 1998 年版。

[7] 常建华：《明代宗族研究》，上海人民出版社 2005 年版。

[8] 常建华：《明代宗族组织化研究》，故宫出版社 2012 年版。

[9] 常建华：《宋以后宗族的形成及地域比较》，人民出版社 2013 年版。

[10] 王鹤鸣：《中国家谱通论》，上海古籍出版社 2011 年版。

[11] 赵超：《中国古代石刻概论》，文物出版社 1997 年版。

[12] 毛远明：《碑刻文献学通论》，中华书局 2009 年版。

[13] 罗香林：《中国族谱研究》，香港中国学社 1971 年版。

[14] 陈其南：《家族与社会——台湾与中国社会研究的基础理念》，台湾联经出版事业公司 1991 年版。

[15] 费孝通：《乡土中国》，生活·读书·新知三联书店 1985 年版。

[16] 郑振满：《明清福建家庭组织与社会变迁》，中国人民大学出版社 2009 年版。

[17] 梁方仲编著：《中国历代户口、田地、田赋统计》，上海人民出版社 1980 年版。

[18] 刘勰著，范文澜注：《文心雕龙注》，人民文学出版社 1958 年版。

[19] 周一良：《周一良集》，辽宁教育出版社 1998 年版。

［20］葛剑雄、曹树基、吴松弟：《简明中国移民史》，福建人民出版社 1993 年版。

［21］葛剑雄：《中国人口史》，复旦大学出版社 2005 年版。

［22］曹树基：《中国移民史·明时期》，福建人民出版社 1997 年版。

［23］瞿同祖：《中国法律与中国社会》，中华书局 1981 年版。

［24］陈捷先：《中国的族谱》，台湾"文化建设委员会"，1999 年增订一版。

［25］曾昭璇：《中国的地形》，广东人民出版社 1979 年版。

［26］王建革：《传统社会末期华北的生态与社会》，生活·读书·新知三联书店 2009 年版。

［27］景军著，吴飞译：《神堂记忆：一个中国乡村的历史、权力与道德》，福建教育出版社 2013 年版。

［28］萧启庆：《内北国而外中国：蒙元史研究》，中华书局 2007 年版。

［29］符海朝：《元代汉人世侯群体研究》，河北大学出版 2007 年版。

［30］［法］谢和耐著，黄建华、黄迅余译：《中国社会史》，江苏人民出版社 2010 年版。

［31］［日］濑川昌久著，钱杭译：《族谱：华南汉族的宗族·风水·移居》，上海书店出版社 1999 年版。

［32］［美］杜赞其著，王福明译：《文化、权力与国家：1900—1942 年的华北农村》，江苏人民出版社 2010 年版。

［33］［美］黄宗智：《华北的小农经济与社会变迁》，中华书局 2000 年版。

［34］赵世瑜主编：《大河上下——10 世纪以来的北方城乡与民众生活》，山西人民出版社 2010 年版。

［35］郑振满主编：《碑铭研究》（第二辑），社会科学文献出版社 2014 年版。

［36］柏桦主编：《明清律例研究》，南开大学出版社 2013 年版。

［37］Maurice Freedman：Chinese Lineage and Society：Fukien ＆

Kwangtung，台湾南天书局有限公司 1984 年版。

[38] 朱铭、王宗廉主编，刘德增卷主编：《山东重要历史事件·宋元明清时期》，山东人民出版社 2004 年版。

[39] 刘增德：《大迁徙——寻找"大槐树"与"小云南"移民》，山东人民出版社 2009 年版。

[40] 刘德增：《山东移民史》，山东人民出版社 2011 年版。

[41] 路遇、腾泽之：《中国分省区历史人口考》，山东人民出版社 2006 年版。

[42] 黄钰辑点：《瑶族石刻录》，云南民族出版社 1993 年版。

[43] 郭建设、索全星：《山阳石刻艺术》，河南美术出版社 2004 年版。

[44] 韩明祥编著：《济南历代墓志铭》，黄河出版社 2002 年版。

[45] 山东省肥城市石横镇编纂委员会编：《石横镇志》，方志出版社 1997 年版。

[46] 李玉明、王雅安主编：《三晋石刻大全》，三晋出版社 2012 年版。

[47] 袁明英主编：《泰山石刻》，中华书局 2007 年版。

[48] 张祖陆主编：《山东地理》，北京师范大学出版社 2014 年版。

[49] 国家图书馆善本金石组编：《宋代石刻文献全编》，北京图书馆出版社 2003 年版。

[50] 包泉万：《中国古碑》，百花文艺出版社 2009 年版。

[51] 徐自强、吴梦麟：《中国的石刻与石窟》，商务印书馆 1996 年版。

[52] 赵超：《古代石刻》，文物出版社 2001 年版。

[53] 郭建芬：《山东文物丛书：碑刻造像》，山东友谊出版社 2002 年版。

[54] 史欣：《碑刻与摩崖》，齐鲁书社 2000 年版。

[55] 路远：《碑林史话》，西安出版社 2000 年版。

[56] 山东省政协文史资料委员会编：《齐鲁百年名碑集》，北京科学技术出版社 1998 年版。

[57] 山东省石刻艺术博物馆编：《山东省石刻艺术选粹·历代墓志

卷》，浙江文艺出版社 1996 年版。

［58］山东省石刻艺术博物馆编：《石颂》，内部刊物 1998 年版。

［59］包备五：《齐鲁碑刻》，齐鲁书社 1996 年版。

［60］赖非：《齐鲁碑刻墓志研究》，齐鲁书社 2004 年版。

［61］刘培桂编著：《孟子林庙历代石刻集》，齐鲁书社 2005 年版。

［62］张永强：《蓬莱金石录》，黄河出版社 2007 年版。

［63］张孝友主编：《沂山石刻》，山东友谊出版社 2009 年版。

［64］张庆元编：《平阴古碑石刻集》，银河出版社 2005 年版。

［65］刘序勤主编：《青州石刻文化》，文化艺术出版社 2006 年版。

［66］泰山市文物局编：《泰山石刻大全》（全五册），齐鲁书社 2006 年版。

［67］姜丰荣编：《泰山石刻大观》（全十八册），线装书局 2002 年版。

［68］刘玉新、张振华主编：《东阿文物》，天马出版有限公司 2006 年版。

［69］贾效孔主编：《寿光考古与文物》，中国文史出版社 2005 年版。

［70］临淄文物志编辑组编：《临淄文物志》，中国友谊出版公司 1990 年版。

［71］滨州地区文物志编委会编：《滨州地区文物》，山东友谊书社 1992 年版。

［72］潍坊市政协文史委员会编：《潍坊文物博览》，中国文联出版社 2002 年版。

［73］章丘市文物保护管理委员会编：《章丘文物汇考》，济南出版社 1994 年版。

［74］夏广泰、郑建芳：《邹城瑰宝》，山东友谊出版社 1996 年版。

［75］王承典主编：《淄博文物与考古》，山东友谊出版社 1989 年版。

［76］苑继平主编：《枣庄文物》，青岛出版社 2006 年版。

［77］骆承烈编：《曲阜碑目辑录》，曲阜师院孔子研究室印，1981 年。

［78］骆承烈汇编：《石头上的儒家文献——曲阜碑文录》，齐鲁书社

2001 年版。

[79] 钱杭：《周代宗法制度史研究》，学林出版社 1991 年版。

[80] 钱杭：《中国宗族制度新探》，香港中华书局 1994 年版。

[81] 钱杭、谢维扬：《传统与转型：江西泰和农村宗族形态——项社会人类学的研究》，上海社会科学院出版社 1995 年版。

[82] 钱杭：《血缘与地缘之间——中国历史上的联宗和联宗组织》，上海社会科学院出版社 2001 版。

[83] 钱杭：《宗族的传统建构与现代转型》，上海人民出版社 2011 年版。

[84] ［日］井上徹著，钱杭译：《中国的宗族与国家礼制——从宗法主义角度所作的分析》，上海书店出版社 2008 年版。

[85] ［日］守屋美都雄著，钱杭、杨晓芬译：《中国古代的家族与国家》，上海古籍出版社 2010 年版。

[86] 郑振满：《乡族与国家——多元视野中的闽台传统社会》，生活·读书·新知三联书店 2009 年版。

[87] 冯尔康：《18 世纪以来中国家族的现代转向》，上海人民出版社 2005 年版。

[88] 冯尔康：《中国宗族制度与谱牒研究》，天津古籍出版社 2011 年版。

[89] 冯尔康：《中国古代的宗族与祠堂》，商务印书馆国际有限公司 1996 年版。

[90] 牛志春主编：《山东区域文化通览·莱芜文化通览》，山东人民出版社 2012 年版。

[91] 刘志伟：《在国家与社会之间——明清广东地区里甲赋役制度与乡村社会》，中国人民大学出版社 2010 年版。

[92] 钟翀：《北江盆地——宗族、聚落的形态与发生史研究》，商务印书馆 2011 年版。

[93] 张思等：《侯家营：一个华北村庄的现代历程》，天津古籍出版社

2010 年版。

［94］黄海妍：《在城市与乡村之间——清代以来广州合族祠研究》，生活·读书·新知三联书店 2008 年版。

［95］［美］本尼迪克特·安德森著，吴叡人译：《想象的共同体：民族主义的起源与散布》，上海人民出版社 2011 年版。

［96］［日］濑川昌久著，［日］河合洋尚、姜娜译，蔡文高校译：《客家——华南汉族的族群性及其边界》，社会科学文献出版社 2013 年版。

［97］［英］莫里斯·弗里德曼著，刘晓春译，王铭铭校：《中国东南的宗族组织》，上海人民出版社 2000 年版。

［98］刘廷銮、孙家兰编著：《山东明清进士通览》（二卷本），山东文艺出版社 2014 年版。

［99］饶伟新主编：《族谱研究》（第一辑），社会科学文献出版社 2013 年版。

［100］山西大学中国社会史研究中心编：《中国社会史研究的理论与方法》，北京大学出版社 2011 年版。

［101］张兆清主编：《村庄》（十卷本），新华出版社 2003 年版。

［102］张仲礼著：《中国绅士研究》，上海人民出版社 2008 年版。

［103］杨念群著：《中层理论：东西方思想会通下的中国史研究》，江西教育出版社 2001 年版。

［104］Maurice Freedman：Lineage Organization in Southeastern China，台湾南天书局有限公司 1984 年版。

［105］王志民主编：《山东文化世家研究书系》（二十八种），中华书局 2013 年版。

三、古代著作（含新出版本）

［1］司马迁：《中华国学文库：史记》（四卷本），中华书局 2011 年版。

［2］杜佑撰，王文锦等点校：《通典》，中华书局 1988 年版。

［3］石介著，陈植锷点校：《徂徕石先生文集》，中华书局 1984 年版。

［4］苏洵：《重刊嘉祐集》，明嘉靖太原府刻本。

［5］李俊甫：《莆阳比事》，清嘉庆《宛委别藏》本，山东图书馆。

［6］杜绾：《云林石谱》上卷，清《知不足斋丛书》本，上海图书馆。

［7］李心传撰，徐规点校：《建炎以来朝野杂记》，中华书局 2000 年版。

［8］李心传：《建炎以来系年要录》，中华书局 1988 年版。

［9］欧阳守道：《巽斋文集》，文渊阁《四库全书》本。

［10］苏天爵：《元朝名臣事略》（大学士于敏中家藏本），《四库全书总目提要》。

［11］元好问：《元好问全集》，山西古籍出版社 2004 年版。

［12］潘昂霄：《金石例》，《石刻史料新编》（第三辑）第 39 册，台湾新文丰出版公司 1977 年版。

［13］马端临：《文献通考》，清浙江书局本。

［14］胡祗遹：《紫山大全集》，《钦定四库全书》本。

［15］郑玉：《师山集》，《钦定四库全书》本。

［16］胡助：《纯白斋类稿》，《钦定四库全书》本。

［17］陶宗仪撰，王雪玲校点：《南村辍耕录》，辽宁教育出版社 1998 年版。

［18］解缙：《解学士文集》，《钦定四库全书》本。

［19］葛昕：《集玉山房稿》，《钦定四库全书》本。

［20］胡俨：《颐庵文选》，《钦定四库全书》本。

［21］刘士骥：《蟋蟀轩草》，《四库全书存目丛书》，齐鲁书社 1997 年版。

［22］吴式芬：《金石汇目分编》，山东省图书馆藏刻本。

［23］顾祖禹撰，贺次君、施和金点校：《读史方舆纪要》，中华书局 2005 年版。

［24］叶昌炽撰，柯昌泗评：《语石·语石异同评》，中华书局 1994

年版。

［25］顾炎武撰，陈垣校注：《日知录》，安徽大学出版社 2007 年版。

［26］赵翼撰，曹光甫校点：《陔餘丛考》，上海古籍出版社 2011 年版。

［27］钱大昕著，杨勇军整理：《十驾斋养新录》，上海书店出版社 2011 年版。

［28］黄宗羲原著，全祖望补修，陈金生、梁运华点校：《宋元学案》，中华书局 1996 年版。

［29］吴式芬：《金石汇目分编》，山东省图书馆藏刻本。

［30］谷应泰：《明史纪事本末》，中华书局 1977 年版。

［31］阮元、王先谦编：《清经解续编》，上海书店 1988 年版。

［32］贺长龄、盛康编：《清朝经世文正续编》，广陵书社 2011 年版。

［33］纪昀：《阅微草堂笔记》，中华书局出版 2013 年版。

［34］孔颖达：《礼记正义》，阮元校刻：《十三经注疏》，中华书局 1980 年版。

［35］钱泳撰，张伟点校：《履园丛话》，中华书局 1979 年版。

［36］黄钤修纂：《泰安县志》，清乾隆四十七年（1782 年）刻本。

［37］毕沅、阮元：《山左金石志》，清嘉庆二年仪征阮氏小琅嬛佩馆刊本。

［38］牛诚修：《定襄金石考》，《地方金石志汇编》第 14、15 册，国家图书馆出版社 2011 年版。

［39］马衡：《凡将斋金石丛稿》，中华书局 1977 年版。

［40］赵尔巽等：《清史稿》，天津古籍出版社 2012 年版。

［41］缪荃孙：《艺风堂金石文字目》，北京大学图书馆馆藏本。

［42］台湾"中央研究院"历史语言研究所校印：《明实录》，中文出版社 1984 年版。

［43］中华书局编辑部编：《二十四史》（简体横排本），中华书局 2013 年版。

四、地方志文献

[1] 任弘烈纂修：《重刊泰安州志》，泰山王氏仅好书斋刊，民国二十五年（1936年）铅印本。

[2] 尹任纂修：《肥城县志》，清康熙十一年（1672年）刻本。

[3] 颜希深纂修：《泰安府志》，清乾隆二十五年（1760年）刻本。

[4] 黄钤纂修：《泰安县志》，清乾隆四十七年（1782年）刻本。

[5] 江乾达纂修：《新泰县志》，清乾隆四十九年（1784）刻本。

[6] 徐宗干纂修：《泰安县志》，清道光八年（1828年）刻本。

[7] 黄笃瓒纂修：《平阴乡土志》，清光绪三十三年（1907年）铅印本。

[8] 何联甲纂修：《莱芜县乡土志》，清光绪三十三年（1907年）石印本。

[9] 曹偁纂修：《宁阳县乡土志》，清光绪三十三年（1907年）石印本。

[10] 王鸿瑞纂修：《东平州乡土志》，清光绪三十三年（1907年）石印本。

[11] 杨承泽纂修：《泰安乡土志》，清光绪三十三年（1907年）刻本。

[12] 钟树森纂修：《肥城县乡土志》，清光绪三十四年（1908年）石印本。

[13] 葛延瑛修，孟昭章等纂：《重修泰安县志》，民国十八年（1929年）铅印本。

[14] 周钧英修纂：《临朐续志》，民国二十四年（1935）铅印本。

[15] 刘洪辟纂修：《昭萍志略》，民国二十四年（1935年）铅印本，江西人民出版社2010年复印。

[16] 王荫桂等修，张新会等纂：《续修博山县志》，民国二十六年（1937年）铅印本，《中国方志丛书·华北地方·第十四号》，台湾成文出版社2007年版。

［17］洪洞县志编委会编:《洪洞县志资料》1984 年第 7 期。

［18］肥城县地名委员会办公室编:《肥城县地名志》,内部资料 1988 年版。

［19］新泰市地名委员会办公室编:《新泰市地名志》,新华出版社 1992 年版。

［20］宁阳县地名委员会办公室编:《宁阳县地名志》,内部资料 1993 年版。

［21］泰安市泰山区、郊区地方史志编纂委员会编:《泰安市志》,齐鲁书社 1996 年版。

［22］山东省地名研究所编:《山东省地名志》,山东省地图出版社 1999 年版。

［23］邵泽元等编:《邹城市地名志》,山东人民出版社 2000 年版。

［24］山东府县志辑委会:《中国地方志集成·山东府县志辑》,凤凰出版社 2004 年版。

［25］尹承乾编:《莱芜历代志书集成》,中国图书出版社 2009 年版。

［26］泰安市地方史志编纂委员会编:《泰安市志》,方志出版社 2009 年版。

［27］鲍氏族史研究会编:《鲍氏文苑》2009 年第 11 期。

［28］张月尊编:《三思村志》未刊稿第 10 册,手抄本,2014 年。

五、谱牒文献

［1］《泰安孙氏世系谱书》,乾隆辛丑年(1781 年)抄本,泰安市图书馆。

［2］《武氏族谱》,清光绪十八年(1892 年)刻本,肥城市孙伯镇武书展藏。

［3］《莱芜张氏族谱》,泰安大陆书社民国二十五年(1936 年)版,莱芜市颜庄镇张英明藏。

［4］《乌江刘氏族谱》,1950 年,莱芜市口镇刘仲德藏。

［5］《泰安宋氏族谱》，1982 年，泰安市档案馆。

［6］《东平孟氏族谱》，1985 年，泰安市档案馆。

［7］《简易桑氏家谱》，1992 年，莱芜市黄庄镇桑宽成藏。

［8］《莱芜亓氏族谱》（七修），2001 年，莱芜市档案馆。

［9］《泰安冯氏家谱》，2001 年，泰安市档案馆。

［10］《莱芜涝坡王氏族谱》（五修），2003 年，莱芜市档案馆。

［11］《泰安汶阳刘氏族谱》，2004 年，泰安市档案馆。

［12］《泰安埠东孙氏族谱》，2004 年，泰安市档案馆。

［13］《莱芜古赢吴氏族谱》（六修），2004 年，莱芜市钢城区吴新颖藏。

［14］《泰安宋氏家谱》（六修），2004 年，泰安市档案馆。

［15］《泰安后省庄陈氏族谱》，2007 年，泰安市档案馆。

［16］《莱芜吕氏族谱》，2008 年，莱芜市牛泉镇吕旺财藏。

［17］《临朐潘氏宗谱》，2008 年，莱芜市档案馆。

［18］《博山龙堂庄刘氏族谱》，2008 年，淄博市石门乡刘学田藏。

［19］《莱芜秦氏族谱秦家洼支谱》，2009 年，莱芜市辛庄镇秦鹏藏。

［20］《泰安田氏家谱》，2009 年，泰安市档案馆。

［21］《续修田东史田氏族谱》，2009 年，泰安市档案馆。

［22］《北集坡任氏支谱》，2009 年，泰安市北集坡镇任玉红藏。

［23］《莱芜葛氏族谱》，2010 年，莱芜市档案馆。

［24］《莱芜周氏宗谱》，2011 年，莱芜市钢城区周慎宝藏。

六、工具书

［1］谭其骧主编：《中国历史地图集》（全八册），中国地图出版社 1996 年版。

［2］王鹤鸣主编：《中国家谱总目》（全十册），上海古籍出版社 2008 年版。

［3］中国社会科学院历史研究所编纂：《中国历史年表》，中华书局

2013 年版。

［4］万国鼎编，万斯年、陈梦家补订：《中国历史纪年表》，中华书局 1978 年版。

附　　录

一、《中国家谱总目》中的山东谱籍分布

注：城市名旁的数字为族谱数目（种类）

二、现存谱碑统计表（笔者调查统计，截至 2015 年 3 月）

序号	姓氏	朝代	碑刻纪年	省级区	市	县区	地点
1	董	金代	大定十一年	山西	运城	绛县	西郝庄村
2	裴	金代	大定十一年	山西	运城	闻喜	裴柏村
3	许	金代	大定二十九年	山东	泰安	岱岳	许家庄
4	李	金代	明昌二年	陕西	庆阳	合水	连家砭村
5	孟	金代	大安三年	山东	济宁	邹县	孟庙
6	孟	元代	元贞元年	山东	济宁	邹县	孟庙
7	刘	元代	大德二年	山东	泰安	肥城	前衡渔村
8	师	元代	至大元年	河北	石家庄	井陉	柿庄村
9	孟	元代	天顺元年	山东	济宁	邹县	孟庙
10	王	元代	至治二年	陕西	延安	洛川	修辉村
11	徐	元代	至治三年	山东	泰安	新泰	徐家庄
12	孔	元代	天历二年	山东	济宁	曲阜	孔庙
13	杨	元代	天历二年	山西	沂州	代县	鹿蹄涧村
14	孟	元代	至顺二年	山东	济宁	邹县	孟庙
15	孔	明代	永乐七年	山东	济宁	曲阜	孔庙
16	田	明代	弘治六年	山东	泰安	肥城	田家花峪村
17	孔	明代	正德六年	山东	济宁	曲阜	孔庙
18	孟	明代	正德六年	山东	济宁	邹县	孟庙
19	孟	明代	正德六年	山东	济宁	邹县	孟庙
20	孟	明代	正德六年	山东	济宁	邹县	孟庙
21	裴	明代	嘉靖二年	山西	运城	闻喜	裴柏村
22	李	明代	嘉靖癸卯	山西	晋城	阳城	上庄
23	徐	明代	隆庆二年	山东	临沂	郯城	北夹埠村
24	张	明代	万历年间	山东	济宁	微山	西万村

续表

序号	姓氏	朝代	碑刻纪年	省级区	市	县区	地点
25	司马	明代	万历年间	陕西	渭南	韩城	南门外村
26	张	明代	万历年间	山东	淄博	张店	张赵村
27	陈	明代	万历十四年	广东	韶州	翁源	龙田铺村
28	要	明代	万历二十七年	河北	邢台	南和	西南部村
29	米	明代	万历三十年	河南	郑州	新密	米村
30	靳	明代	万历三十六年	河南	濮阳	濮阳	李信村
31	王	明代	崇祯七年	甘肃	张掖	高台	光明村
32	戚	清代	康熙年间	河南	郑州	巩义	黑石关村
33	徐	清代	康熙七年	山东	泰安	新泰	徐家庄
34	李	清代	康熙二十二年	山东	临沂	沂南	小河村
35	任	清代	康熙三十年	山东	淄博	沂源	河北村
36	黄	清代	康熙三十二年	山东	莱芜	莱城	大曾家庄
37	汪	清代	康熙三十七年	山东	临沂	沂南	汪家庄
38	刘	清代	康熙四十五年	山东	泰安	新泰	宫阳
39	李	清代	康熙五十年	山东	济南	章丘	梭庄
40	沈	清代	康熙五十年	山东	泰安	肥城	武新村
41	陈	清代	康熙五十一年	山东	临沂	郯城	南官庄
42	唐	清代	康熙乙亥	湖南	邵阳	隆回	向阳村
43	张	清代	雍正三年	山东	泰安	肥城	西张村
44	秦	清代	雍正庚戌	山东	莱芜	高新	秦家洼村
45	石	清代	雍正十年	山东	莱芜	钢城	石家岭村
46	于	清代	乾隆元年	山东	济南	平阴	镇中心村
47	汪	清代	乾隆年间	山东	临沂	沂南	汪家庄
48	南	清代	乾隆年间	陕西	西安	阎良	耿西村
49	焦	清代	乾隆二年	山东	莱芜	莱城	嘶马河村
50	黄	清代	乾隆三年	山东	莱芜	莱城	大曾家庄
51	时	清代	乾隆三年	河南	郑州	二七	刘胡垌村

续表

序号	姓氏	朝代	碑刻纪年	省级区	市	县区	地点
52	王	清代	乾隆十二年	山东	聊城	东阿	沙窝村
53	武	清代	乾隆丁卯年	辽宁	铁岭	不详	不详
54	田	清代	乾隆十七年	山东	临沂	兰山	田家围子村
55	田	清代	乾隆十七年	山东	临沂	兰山	田家围子村
56	汪	清代	乾隆二十七年	山东	泰安	肥城	汪城宫村
57	彭	清代	乾隆二十九年	山东	临沂	平邑	西围沟村
58	李	清代	乾隆三十一年	山东	临沂	沂南	小河村
59	颜	清代	乾隆三十三年	山东	临沂	沂南	常桑杭村
60	罗	清代	乾隆辛卯	广西	玉林	陆川	坡脚村
61	武	清代	乾隆三十八年	山东	泰安	肥城	武新村
62	武	清代	乾隆三十八年	山东	泰安	肥城	武新村
63	魏	清代	乾隆乙未	甘肃	兰州	皋兰	石川堡
64	黄	清代	乾隆四十六年	山东	莱芜	莱城	大曾家庄
65	汪	清代	乾隆四十八年	山东	临沂	沂南	汪家庄
66	谭	清代	乾隆戊申	广西	河池	环江	毛难村
67	秦	清代	乾隆五十五年	山东	莱芜	莱城	营子村
68	赵	清代	乾隆五十五年	山东	泰安	岱岳	姚东村
69	彭	清代	嘉庆年间	山东	临沂	平邑	西围沟村
70	李	清代	嘉庆年间	山东	潍坊	安丘	七里河村
71	韩	清代	嘉庆年间	山东	淄博	周村	韩家窝
72	陈	清代	嘉庆十三年	山东	泰安	泰山	颜张村
73	汪	清代	嘉庆十四年	山东	临沂	沂南	汪家庄
74	曾	清代	道光元年	山东	临沂	沂南	窝庄
75	汪	清代	道光年间	山东	临沂	沂南	汪家庄
76	汪	清代	道光年间	山东	临沂	沂南	汪家庄
77	汪	清代	道光年间	山东	临沂	沂南	汪家庄
78	李	清代	道光元年	河南	郑州	二七	刘胡垌村

序号	姓氏	朝代	碑刻纪年	省级区	市	县区	地点
79	韩	清代	道光年间	山东	淄博	周村	韩家窝村
80	徐	清代	道光五年	山东	泰安	新泰	徐家庄
81	傅	清代	道光十三年	云南	曲靖	沾益	大树屯村
82	李	清代	道光十四年	山东	临沂	沂南	小河村
83	陈	清代	道光十五年	辽宁	铁岭	不详	不详
84	索罗	清代	道光十七年	辽宁	抚顺	东洲	上哈达村
85	董	清代	道光十九年	山东	泰安	肥城	大董庄
86	刘	清代	道光二十年	山东	潍坊	昌乐	郑王庄
87	索罗	清代	道光二十一年	辽宁	抚顺	东洲	上哈达村
88	李	清代	道光二十一年	山东	泰安	肥城	李家炉村
89	索罗	清代	道光二十五年	辽宁	抚顺	东洲	上哈达村
90	赵	清代	道光二十七年	山东	潍坊	昌乐	赵家埠村
91	荆	清代	道光二十八年	山东	烟台	海阳	大荆家村
92	傅	清代	道光二十九年	山东	济南	平阴	傅家庄
93	索罗	清代	道光三十一年	辽宁	抚顺	东洲	上哈达村
94	马	清代	咸丰元年	山东	济南	长清	归南村
95	徐	清代	咸丰三年	山东	泰安	新泰	徐家庄
96	温	清代	咸丰五年	山东	泰安	肥城	正东村
97	田	清代	咸丰五年	山东	泰安	肥城	田东史村
98	肖	清代	咸丰八年	山东	泰安	岱岳	二起楼村
99	刘	清代	同治二年	山东	潍坊	昌乐	水长流村
100	邓	清代	同治五年	山西	大同	灵丘	东河南村
101	袁	清代	同治五年	山东	临沂	沂水	袁家庄
102	黄	清代	同治五年	重庆	市辖	大渡口	鲤鱼滩村
103	董	清代	同治八年	山东	泰安	泰山	上梨园村
104	刘	清代	同治八年	山东	泰安	肥城	鹿家沟村
105	完颜	清代	同治十二年	陕西	宝鸡	岐山	洗马河村

续表

序号	姓氏	朝代	碑刻纪年	省级区	市	县区	地点
106	刘	清代	同治十三年	山东	泰安	岱岳	东埠前村
107	刘	清代	同治十三年	山东	淄博	博山	龙堂村
108	汪	清代	光绪年间	山东	临沂	沂南	汪家庄
109	焦	清代	光绪年间	山东	泰安	岱岳	下洼村
110	焦	清代	光绪三年	山东	泰安	岱岳	焦家峪村
111	刘	清代	光绪五年	山东	泰安	新泰	大港村
112	田	清代	光绪六年	山东	临沂	兰山	田家围子村
113	叶	清代	光绪六年	山东	泰安	岱岳	司家庄
114	李	清代	光绪壬午	四川	广元	剑阁	有余村
115	崔	清代	光绪壬午	山东	淄博	桓台	旬召庄村
116	李	清代	光绪十年	山东	泰安	肥城	李家炉村
117	陈	清代	光绪十年	山东	泰安	泰山	后省庄
118	李	清代	光绪十年	山东	泰安	肥城	石坞村
119	焦	清代	光绪十三年	河南	南阳	邓州	焦坡村
120	萧	古代	光绪十四年	山东	泰安	新泰	肖家上汪村
121	郭	清代	光绪十八年	山东	泰安	新泰	上裴家庄
122	李	清代	光绪十九年	湖北	十堰	茅箭	李家岗村
123	孙	清代	光绪二年	山东	临沂	沂南	新庄子村
124	马	清代	光绪二十四年	山东	济南	长清	归南村
125	张	清代	光绪二十四年	河北	邢台	南和	西南部村
126	丁	清代	光绪十五年	山东	临沂	费县	丁家庄
127	田	清代	光绪二十六年	山东	泰安	肥城	沙沟村
128	刘	清代	光绪二十八年	山东	菏泽	巨野	三里庙村
129	孟	清代	光绪二十八年	山东	莱芜	莱城	大洛庄
130	徐	清代	光绪二十八年	山东	泰安	新泰	徐家庄
131	赵	清代	光绪二十八年	山东	泰安	岱岳	姚东村
132	秦	清代	光绪二十七年	山东	莱芜	高新	秦家洼村

续表

序号	姓氏	朝代	碑刻纪年	省级区	市	县区	地点
133	袁	清代	光绪癸卯	山东	临沂	沂水	袁家庄
134	高	清代	光绪三十年	山东	莱芜	莱城	北十里铺村
135	李	清代	光绪二十九年	山东	泰安	肥城	李家炉村
136	焦	清代	光绪三十年	山东	泰安	岱岳	下洼村
137	陈	清代	光绪三十一年	山东	泰安	肥城	陈庄
138	李	清代	光绪三十二年	山东	泰安	肥城	曹庄
139	李	清代	光绪三十二年	山东	泰安	肥城	曹庄
140	李	清代	宣统元年	山东	泰安	岱岳	李家上章村
141	石	清代	宣统三年	山东	莱芜	钢城	石家岭村
142	焦	清代	宣统三年	山东	泰安	泰山	亓家滩村
143	徐	清代	宣统三年	山东	泰安	新泰	三山庄
144	昂	民国	民国二年	云南	昆明	石林	老海宜村
145	张	民国	民国三年	贵州	黔东南	镇远	不详
146	陈	民国	民国四年	山东	莱芜	钢城	上陈村
147	莫	民国	民国四年	山东	聊城	茌平	莫庄
148	姜	民国	民国五年	辽宁	鞍山	台安	河南村
149	展	民国	民国五年	山东	泰安	新泰	西柳村
150	顾	民国	民国五年	山东	泰安	肥城	黑牛山村
151	周	民国	民国六年	山东	莱芜	钢城	双阳桥
152	全	民国	民国七年	湖北	荆门	沙洋	郝台村
153	刘	民国	民国八年	山东	聊城	茌平	莫庄
154	曾	民国	民国八年	山东	临沂	沂南	窝庄
155	李	清代	民国八年	山东	泰安	肥城	李家炉村
156	顾	民国	民国十年	山东	泰安	肥城	白窑村

续表

序号	姓氏	朝代	碑刻纪年	省级区	市	县区	地点
157	侯	民国	民国十年	山东	泰安	东平	不详
158	朱	民国	民国十一年	山东	泰安	肥城	朱家颜子村
159	马	民国	民国十二年	山东	济南	长清	归南村
160	崔谢张陈	民国	民国十三年	河南	周口	太康	清凉集村
161	陈	民国	民国十五年	山东	泰安	肥城	陈家楼村
162	刘	民国	民国十八年	山东	淄博	博山	龙堂村
163	刘	民国	民国十八年	山东	淄博	博山	龙堂村
164	田	民国	民国二十一年	山东	泰安	肥城	田东史村
165	周	清代	民国二十四年	山东	泰安	岱岳	西百子坡村
166	曹	民国	民国二十四年	山东	泰安	新泰	西都村
167	周	民国	民国二十四年	山东	泰安	岱岳	西房村
168	张	民国	民国二十五年	山东	枣庄	滕州	张家庄
169	王	民国	民国二十八年	山东	济宁	曲阜	不详
170	刘	民国	民国二十九年	山东	泰安	肥城	凤凰山村
171	刘	民国	民国三十八年	四川	南江	不详	刘家沟村
172	曹	当代	1956 年	山东	泰安	新泰	西都村
173	韩	当代	2004 年	河南	濮阳	清丰	大水坑村
174	张	当代	2005 年	山东	临沂	平邑	张庄
175	崔	当代	2006 年	山东	日照	岚山	北河村
176	李	当代	2007 年	山东	泰安	新泰	东桥村
177	陈	当代	2008 年	山东	莱芜	高新	陈盘龙村
178	李	当代	2008 年	山东	临沂	费县	关阳司
179	黄	当代	2009 年	山东	莱芜	莱城	大曾家庄

续表

序号	姓氏	朝代	碑刻纪年	省级区	市	县区	地点
180	田	当代	2009 年	山东	泰安	肥城	田东史村
181	邓	现代	2010 年	云南	玉溪	川江	李忠村
182	刁	当代	2012 年	山东	菏泽	牡丹	不详
183	孟	当代	2012 年	山东	莱芜	莱城	大曹村
184	尚	当代	2014 年	山东	莱芜	高新	陈家峪村
185	马	古代	不详	贵州	毕节	威宁	不详
186	赵	古代	不详	贵州	毕节	威宁	不详
187	索罗	清代	不详	辽宁	抚顺	东洲	上哈达村
188	冀	古代	不详	山东	菏泽	鄄城	冀庄村
189	孔	古代	不详	山东	菏泽	单县	孔庄
190	刘	清代	不详	山东	济宁	微山	前性义村
191	孔	明代	不详	山东	济宁	曲阜	孔庙
192	张	清代	不详	山东	济宁	梁山	张坊居民区
193	李	古代	不详	山西	晋城	阳城	上庄
194	高	明代	不详	山东	莱芜	莱城	埠口村
195	张	明代	不详	山东	莱芜	莱城	小辛庄
196	刘	古代	不详	山东	莱芜	钢城	沙岭子村
197	刘	明代	不详	山东	莱芜	莱城	刘陈村
198	商	古代	不详	山东	莱芜	莱城	富家庄
199	孙	古代	不详	山东	聊城	东阿	孙道口村
200	邹	清代	不详	山东	聊城	高唐	不详
201	刘	古代	不详	山东	临沂	沂南	夏庄
202	卜	古代	不详	山东	临沂	郯城	刘埠村
203	成	清代	不详	山东	临沂	沂水	后朱营村

续表

序号	姓氏	朝代	碑刻纪年	省级区	市	县区	地点
204	杨	古代	不详	山东	临沂	郯城	蒋庄
205	王	古代	不详	山东	临沂	费县	集前村
206	刘	古代	不详	山东	临沂	兰山	集西村
207	刘	清代	不详	四川	绵阳	三台	核桃街村
208	刘	古代	不详	河南	南阳	新野	张店村
209	郑	元代	不详	山东	日照	岚山	山字河村
210	申	古代	不详	山东	日照	不详	不详
211	刘	古代	不详	山东	泰安	肥城	凤山村
212	张	古代	不详	山东	泰安	宁阳	东磨庄
213	牛	古代	不详	山东	泰安	新泰	东牛家庄
214	李	古代	不详	山东	泰安	新泰	东桥村
215	刘	古代	不详	山东	泰安	宁阳	刘家庄
216	刘	古代	不详	山东	泰安	新泰	桥西头村
217	董	古代	不详	山东	泰安	肥城	双峪村
218	杨	古代	不详	山东	泰安	宁阳	杨家集村
219	董	古代	不详	山东	泰安	新泰	南王庄
220	法	清代	不详	山东	泰安	岱岳	法家岭村
221	郭	古代	不详	山东	泰安	新泰	郭家泉村
222	许	古代	不详	山东	泰安	肥城	大栳山村
223	高	古代	不详	山东	泰安	新泰	唐立沟村
224	佚名	古代	不详	山东	泰安	东平	北门村
225	汪	清代	不详	河南	郑州	荥阳	汪沟村
226	张	古代	不详	河南	郑州	高新	水牛张村
227	邵	清代	不详	河南	郑州	惠济区	西邵庄村
228	崔	清代	不详	河南	郑州	巩义	白沙村

三、明清谱碑序文目录
（笔者收集整理，截至 2015 年 9 月）

[1]《创修宋氏谱碑》，崇祯十一年，泰安邱家店

[2]《徐氏宗谱之碑》，康熙七年，新泰羊流

[3]《重修宋氏谱碑》，康熙十七年，泰安邱家店

[4]《冯氏谱碑》，康熙二十八年，泰安祝阳

[5]《刘氏谱碑》，康熙四十五年，新泰羊流

[6]《沈氏谱碑》，康熙五十年，肥城汶阳

[7]《刘氏谱碑》，雍正八年，莱芜鹏泉

[8]《秦氏谱碑》，雍正庚戌，莱芜辛庄

[9]《石氏谱碑》，雍正十年，莱芜里辛

[10]《冯氏重修谱碑》，乾隆二年，泰安祝阳

[11]《宋氏支茔谱碑》，乾隆十四年，泰安邱家店

[12]《三修宋氏谱碑》，乾隆三十二年，泰安邱家店

[13]《宋氏支茔谱碑》，乾隆三十六年，泰安邱家店

[14]《武氏重建族谱碑》，乾隆三十八年，肥城汶阳

[15]《武氏重修族谱题名碑》，乾隆三十八年，肥城汶阳

[16]《冯氏（疃里）支谱碑》，乾隆四十二年，泰安上高（待考）

[17]《冯氏三修谱碑》，康熙四十七年，泰安祝阳

[18]《赵氏谱碑》，乾隆五十五年，泰安祝阳

[19]《秦氏谱碑》，乾隆五十五年，莱芜辛庄

[20]《汪氏谱碑》，乾隆六十年，肥城汶阳

[21]《陈氏谱碑》，嘉庆十三年，泰安邱家店

[22]《冯氏（曹家村）支谱碑》，嘉庆二十三年，泰安粥店（待考）

[23]《王氏续修族谱碑》，嘉庆二十五年，莱芜里辛

［24］《冯氏四修谱碑》，道光元年，泰安祝阳

［25］《徐氏宗谱碑》，道光五年，新泰羊流

［26］《葛氏创修谱碑》，道光十五年，莱芜辛庄

［27］《董氏谱碑》，道光十九年，肥城老城

［28］《四修宋氏谱碑》，道光二十四年，泰安邱家店

［29］《冯氏（故县）支谱碑》，道光二十四年，泰安范镇

［30］《徐氏重修族谱碑》，咸丰三年，新泰羊流

［31］《温氏族谱碑》，咸丰五年，肥城安驾庄

［32］《萧氏谱碑》，咸丰八年，泰安道朗

［33］《姜氏谱碑》，同治元年，宁阳华丰

［34］《刘氏谱碑》，同治八年，肥城仪阳

［35］《冯氏（乔庄）续修支谱碑》，同治十三年，泰安上高（待考）

［36］《刘氏谱碑》（前），同治十三年，博山石门

［37］《刘氏谱碑》（后），同治十三年，博山石门

［38］《刘氏重修谱碑》，同治十三年，泰安徂徕

［39］《秦氏本支谱碑》，光绪元年，莱芜辛庄

［40］《宋氏续修支谱碑》，光绪四年，泰安邱家店

［41］《郑氏谱碑》，光绪五年，泰安大汶口

［42］《叶氏谱碑》，光绪六年，泰安粥店

［43］《李氏族谱碑》，光绪十年，肥城仪阳

［44］《陈氏谱碑》，光绪十年，泰安省庄

［45］《萧氏谱碑》，光绪十四年，新泰翟镇

［46］《葛氏重修谱碑》，光绪十五年，莱芜辛庄

［47］《桑氏谱碑》，光绪二十年，莱芜辛庄

［48］《田氏族谱碑》，光绪二十六年，肥城新城

［49］《秦氏续修族谱碑》，光绪二十七年，莱芜辛庄

[50]《赵氏四立谱碑》，光绪二十八年，泰安祝阳

[51]《孟氏谱碑》，光绪二十八年，莱芜张家洼

[52]《李氏创建祠堂并族谱碑》，光绪二十九年，肥城安驾庄

[53]《宋氏支谱碑》，光绪二十九年，泰安邱家店

[54]《陈氏谱碑》，光绪三十一年，肥城老城

[55]《李氏谱碑》，光绪三十二年，肥城老城

[56]《徐氏谱碑》，宣统二年，新泰石莱

[57]《石氏谱碑》，宣统三年，莱芜里辛

[58]《焦氏支谱碑》，宣统三年，泰安黄前

[59]《顾氏谱碑》，民国五年，肥城桃园

[60]《展氏谱碑》，民国五年，新泰宫里

[61]《周氏谱碑》，民国六年，莱芜艾山

[62]《张氏谱碑》，民国九年，肥城安临站

[63]《顾氏谱碑》，民国十年，肥城潮泉

[64]《侯氏重修祠堂家谱碑》，民国十年，东平沙河站

[65]《朱氏族谱碑》，民国十一年，肥城安驾庄

[66]《姜氏重修祠堂谱碑》，民国十三年，宁阳华丰

[67]《孙氏重修谱碑》，民国十三年，泰安范镇

[68]《陈氏谱碑》，民国十五年，肥城安临站

[69]《刘氏谱碑》1，民国十八年，博山石门

[70]《刘氏谱碑》2，民国十八年，博山石门

[71]《田氏续修谱碑》，民国二十一年，肥城汶阳

[72]《周氏谱碑》，民国二十四年，泰安房村

[73]《周氏续修谱牒碑》，民国二十四年，泰安房村

[74]《刘氏谱碑》，民国二十九年，肥城安临站

[75]《刘氏三支续修谱碑》，1950年，莱芜口镇

（注：以上目录中碑名按谱碑或族谱上所记命名为准；放置地点具体到乡镇，个别碑文中的古村落名称，不能确定当代行政归属的，记为"待考"。）

四、明清谱碑举例

同治元年宁阳华丰《姜氏谱碑》（笔者采访、抄录和整理，2014年3月）

1. 地点：泰安市宁阳县华丰镇南梁父村村西麦田中姜氏旧祠

2. 形制：黑色长方形石灰岩碑身，上书"谱序昭然"。碑右为谱序，碑左为世系，碑文后有白线暗格。

3. 碑文：

郡增生李馨若沐手撰

姜氏之先系出神农，育于姜水，因以为姓。后吕望佐周，大奏鹰扬之功；伯约扶汉，克缵卧龙之绪。降及宋世，错处岱下者文人蔚起，或以德业著，或列才猷传，载诸邑乘，固泰邑望族也。清初，旺全公自申村迁于南梁父，至乾隆丙申岁创立诸碑，迄今八十余年，序列谱碑者，厘然不乱；未载谱碑者，茫然莫辨。第恐支分逾远派别逾繁，或处不同乡，居不同里，至有询其高曾之名字而莫知者，一本之亲几视路人矣。同治壬戌，贯一公殷然劝尊祖敬宗收族之意，详序谱系，支派分明，虽一姓远近异势，皆出祖宗一人之身。因修家祠之余，皆纪诸贞珉，使后之览者亦可由之以尊祖敬宗收族焉。是为序。

邑庠生敬深沐手敬书

大清同治元年壬戌五月上浣　合族仝立

4. 谱碑世系图样：

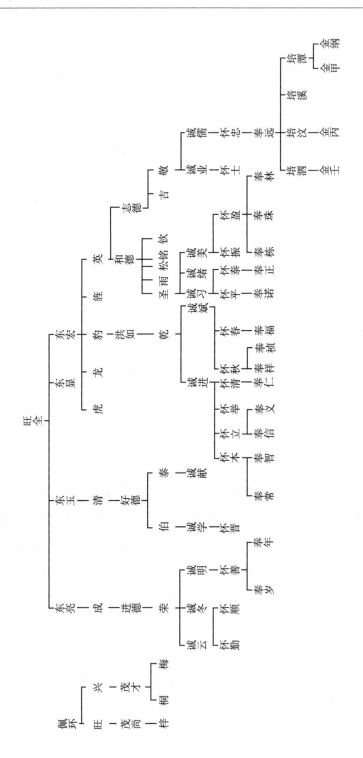

五、明清谱碑序文
（笔者收集整理，截至 2015 年 9 月）

创修宋氏谱碑

1. 地点：泰安市岱岳区邱家店镇渐汶河村
2. 出处：《泰安宋氏家谱》六修，2004 年，第 570 页。
3. 碑文：

创修宋氏谱碑序

　　盖谈山者必寻其脉，溯流者必濬其源，物理且然，况人可无本源乎？世人不知或历久而祖先之名氏失传，或虽传而子孙之称谓竟犯先人之讳而不觉，何也？忘本故也。谭念始祖原枣强人氏，自洪武开基迁于章邑，故籍坟墓在于斯，亲属乡邻在于斯，不知先祖名氏更历几代，失传矣。惟我高祖讳贤，因朝泰山元君，历履村店，至汶河集而止宿焉。遥望祖山峰峙，傍观汶水流清，四顾土壤丰腴，交谈人氏敦朴，不觉赏羡，曰：真胜地也！舍此何其居。遂回邑兴与人侑谈历履风景，独首称汶阳为仁里。阅数月，遂别亲戚挈子女，家汶河而止焉。一时乡人见之言谈若素识，爱敬如属亲。居不数月，乡里若魏、若邓、若高、若马，率咸与结往来之好，共晨夕之欢，至今相传已七代矣，孙诜诜藩衍。谭恐日远迷失统绪，乃与族人商榷，修族谱以书先人名氏，庶使后世无犯先讳，而大宗小宗亦支分派别，瞭若指掌焉，族人曰可。于是谨尊高祖为始祖，以绪宗派于后。

元孙　谭顿首谨志

明崇祯十一年岁次戊寅十月　谷旦

徐氏宗谱之碑

1. 地点：新泰市羊流镇徐家庄
2. 形制：碑阳"徐氏宗谱之碑"，碑阴"宗派之图"。
3. 碑文：

平阳徐氏族谱序

徐氏世居平阳，其始祖讳琛，唐英公之苗裔也，于元中统间来基于此。公赋性醇雅，历仕数任州太守爵，列祀乡贤，荫子彬授麻城尹。自彬之后相继承祀，七传为世荣。世荣之子，长曰礼，次曰谨，季曰迫通。礼北徙遂无传，迫通迁于徐州，今居平阳者唯谨之后欤。谨之子为兴，兴生九子，自是以还子孙繁衍，难以悉举矣。庚已岁，嘉宾乙豕欲修谱勒石于茔，未获告成而卒州。戊申岁十月，加相同鲁贡鲁志生蕙，共协府庠生名鲁侯者，与生禀复举其事，集子姓而缵修祖谱，可谓永言孝思者矣。爰是考宗派、辨世次，事竣属余伦文以叙之。余曰：英公之于唐，太守之于元，固奕世不少槩见者矣，又何命余以笔墨为哉？虽然古来名乡大夫，建大功、奠社稷，勋名列于王府太史，职之州于本宗支庶，瓜瓞云仍之众，或效耕凿于草埜，或为商旅而播迁者，一传再传而莫知其宗。况迩来水旱频仍，兵燹渐疏，弃乡井而之他方者众欤？即一时聚首一堂，而昭穆既紊，世系莫考，则虽骨肉之谊几等于路人，而非谱系昭垂，何以使后世子孙咸知其尊卑哉？鲁侯等勒石于茔，使先烈不泯祧祊斋叙，世居者咸知其枝派，播迁者能溯其源流，族党骨肉之谊庶可敦矣，而不特此也。且上祖英公，下绍太守，使千五百年衣冠文物之盛□在几筵。鲁侯等非特为一时之族人计，而且为祖宗之表暴计，而且为后世子孙之覆实计，其缵绪之功不亦大乎？因属文于余，余以是叙而且为之铭曰：

平阳胜槩，佳丽孔彰。徐氏之茔，毓秀其旁。

新甫巍巍，汶水汤汤。徐氏之族，笃生忠良。

始自中统，原迹初唐。荒丘落落，乔木苍苍。

上下千载，子孙其昌。我操其茔，追思悒怏。谨以俚语，聊写中肠。

大清康熙七年岁次戊申小□谷旦甲午科举人

眷晚生刘健行顿首拜撰

邑庠生眷晚朱衣俊篆额

加相

| 鲁凡 | 鲁贡 | 鲁钦 | 鲁志 | 鲁向 | 生茂 | 生悦 | 生福 | 唐勋 |
| 鲁邱 | 鲁云 | 鲁修 | 鲁侯 | 鲁享 | 生蕙 | 生健 | 生彩 | 生德 |

石匠张可欣

仝立

重修宋氏谱碑

1. 地点：泰安市岱岳区邱家店镇渐汶河村
2. 出处：《泰安宋氏家谱》六修，2004 年，第 571 页。
3. 碑文：

重修宋氏谱碑序

宋氏世系于今亦称藩衍也哉。溯其始，则其祖讳贤者，故籍枣强县，一迁于章邑，继迁于岱下汶阳之里，来止居焉。事农业乐桑麻，纯乎先民遗风。举四子，长曰缙、次曰绅、季曰绶、四曰礼，类皆阡陌散人，今之绵延不绝者，要皆缙绅绶礼之苗裔也。三传而至思聪、思义，以耆硕之年作宾都邑宰，峨冠博带，盖彬彬乎礼乐之选也。至于曰谔、曰诏者，以敦诗说礼获隽，采芹泮宫，父老传之间里，诵之签云，古貌朴心恂恂乎若处子，足见先正之典型，至今未坠。而诸派之子若孙亦隆隆其日起，或吟咏一室，或出就外傅者，间不乏人。即其余之为商贾、工技艺者，亦莫不倜傥而翘楚。讫于今，生齿其渐藩矣。命名道字，虑有隐犯前人之讳而不知者，前碣记载已悉，今又为之续志族谱，分支别派题其名于碑阴。因为序而作铭曰：

泰岱之阳，徂徕之阴。汶流映带，原泉混混。龙起虎伏，萃于斯坟。卜吉在兹，二百余春。仰荷祖德，籍庇前阴。户口日增，生齿芸芸。天鉴有德，启佑斯文。孝思既靡，于焉以神。岊石既立，众论欣欣。

泰山后学郡庠生刘宾撰文

康熙十七年岁次戊午年季春　吉立

冯氏谱碑

1. 地点：泰安市岱岳区祝阳镇南张庄
2. 出处：《泰安冯氏家谱》，2001年，第448页。
3. 碑文：

冯氏谱碑记

冯氏，岱左之名族也。自昭勇将军葬于故县村北，迨至万历四年（1576年）岁次丙子，有钦依南直隶东海等地方把总、泗州卫都指挥尧化公，同锦衣卫校尉自垒公，命匠鸠工，勒石刻铭，明先启后，宗派各依，传至我朝已有年矣。而士食旧德，农服先畴，瓜绵椒衍，子孙绳绳。于以培植树木，修砌坟茔，远近观者签曰：“壮哉，冯氏之茔也。山川秀丽，气象兴隆，清溪抱流，烟霞辐辏，规模可谓宏远矣。”有族长讳会者虑世远族繁，支派或紊，喟然曰：“祖宗三代，皇明之勋臣也，虽立石著名而年月深远，字迹殆平矣，倘其年愈远而字愈平，各派昭穆弗明，何以承前之志也哉！"爰约同族人共输资财而立碑碣焉。事竣，遂志之，以示不朽云。

康熙二十八年（1689年）岁次己巳春　张俊拜书

刘 氏 谱 碑

1. 地点：新泰市羊流镇雁翎关村
2. 出处：雁翎关《刘氏宗谱》，康熙四十五年碑谱
3. 碑文：

吾始祖枣强人也，始迁于宫阳，不知历几十世，继迁关曲，建两茔于西南。迄今世远年湮，瓜瓞云礽，莫可稽纪，是以两茔之始祖名甚字甚俱失所传，使后世之子若孙探本穷源之无从，徒感慨唏嘘付之无可如何而已矣。揆厥所由，良以谱石不立所致。前无谱石，致今无稽，今无谱石，必致后无稽，后之视今，不犹今之视昔哉？孙起瑞将欲掇拾旧闻，访诸族老，以镌于石，永垂不朽，但忧绵力，势难独成，因敬恳祖叔文株、文广等，劝率族人，共谋纂修。但吾曾祖以上考据之无由，乌敢妄为之叙，所叙者自前后两茔曾祖以下始。在后茔有三支：其一支，自曾祖起者邦卿、邦宰，自曾祖之子起者如高，自曾祖之孙起者文祥、文桂、文□；其一支，自曾祖起者邦显、邦文、邦仙、邦第、邦科，自曾祖之子起者振海；其一支，自曾祖起者邦儒。若前茔，不知凡几支，自曾祖起者子余，自曾祖之子起者登盈、登周、登仕，自曾祖之孙起者文池、文兴。凡此碑谱，虽无补于前此之失传，庶几于后之宗派赖以不坠，此其建立谱石之意也。至于由今所叙之已明者而复续之，则世系谱牒永犁，然其不紊焉，是所望于后之为子若孙者。

323

沈氏家谱碑

1. 地点：肥城市汶阳镇武新村
2. 形制：青石质，碑阳额题"追先启后"。高 1.95 米，宽 0.76 米，厚 0.23 米。
3. 碑文：

家 谱 碑 记

　　尝谓动物本乎天，植物本乎地，然人之所生岂无水源木本之思乎？予念吾始祖，原居青州府益都县枣林□，自洪武间挟策西游，来至泰邑□□沈家庄，风淳俗美，可以卜居，肇立恒产，家道颇昌。迺及近今，绳绳后嗣日益繁衍，盖先公之培□者厚也。族长讳尚智者，恐特数迁流久而失传，爰纠族人协力输金，动石于祖垄之间，镌名其上，永垂不朽。是举也，可以动追远报本之心，可以深敬宗睦族之意，后有览者庶不忘其所自始，是为记。

清故沈好善

善书李□

石匠陈开山

皇清康熙五十年岁次辛卯仲春清明阖族合立

刘氏族谱碑

1. 地点：莱芜市莱城区鹏泉街道办事处上陈家峪村
2. 出处：《莱芜刘氏族谱》，2008 年，第 17 页。
3. 碑文：

莱芜刘氏族谱碑记

国有史，家有谱。修谱以志盛，不若勒石以垂久也。吾刘始祖仁美原籍凤阳，出仕于齐，因乱迁莱，居于东山茶峪庄，殁葬其地，迄今茔酉（犹）存。仁美生子江一人，江生有德，有德生林，林生刚，刚生宪，宪生瓒，瓒生士信、士礼。自林以至士礼，皆葬于西港之右，祖孙艾子，次序相依，固为合族之总林也。士礼生子五，守儒、守业、守教、守严，其长男即阴阳官守郊也，号振西，别号小台。振西生子三，俱登仕籍：长讳澄渭，任山西布政司经历，分居南孝义庄；居北孝义者，次男澄淇，岁进士，任山西汾州府通判督粮厅；三子澄瀜，任四川潼川州同知署、潼川州印，后升湖广行督司，未任，讳澄瀜居陈家峪焉。故郊设立林于陈家峪村之东。今三枝并茂，生齿已满三百，故立石列名，以别支派，使相识相亲而相爱也。夫邓林之木，一枝万叶；九河之水，分派一源。本硕而末茂，苟栽培之则益茂且硕；源深而流长，苟濬导之则益长且深。禩子孙睹斯石而动林木水源之思，生合敬同爱之意，不其过目了然，而大者禅与非然者，即修谱如氏之详所亲。欧阳之称其族解学志之为百世法，究不免有遗失之叹。故修谱以志盛，不若勒石以垂久云尔。

廪生刘克恭叙记

庠生刘克仁书石

雍正八年岁次庚戌十二日　谷旦立

秦氏谱碑

1. 地点：莱芜市辛庄镇秦家洼村

2. 出处：山东莱芜《秦氏族谱秦家洼支谱》，2009 年，第 18 页。

3. 碑文：

秦家洼秦氏聚族由来已久，族寒失谱，难以繁叙。自志祖迁茔有擎宇墓志，以后而名次乃有可征记者，爰列于后。

皇清雍正岁次庚戌十月

石 氏 谱 碑

1. 地点：莱芜市里辛镇石家岭村
2. 形制：黑色石灰岩质，上加碑檐，从右至左分别为序文、六世世系。
3. 碑文：

石 氏 谱 碑

传载纯臣诗歌圣德　祖汶赢牟祖武垂青

得知祖宗传闻，上世在太安州，徂徕山西是其茔也。自宋时迁莱邑东花园庄，即宅北于此。世远年湮，家谱失传，相传不知几世。明嘉靖年间，祖讳金者葬于北茔。金生稳，稳生竹、林，林生崐玉、现玉、冠玉、见玉。崐玉生六子润（庠生）、磦（庠生）、确、砥、卓、津。今子孙繁衍，散住四乡，恐传之愈久，难知其为谁氏之茔。是以大家勒石至墓所，并相传名次锓之石，以示后之子孙。

（左为各分支衍生世系之一贯连叙，上书"六世"，并有孙家庄和蒙阴二支三人。）

清雍正拾年三月　立

冯氏重修谱碑

1. 地点：泰安市岱岳区祝阳镇南张庄
2. 出处：《泰安冯氏家谱》，2001 年，第 448~449 页。
3. 碑文：

冯氏重修谱碑记

尝思世远族繁，贵乎广孝之有方，合族之有道，不然则不免怠忽而不敬，睽隔而不属也。昔苏子有言曰："欲教民和亲，其道必始于宗族，必复古之。"小宗以收天下不相亲属之心，诚以小宗之有法，良意美行，节祠以奉其祖先，孝思且由之而广，天亲岂有不联，风俗岂有不醇者？但此法难以聚复耳。虽然所谓法也者，不惟其迹而惟其意，后之人苟窃乎其意而用之，可以遂在而见端。以默寓其广孝之思，合族之理，不可谓非得古法之遗也。如冯姓者，固最著也，传世远而族属众。族之长者与其族人共相谋议，欲立一族谱碑于林墓之前。茔中树木稠密，年久而将枯朽者有之。前已变价置护茔地，今又各捐资财立一石碑，而昭穆之序，世系之统，列于其上焉。以一族共有之物为一族公用之，此义举也；以族茔原有之物为族茔特用之，此孝义也。碑既立，昭穆世系昭昭著于墓前。族人之近者、远者、亲者、疏者，极之散处于遐方者、流传于禩祀者，一至于茔地，目睹夫图碑，则木本水源之思将有不知其何以油然而愈不容已，相亲相爱之意不知其何以勃然而愈不能遏矣。安在非伦理所由，敦恩义所由，尽而有合于古法之遗意哉。是为志。

庠生董汝章拜撰

乾隆二年（1737 年）岁次丙巳（辰）季春之月　谷旦

宋氏支茔谱碑

1. 地点：泰安市岱岳区邱家店镇渐汶河村
2. 出处：《泰安宋氏家谱》六修，2004 年，第 576 页。
3. 碑文：

支茔谱碑序

余族世居汶湄，源远流长，由来久矣。自始祖以来，瓜瓞绵延，谱系详明，支派难分，犹如一体。历传四世，至我曾祖讳谅者，仰承祖功，积德累仁，下贻孙谋，或诗书或农业，家法不远，箕裘犹存。我支父子兄弟世系分明，无或混淆，特虑世远年湮，或同宗共族之人视同秦越，后之支系不明良莠，今之谱碑未修耳。于是感怀兴事，为后人计莫如修本支谱碑，仿老泉之遗愿，以笃宗盟。庶自今以后，按支派而别伦次，下至云仍，而遥由后溯，前其异流，同源万殊一本之义，不难瞭若指掌也。于是勒石以为记。

曾孙　喜运顿首拜撰

大清乾隆十四年如月中浣　吉立

三修宋氏谱碑

1. 地点：泰安市岱岳区邱家店镇渐汶河村
2. 出处：《泰安宋氏家谱》六修，2004 年，第 572 页。
3. 碑文：

三修宋氏谱碑序

谱碑之立记世系也。重本笃亲，使后世子子孙孙不敢忘本者，如泰岱宋氏之兴。前于崇祯十三年刻碑勒石，后于康熙十七年重建墓志，水源木本有自来矣。迄于今，浸炽浸昌，藩衍日盛，更不得不追而溯之。盖其始祖讳贤，原籍枣强县人，一迁于章邑，继迁于岱下，遂止居焉。举四子，曰缙、曰绅、曰绥、曰礼，绵延继承，三传而至思义，作宾都邑宰。至于曰谔、曰诏，沐浴诗书，采芹泮宫，盖卓卓乎彬雅之选也。嗣后成均胶庠，悉为文学秀雅之品；商贾农桑，莫非富厚殷实之家，鸣呼盛矣。所可虑者，散处东西者固多，星居南北者亦不少。族繁则易乱世，远则易疏，甚而见面不识，相视如秦越，隐犯前辈讳，获戾而靡觉。兹有族人秀林与叔陵、毓抡等顾予而言曰："吾等于是窃有惧焉，今议三修已事矣，愿先生为记其事，可乎？"予闻而善之。观其今兹之役，上因前规，下暨来兹，按谱以稽分支别流，森然雁序。不惟授字命名无紊祖考之愆，而重本笃亲又何至忘其所自也哉。是为记。

岱东临溪村岁进士杨汶敬撰

九世孙　宁敬书

乾隆三十二年岁在丁亥蒲月　谷旦

宋氏支茔谱碑

1. 地点：泰安市岱岳区邱家店镇渐汶河村
2. 出处：《泰安宋氏家谱》六修，2004 年，第 577 页。
3. 碑文：

宋氏支茔谱碑序

世系之修，所以列昭穆、辨亲疏，穷流溯源，犁然见一体之所分也。盖家世当数传，而后枝叶藩衍，其序易淆，往往视一本九族之亲，如秦越者，世系不明故耳。岱趾宋氏为嬴博右族，其始祖讳贤卜居此土，殁后葬于县治之东。自此以至二世讳缙、三世讳仪、四世讳思问皆会葬其地。又传而至五世讳评，于前明崇祯年间，迁茔于祖墓之西，迄今又数世矣。十世名大士者，虑其日久年远，渐有迷诬，于是谋于族众，图其世系，勒碑墓前，将以垂诸久远，使子子孙孙得以悉其源流，洞然于率祖率亲之义，而蔼然起孝弟亲逊之思，用意可不谓厚欤？辛卯之秋，庠生宋建德述其事，浼余为文，爰为搦管志之。

赐同进士出身泰安府儒学教授杨莘撰文

大清乾隆三十六年岁次辛卯小春月上浣　之吉

武氏重建族谱碑

1. 地点：肥城市汶阳镇武新村

2. 形制：青石质双体碑，此为东碑刻序文和世系。额题"根深叶茂"，两侧楹联"祖功宗德基业远遗恩泽大，春露秋霜苹藻时荐水源香"。周边饰浅浮雕宝瓶纹和缠枝图案。

3. 碑文：

重建族谱碑记

余尝读国朝圣谕广训书，而知圣祖仁皇帝圣谕十六条，首言敦孝弟以重人伦，次即继之曰笃宗族昭雍睦。盖宗族由人伦而推，雍睦未昭，□□孝弟有所未尽。故连类及之，明人道必更以睦族为重也。世宗皇帝复推其意，著为广训，内召言曰修族谱以联疏远。□以族谱不修，则疏远不联，非惟不知雍睦，亦且□为宗族矣。夫家之□宗族，犹水之有分派，木之有分枝，虽远近异势，疏密异形，要其本源则一耳。故人之□□宗族也，必如身之有四肢百体，务使血脉相通而疴痒相关焉。而后可乌不以祖宗一人之身，分为子姓，□□而遐遂忘所自，遽相视为途人而不顾乎。余族祖讳合兵者早虑及此，于康熙二十六年纠合族人，立□□于始祖墓前，始祭扫之日据文溯源，因知子姓之众，皆出祖宗一人之身。凡属一家一姓，当念乃祖乃宗。□□勿薄，宁亲勿疏，长幼必以序相洽，尊卑必以分相联。喜则相庆，结其绸缪；戚则相怜，以通缓急。共体□□慈爱之心，尝切木本水源之念。由是我武氏一姓之中，联然蔼然而四乡亲友共相推为望族者。行□□□□，世远年湮，而字多模糊，不无人往风微之叹。且子姓繁衍而散处无纪，将有昭穆失序之讥。余族叔国泰等会社一道，积贮数年，将从前遗文概加修葺，复立世系二石于其侧上，以绍祖宗薪传，下而启子孙之□□□先后敦宗睦族裨益事也。礼曰：尊祖故敬宗，敬宗故收族，甚斯之谓。□工□索记于余，余虽衰老，□□□□不究辞，遂忘其固陋，爰述巅末，勒诸贞珉，用望于后昆之有览于斯者。

峕维

乾隆叁拾捌年岁次癸巳桐月上浣谷旦本族增广生员武允理（武允发）熏沐顿首撰记（书丹）

武氏重修族谱题名碑

1. 地点：肥城市汶阳镇武新村

2. 形制：青石质双体碑，此为西碑即仅刻序文。额题"勿替引之"，两侧楹联"溯流穷源百千世远追宗祖，分支别派亿万年永垂箕裘"。左右两边下角饰浅浮雕荷叶莲子图案。

3. 碑文：

重修族谱题名碑记

　　且从来族谱之修，上承祖宗之桃，下启子孙之绪，其典甚重而事无终极，固赖有人焉。笔之于其先，尤赖有□焉，述之于其继，夫然后继继承承，无或失坠焉耳。若我武氏之谱牒失记，所仅存而可考见者，爰自有宋弘六祖乃其始也。志远祖继而承之，厥生四子，克亢其宗。昔大元之灭辽，我祖有封显武将军者，此即其所自出也。□世伯祖，字曰希文，身入黉宫，励举子业。惜乎丁时之难，场屋废弛，不克遂其大志籯粮笥书。进而又□四世季□，性情怡愉，笃厚伦理，无毁无誉，克昌厥嗣。生子仲名实，有贤行，厥配陈氏，勤俭孝敬，相夫无违，家道兴隆。临终□谱状，遗其长子文。文祖于大明宣德七年刻石于始祖及乃父墓前，述其历履，以垂永久。此我武氏之世系所仅考见者，惟恃有此耳。于是合兵祖纠合族人，重建谱碑于皇清康熙二十六年。奉文、奉典、国正叔及族弟振东、族□子元等会社一道，复重修谱碑于乾隆三十八祀，分支别派，溯流穷源，务使后世子孙识□□由生，共□深于一本之情焉。斯已耳，呜呼！夫由宋而元而明而清，代凡三易，年踰数百，几经丧亡之祸，屡经乱离之残。籍非有人，□后先济美，刊石撰记，纵有孝子慈孙结其尊祖敬宗之想，深其木本水源之念者，且祖于考□之无由矣。况以□材而涉乱世之末流者，又乌从而感□其报本追远之思也乎？由斯以思，则重修之举其承先待后之志，继□□来之功，□□足多者。故不惮谆复详述，更为书记以垂不朽云。

会首武国正武奉文武国玉武振河（等 12 人）

增广生员武允理（武允发）熏沐顿首撰记（书丹）

石匠李箱刘法达刘法启

乾隆叁拾捌年岁次癸巳桐月谷旦　吉立

冯氏（疃里）支谱碑

1. 地点：泰安市泰山区上高乡冯家庄（待考）
2. 出处：《泰安冯氏家谱》，2001 年，第 455~456 页。
3. 碑文：

世系之修，晰源流，序昭穆，辨亲疏，一归于重本而笃亲。盖族繁则易乱，世远则易疏，往往隐犯前讳，获戾而靡觉，甚至觌面不识，相识如秦越，非世系不修故欤？岱麓冯氏世居汶涯，其鼻祖昭勇将军之九代孙讳大经公，家故县村，捐馆葬于北阡祖茔，渊源有自来矣。迨公之仲孙讳应战迁疃里后，葬于是里之西。五子因会葬云，自是丁益伙。五公子之子讳正修、进修、美修、善修、福修、洪修、中修墓胥鳞次焉。若夫讳光修则改葬于是里之东南，讳成修又归葬于祖茔之次，讳全修葬于张庄之北陌，讳永修卜葬于疃里迤北，该谷既星居没亦分厝者势也。至应战公五世孙国杰虑其日久年远，或至迷误，爰图世系刻碑于墓，庶异世子孙按谱以稽雁序森然，不惟命名授字无紊乎祖宗，且厘然见一体之分，而起孝弟亲逊之心焉，用意可不为厚欤？丁酉夏庠生冯鲁珍述其事浼予为文，予嘉其意而为之志云。

廪生崔簧度撰
庠生冯鲁珍书
乾隆四十二年岁次丁酉孟夏之月　谷旦

冯氏三修谱碑

1. 地点：泰安市岱岳区祝阳镇南张庄
2. 出处：《泰安冯氏家谱》，2001 年，第 449~450 页。

3. 碑文：

冯氏三修谱碑记

吾乡汉卿冯公，既于其新茔之在疃里者详具世次而谱诸图矣，又念族丁颇繁，统属一本，恐其久而失传也，于是谋诸族众，序其世系之可考者，复刻诸故县之祖茔贞珉。既具，乃命其子文学鲁珍请余为文以记之。余尝考古，惟世家之有宗庙者乃立宗子，而礼不下庶人，宜无所为上治下治旁治之法则，其所籍以数典不忘者，惟族谱耳。然谱笔之书，书不免于蠹；谱刻诸石，石亦有时而泐。况传世既远，乱离几更，则门甲户乙，如秦越之视，肥瘠者有之；星分棋布，至老死不相往来者有之。以情以势，谱事固无永垂不朽之法也。惟有仁人孝子，念切敦睦，续前人之旧牒，俾后人以无迷，斯能继继承承，终而不散。余观冯氏祖茔诸碑，若始祖昭勇将军及都指挥尧化公、锦衣卫校尉自垒公，皆以武勋著于胜国，可谓阀阅名家矣，而历履世次其详不可知，族谱失传无如何已。惟自讳聪、讳达两公而下瓜瓞绵绵，旧谱可考。若不及今增修则世次中断，安知后之视今不犹今之视昔乎。

今汉卿公不惮烦劳，辨昭穆之亲疏，叙承传之久近，其殷然敦宗睦族之心固不待言而见，且令族人之列斯谱者按图稽之，祖考不忘，支派不紊，虽不事诗书者亦将晓然于一脉之传而相亲相睦矣，则孰非此举之所启牖哉。于是为之记，以遗之并刻诸石。

庚辰举人候选知县年家眷弟韩维熙顿首拜撰

乾隆四十七年（1782 年）壬寅季冬　谷旦

赵 氏 谱 碑

1. 地点：泰安市泰山区祝阳镇姚庄

2. 出处：《泰安赵氏族谱》（乐天堂），2014 年，第 55 页。

3. 碑文：

赵氏族谱，赵氏自序也。其序是谱也，后先相继，业经再三。今欲增修而复勒诸石，何也？俱谱籍之或失也。余不善属文，而请余为记，以余馆于其家，知之最真，不至为铺张之词，失记实之体也。且玺玉（宗奎）公尝为余言，曰：塞族自始祖迄于无甚显达者，总厥家世率以忠厚相传，耕读相继而已。谱之序距今三十余年，久而益涣，恐至隐犯前讳，获戾而不觉，甚至觌面不识，相视如涂人，盖亲尽则情亦尽，其势然也。抑岂知今之相视如涂人者，其初兄弟也，兄弟其初一人之身也。晰源而序支派，俾后之睹斯谱者群知木有本、水有源，厘厘见一体之分，而油然起孝弟敦睦之心者，未必非续修之力。呜呼，善矣！此余之所以记也。考赵鼻祖讳明者，明初枣强迁岱东，遂家焉。以公仁美之子绿明公，甫立茔于姚邑之北阡，故以为始祖。自兹以后历十余世，代有闻人，或列胶庠，或入成均，或膺贡选，其间天资纯粹，学问渊博，宽恤能仁，慷慨好可，以信当时而垂后世者数十公。谱籍载之綦详，无烦余赘也，余特志其意，以见谱之折。自修盖文臣、善长公其举鸣岐，咸宜（尚义）公董其事详序编记，则潜修与谦亭、静轩、逊客等并为之力，是谱于乾隆已酉冬记之，刻则庚戌季夏也。

                    廪生崔鸿度顿首拜撰　十世孙德麟沐手敬书

                                        岢

                        乾隆伍拾伍年岁次庚戌林钟中浣之吉

秦 氏 谱 碑

1. 地点：莱芜市辛庄镇秦家洼村

2. 出处：山东莱芜《秦氏族谱秦家洼支谱》，2009 年，第 18~20 页。

3. 碑文：

故乡耆秦公讳凤鸣暨邹夫人墓

　　谕告始祖原籍枣强人也，洪武践祚迁居莱邑秦家洼，其祖茔已建于斯焉。谱序残缺，字讳失传，故志谕、彦隆公始。彦隆公所生二子，晚来、迟来。迟来生五子：长庠生讳木，次庠生讳栋，三廪生讳相，四庠生讳柏，五增生讳楠。柏祖生三子，长讳之瓒，次讳之琬，三讳之琰，凤鸣祖即之瓒祖之子也。惟我凤鸣祖自康熙时析居营子庄，卜兆于村南，而茔墓复建于兹已九世矣。偿莫为之前，孰继莫为之后，乡源流长所关甚钜。以故我凤鸣祖有子四人，而伯仲分焉。长讳连，次讳□，三讳爽，四讳亮。爽祖一子讳邦经，单传一世，而生三子：长世英，次世禄，三世科。世英子起麟，世禄子照麟，世科子梦麟及相麟。起麟二子，长巍，次峰。照麟一子，讳曰魁。相麟二子，长讳曰纲，次讳曰吉。梦麟五子，长龙，次元出嗣，三利，四贞，五祥出家。巍生一子兴泰，峰生一子兴安，魁生二子兴忠、兴文，元生一子兴祚，利生一子兴业，吉生一子兴隆。兴泰一子欲诺，兴忠一子欲诚，兴文二子欲振、欲慎。欲诺三子广增、广盛、广韦，欲诚二子广德、广聚。序至此，吾祖之宗派咸列于是焉。呜呼，先祖之得以有后人，后人之得以有先祖，非凤鸣承先启后之力而谁兴？

　　　　　　　　　　　庚戌春，欲表墓于祖，勒石志碑以垂不朽。
　　　　　　　　　　　六世孙峰、元　七世孙兴文等　同立
　　　　　　　　　　　乾隆五十五年岁次上章阉茂如月上浣　吉旦

汪 氏 谱 碑

1. 地点：肥城市汶阳镇汪城宫村

336

2. 形制：单体谱碑，黑色石灰岩，前序后世系。

3. 碑文：

万 古 流 芳

余族徽州人也，明洪武年间迁居岱郡西南九十里汶阳之城宫村。迁之始祖历乱失传，心尝忧之，至盈祖碑志犹存，尚厚幸焉。然越世生人，越人成世，人世代谢，以迄于今，盖亦多历年所矣。祖宗之精英虽久涣而不浊，子姓之昭穆虽甚散而易涽矣。将所谓假有庙考世系，上治祖祢，下治子孙，旁治昆弟者，须不分欤？曰者伯叔兄弟念至此，心辄惆怅。虽尝屡纠合族人，举兹巨典，弟庙貌墙垣虽已粗理，而事与情违，叹有志未建。今建中、学荣等慨盛事之未就，思先德之宜成，继前志述前事，焦心劳力，纠材于乾隆岁次乙卯仲春卯月朔越戌日初拾庙成。即于是，乘□月朔月未日拾捌碑建庶神堂，灿若谱碑，焕如假庙，以格而先灵之□者可萃，按谱以序而昭穆之繁者可祥，或少合古先王敬宗收族之遗愿焉。故志之。

大清乾隆陆拾年拾月拾捌日

继成族人　大明　士中　学人　建中　三现　三汉　三湘　学智
学振　学礼　丕振　学功　有祥　事中

肇基族人　学程　大鹤　大江　大深　大洛　大格　大鹏　国禄

（以上人员有国学、生员武庠若干）

陈 氏 谱 碑

1. 地点：泰安市泰山区邱家店镇颜张村

2. 出处：泰安后省庄《陈氏族谱》，2007年，第111页。

3. 碑文：

余邑东省庄人也，先代系出某地，自某地迁居省庄，姑弗深考。移居颜张村已越七世，族姓颇繁，苟不循流溯源以序之，虽比闾而处，将有行辈莫辨、亲疏不分之虞。此不独余一人之咎，其所以贻戚后人者不浅矣！爰刻石为谱，触目了然，上推高曾昭一本也，下列支裔悉宗派焉，后世子子孙，其亦有感於斯乎。

大清嘉庆拾叁年岁次戊辰阳月吉日

五世孙　临沐手敬撰并题

冯氏（曹家村）支谱碑

1. 地点：泰安市粥店办事处曹家村（待考）
2. 出处：《泰安冯氏家谱》，2001 年，第 456~457 页。
3. 碑文：

昔故人以本俗安万氏，而族坟墓联兄弟，为先上以此教，下以此化，孝子贤孙每多留意于此。我冯氏族有龙波者，其本支祖讳桢公始自故县迁居乔庄，子孙繁衍已经数世。其曾大父讳国才公又自乔庄迁居曹家庄，历世愈多，里居各异。龙波忽深远虑，以为世系不奠，昭穆不辨，后世子孙或昧乎桑梓，失其恭敬，敦睦之行将何以兴？于是谋诸父老，欲勒石纪名以垂不朽，爰售不材之木以佐工费。既以示林木之不可轻动，亦以见兹事之非出易举，因与其堂叔炳修董其事焉。是举也成，是使前无湮没不彰之名，后无数典忘祖之愆，承先启后莫大于此，此真不可不亟亟之事也，此真因循所者不能也。事竣，来告于予，予闻而善之，故为之志。

四世族孙庠生其珍拜撰

五世族孙庠生溥波书丹

嘉庆二十三年岁次戊寅小春月之吉

王氏续修族谱碑

1. 地点：莱芜市辛庄镇石湾子村
2. 出处：山东莱芜《王氏族谱》，2009 年，第 8 页。
3. 碑文：

王氏初次续修族谱碑记

族谱者以别支脉，以联族情也。王氏族谱旧刊于石，历有年所。迩年来生齿日繁，户口愈多，迁徙他所者亦复不少。不续修之恐数传而后，亲疏莫辨，支脉混淆，将有等懿亲于路人者，非细故也。于是约束族人，细查宗脉，遍询名字，复为兹谱。旧格式仍旧，刊刻从新，庶几因流溯源，知吾族之悉出一本也。敦宗睦族之年，可以油然而生矣，此则续谱之意也夫。

十世孙　业儒　森个　谨识

邑庠生　戴应遴　张安南　沐手丹书

嘉庆贰拾伍年岁次庚辰拾月朔阖族仝立

冯氏四修谱碑

1. 地点：泰安市岱岳区祝阳镇南张庄
2. 出处：《泰安冯氏家谱》，2001 年，第 450~451 页。
3. 碑文：

冯氏四修谱碑记

冯氏望在上党，始于周秦，盛于两汉，历代以还伟人杰士，史不绝书。惟大树将军恩不忘巾车，名高列云，台丰功骏，烈彪炳简册其尤著也。闲读书至芜蒌亭豆粥、滹沱河麦饭之事，未尝不执卷太息。悠悠然想见其为人，盖草昧艰难，视如手足，君臣遇合，推心置腹而能居之以谦，退有功而不伐。此东汉诸勋贵所以克全始终，大异于韩彭菹醢者，福保一身庆流千祀有由然也。

冯氏宗族广茂，居吾乡者望衡对宇，多在汶右诸村，耕读为业，服田力穑，率醇朴而谨愿。虽代远年湮，谱牒无考，莫知其所出，然数典勿忘。试问大树之遗风犹有识而存焉者否乎？且夫谦尊而光，卑以自牧，乃君子有终之理。人道众好所归，保泰持盈，莫善于此。明其义者，将出为忠臣良佐，处为孝子悌弟，身家安和，风俗醇美，是不惟高曾一姓之钜，而实人伦万世之典型也，岂不懿欤？故余乐与荫谷表而论之。

按，故县之北冯氏祖茔曰昭勇将军，顾名字阙如时事，已不能详第。从其可知者叙次，整婕绘图勒石，青岩韩先生为之记，今又若干年矣。岁月递迁，生齿日繁，虞其久而难悉也。族众共议，续修谱碑，胪列支派，务使昭晰以传于后。是时董其事者：监生静涵、庠生庆源，造吾庐而乞文者荫谷也。荫谷，前碑所称汉卿公之季子、邑庠生名其珍。

科举人前任直隶州宁津县知县春台杨世熺　丙午拜撰
癸酉科拔贡丙子科副贡东夜崇阶敬书
道光元年（1821年）辛巳仲秋　之吉

徐氏宗谱碑

1. 地点：新泰市羊流镇徐家庄
2. 形制：由三块石板组成，左侧碑体残上端。碑阳为序文，额题"徐氏宗谱"；碑阴为世系，上端题"支派分□"。

3. 碑文：

平阳徐氏族谱序　　曾孙府廪膳生宗一撰书

自宗有大小而庙制隆，族有远近而谱牒重，从已昭穆相承，礼隆序辨矣。我徐氏自元中统世居平阳，仕宦无多，曾膺中宪之秩；科第虽乏，每腾泮水之光。始祖讳琛，以英公之裔赐为光禄大夫，镇静南服，勋猷灿烂然。炳大业于千秋，功垂柱史；昭贻谋于万奠，德积允昌。上有以绍远祖之勋，下以开奕代之谟，绵绵延延，□于今为烈焉。但先生之德泽，与后人之世系，具详祖茔谱碑，兹不具载。今自嘉庆十六年，族人公议营立祠堂，鸠工庀材，期年告竣。固族众之经营不迨，亦祖宗之功德攸昭也。阅十余季，又得族间蓄钱若干，因思旧谱所载至康熙七季而止，其所未载者于今几九世矣。欲为尊祖计，即不得不为敬宗计；欲为敬宗计，又安得不为收族计？使已创其规而后不缵其绪，源远流长其不至紊，乃序者与有几？爰立三石合为一碑，不必复前谱之旧，致失雷同，只欲取故牒之阙，加以增补。详昔人所未详，始自十七世祖，载本支所应载，下及念六代孙。瓜有瓞其绵，葛有蔂其系，之后之人按谱考核，分支别派，瞭若指掌，维百世之远，不啻祖孙父子，共聚一堂矣。由此叙先代传芳，□而如新。因之昭示来兹，寄□翼于无尽，比类而合世，笃同宗之谊，理络而分，咸知本支之辨。自今以往，祖庙建，宗祀修，谱志详，统绪昭，在此举也。而或以为是举也有所自利而为之，不知报本反始系姓缀食事为众生之事，心非一人之心，何自利之有？要尔，惟是上治祖祢，下治子孙，彰尊祖敬宗之制，明展亲睦族之恩，□我后人子子孙孙勿替引之云尔。今当镌石，因述其意而序之。

皇清道光五年岁次乙酉秋八月中浣谷旦

朝贞　文正　朝彩　文彬　文泽　文彩　文焕　明法　宗烈　万资　仝立

宗训　观淳　栽柏树一株

右碑文字：九世祖讳兴孺人

兴祖九子次序记

□ 四子 　　　　□ 五子

良温恭俭　　　胜朋腾膳肫

九 七 五 三 长 次 四 六 八

俭 温 良 腾 胜 朋 膳 肫 恭

自十世以后子姓藩衍户口难悉述矣然支分派别各有碑碣瞭若指掌传至衍字辈系二十三世但恐世远年湮谱牒或有残缺因历序渊源勒之于石以备考核云

　　二十二世孙兰台　二十二世孙兰田　二十三世孙衍魁　顿首志

葛氏创修谱碑

1. 地点：莱芜市辛庄镇石湾子村
2. 出处：山东莱芜《葛氏族谱》，缉熙堂，1950 年，第 4~5 页。
3. 碑文：

创修谱碑序

闻之古先圣王分姓别氏，而族以名焉。族非谱而多乱，支无谱而不清，此谱所为要也。莱芜葛氏来自沂水白峪，卜居石头湾庄，并无家谱，止有碑碣。所载者大公、二公、三公，而名字不传。以前者无可考，惟有洪文祖辈等而名字始著。以后者有所传，盖静言思之深为虑矣。诚恐世湮则宗派易迷，年远则支序混糅，所谓一本九族，而亲亲自笃者安在哉？今而后合族共议，自洪文祖辈等以序之。庶几名字星列，昭兹来许，本瓜瓞绵绵，按碣石而知一脉之遗；子孙绳绳，致世系而兴祖武之思，使来世得以守先持后也。故立碑以志之。

皇清道光十五年岁次乙未榴月　谷旦

董 氏 谱 碑

1. 地点：肥城市老城街道办事处大董庄村

2. 形制：石灰岩质方形碑，阳面为谱序和族谱世系，阴面正中竖刻"董氏寿域"四个大字，右上落款：大清道光十九年岁次乙亥嘉月谷旦立。旁有世系残碑一块。

3. 碑文：

尝思一姓之兴，当其始一祖而光宗，迨其后支分而派别，不序焉以志之，奚以传而不紊也。始祖讳舍，自青州府益都县迁居于肥邑西南杏头村，累世德深，宗族昌盛。至汝河祖又迁居于肥邑□□里之大董家庄，□传亦族多济济。恐日久年远迷其宗祧，故立谱碑以垂后世，知□□焉。

大清道光十九年岁次乙亥嘉月谷旦立

四修宋氏谱碑

1. 地点：泰安市岱岳区邱家店镇渐汶河村

2. 出处：《泰安宋氏家谱》六修，2004年，第573页。

3. 碑文：

四修宋氏谱碑序

自古族谱之修，或谱之为书，或谱之为碑，要皆所以序世系，而笃宗族盟也。盖一姓之兴，不数传而子孙繁衍，往往里居不同，吊问不通，日隔日疏，将有等至亲人于路人者。抑思由前迫后，则愈推而愈远，由后溯前，则弥引而弥近。譬之木有千枝，不外一本，水有万派，阙属同源，此庐陵之修墓表，老泉之作谱引所由来也。如我宋氏一族，始祖讳贤，原籍直隶枣强，元末因避兵差迁居章邑。至有明洪武定鼎，复迁居于岱左之渐汶河。历五世，户口日繁，因创立谱碑以别宗派，事在崇祯之十有一年。由是有举无废，重修于康熙十三年，三修于乾隆三十二年，迄今人阅五世矣，而瓜瓞绵延，记载阙如，岂敦宗睦族之道。因合族公议各按地亩人丁，赋钱每亩三百，每名三百，共得钱四百七十吊有奇。因鸠工勒石，将远近亲疏之辨，大小长幼之分，序次分明，以垂贞珉。俾后之览者，知某为几世祖，某为几世孙，庶以似以续，可以爰及苗裔矣。是为志。

丙申岁进士十二代孙　景宣顿首敬志
国子监肄业十二代孙　殿臣顿首敬书
道光二十四年岁在甲辰桐月　谷旦

冯氏（故县）支谱碑

1. 地点：泰安市岱岳区范镇岔河村
2. 出处：《泰安冯氏家谱》，2001 年，第 457 页。
3. 碑文：

冯氏祖茔在余村东里许，谱碑林立，屡经重修。每当春秋享祀，合族之人相与追远而报本，敦宗而睦族，将所谓油然而生孝弟之心者，其在斯乎。厥后派别分支，各卜兆域，此茔则恒修公之第六子墓也。公讳淄，始葬于此，迄今已历数世，而士食旧德农服先畴，椒衍瓞绵，称极盛焉。甲辰之夏创立谱碑，庆元公以文属余，且并述其修谱之意与其礲碑之由。余曰："善哉！世系于是序焉，昭穆于是分焉，即亲亲长长之谊，亦于是笃焉。《礼》云，有其举之莫敢废也。"其此意也夫，是不可以不志。

庚子科举人赵淑身拜撰并书

大清道光二十四年岁次甲辰暑月之吉

徐氏重修族谱碑

1. 地点：新泰市羊流镇徐家庄

2. 形制：三块石板构成一通谱碑，碑阳额题"徐氏族谱"，下为"重修族谱碑记"，碑阴书"源远流长"。前后均有世系图。

3. 碑文：

重修族谱碑记　邑岁进士□□□生郭允友顿首拜撰

且古今所以称望族者，谓其祖宗之功德能助后也，而非有贤达之子孙代不乏人，善继善述于期间，亦必不能使族之声名闻望，历千年而不替。夫功德在祖宗，继述有孙子，而又代不乏人，继继绳绳，使其族之声名闻望愈久而愈大，历世而常新者，惟吾平阳徐氏为最著。唐代英公，勋名垂凌烟，后嗣以讨武氏，无功未就而大义愈昭。馨香俎豆，百世不祧，岂不宜乎？至于元代国宝公，以文武兼资之才，为巨川舟楫之用。阅数百年，过其墓者华表纵横，翁仲巍峨，碑高于丈。文纪其实，不禁闻其烈奋，其风激昂，慷慨想见其为人。此其所以声施至今，子孙鼎盛，非他族之所以能企及也。又况前明近泉公署花县正堂时，民颂召父，士歌循良欤？莹之西北烟夹云连，世称为徐家庄，而徐氏祠堂即在其北。建祠之处基址稍狭，明经、桂林公于道光五年纠合族众重修族谱后，于祠宇亦广大之复。有仕义、得辉公踵其事，与族众经营区画，使庙貌轮奂益美，金碧愈新，望见者敬之慕之，孝思不禁油然而生，非贤达智略，善继善述，何以致此？庙既重整，复议修谱，以贻来许。工竣树碑，问记于余，余因有感矣！天下事易于乐成，难于图始，固也。而吾谓非图始之难，图始而不懈于终之为难。苟既图于始，复能不懈于终，其间即心力俱瘁，亦必有不敢告劳者。若桂林、得辉诸君，引修祠序谱为分内事，殊不自以为功，而事卒能有成。于以叹族众之输财甚力，诸公有功不居，使后之继承者敬宗于此，睦族于此，光大祖宗之功德，原贻孙曾之燕谋，莫不于此。则徐氏族之声名闻望历世而常新，愈久而愈大矣，岂不盛哉！儒士风动修谱之事，与有力为，亦在所当志云。

大清咸丰叁年岁次癸丑季春上浣　谷旦

十九世族孙文庠生磻溪顿首敬书并篆文

得富　得辉　宗魁　风动　兰溪

宗一　慧亭　宝三　昌龄　良继

与族众仝立

温氏族谱碑

1. 地点：肥城市安驾庄镇正东村

2. 形制：原碑帽和底座已毁，现仅存碑身，2006 年补修碑帽和底座。现碑高 1.15 米，宽 1.66 米，厚 0.2 米。

3. 碑文：

温氏族谱碑序

岁甲寅，余馆于家。冬至后廿七日，族弟云峰造余。曰："张侯温氏，予之妻族也。闻其始祖原籍晋人，自胜朝洪武初年奉官文迁徙来东汶阳张侯村，因家焉。营宅开田，备历艰辛，惜乎姓氏虽传，名讳莫考。衍传十七叶，仅记六世讳邦彦者，以前概不复记忆。迨嘉庆四年，温公悉平恐愈远愈湮，商诸族众编纪谱牒。先书世系名字，后记先人行实，俾知亲亲之道莫大乎是，岂但志支派名讳而已哉。谱既成，四方名族莫不争先睹之以为快。金曰，温公悉平，名称其实。即其修谱一事于温姓大有裨益，迄今五十年矣，公之墓木拱矣。其侄式韶公、载博公欲重修谱牒，难于付梓，纠合族众期来春勒石于其祖茔。碑阴镌世系名号，阳面浼汶学作序文。吾弗文，踌躇再四，舍吾兄不可。"余曰："余乐道人之善。式韶、载博二公此举，一曰尊祖，二曰敬宗，三曰收族，一举而三善备焉。余固愿称之，但如吾弟所述亦既详且备矣，焉用文为。"云峰曰唯唯，遂援笔志其巅末云。

东原附学生员徐元龙顿首拜撰
孙伯府学生员雷崇冉顿首拜书
皇清咸丰伍年岁次乙卯花月清明立

萧 氏 谱 碑

1. 地点：泰安市岱岳区道朗镇二起楼村
2. 形制：由三块青石质石板组成，额题仅见"谱碑"二字，疑失"萧氏"二字。其中刻有序文和落款的两块从中间断开，左近有砌成井圈的徐氏墓碑二方。

3. 碑文：

盖谓万物本乎天，人本乎祖。始祖彦自洪武迁居泰邑西南乡萧家店，已数百年矣。传至十世敬祖，又迁居肥邑石屋庄，建茔于村西，创立谱碑。阅十二世明祖，又迁居泰安邑二奇楼庄。因祖宗之功德，假山川之灵秀，□是族姓繁衍，绳绳继继。不有以序之，安知族人不视为路人乎？于是同族公议，更立谱碑，序其名次，以彰继绳之类，而志绵延乏休，俾奕叶绪承勿替焉。是为序。

大清咸丰八年岁次戊午十一月吉日

姜 氏 谱 碑

1. 地点：宁阳县华丰镇南梁父村
2. 形制：黑色长方形石灰岩碑身，上书谱序昭然。碑右为谱序，碑左为世系，碑文后有白线暗格。
3. 碑文：

郡增生李馨若沐手撰

姜氏之先系出神农，育于姜水，因以为姓。后吕望佐周，大奏鹰扬之功；伯约扶汉，克缵卧龙之绪。降及宋世，错处岱下者文人蔚起，或以德业著，或列才猷传，载诸邑乘，固泰邑望族也。清初，旺全公自申村迁于南梁父，至乾隆丙申岁创立诸碑，迄今八十余年。序列谱碑者，厘然不乱；未载谱碑者，茫然莫辨。第恐支分逾远派别逾繁，或处不同乡，居不同里。至有询其高曾之名字而莫知者，一本之亲几视路人矣。同治壬戌，贯一公殷然劝尊祖敬宗收族之意，详序谱系，支派分明，虽一姓远近异势，皆出祖宗一人之身。因修家祠之余，皆纪诸贞珉，使后之览者亦可由之以尊祖敬宗收族焉。是为序。

邑庠生敬深沐手敬书

大清同治元年壬午五月上浣

合族全立

刘 氏 谱 碑

1. 地点：肥城市仪阳镇鹿家沟村
2. 形制：单体谱碑，下有宣字底座，上覆悬山式碑檐。
3. 碑文：

（碑阳）谱者志也，家必有乘，志不忘也。顾志其所有可志，与志其所无可志，其敬宗睦族，上治祖祢，下治子孙，其义一也。我刘氏祖居站南刘家庄，祖茔在村之西南隅。考谱碑所载，大明始祖名合者自山右迁发，前代世系述之甚详。继祖名山，又茔立河北，谱碑亦有可考焉。但世远年湮，族姓繁多，虽居他乡者纪不胜纪，亦惟本前人之纪述，继序本支以为家乘耳。余稽迁祖以来，更历五世，越至八世祖，名颐，生四子。长子名曰申，次子名曰逊，三子名曰兰，四子名曰章，分著其乡。长支住老庄，次支迁居界首河西，四支迁居刘家台。余属三支，迁居于此考山庄，立茔于斯地者，已历有年所矣，不有以志之，恐日久而失序也。兹因先人一脉之所衍，与后昆宗派之攸分，悉勒诸贞珉以传后世，则因其所可志以思其所无可志，是亦我刘氏家乘之实录也已。是为志。

庠增生刘仪廷撰文并书丹

大清同治八年岁次己巳兰月上浣谷旦立

349

（碑阴）以后碑及林树有毁坏祭祖罚钱二十千文不受罚者送官究治

后代之命名轮流二十字

保贵善秉忠崇文相公长

绍福天尚德万世永国光

冯氏（乔庄）续修支谱碑

1. 地点：泰安市泰山区上高办事处北上高村

2. 出处：《泰安冯氏家谱》，2001 年，第 457~458 页。

3. 碑文：

吾冯氏族居故县村，祖茔在村北里许，谱碑林立，屡经重修。每当春露秋霜，合族之人相与荐蔬陈韭，继以燕私，亲亲之谊于是乎在。厥后，支派既分，里居亦异。其迁居乔庄者，则自恒修公之仲子讳祯公始卜葬于此，遂为本支祖茔。先是族伯龙伯公勒碑，四叔曾祖制序，今又若干年矣。居诸屡易，生齿日增，虞其久而弗悉也，族众议续修之，而属文于余。余曰：“族之有谱亲亲也，而亲要不自同族始也。由同族而递溯之，而至于同胞，而至于同祖，而至于一人之身。试按谱以稽，所谓油然而生孝弟之心者，其在斯乎。”是为记。

恩贡生六世族孙悦恕顿首拜撰

邑庠生宋香函沐手敬书

同治十三年岁次阏逢阉茂暑月上浣之吉

刘氏谱碑

1. 地点：淄博市博山区石门乡龙堂村

2. 形制：坐绪祖茔前，前后皆有碑文，上覆悬山式碑檐。

3. 碑文：

（碑阳） 刘氏谱碑

洪武年间枣强迁发以来，上古太祖颜城居住，因已久矣。当是时也，惜我太祖背井离乡，形影相吊，孤苦伶丁，啜其泣矣，何嗟极矣！幸而生我祖，悠焉十世，生桎祖而生坐绪祖，生庭鸟、庭勤、庭飞祖。因景泰年间遭逢大乱，移西山之迹，龙堂之墟。历代传闻，碑碣建立，家谱失迷，曾未有过而问焉者。今有十七世孙桂、崟、忠等，镌字追忆当年祖功之宗德，想音容而致望思其人，有不禁感慨系者也。念先人之仪形，率合族之老幼，各尽诚心，光前垂后，恐其久而莫闻焉。故镌之于石，以照不朽。

碑身并帽共石头十一块

元奎捐助磨碑抬立功夫二百个

龙堂庄助

镌字石匠元魁

大清同治十三年桂月重刊建立

（碑阴） 永言孝思

吾刘氏始祖自枣强迁居益都之颜神镇，而立茔于曾家圈，嗣又迁茔于西坡之马岭，始祖之墓在焉。至吾十一世祖讳坐绪，自颜神迁居龙堂之西麓，建茔历年已久，人丁颇盛。尔时族谱未修，名讳易致错误。吾叔高祖讳桂等恐宗绪之或紊，约会族众于乾隆元年创修碑记。第就本支世系，编名序次，备载于石，敬列于坐绪祖之墓前，以备后人有所考据，但碑石日久倾坏已极。迩来族谱业经重修，支派虽已详明，而此碑系先人遗制，曷敢泯先人志耶？吾从堂兄在桢等，因恪遵旧规，更而新之，庶使后之子孙胥之观，感兢兢不敢忘焉。二十一世孙在谟谨识。

十九世孙永奎　玉彩　玉珂

在诚　在武　在梁　在桢　在志　在信　在安　在全

元舜　元福　元德等重立

镌字在廷

同治十三年桂月上浣

刘氏重修谱碑

1. 地点：泰安市岱岳区徂徕镇东埠前村

2. 形制：系泰安周边保存最完整、群体最大的谱碑。由 9 块石灰岩石板构成，外覆石构碑亭。整体面阔三间，通长 7.2 米，进深 2.2 米，高 3.3 米。

3. 碑文：

刘氏重修谱碑叙

泰邑刘氏所在多有，而居汶阳之埠前村者，其为族尤巨，家多富饶，里有仁俗，而族中人又以忠厚世其家，余自幼时已耳熟矣。及长，与益之、牧之二兄相交游，乃更倍悉其一切。见其族党之间敦孝悌，农务朴诚，侈荡之习不开，争讼之端不起，乃益信前此所闻不诬。迨同治甲戌，益之兄昆仲相继去世，其令弟礼轩公乃以重修族谱碑文来请，且面述其祖贯支派与其工之缘起。云："余族原籍直隶枣强，自有明洪武时始迁来泰邑。其始迁之祖昆仲二人，一讳得清，一讳得水。得水祖邑于徂徕山南之坡里村，始犹彼此通谱，后因故处不一，莫可究考，遂失传焉。得清祖邑于此村，迄今已垂十七八世。自我四世祖淮公于康熙壬辰年始创立谱碑，而世系赖以不紊。嗣是，我七世祖丽玉公乾隆丁酉年重修之，八世祖东序公于道光戊子年又重修之，三次修谱上下不过百余年，所迄今又历四十余年。丁口益繁，散处者且多，若不更修之，其上世虽有可考，其后世且恐无稽，非所以敦亲睦族也。爰聚族而谋，将祖茔中枯树数株变价若干，有不敷更按户计亩，共出资财，以足成之，而工始获竣焉。敢祈君为文，以记其事。"余维立谱之意，固所以敦亲睦族也，而继述之志与法守之思未尝不即寓于是。盖按谱而稽，则曰某祖之勤俭若何我辈尝法之，某祖之忠厚若何我辈尝嗣之，某祖之孝友若何我辈尝于门内服习之，某祖之睦娴任恤若何我辈尝于戚党闾里训行之。睹其名，思其行事，事奉前人为典型，将见族中无游荡之子弟，里内绝诈伪之浇风。丁口日盛，门闾日昌，未必不由斯谱之立而肇乃丕基也。况贵族世传忠厚，旧称仁里，尤尝嗣前人之令绪，世守而勿替也。余与君家为世交，故敢以斯义相规，斯固由立谱之意而推广，基孝思者也，君其与族众共勉之。礼轩曰唯唯，遂持文而去，以弁诸碑首云。

乙卯科举人现任成武县训导梁余亭顿首拜撰

增广生宗汉龙沐手书丹

皇清同治拾叁年岁次甲戌暑月之吉

秦氏本支谱碑

1. 地点：莱芜市辛庄镇秦家洼村
2. 出处：山东莱芜《秦氏族谱秦家洼支谱》，2009年，第21页。

3. 碑文：

本支谱碑序

尝思木有本，水有源，物固有之，人亦宜然。支派虽愈分愈远，户口虽昌增而日繁，而其实则莫不出于一本，根于同源也。吾秦氏自枣强迁居于此，历年久远，世传十世。倘贞珉不勒，则高曾失传，昭穆无序，不第以贻后人忧，而亦吾辈羞也。欲立谱碑，先商族人，而一族之人，莫不欣喜而乐从，踊跃以襄事矣。故于今岁因崇本之素志，成勒石之盛举。今而后世系成谱，云仍有图，虽支派别莫不知出于一本，根于同源也。是谱牒之修不惟所以重一本，而亦所以亲九族也。

振声谨识

太学生陈乐潘敬书

大清光绪元年菊月上浣　吉立

宋氏续修支谱碑

1. 地点：泰安市岱岳区邱家店镇渐汶河村
2. 出处：《泰安宋氏家谱》六修，2004 年，第 574 页。
3. 碑文：

续修支谱碑序

尝闻立人之道曰仁义，而仁义之兴有赖于族谱之修焉。盖修谱溯本源之情，情见则蔼然有恩，而尊祖敬宗之意深矣。修谱列昭穆之序，序明则秩然不紊，而恭兄友弟之怀切矣，族谱之所系不綦重哉。汶右宋氏望族也，其始祖讳贤，由章邑移居渐汶河庄，殁即葬于村北茔中。传至五世，讳谭者，因支派藩衍，于前明崇祯年间，始卜葬于其祖墓之西，更立茔焉。至十世讳大世恐其年远无稽，谋于族众树谱碑以垂后世，迄今又数传矣。使不及时续修，后人或有视一本如路人者，谓非贻谋之有未善矣。于是族众共议，复立谱碑，溯本源以笃其情，列昭穆以明其序。尊祖敬宗者在是，恭兄友弟亦在是，而仁义之道，不亦可赖以兴乎？因援笔而为之序。

郡廪膳生白西庚敬撰

乙亥恩贡修选儒学教谕族孙继长顿首拜书

大清光绪四年岁次戊寅梅月上浣　谷旦

郑 氏 谱 碑

1. 地点：泰安市岱岳区大汶口镇上泉村
2. 形制：石灰石质，三碑并立，上加硬山碑檐，从右至左分别为序文、始祖世系、四支世系。
3. 碑文：

报本追远　昭穆并序　支分派别
郑氏谱碑叙

族之有谱所以明世系、序昭穆、别支派，亦即所以尊祖、敬宗、收族也。尝见世之无谱者，往往于高曾不详其名字，期功以外即茫然，于其所自承无惑乎？以同宗共祖之亲日相水火，如秦人视越人之肥瘠，忽焉不加喜戚于其心，则无谱以明亲疏远近之故也。谱之所关，讵不大哉？上泉郑氏卜筑于此已十数传矣，椒衍瓜绵，族姓繁昌，不下数十家。旧无谱牒，虽间有墓碑所记，略而不详。族人美廷、怀廷、可廷、禄廷、万有，慨然动木本水源之思，约同族人共纂家乘，明其世系，详其支派，若纲在纲，有条不紊。继又欲勒诸贞珉，以示后人，倩余为文叙其事。余曰："谱之修世固善，尤莫善于刻谱于碑。谱藏于家，族人有见者有不及见者。惟刻之于碑，昭穆派别一举，自而了然可辨。览斯碑者，皆知某与某为同祖，某与某为同宗，某与某为同族，则尊祖敬宗收族之心油然生。异日者笃亲睦族，将于郑氏有厚望焉。"

癸亥乡贡进士候选训导乡饮大宾侯监东撰文　乡谊刘端孝沐手书丹

皇清光绪五年岁次乙卯瓜月中旬谷旦

叶 氏 谱 碑

1. 地点：泰安市岱岳区粥店办事处司家庄

2. 形制：正面为始祖墓碑，书刻序文和三世世系图及落款，碑背刻五世之后世系。

3. 碑文：

清故始祖讳良卿字赞臣叶氏之墓

光绪陆年岁次庚辰孟冬上浣吉日立

二世祖九泉跟穴葬。三世祖长文学、次文成、三文礼、四文德仍跟穴葬。三世以后别作墟墓之乡矣。

李 氏 族 谱 碑

1. 地点：肥城市仪阳镇石坞村

2. 形制：谱碑为影壁式，上有悬山式碑帽，碑下有须弥座。通高2.8米，宽2.2米，厚0.67米。碑两侧条石刻有楹联"堂褕贻谋瓜还绵瓞，云礽继世桐亦生枝"，横批"木本水源"。

3. 碑文：

李氏族谱碑序

尝思胙土分茅，宗盟是笃，颂璜削玉，谱系如新麟兮，角仁及公族。螽斯羽，宜尔子孙，凡所以隆亲族之恩，而笃友恭之谊者，道莫盛于周矣。我族李氏，虽不敢媲美于先朝，要不容或紊其支绪。念我始祖讳堆，居山西平阳府洪洞县柳潭庄，当元末明初东迁肥邑，就河西李八士庄，以为桑梓之地。至我六世祖讳光后，自万历年间，又济河徙居县治东南二十里许石坞庄，营立家室，建茔于玉皇山之阳，累世不迁。而我后人则蒙业相安保世，滋大历年久而支繁，增灶多而人众，虽一脉相传而四方涣处，非惟不知乎亲睦，抑且不识为宗族矣？或本支而昧渊源，或外支而称宗派，念及此而心伤之。爰谋诸族众，编诸谱序，勒之贞珉，俾世世子孙触目兴怀，诵先芬、陈祖德，不失宗亲之义，常念睦族之情，喜则相庆结其绸缪，戚则相怜通其缓急。一姓之中秩然蔼然，其体祖宗慈爱之德谅，不第世系之不乱，支派之攸分也，岂不甚善。于是众皆心悦赞助，以成功焉。是为序。

并将玉字下起定十六世开列于左后之命名者宜懔遵之

家声丕振宗序昭明祥开文运永庆昌荣

大清光绪拾年岁次甲申葭月上瀚穀旦

陈 氏 谱 碑

1. 地点：泰安市泰山区省庄镇后省庄村
2. 出处：泰安后省庄《陈氏族谱》，2007年，第102页。
3. 碑文：

阂父封周，鹑火备三王之恪；齐姜育妫，凤锵占五世之昌。颖川侯昆仲和谐，太邱公子孙蕃衍。神明之后，竞说陈宗，闻德而还，尤推吾族。矫掌兵符於魏氏，群职司徒於晋家。霸先以一旅兴，克正中华之统；子昂以五言显，不惭风宪之司。士隐华山，能知真主；东居太华，频上谏章。自平江伯督理河防，爰於枣强而落户；洎述斋公爱凭山险，更从岱麓以肇基。当本朝当璧之初，正举族迁乔之日。始祖继业，字述斋，自枣强移居泰安城东三里庄，殁葬四阳庵下。子三人，斯时也，莺出谷而移瓜引蔓以渐远。伯曰善，居省庄；仲曰养，居颜张；叔曰著，居东平。殁葬宦家峪者即吾二世祖也。析居以后，阅世九传，保聚而来，历年二百，爰至九绵，势将莫辨其枝叶，经分植未免渐忘。夫本根有本，宗五叔炯、族兄光实，将立碑而事未竟，今吾族人复兴此举。於以序其本源，俾后世子孙，咸知所自始焉云尔。

大清光绪十年嘉平月吉日
九世孙光周、光序顿首拜撰并题

萧氏谱碑

1. 地点：新泰市翟镇肖家上汪村
2. 形制：石灰岩材质，上书"流芳百世"，左右楹联："族□□□行党昌厥后，谱传百世祖武绳各率其初。"碑面右为序文，中为世系，左侧落款。
3. 碑文：

且夫族姓繁则门户必分，分久必疏，疏而至于莫相识。同宗也不知为同宗，同族也不知为同族，则支派于以紊，昭穆于以迷，岂非谱之不修以致此乎？兹有立春、堂公虑及于此，由是约同族捐财而修谱于石。

则支派分明，莫不笃敬宗之义；昭穆清楚，孰能忘睦族之情，纵多历年亦自秩然也。是为序。

邑庠生　伯举　郭景山撰并书

皇清光绪十四年岁在戊子子月上浣谷旦建

葛氏重修谱碑

1. 地点：莱芜市辛庄镇石湾子村
2. 出处：山东莱芜《葛氏族谱》，缉熙堂，1950 年，第 6~7 页。
3. 碑文：

重修谱碑序

尝考木有本，水有源；祖宗者，人之本源也。葛氏自沂水县白峪迁居莱芜石头湾庄，已多历年所矣，但自洪文祖辈以上，数世名讳在前人已不能记忆。道光乙未年创立族谱碑，仅载世序支派，未画清晰，后人读是碑者，恒以为憾。时有本村英信公，为葛氏族长，聚族而言曰："谱牒之不明，何以昭示来许？"于是约束族姓迁居外村者，互为商酌，复修族碑。仍照旧谱，洪文、洪功、洪盈、洪荐四公注为四支，序明世系，支派昭然。旧谱失考者仅存名讳，以志不朽，不敢妄载新谱，滋疑后人。庶几，绳绳继继，使寻谱牒者一阅了然，不然迷于目而懵于心。虽旧有祖宗无考之叹，而新谱告竣，亦可由后溯前，不忘木本水源之意焉。爰志其略，而为之序。

邑庠生　魏元良撰

大清光绪十五年岁在乙丑季夏　谷旦

桑 氏 谱 碑

1. 地点：莱芜市辛庄镇桑响泉村

2. 形制：两石并立，右碑为序文和世系图，左碑上三分之一残，余刻世系及落款。

3. 碑文：

桑氏□□

尝闻我桑氏自明洪武初年枣强迁移以来，三祖离居。一居寿广县焉，一居蒙邑焉，一居莱邑城东乡铁车保石湾子村。世远年湮，上世之轶事，先祖之遗风，皆失其传焉。以及迁居草场，至兴公、旺公。二祖生于斯，卒于斯，垂裕于后，延绪于今，滋庆繁炽，八世荣昌，子孙绳绳，瓜瓞绵绵，庶几触春露秋霜之感，不忘木本水源之思也。夫于是序其谱系，次其支脉，勒诸贞珉，以志不朽云尔。

光绪二十年四月中浣

田 氏 谱 碑

1. 地点：肥城市新城街道办事处沙沟村

2. 形制：三块石板组成，长方形碑座。碑阳序文，碑阴世系分支图。

3. 碑文：

田氏族谱序

自古世系之志所以昭示来兹，知祖先所自始，本支所由分也。故家有谱志世次详明，历数百年上而溯之，历历如在；去数百千里而会而同之，班班可考，谱之所系大矣哉。余之始祖山西洪同县人也，前明洪武年间始祖迁于肥。盖明太祖定鼎金陵时，岱右数州县俱遭兵燹，岌岌乎虚无人矣，故播迁洪同县人以实之此，余之始祖所以来入肥籍也。特谱志失传，自始祖迄今已历十余世，其由始祖而衍支派者无由详考，仅闻先世口传。当年同始祖迁来者兄弟三人，始祖住肥，一入长清县籍，一入泰安县籍，然皆不得通考。即始祖之后所得闻之者，惟二世祖讳易以乡进士为御史，余则未尝闻知。噫！谱志一失，其始入他县者不得序，即始祖以后之世次支派亦不得明，为之后者岂非大憾事哉。先人先欲志之以传后世，惜有志而未逮焉。余继先人之志追而序之，无由详考。无已，谨从余之所闻知者序之。庶使后之子孙展谱而知祖先所自始，本支所由分也，此十代祖讳宗贤之所志也。传至十一代祖文澔、文达又续谱志，立起名行次，兼林上立谱碑。十二代淑泰、淑禹，十三代大经、绪、本、猷、年、元、□、清、魁，十四代兆聚、兆阳、兆瑞，按地捐资，积蓄多年，买地基、修祠堂、立谱碑，庶百支百世永垂而不朽也。是为序。

大清光绪贰拾陆年岁次庚子梅月上浣榖旦立

秦氏续修族谱碑

1. 地点：莱芜市辛庄镇秦家洼村
2. 出处：山东莱芜《秦氏族谱秦家洼支谱》，2009 年，第 22～23 页。

3. 碑文：

续修族谱碑志

天下事之易者恒难，而难者有恒易，非难者之遽易也，盖为之自无难耳。即如世系绵远，何支何派，俱勒于石固不易也，而在吾族则尤难。余秦氏自前明迁莱于兹数百余年，而家乘之传既经兵火，则何支何派几乎难分。幸乾隆丁酉岁余，叔高祖讳捷不以为难，而上自志祖下及伯叔诸父序次详明，以勒于石，迄今又有百余年矣，则何支何派更将难分。前数年，余族议曰，吾盍修谱？父老曰，难哉！逾时又议曰，谱碑宜急修也。父老曰，难哉，费无所出耳。去岁冬，余族兄玉占与士楷族叔曰，谱碑易修，费有所出矣，现茔中树株枯干甚多，价而卖之，足抵其费有余。父老曰，唯难哉，甚不以为易哉，而族叔与族兄不以为难也。遂乃命堂侄永祜、延吉、光玉等，按旧谱分支，深随采访，不辞道路之苦。故上自伯叔曾祖讳兴、讳大方等，下及云礽瓜瓞，或书名或书字，次序详明，以勒于石，则谱碑之修易耳，夫何难哉。后有为之者，尚其以为易，而不以为难也。勉夫。

大浩祖曾孙　凤周顿首拜志

泽祖六世孙　延吉顿首敬书

皇清光绪二十七年　岁次甲午年

赵氏四立谱碑

1. 地点：泰安市泰山区祝阳镇姚庄
2. 出处：《泰安赵氏族谱》（乐天堂），2014年，第56页。
3. 碑文：

族之有谱也，折以序昭穆、辨亲疏。然而因流以溯源，由末以推本，则亲疏虽分，要皆自一祖来也。但谱之于书，必待翻阅，而始之未若谱之于碑为众着。后之人略就谱碑而观之，则夫孰为穆□□、□□□、□□亲疏之皆出自一祖，即莫不一目而瞭然。水源木本之思，敦宗睦之念，其有不油然而兴耶？吾赵氏始祖讳明者，自明代迁居此邑，历有四百余年，谱籍之相继而修者几二十次，余曾三与其事。而谱碑自乾隆庚戌续立以来，迄今百有余岁，名未登碑者六七世矣。碑之再立，余未之逮也，而有志焉。去年冬，诵基、淮川等力为怂，遂乃谋及族众，卖柏而购石，相与以成斯举也。是为记。

　　　　大清光绪二十八年岁次壬寅孟夏之月瀚吉日　立石

孟 氏 谱 碑

1. 地点：莱芜市张家洼街道办事处大洛庄村

2. 形制：青石质地，三方合一碑，上有碑檐，下有双层底座，左右束条石加固。

3. 碑文：

孟 氏 谱 碑

始祖讳伯达，字运隆，原籍枣强，洪武初年迁居莱邑白龙店庄。生二子，长曰荣，次曰境。荣徙居中庸庄，境守故业，生止崑、止嬴、止鲁、止齐，此吾族四大支所由分也。止崑生三子，世雄、世刚、世栾。世雄徙居尚坡庄，世刚、世栾来居大洛庄，故栾祖与其子侄之坟茔在此，有墓碑可考。但前之谱碑所记，自境祖以下未序止崑一世。自之赵祖等九支以上，又特以栾祖统之，而刚祖之世系阙焉。至嘉庆九年所重修碑记，又以六世为始，以上未经序明。若按前碑相沿，恐有失序，今迺考诸故谱，验之古碑，参互考证，逐一查明。因与族人共议，更立谱碑，以刚祖、栾祖为首，将两支世系名次按谱序清，勒诸贞珉，自今以往庶无失序之误矣。爰为序。

十六世孙继纯谨识

甲午科举人亓因培敬书

大清光绪二十有八年岁次壬寅三月上浣之吉

李氏创建祠堂并族谱碑

1. 地点：肥城市安驾庄镇李家炉村

2. 形制：现存祠堂谱碑九通。其中世系图在八块碑上，分别为始祖牌位碑、道光二十一年世系碑、光绪十年世系碑、民国八年世系碑。序文在单独一块碑上。

3. 碑文：

创建祠堂并族谱碑序

从来支以分而愈岐，派以别而愈远，苟非尊祖以敬宗，敬宗以壮族，何以历永久，而本源不失乎？吾李氏讳容，当前明初间自青州府益都县广耀舍枣隶庄，移居泰邑西南乡，遂名厥里李家炉，嗣后子孙渐及昌盛。故自此而迁居四方者数支，其谱牒被乾隆三十六年汶水肆溢而失，自纨裤子弟下数世祖讳俱失。然大京祖实属长支，纪祖实属次支；至世卿、世登、之悟、之耀数祖，长次无考，各为一支；青柏祖兄弟自为一支，旺云祖兄弟自为一支。延及于今，族众共立祠堂，以妥佑先灵，爰立石镌谱，以垂永久。虽前代疑信相参，而后世昭晰无疑，用见支虽分而归于一□，派虽别而统于一源矣。记所谓尊祖以敬宗，敬宗以壮族，不于是乎得哉？

光绪二十九年岁次癸卯梅月初四日

宋氏支谱碑

1. 地点：泰安市岱岳区邱家店镇渐汶河村
2. 出处：《泰安宋氏家谱》六修，2004年，第593页。
3. 碑文：

太学生宋公讳希贤字景颜

从来国之有史，邑之有乘，族之有谱，其理一也。无史乘则无观盛衰，无谱系亦无以明支派。谱之为谱，此固宗族所难缓，而仁人孝子所甚兢兢者也。泰邑宋氏，世居汶滨，名表岱左，固称望族。自前明迁发以来，不数传而子孙藩衍，徙处外乡者多有之，各立墓田者多有之。惟公太学生讳希贤，字景颜，为始祖十二世孙，居故土而迁茔在此，即以此为本支之祖茔焉。第历年愈久，而后起愈增，如无谱以志之，则支派丛生，恐或失于紊乱。至光绪癸卯有诸公广浃等，每以谱事为念，群相邀集而慨然曰："修谱之事，先人遗命，尚待何时日。"遂竭力经营，不惜财费，命工刊石，不数日，而告厥成功。嘻，谱之修，其事甚巨，其所系顾不重哉！呜呼！尊祖故敬宗，敬宗故收族，不独为其事者克全乎孝道，即至世代悠远，生于后者或欲继其志，或欲述其事，而率由旧章将不难于缵绪，不益见其克光前人，而德垂后裔也哉。余于是年，设帐于渐汶河村，广浃诸公因其谱事既成，转托东主求余为文，余不获辞，遂不揣固陋，而略序其大概云。

泰安后学芝峰魏三秀拜撰

武庠生族孙　梅村顿首敬书

大清光绪二十九年岁次昭阳单关余月上浣　之吉

陈 氏 谱 碑

1. 地点：肥城市老城街道办事处陈庄村

2. 形制：单体石灰岩质，额题"陈氏谱碑"，左右装饰瓦当和云纹，碑帽断裂，今为重立。

3. 碑文：

万物生于天，而人本乎祖，木本水源物理也，而人本乎祖之意可由此而推焉。我陈氏始祖溯厥本源洪洞人也，于前明洪武初年迁肥，卜居北关，建茔于北坛以北，计茔地壹亩捌分余，由始祖以降皆葬焉。墓拾封，悉无碑志，以故数传而后，昭与穆累累者多不能志。惟至秀恒祖，地以近市，厌于喧嚣，遂迁邑之东北陈家庄居住。恒祖卒，始葬于此，至于今又数传矣。生齿户口颇称蕃庶，聚族本庄者固甚多，散处四方者亦有之，使不按支详叙，虽瓞衍椒蕃，庶绵其绪，而支分派别，虑紊其传。于是会同族众，议立谱碑，俾使孰昭孰穆，子若孙一览而悉明，非敢谓孝思不亏也，而衡以木本水源之理，亦庶有得焉。传曰：数典不忘祖后有继者，其体此人本乎祖之遗意，而勿忘也可。

后立拾贰世

经世惟存忠义　华国在有文章

大清光绪叁拾壹年岁次乙巳桐月上浣　谷旦立

李氏谱碑

1. 地点：肥城市老城街道办事处原曹庄村

2. 形制：碑体为悬山顶影壁式，长方形石座。碑身宽1.52米，高1.31米，厚0.15米。正面对联"螽斯振振祖功宗德，瓜瓞绵绵子孝孙贤"，横批"李氏家谱"。碑阳刻有始祖名讳及。背面对联"世序昭穆逮儿孙，本抱春秋追鼻祖"，横批"木本水源"。碑阴刻有李氏家谱分支图。

3. 碑文：

李氏家谱谱序

盖闻根深者叶茂，源远者流长，子孙之众多，祖宗之培植也。始祖讳禄，自山西洪同县迁于肥邑，卜居于兹土，百余年间生齿繁衍，非培植之深何以致此？然瓜瓞之绪日绵，则昭穆之序或紊，使无谱以之联之，若者亲失其亲，序失其序；若者孙不知祖宗，子不知父名，百弊层生，势所必然。况合久必分，析居四方者众，或伯叔不相识，或昆弟相凌暴，或异世而更成姻好，或后人而误宗他家，无谱之弊可胜慨哉！同族恐蹈此弊，议立谱碑，以序昭穆。庶支分派别，九族一本之亲，俾后世有所稽考云。是为序。

又序嗣后排行

永言孝思宗国邦　相传万世恒富贵　平安中法志全寿

轩魁有庆　兰文余胜　增昇风荣

长祯敬识

大清光绪三十二年花月上浣榖旦

徐 氏 谱 碑

1. 地点：新泰市石莱镇三山村
2. 出处：徐攻科的网易博客。
3. 碑文：

徐 氏 族 谱

徐姓系出伯益，汉唐而后，若徐伟、徐卿、徐勉之流，代有哲人。元明之世，齐鲁多望族。迨乾隆初年，有徐珍公者，自齐河县徐家集迁于泰之石莱地方三山庄，遂家焉，安于农桑，衣食渐裕。生三子，仲叔无嗣，惟子强公勤俭自励，克光前列，家业昌盛炽，子孙繁衍。近其曾元复，有徙居刘家山者，迄今计之约数十家矣。夫姓以立宗氏，以别族泅，属地义天经之大。自然代远年湮，谱牒无存，则必有宗派紊乱而昭穆失序者矣。成祯、成山、凤林等有见于此，提倡众议，修碑序谱，以垂后昆，预行辈以免错乱，洵胜举也。自兹以往，将见敦宗睦族，斯祖宗之功德不替，支分派别，庶子孙之箕裘常新，谓非仁人孝之用哉。是为记。

贡生式昌氏陈万盛沐譔
邑庠生次令氏刘则颜书丹
预立行辈　敬恭纯笃礼义恒安
皇清宣统二年岁次庚戌□月　中浣

石 氏 谱 碑

1. 地点：莱芜市里辛镇石家岭村

2. 形制：白色石灰岩质，三石并立，上加碑檐，从右至左分别为序文、始祖至九世世系、十世以后世系。

3. 碑文：

本 支 谱 序

我石氏本介祖苗裔，实系泰安人也，祖茔在徂徕山西。自太宗迁于莱邑，卜居城东石家花园庄，林在村左。世远年湮，家谱失传，相传不知几世。幸林北又立一林，有嘉靖年间谱碑可考，祖以讳金者始。后我本支又迁于石家庄居住，仍葬于祖茔之次。至九世祖椸，生子七人，长光廷、次光祥、三光绪、四光彦、五光辉、六光杰、七光理。光绪祖出嗣，格居连家河庄；光辉祖仍居石家庄，光杰祖居沂水高庄，光理祖出口失传。惟光廷、光祥、光彦祖迁居于此，卜茔此林，相传者又数世矣。今子孙繁衍，散住四方，恐传之愈久，失所由来，故谨勒诸石，以示后人木本水源之意云。

自金字以后按五行相生排辈。

十二世孙丰田　德田

十三世孙浩　瑞　谨序

皇清宣统三年荷月上浣　建立

焦氏支谱碑

1. 地点：泰安市岱岳区黄前镇下洼村

2. 出处：泰安《焦氏家谱》，2004 年，第 19 页。

3. 碑文：

泰邑处士焦公讳岱，其先人自枣强迁居字家店，已多历年矣。至岱公，又自孪家店迁居苏家峪，迄今已阅数传矣。其德行表现，孝友著闻，考之家乘，征诸口碑而益信他若。其子京思，其孙恒修，曾孙得臣，皆仁厚忠信，无愧为一乡之善士。至其子孙众多，秀士迭出，所谓禾责之厚，然后发其先者，岱公有焉。第恐数传以后，支分派别，源远而流益分，同姓视若途人，一脉忘其自出，使不有以联之，而敬宗尊祖之意泯焉矣。毓贞、毓全，岱公之元孙也，有见于此，故约合同姓，共出资，则欲将先人之德勒诸贞珉，而使后人无忘焉。是以属文余，余嘉其有敬宗尊祖之诚，循流溯源之美，所以忘其固陋，特援笔而为之记云。

顾 氏 谱 碑

1. 地点：肥城市桃园镇黑牛山村

2. 形制：碑帽、碑身和须弥座组成。碑帽为悬山式，长2.36米，宽0.9米，高0.45米。碑身长1.4米，高1.14米。碑座为须弥座，20世纪90年代重修时用砖和水泥新砌，长2.8米，宽0.65米，高0.51米。

3. 碑文：

盖闻本固者枝荣，源远者流长。人之有鼻祖，犹木之有本，水之有源也。我顾氏之族，迤青州府益都县柳桁头，迁居于肥邑西南鸡鸣□之隅，□□姓名，瓜瓞绵延，本支蕃盛。传至八世族祖，□□、德重兄弟二人。惟德重公又迁居于黑牛山之□，自立村落，以姓名新庄。尝闻迁居以来，无室可居，惟土屋是住；无地可耕，以垦田为业，经营拮据，昼夜不遑，家渐丰焉。公德配田孺人，生二子，长讳思英，次子思杰，相继务农。若考作室，厥子乃肯堂而肯构；厥父菑，厥子又肯播而肯获。由是家道昌隆，世业富厚，居于斯，聚族于斯，百岁寿终，遂卜茔于斯焉。传至于今约有八世，并无碑记，特恐代远年湮，后世子孙不知祖宗之坟墓何在，春秋之孝思难尽。在昔先人欲立谱碑而未果，嗣后户丁愈繁，昭穆易紊。合族共议建碑于公之墓前，并序谱于碑阴，以承先人之志，无愧孝思之心。于是支派分焉，长幼序焉，春露秋霜之感，木本水源之义，赖以不□云尔。

族曾孙文庠钦若字炳绶曾弟孙监生承恩字湛淋撰文
业儒承智业儒承先书丹
民国五年岁次丙辰腊月上浣立

展 氏 谱 碑

1. 地点：新泰市宫里镇西柳村
2. 出处：马东盈-登泰山看世界的博客。
3. 碑文：

自始祖递传至七十代志贤祖，有三子，长讳达。达祖之子邦治，有子二，长芳韵，次起莘。芳韵祖至再世价祖，于清康熙二十五年迁演马庄，卜茔庄东南孔庄，后葬焉。子五人，长化林，次化凌，三化奇，四化正，五化坤。祖之子讳应魁，有子五，长璧，次琚，四瑚，五瑞，同迁大羊集，卜茔庄东二里许葬焉。再世又迁裴家洼。琚祖传二世绝。瑞祖再传绝。瑚祖一支安居裴家洼，璧祖之次子绍武又迁南屯，此二处较近，每至祖茔冬祭，必亲赴焉。独琏祖于康熙末年分居泰安城西大马家庄，道远情疏，百余年间几如秦越，且字行各异，尊卑亦难辨矣。予有感于此，欲修谱而志未逮也。乙卯春，族弟广选倡议合谱商于予，予即约本支族众言明此事，又令堂弟广长亲至马家庄访明琏祖一支，言及修谱皆心感乐从。于是将本支之散处各村者，皆采辑而详序之。凡支派之分，昭穆之辨，里居之别，一览了然。今而后，万不至视一本支亲如路人矣。后世子孙有鉴于此再续修之，且当相往来不忘本根，是又予之所厚望也夫。

八十三代孙庆谟谨志

民国五年岁次丙辰葭月　上浣

周 氏 谱 碑

1. 地点：莱芜市艾山街道双阳桥村
2. 形制：白色石灰岩质，上额题周氏谱碑，四周围绕卷草纹。
3. 碑文：

自古继往开来，承先待后，洵所谓铁中铮铮，庸中佼佼者也。兹维周氏自新邑以来，于今一十二世。自始祖以下十世，前碑谱业已叙明。嗣后户口日以繁，支派日以纷，世远年湮，谱牒无考，恐有犯先讳而不知者。幸有八世兴廉公、九世全芳等，倡率族人复修谱碑于茔中。俾春露秋霜，触目留心，不惟昭穆分明而尊祖敬宗之意亦油然而生。但八世名次未备，故于此世而开列于始。一则继往而承先，一则开来而待后。

慎守世治　克振嘉昌

民国六年桃月上浣　谷旦

张 氏 谱 碑

1. 地点：肥城市安临站镇西张村
2. 形制：白色石灰岩单体碑，覆硬山式碑檐，前为序文，后列世系。

3. 碑文：

宗何由而敦乎，族何由而睦乎，同宗共族何由知其孰亲孰疏乎？盖恃有谱书，更恃有谱碑。然谱书容或遗失，而谱碑无时消灭。且考诸张姓，自轩辕皇帝始作弓矢，因弓矢之张张，后随以张为姓焉。及后我族系出留侯，绪统横渠，千秋之金鉴既邈，百忍之遗范□遵。然家乘云亡记载，虽无实征而父老流传演说，非尽无据所可考者，布西者庄。自有明卜居于此，昆季四人，惟三支以讳廷弼者为始祖，以上皆失讳焉，岂非同族之遗憾乎？迄于今绵延不一家，散居不一处，使无以联络之，后将有视一脉同秦越者矣，此固人之所深悼也。族叔汉泽同族兄树苓与长春侄，顿起敦宗睦族之心，欲立谱碑以联络之。然又苦于无资，不得已卖柏树数株，得钱四百余缗，以为立碑之费。然又限于碑面窄狭，不能遍及，仅于此茔之高曾勒诸贞珉。本支之兰桂施为雕镂，有兴一举。庶左昭右穆，名讳常新，大宗小宗脉络分明，水源既清，木本亦厚，宗族不敢以不文辞，故为俚语以志之云尔。

邑增生南阳族孙鸿廉沐手撰书

监修　树华　树镇　长兴

中华民国九年岁在庚申嘉平月谷旦立

顾 氏 谱 碑

1. 地点：肥城市潮泉镇白窑村

2. 形制：单体青石质，残碑宽约 0.8 米，高约 0.7 米，厚约 0.18 米。碑的右上角缺失，碑文也损毁若干，下半截无存，断处以 」代。

3. 碑文：

本支谱碑序

　　□□木有本，水有源□。夫人为万物之灵，□」□□乎？我顾氏始祖讳子春，明之诸生也。尝」山西洪洞县迁长清，卜居城西南三十里顾」西三里许。自是阙后，族支蕃衍，居徙无常。我」讳魁，至十一世讳可劝公，又自长清迁」窑庄，安茔庄北。吾支聚族于斯迄今又数世」叔父㊞文祥，堂叔父㊞文（廷、登），恐代远年湮，枝」述者，爰约本支族众，公同会议，自我十一」立谱碑。命诗详考来历，以志不朽。诗因按定」由上及下。俾后人子子孙孙返本溯源，一目」秋霜，庶不至数典而忘祖云。是为序。

十八世孙□兴

十八世孙□兴

十九世孙□

十七世孙文（祥、廷、登）

民国拾年岁次辛酉菊月上浣谷旦

侯氏重修祠堂家谱碑

1. 地点：东平县沙河站镇洪福寺村
2. 出处：《东原侯氏族谱》，2009 年，第 70~71 页。
3. 碑文：

重修祠堂家谱碑志

　　粤稽来迁于洪武二十五年，由晋洪洞徒居东原，历明清两朝五百余岁矣。我侯氏有族谱也，创修者启迪于后世，继续者遵法乎前人。其祖居之籍贯，宗派之远近，而科第功名官职大小，以及家声之矩获，行辈之伦次，已登注于家乘，无容备举。忆自康熙初年至道光乙未，所续者四次，我先人经营惨淡，不知几费辛苦。来至光绪丙申又历多年，其间兵燹迭遭，水患难防，凡有存谱之家非尽伦止即断简残编，如不急于修辑，何堪设想。爰十八世寿门、凤轩、竹平、瀛宾及十九世襄言、寅齐、泮池等诸公倡率兴修，将四乡族众邀齐，公同会议修祠修谱，两工并举，极意斟酌逆计完全。金云工程费用剧钜，故按地输资，计丁筹款，量入为出。广垣墉，余四壁，添房舍十余间，内外整顿灿然可观。至修谱一工，是时缘项短绌，未能镌板，第书九部所收之资而荡无存为无。值盗贼蜂起，乡间日不聊生，又停搁数载。是年宣统元纪，欲待稍靖复修，而土匪大肆猖獗，焚虏抢架，刁斗夜警，未及三两年间而清鼎革也。噫！民国初立，帝制云止。幸林社颇有赢余，复议继前工，莫论我族之贫富分文不捐。招手民携枣梨前吕，笔书谱牒易而为板，遂刷印二十五部，每部两套，按支分存，以垂后世。统算两工开办伊始，其所用之人工材料，一切花费等项条分缕析，将清单已载前碑之阳。此载于碑阴，吕喻大众文览，尤冀我族众中之子弟才能者超越前人英俊者，光大门闾，是我合族翘企之仰望也夫。

十九世孙　允塄　敬撰沐手谨书　允范同参考

监修　十八世孙　原安　原洲

十九世孙　允恭　允藻　允贤

协修　十八世孙　原基　原奎　原溥　原超

十九世孙　允承　允鑫　允坦　允镜　允葵　允盛　允恕　允茂

二十世孙　延澍　延琅　延祺　延著　延祚

二十一世孙　庆霖　庆吉　庆芳

民国拾年岁次辛酉梅月上浣　谷旦

朱氏族谱碑

1. 地点：肥城市安庄镇朱家颜子村
2. 形制：单体青石质，由碑座、碑身、碑帽组成，碑帽为悬山式卷棚顶。
3：碑文：

朱氏族谱碑志

昔眉山苏氏作族谱引，又作族谱亭记，良以谱者，普也，谱存则世代蕃衍，源流可稽。故凡世家大族，靡不上溯厥初，下联不亿，既缮谱牒以存简编，复建谱碑以垂永久，尊祖睦族之义莫要于是。吾乡朱家颜子村，朱氏岱右旧族也。其始祖讳良增，原籍洪洞，自有明迁居泰邑孙伯村，历明迄清，代称名族。至四世有孟春公者，子二人，长讳国章，次讳国固。康熙间，国固公始由孙伯徙居兹土，子三人，长讳敬，次讳凤，三讳栋，鼎足并峙，渐有蒸蒸日盛之势。计敬公至今又十世矣，椒衍瓜绵，云仍益众，其族中宪武、宪震诸君，虞一本所传，久或失考，又或如先哲所云：其远者至不相识。遂商之伯叔玉明、玉秋、玉全等，谋立谱碑，以昭后嗣。于是选卖林树十二株，得京蚨陆伯捌拾贯。先买护茔地陆分，使钱贰佰吊，续栽林树，并修盖看林房屋，复使钱壹佰陆拾余吊，其余钱项皆作建修谱碑之资。又以孟春公以上及国章公茔墓皆在孙伯，即以国固公为迁居兹土之来祖，而以敬公、凤公、栋公兄弟三人，列为三支，而各系其子孙。至今春，碑工垂成，乃走孙伯，依其本族丙南君，嘱予为文以记之。予与丙南君同里，又自幼同学，义不容辞，因即其事，而勉序之。俾彼后人之览是碑者，咸知木本水源，而尊祖之心由是生，睦族之念由是起，则宪武与宪震公此举所系，顾不重兴。

廪贡生候选训导马传珠拜撰
单级师范毕业生李鸿基拜书
中华民国拾壹年岁次壬戌桐月吉日立

姜氏重修祠堂谱碑

1. 地点：宁阳县华丰镇南梁父村

2. 形制：白色长方形石灰岩碑身，上书昭兹来许。碑右为谱序，碑左为世系。

3. 碑文：

重修祠堂谱碑记

尝思人欲尊祖不可不敬宗，敬宗不可不收谱，此历代孝子仁人所以报本而追远也。今姜氏锦鳞、清源有感于此，率同族重修祠堂大殿三间，并创修前门一间及过厅三间，具一时告竣。又恐后世支分派繁、远近亲疏而莫识也，故复修谱建碑，俾后世视者得远近亲疏，一目便知某支某派，世可考也。是为序。

汶阳居士欧阳九亭撰并书

中华民国拾叁季岁次甲子阴历荷月中瀚

合族敬立

孙氏重修谱碑

1. 地点：泰安市岱岳区范镇埠东村

2. 出处：《泰安埠东孙氏族谱》，2004 年，第 432 页。

3. 碑文：

孙氏重修谱碑记

谱之为言，普也，所以序昭穆，辨亲疏。设无谱，祖功宗德无攸统，世系源流无攸归。一本也，而支派之昭穆行次不明；骨肉也，而血统之亲疏远近不晰。此故仁人孝子具报本追远之念，以普示当世，昭兹来许，立谱碑之雅意也。吾孙氏始祖敬，世居岱左岔河庄。七世祖善习与八世祖德明、才明、喜明自岔河迁居埠东。嗣后，居埠东者遂以善习为始祖，宗支渊源既有谱碑勒诸贞珉。甲子年前，族兄培秋，伯兄培祜、培禧，族侄永宪等，慨然动敦宗睦族之思，谈次辄道重修谱碑事。遂纠众议妥，将族林枯柏数株卖作先资，情愿监督其事。又与余语及家乘曰，族谱迄今也六十年余，所见某叔祖尚存，而今已往所见某伯父犹在，而今亦已往现生名列于前谱碑者仅二三人。长老渐销，孰考订畴昔文献，不足敦告语。将来若不重修以继前功，数十年后，生齿日繁，支派日分，孰为昭孰为穆，行将迷乱失次，有不可逆料者，岁聿云逝。今与昔同观，爰绘谱式，一本万殊，若网在纲，亲疏远近，有条不紊。虽踵事增华之美，有待后人，而支派之昭垂，则□然可考矣。自兹继往开来，俾后之视今，亦犹今之视昔。相传绵绵勿替兮，庶不至世系无统，源流归焉。此又吾族所厚望也夫。

山东省立商业专门学校毕业十四世孙培祚顿首拜撰

中华民国十三年岁次甲子且月上浣　之吉

陈 氏 谱 碑

1. 地点：肥城市安临站镇陈家楼村
2. 形制：碑整体用石块砌成，影壁式。须弥形石座，四周饰有莲花纹。碑身两边条石上刻楹联，上联"培有源木本"，下联遗失；上边条石书"陈氏家谱"，碑阴刻有陈氏分支图。碑帽为悬山顶。
3. 碑文：

陈氏谱碑序

凡事创之者难，继之者亦不易，况谱碑之修上承夫先，下启乎后，非他事所可比者，其难不尤甚乎？丙寅夏，陈公世有、世平二君，余之同学友也，毅然以建石目任，将祭田所得租资，并卖柏树数株得钱三百余缗，存留出放共积财，以为立碑之费。纠合族众，无不欣然，而商序于予。谓："自道光年间，先人永昌公创修一帙，迄今数十年并无一改。今欲将遗者补之，略者详之，使后人一览而知支派源流所在。"此其意堪嘉，故不得辞，遂披其旧帙，世系不清诚为缺略，以是知创者难矣。幸有其二世王化公墓志一碣尚存，石虽未碬，字多漫灭。细观之，上言始祖来自洪洞，卜居陈家楼，数传而后名讳失考，不可记忆，即以其父云峰公为鼻祖焉。公讳举，字云峰，鲁藩伊宾，生四子。长王道，次王化，三王事，四王佐，分为四支，以后徙居不一。有居本庄者，有迁居泰安和埠岭双村者，有迁于陈家洼者。惟三世王事公之长孙端，迁于兖州府滋阳县无谱可叙，其余昭者叙于昭，穆者列于穆，谁伯谁仲行辈昭然。自伊宾至有乎十三世，无不厘然可考，此一举也洵可谓有功于前人，大启乎后人者矣。由是瓜瓞椒衍，绳绳继庆，英才辈出，家声丕振，不数传而为余邑之望族，是吾所馨香祝之者也。爰为之序。

师范毕业生张盛德拜撰
中学肄业生陈氏十三代孙世平顿首书丹
十一代孙冠俊十二代孙明重连登十三代孙世乾世奎监修
中华民国十五年焱昆丙寅梅月上澣

刘 氏 谱 碑

1. 地点：淄博市博山区石门乡龙堂村

2. 形制：东林谱碑，上覆悬山式碑檐。

3. 碑文：

盖闻昭穆自古所尚，吾族十一世祖坐绪公墓前所立谱碑，昭穆次序可谓详矣。十二世至十七世祖皆安厝老茔，惟长支十四世之言祖改迁祖茔之东麓。长支之十六世奉皋祖亦安厝东茔。自老茔所立谱碑屈指现代，又增数世，较前人数加倍。因己巳禴祭，二十二世孙绪吸、绪彩同二十四世孙同盛、同德等同族众合议，东西二茔各立一碑，以接老茔前立谱碑之后裔。长支之次虽安厝老茔，而长支之后裔名讳同列于东茔之碑。老二、三支之后裔勒于老茔新立之谱碑，此碑格式自十九世永某后裔续之。倘睹不明，当于老谱碑按支派察理，至永某为某支始知其详。用承先人遗意，虽人丁之繁衍，不致世系有所淹没，但愿后世子孙继续，不敢忘先人之善云尔。

中华民国十八年岁在己巳拾月中浣谷旦合族同立

刘氏谱碑

1. 地点：淄博市博山区石门乡龙堂村

2. 形制：中林谱碑，上覆悬山式碑檐。

3. 碑文：

自十一世祖坐绪公卜吉此地，再生吾庭鸟、庭勤、庭飞三祖，即分支诸祖皆安厝于老茔。至十四世言祖，改迁东麓，颇著绵衍之庆，三支祖裔已有泽斩之叹。我二支虽则亦丁齿繁衍，亦惟子孟祖之裔较胜。前经桂、崟祖等目睹诸茔，但有荒冢之累累，无丰碑之落落。家困于财，墓志不能编，及人于失学，祖讳亦莫能书。虽谱牒之记不能各藏家一秩，某为某祖裔，某氏讳何字，谈询及之，瞠目莫对，用深惄忧。爰立谱碑，以免散典而忘之讥，但不数世风剥雨蚀，没灭不变者有之。至永登、永绪祖又至二十一世在谟、在祯等，一再议立碑，春秋祭扫展拜之余，长幼咸集，昭穆可分此，乃前人之美意也。屈指现代又增数世，二十二世孙序吸、序彩同二十四世孙同盛、同德等，同族众会议，因有祭田余资，于东西两茔各立一碑，以记二十二世以下之各讳，用承先人之意，不致世系有所湮灭。是为志。

圣彦撰文

序庭同真持后书丹

石匠升（成楷堂）镌字同顺

中华民国拾捌年岁在己巳十月中澣谷旦合族同立

田氏续修谱碑

1. 地点：肥城市汶阳镇田东史村
2. 形制：青石质，由三块方形石板组成，上覆碑帽，两边有条石。
3. 碑文：

汶阳田氏续修谱碑序

中山孙子拟：中国崇拜家族与宗族，较任何观念为深充其极，如遇不平则殚精捍卫，不惜牺牲身家性命，团结力之强大甲于全球。此固征中国特性，亦以见亲亲之道流传有素，印入人心，历久弗渝。故皆知联亲疏、萃远近当务为急，惟恐绵延鸿绪有时或斩，莫克承先而启后，决期缵继罔替，使上世功德与河山并寿。斯惧朝夕之故，其所由来者渐矣。岱下田氏，明初迁自山右，卜居泰邑（傲徕山麓，现有茔墓碑志，地基一亩一分）。迨四世有时耕（字舜夫，号龙溪，嘉靖十五年以优行贡大学为茂邑丞，复擢鲁藩相，未及履任，载县志列才猷传）、时耨、时耘昆玉，复胥宇汶阳东史。时耕家于斯，因以姓冠村；时耨、时耘所隶东史曰武、曰刘，是为田氏始祖。嗣后子姓蕃衍，仍异挺生，蔚为一乡望族。越九世，清乾隆六年有文学讳梅者，度巽隅、构祠堂、妥先灵，并创修谱碑以奠世系。咸丰乙卯永岳等复重修之。阅四十余年，文学双符颖悟，工书法，胸罗经史，名溢儒林。光绪戊戌以谱碑图式详明虽尽，且风雨剥蚀漫漶堪虞，乃倡修谱牒，缮写成秩。昭穆之序灿若列眉，体例与改订亦谨严精审，为识者所赞赏，厥绩伟矣。民国肇造，社董述曾先生公正识大体，乡区倚重，曾以丁繁户析，家乘之修难乎为继，□拟先勒谱系于珉以代，乃有志未偿，于戊辰季秋抱感以终。其小阮金声急公好义，不让于先生，曾以其震器锡琦应得，教□□□□□□。庚午春，建校室三楹，以作育英之助，令承先生远意，故树丰碑将□□□□□□□□□□□□□□□□不□□□□□□□□□□□□□□□□□□□□□□□□□。

清邑庠生师范毕业滕大章敬撰

师范毕业生滕蓝田敬书

京师警察学校毕业郭建桓题名

十六世寅焕十六怀鑫十七世锡诚全沐手敬书

中华民国二十一年岁次壬申清和月上浣　谷旦

周 氏 谱 碑

1. 地点：泰安市岱岳区房村镇西房村
2. 形制：祠堂谱碑，矩形石灰岩，上下截断具有阙文，断处以」代。碑分四块两组，此前组首碑为谱序并长次世系，次碑为迁出支派世系，共八十六代。
3. 碑文：

周氏谱序

□开于二帝，心传□衍乎三王，接千古之道统，绵万世之心传者，则莫如周公。考其裔孙，封国不一，赐姓各别，迄今」处在强秦并天下壤，□法帝王苗裔散在编氓，而周公之裔孙得存无多，即私记之谱牒所传，亦鲜求原原本本」氏族谱为最□系族谊，问其遗谱，详其□末，每不三致意焉。既而周氏庆渭、聘□、会文公等挟其遗谱，□□为」实周公之胤也。周公封鲁留相王，终于宗周，薨于丰，葬于毕。长子伯禽之鲁，次子伯羽嗣周公，食采于□□周」爵号代称周公。成王赐族氏，以爵为氏，曰周氏，此周之所自始也。累代世系按其遗谱指屈而记，肩列而见不□」□谱名流，亦深信周氏族谱之斑斑可考也。夫周公大圣人也，制礼作乐，上承尧舜禹汤文武之道，下开孔颜曾」之继往开来，将千古之道统，万世之心传，或几熄矣。昌黎云：莫为之前虽美弗彰，莫为之后虽圣弗传。先世之」久而弥彰，远而弥芳，惟在后之人绍衣勿替而已。□故乐为弁其首，而不胜冀望之意云。

赐进士出身工部营缮司主事补员外郎中选江西广信府知府升□南吉宁兵备道加按察司□」

周 氏 谱 碑

1. 地点：泰安市岱岳区房村镇西房村

2. 形制：祠堂谱碑，矩形石灰岩，上下截断具有阙文，断处以」代。碑分四块两组，此后组首碑为碑志并祠堂四至（补刻），次碑为分支世系，共八十五代。

3. 碑文：

修谱牒碑志

　　□之修所以明后世者，建祠所以重本源也。既为人之后裔，即使后世有述焉。我周姓始祖自周公以爵为姓，至于今八十」祖天祥等始居西房村，子孙番衍至于今十五世矣。虽久有官地一分余，内有瓦房三间，而诸人咸曰祠堂也。然宗」无树堪可乱宗，失序□□□□□□□。庆□公等于民国乙亥兴意修谱树碑，又创修东草房三间，以监后世。谓□」子孙绳绳散于四方者，一□□□□计其数，公等乃跋涉访问同宗所至之处，不日招至即宗姓者，言我先人有所使□」功德莫大□□。即□□□□而不惜，乃夙兴夜寐，精神不爽，月余而工告竣，使我姓春秋□祭，荐其时食，□不是尊□」□至□矣。□□□，呜呼，昔尚父辅我先祖者而功德浩大，虽不及亦有勋于同宗之意耳。

　　高等小学肄业生员庆渭　族末年七十儒学传升　十二岁文童传鸿沐手敬书

首事人隆爱　茂谦　传诚

民国二十四年岁在乙亥季春上旬　吉日

刘 氏 谱 碑

　　1. 地点：肥城市安临站镇凤凰山庄

　　2. 形制：影壁式，共分为三层，总高约 2.3 米，宽约 1.8 米。须弥形石座，碑帽为悬山顶。碑身条石刻楹联，依稀见"螽斯绳绳"等字。碑阴刻有刘氏世系分支图。

　　3. 碑文：

刘氏谱碑序

　　尝闻木本乎根，水本乎源，人本乎祖，此理诚昭昭然也。然本支强干弱枝生生不穷，而探其本皆一本也；水之分流别派滔滔不息，而溯其源实一源也。人之螽斯绳绳，绵绵瓜瓞，世世不已，骨肉同也。其初原一身，后世分而散之，自十百而至千万。设于此而无孝子慈孙，不知徙流溯源，报本追远，何也？谱碑之不修故也。若我刘氏自上世以来，修谱数次，载在详明。但是多历年所，谱文有失，后人继而修之。始祖继亨，自刘家庄迁居凤凰山，迄今已有年矣。所生四子，长支讳柏，二支讳旺，三支讳琴，四支讳学。子复生子，孙复生孙，生殖既繁，而无谱碑以志之，恐日久年深，骨肉也不但等如路人，而且罔知故土桑梓者亦有之。念及此，不大失敦宗睦族之义乎？今幸有七世孙兆江、方华，八世孙景梅、明言、明海、明恩、明勤、正伦，九世孙培义、培芝、培海等，殷然有志，公同议决，卖林中柏树二十八株，价洋四百七十二元，以作修谱碑之资，不负先世之遗意焉。序后代之名讳，自始祖以下，按头挨次，一一续录；举凡出嗣者，以昭然若揭。由是以得衍后裔，斯不亦如木之有根，水之有源，世世子孙之支派不紊，然后知谱碑之所系固大有裨益也。于是为序。

儒生殿祥鞠躬敬撰

高小毕业生培廉、庚、铎鞠躬敬书

中华民国二十九年岁次庚辰阳月上浣谷旦

刘氏三支续修谱碑

1. 地点：莱芜市口镇港里村
2. 出处：《乌江刘氏支谱》，友爱堂，1950 年，第 25～27 页。

3. 碑文：

族之有谱所以清世系、别昭穆也。余家世居二十一世，自始祖以递，奇孙承祧，盖亦有人。先代正统固不可紊，累世懿行亦不可略，至于穷困子弟出亡守业者，又不可遗其迹而失其传也。岁次辛卯春，本支六世祖之九世孙景让、景荣，十世兰盛、溪源等，念木之本，思水之源，支派既分，生齿日繁，倘不再清其渊源，恐日远世疏，不知某祖为某之祖，某孙为某之孙，名位颠倒，恬不知非，覆宗坠嗣，从此而兆矣。于是集族共议，创修谱牒并续修谱碑，同族人属余序之。余学识谫陋，恐不胜任，又不敢辞，于是却遍阅离茔、兑茔之碑，仅据巅末因次其序而辨其系。按其人而勒孰为出亡，孰为守业，核其名而循其实，亦列其尊卑上下，使世系炯然，朗若列眉，如秦镜之悬，似温犀之照。俾后之为子孙者，睹石而瞭然，在目展卷而洞然于心。支派自是而可悉，出亡守业自是而可知，尊卑上下亦是而可辨，族谱之修尚可视为缓举哉。自分支迁坤茔以来，迄于今已越三百有余年矣，按上座谱碑与东座谱碑，昭穆统系，历历备述之矣。自此以往不能预为前定，世世相承勿替，余望后之亲文艺者推而广之，自足以保世兹大焉。夫前创修之石谱无非后人之矩获，而后世之善述无非前人之范围，是以接踵续修，立格自十三世祖也。因为序。

前后相板对联

克绍前烈自六世　传家礼教宗东鲁

丕振箕裘起三支　继世统系贯西京

十二世孙　锡川谨志

后　记

　　这本小书是在本人博士学位论文基础上修改而成的，临近尾声的时候，我的心情极为复杂，照例要表达感激之情。当时已过不惑年龄的我，开始意识到青春流逝，急切地试图抓住读博的梦想。经过一年近乎疯狂而艰苦的学习，2013年4月终于通过博士生招考，有幸成为钱杭先生的弟子，从而再一次开始了大学学生生活。回想起与先生的第一次见面，当时的场景仍历历在目。回首读博那段时光，首先最应该感谢导师钱杭先生，但是我知道无论如何都不能完全表达我的感激之情。

　　在来上海师大读博之前，我已经在泰山学院工作了23个年头，不想平凡度过剩余学术生涯的我，渴望通过攻读博士学位实现自己的学术理想。但是由于自己并非科班出身，精力也逊于年轻学子，对于能否录取心存顾虑。但先生并未因为我年龄偏大而对我有所歧视，我也争气地在考试中取得了第一名的成绩。入学之后，先生在专业知识和学术思想上的指导堪称楷模，使我等弟子获益匪浅。基于对中西方学术的深刻了解，先生总能精辟地解说相关论题，并高屋建瓴地提出自己的看法。在先生的启发和指导下，几乎在开学之初我就确定了博士论文的大致方向，将目标确定在石刻谱牒与地方宗族的解构上。不管在课堂教学方面还是在论文指导方面，先生都缜密思量，精心运作，并常常耳提面命，这才有了我博士论文的基本成熟。先生无时无刻不惦记着学生的论文思路、材料、方法和观点，一有新的发现或思考即与学生及时交流，还多次提供参与重要学术会议的机遇。先生对于学问的严肃和对于研究的苛刻是出名的，他一再告诫学生要独立走学术之路，在关键的节点上毫不含糊；先生又在学生的努力和进步上非常宽容，允许我们试错和争鸣，提示我们"缺什么补什么"，加强通史知识的修养。三年的时光转瞬即逝，我永远记得每个周末的下午和师弟们围坐在先生身边，读译原著、机锋顿挫；记得与先生在甪直的茶亭临风把盏、语重心长；更记得和先生、师母团聚在家中其乐融融、情深意长。如果说还有什么可遗憾的，就是学生天生不敏而又基础薄弱，没能达到先生所要求的高度而心生愧疚。但无疑，先生就是我今后工作和学习的榜样，我会尽心努力以不枉先生教诲之恩。

在上海师大读博期间，我还主要受到尹玲玲教授、钟翀教授和吴俊范教授诸师的教导，使我逐步领会到历史地理研究的旨趣。他们对于研究课题的意见和建议，充满卓识和智慧，令本书增色不少。另外，我还选修了唐力行教授、徐茂明教授的有关课程，他们对于史学理论和地方文化的理解给我颇多启发。新进教师岳钦韬副教授，也算是我的同门，多次参与教研组对本书写作的指导，提出了很多独到的见解。对于以上学习期间有幸结识的老师们，学生在此一并深深致谢。同时，也非常感激研究生院给予本人的资助，所获"上海师范大学优秀学位论文培养项目"为资料搜集和田野考察提供了极大便利。

在读博期间，我还应邀参加了西南大学"出土文献研究与比较文字学论坛"。感谢论坛所提供的免费的高层学术交流机会，也非常感谢毛远明先生以及众位同行的积极评价和鼓励。厦门大学的郑振满教授来沪期间，我有幸陪伴其左右，得以学习其丰富的田野经验和文献理论。他对于民间碑刻的认识，拓宽了我的研究思路，使我如沐春风。南开大学常建华教授多次在学术会议上及有关论文中，点评本人的相关研究，切中要害又语重心长，使我获益匪浅。山西大学的张俊峰教授对于本选题也十分关注，我们经常通过社交软件进行学术交流，某一次交流竟长达5个小时。他的许多提示非常关键，特别是有关金元时期谱系碑刻与宗族复兴的分析，已经成为本书的重要内容之一。南京大学的范金民教授、武汉大学的陈锋教授、厦门大学的陈支平教授等，也都是我学术上的贵人，多次收获他们的指点，极大地提高了自己的学术涵养，为获得国家和省级科研课题起到推动作用。上海社科院的王健师兄是钱杭先生早年的学生，也多次关心论文的写作，提出了多项修改意见，使我在写作过程中避免了不少谬误和弯路。另外，赣南师范大学的李晓方师兄、西南大学的王敏师姐等同门，都在不同程度上给予我支持和帮助。这些校外的师友能够与我的人生轨迹产生交集，自然是托钱先生的福，我也借此机会向他们表达深深的谢意。在读博三年期间，朝夕相处的张勇华也是我想特别感谢的对象。2013年，我们俩同时考入上海师大，受业于先生门下。从第一天起我就感受到他的朴实和无私，他始终如一的关心和帮助给了我兄弟般的温暖。我还要感谢师兄凌焰、陈杰，师弟杜成材、陈涛、范晓君、阳水根以及师妹吕园园，班长解军，学友熊小欣、彭锋等人，他们在学习和生活中给予我的友谊和鼓励，我会铭记一生。

当然，我还要感谢在查找论文资料和田野考察中结识的众多好人，他们很多没有留下姓名，对于他们的慷慨帮助，我只能用勤奋的学术研究以及尽可能高产出研究成果来报答。同时我没有忘记工作单位——泰山学院的诸位领导和老师，尤其是郭华、万昌华、蒋铁生诸教授及现任历史学院院长李志刚博士等，他们一直对我鼓励有加，使我有勇气坚持学术之路。本书在写作过程中，还得到了2019年国家社科基金项目《以明清碑谱为中心的山东宗族与乡村社会建构研究》和2017年山东省哲学社会科学规划项目《清代山东宗族系谱化与地方社会建构研究》以及泰山学院历史学院相关出版基金的资助，感谢给我带来好运的人们，希望本书的出版能够令他们欣慰。

需要感谢的人实在很多，不能一一列举是我的遗憾，但我依然要把最后的感谢献给我的家人。这次脱产读博，家庭负担几乎全部压在妻子范霞的肩上。三年来，适值孩子进入高中阶段的学习，各方面的压力巨大。在此期间，我父母和岳父母都不顾高龄体弱，积极参与照顾孩子，还补贴我的生活费用，我感动之余更是心痛和不安。我知道为了实现我的梦想，家人们牺牲很多，我只有真挚地将凝聚心血的论著奉献给他们，才能表达我的感激之情。阳春三月，柳絮飞舞，新的征途即将开启，我对未来充满信心！

周晓冀

初写于上海师范大学学思湖畔

改就于泰山脚下望岳心斋